IMPARCIALIDADE
DOS ÁRBITROS

IMPARCIALIDADE DOS ÁRBITROS

2021

Carlos Elias

IMPARCIALIDADE DOS ÁRBITROS
© Almedina, 2021
AUTOR: Carlos Elias

DIRETOR ALMEDINA BRASIL: Rodrigo Mentz
EDITORA JURÍDICA: Manuella Santos de Castro
EDITOR DE DESENVOLVIMENTO: Aurélio Cesar Nogueira
ASSISTENTES EDITORIAIS: Isabela Leite e Larissa Nogueira

DIAGRAMAÇÃO: Almedina
DESIGN DE CAPA: Roberta Bassanetto

ISBN: 9786556271958
Março, 2021

Dados Internacionais de Catalogação na Publicação (CIP)
(Câmara Brasileira do Livro, SP, Brasil)

Elias, Carlos
Imparcialidade dos árbitros / Carlos Elias. --
São Paulo : Almedina, 2021

ISBN 978-65-5627-195-8

1. Arbitragem (Direito) 2. Árbitros
3. Imparcialidade (Direito) I. Título.

21-55152   CDU-347.918

Índices para catálogo sistemático:

1. Arbitragem : Direito civil 347.918
Cibele Maria Dias – Bibliotecária – CRB-8/9427

Este livro segue as regras do novo Acordo Ortográfico da Língua Portuguesa (1990).

Todos os direitos reservados. Nenhuma parte deste livro, protegido por copyright, pode ser reproduzida, armazenada ou transmitida de alguma forma ou por algum meio, seja eletrônico ou mecânico, inclusive fotocópia, gravação ou qualquer sistema de armazenagem de informações, sem a permissão expressa e por escrito da editora.

EDITORA: Almedina Brasil
Rua José Maria Lisboa, 860, Conj.131 e 132, Jardim Paulista | 01423-001 São Paulo | Brasil
editora@almedina.com.br
www.almedina.com.br

*À memória de meu pai, Antonio, e à minha mãe, Domingas,
que me fizeram parte do mundo. Serão, para sempre, parte de mim.*

NOTA DO AUTOR

Um dos principais pontos de atenção no uso da arbitragem diz respeito à escolha do árbitro. Ele deve ser, idealmente, especialista no tema a decidir, atento às alegações das partes, organizado, ágil e econômico na condução do procedimento, ter habilidade para influenciar a decisão do tribunal arbitral do qual participa sem tornar-se um incômodo aos seus colegas e, mais importante que todas as demais características somadas, o árbitro deve ser imparcial.

Em que consiste essa imparcialidade?

Se ela consistir em *equidistância*, como é possível considerar *equidistante das partes* um profissional que foi escolhido porque uma das delas já conhecer o seu trabalho (enquanto a outra parte, não), ou porque a posição científica do julgador sobre um instituto jurídico inclina-se, teoricamente, à tese que uma das partes vai utilizar na arbitragem (enquanto a tese da outra parte não conta com esse eventual benefício)?

Se imparcialidade consistir em *independência*, como é possível considerar o árbitro *independente das partes e dos advogados que as patrocinam* em um mundo cada vez mais interligado, nos quais os diversos níveis de conexões entre sociedades, investidores, diretores, órgãos estatais, escritórios de advocacia são constantes e, muitas vezes, desconhecidos?

Se imparcialidade consistir em *neutralidade*, como é possível considerar *neutro* o árbitro que, como todo ser humano, possui as suas próprias preconcepções a respeito da realidade que o cerca, da disputa que deverá resolver e do sistema jurídico cujas normas que deverá aplicar, ou seja, é titular de *preferências* (políticas, ideológicas, econômicas etc.) que podem torná-lo mais facilmente influenciado pelos argumentos de uma das partes do que de outra?

Logo no início da elaboração da minha tese de doutoramento, que deu origem a este livro, percebi que a imparcialidade não pode se confundir com essas outras ideias. Somente muito tempo depois (muito mesmo!) é que concluí que a imparcialidade, ou melhor, a sua ausência, pode ser definida a partir de um conceito mais seguro e coerente com o sistema jurídico – sobretudo processual – da *vedação do árbitro à influência de uma das partes* na decisão que será vinculante para ambas, fenômeno que é psíquico, mas que pode ser constatado objetivamente em função de circunstâncias do mundo fático. Esses eventos foram identificados, catalogados e ponderados ao longo de anos (literalmente!) de análise de um volume considerável de casos concretos, tratados no livro.

Este livro não trata do procedimento extrajudicial de impugnação do árbitro, nem da ação anulatória de sentença arbitral. Minha escolha foi a de colocar foco nas particularidades da arbitragem e na sua relação com os estreito limites hermenêuticos em que o intérprete deverá se mover para a construção da norma concreta sobre imparcialidade: ao mesmo tempo em que ela não pode ser demasiado rigorosa ou restritiva (o que terminaria por dificultar a exclusão de árbitros parciais), também não pode ser demasiado ampliativa (pois seria fácil concluir-se pela perda da imparcialidade do árbitro, abrindo-se caminho para a utilização do instituto como base para táticas dilatórias ou "de guerrilha").

Se fui feliz nessa escolha, caberá ao leitor decidir.

APRESENTAÇÃO

Estamos entrando no vigésimo-quinto ano de vigência da Lei de Arbitragem.

A experiência arbitral mostrou-se vitoriosa no Brasil, apesar de todos os obstáculos que tiveram que ser superados desde a edição da Lei: o Supremo Tribunal Federal, com inesperado açodamento, não esperou sequer a norma entrar em vigor e já lançou ataque para questionar sua constitucionalidade! As previsões de sobrevivência da Lei, nos idos de 1996, eram um tanto sombrias e todos os que lutaram pela modernização de nossa nação temiam o pior.

Venceram os otimistas, pois o Supremo Tribunal Federal – com *supremo* atraso de 5 longos anos – acabou por afastar, majoritariamente, a pecha de inconstitucionalidade, de modo que, a partir de 2001, a arbitragem evoluiu de modo galopante em nosso país.

A prática da arbitragem, porém, revelou que os perigos ainda não haviam sido superados. Num país em que a judicialização de todas as controvérsias é a regra, já se poderia esperar que alguém lembrasse do mandado de segurança para tentar de alguma forma modificar decisões tomadas no âmbito da arbitragem; da mesma forma, não foi surpreendente que alguns imaginassem possível promover ações anulatórias de sentenças arbitrais guindando ao polo passivo árbitros e entidades arbitrais responsáveis pela administração do procedimento.

O Poder Judiciário tem dado pronta resposta a estas tentativas canhestras de destruição da arbitragem. Mas há outra em curso, mais sutil, mais grave e mais danosa, que diz respeito à impugnação de árbitros por motivos fúteis e levianos, sob a capa da suposta parcialidade do julgador. Neste ponto o Poder Judiciário ainda não afiou suas garras e vários tribunais locais têm protagonizado decisões francamente desastrosas, dando espaço aos guerrilheiros arbitrais que, depois da derrota de suas teses no campo de batalha que escolheram (o arbitral), tentam invalidar a decisão manejando argumentos fantasiosos sob o grandioso letreiro da violação ao devido processo legal.

Esta crescente ameaça à saúde da arbitragem encontra remédio útil nos estudos que arbitralistas habilidosos começam a oferecer à comunidade. E dissecar exatamente a questão da imparcialidade do árbitro é o melhor remédio para liquidar argumentação desavisada de operadores incautos, chamando a atenção de nossos tribunais estatais para aspectos centrais do tema.

Eis aí o campo minado sobre o qual CARLOS ELIAS lança seu excelente trabalho, que tenta, antes de mais nada, apontar para uma padronização que permita a conceituação do que seja a imparcialidade.

O método de pesquisa escolhido por CARLOS ELIAS conduz o leitor a questionar as opções legislativas, recorrendo ao modelo democrático de processo e a uma visão verdadeiramente sociológica de todo o fenômeno processual. Em síntese, o autor procura demonstrar que formulações clássicas calcadas na equidistância, na ausência de interesse na solução do litígio ou na ausência de influências externas para o convencimento do julgador não são noções adequadas para conceituar a imparcialidade (que, por outro lado, deve dissociar-se da noção de independência). A crítica do autor ao artigo 14 da Lei de Arbitragem e a constatação da diversa natureza do dever de revelação e da imparcialidade provoca no leitor inevitável necessidade de reflexão (para concordar ou para discordar do autor!).

O livro de CARLOS ELIAS – que tem origem em vitoriosa tese de doutoramento que defendeu com galhardia na Faculdade de Direito da Universidade de São Paulo – tem as duas características que mostram a rota do sucesso dos bons trabalhos jurídicos: um fortíssimo suporte teórico ao lado de uma importante dose de pragmatismo. Soma-se a isto a capacidade do autor – professor vocacionado – de expor com vigor e exuberância as suas ideias, o que torna o livro que agora vem à luz indispensável para os operadores em sua prática diuturna da arbitragem.

Boa leitura!

Carlos Alberto Carmona
Professor Doutor do Departamento de Direito Processual da Faculdade de Direito da Universidade de São Paulo

ABREVIATURAS

Amcham –	*American Chamber of Commerce*
CA-AMCHAM –	Centro de Arbitragem da Câmara Americana de Comércio
CAMARB –	Câmara de Arbitragem Empresarial-Brasil
CAM-CCBC –	Centro de Arbitragem e Mediação da Câmara de Comércio Brasil-Canadá
CCI (ou ICC) –	Corte Internacional de Arbitragem da Câmara de Comércio Internacional
CCMA-CIESP/FIESP –	Câmara de Conciliação, Mediação e Arbitragem Ciesp/Fiesp
CIETAC –	*China International Economic and Trade Arbitration Commission*
CPA (ou PCA) –	Corte Permanente de Arbitragem
CPC –	Código de Processo Civil brasileiro
CPP –	Código de Processo Penal brasileiro
FAA –	*Federal Arbitration Act*
GAC –	*General Arbitration Council of the Textile and Apparel Industries*
IBA –	*International Bar Association*
ICJ –	*International Court of Justice*
ICSID –	*International Centre for Settlement of Investment Disputes*
LA –	Lei de Arbitragem brasileira
LCIA –	*The London Court of International Arbitration*
NAFTA –	*North American Free Trade Agreement*
NASD –	*National Association of Securities Dealers*

RUAA – *Revised Uniform Arbitration Act*
SCC – *The Stockholm Chamber of Commerce*
STJ – Superior Tribunal de Justiça
TJSP – Tribunal de Justiça do Estado de São Paulo
UNCITRAL – *United Nations Commission on International Trade Law*
ZPO – *Zivilprozessordnung* (Código de Processo Civil alemão)

ÍNDICE

NOTA DO AUTOR	7
APRESENTAÇÃO	9
ABREVIATURAS	11

INTRODUÇÃO	17
Por que a imparcialidade do árbitro	17
Estrutura do presente estudo	21

CAPÍTULO 1.
INSUFICIÊNCIA DA NOÇÃO GENÉRICA E DOS PADRÕES RELATIVOS À IMPARCIALIDADE DO ÁRBITRO — 23

1.1. Imparcialidade como atributo inerente a qualquer julgador	23
1.2. Transposição da noção genérica de imparcialidade para a arbitragem	26
1.2.1. Transposição não uniforme do conceito de imparcialidade para a arbitragem e o advento das noções de independência e de neutralidade	26
1.2.2. Impossibilidade de identificação precisa dos conteúdos da imparcialidade, da independência, da neutralidade e da sua importância no caso concreto	32
1.3. Tentativas de padronização da imparcialidade do árbitro	36
1.3.1. As diversas técnicas de padronização	36
1.3.2. As técnicas de padronização na experiência da *civil law*	37
1.3.2.1. Equivalência entre causas de recusa ou impugnação do árbitro e do juiz	37
1.3.2.2. Tipificação legal dos casos de recusa ou impugnação do árbitro	41

    1.3.2.3. Cláusula geral relativa à imparcialidade do árbitro 44
    1.3.2.4. Um caso particular: a evolução das técnicas na França 45
  1.3.3. Técnicas de padronização na experiência da common law 51
    1.3.3.1. A experiência inglesa e a disputa entre testes para aferição da imparcialidade 51
    1.3.3.2. A experiência norte-americana e a vagueza do conceito de "evident partiality" 57
  1.3.4. Tentativa de padronização via *soft law*: as IBA Guidelines on Conflicts of Interest in International Arbitration 66
  1.3.5. Tratamento da imparcialidade nas instituições arbitrais 72
1.4. Disposições sobre imparcialidade do árbitro na lei e a doutrina brasileira: observações críticas 76

CAPÍTULO 2.
CONTEÚDO DA IMPARCIALIDADE DO ÁRBITRO E SUA OPERACIONALIZAÇÃO PELA APARÊNCIA 85
2.1. Função da imparcialidade 85
  2.1.1. Modelo processual, participação e influência 86
  2.1.2. Preferência, pré-compreensão e imparcialidade 89
2.2. Da subjetividade para a intersubjetividade: imparcialidade, probabilidade e aparência 92

CAPÍTULO 3.
PREMISSAS PARA CONSTRUÇÃO DA NORMA CONCRETA 95
3.1. Conceito de imparcialidade e estrutura normativa 95
3.2. Premissas de estrutura 97
  3.2.1. Primeira premissa de estrutura: modelo democrático de processo como forma de orientação na interpretação das hipóteses expressamente previstas e de integração de hipóteses não previstas expressamente 97
  3.2.2. Segunda premissa de estrutura: satisfação de postulados hermenêuticos ou das justificativas de "segunda ordem" 103
3.3. O ambiente institucional no qual se desenvolve a arbitragem 108
  3.3.1. Um pouco da história da arbitragem comercial internacional e a arbitragem no Brasil: o aumento do número de árbitros e a ineficácia de controles informais 111
  3.3.2. A prática arbitral e seu desenvolvimento em um mercado assimétrico 115

3.4. Premissas de conteúdo 122
   3.4.1. Categoria (1.1.1) – Relação de trabalho ou societária
       do árbitro ou de pessoas próximas com a parte ou entidades
       a ele envolvidas 125
   3.4.2. Categoria (1.1.2) – Relação de prestação de serviços do árbitro
       (ou de seu escritório) com a parte ou pessoas e entidades
       ligadas a ela 131
   3.4.3. Categoria (1.2) – Relação familiar ou social do árbitro com
       pessoas ou entidades envolvidas com a parte 146
   3.4.4. Categoria (2) – Relação do árbitro (ou de seu escritório) com
       o advogado que representa a parte (ou com seu escritório) .. 151
   3.4.5. Categoria (3.1) – Contato anterior do árbitro com o litígio,
       com causas derivadas ou com questões fáticas idênticas
       ou relacionadas 162
   3.4.6. Categoria (3.2) – Posições técnicas ou acadêmicas defendidas
       pelo árbitro 170
   3.4.7. Categoria (3.3) – Duplo papel do árbitro (advogado e julgador)
       ou "issue conflicts" 173
   3.4.8. Categoria (3.4) – Nomeações repetidas do árbitro 178
   3.4.9. Categoria (3.5) – Atuação do árbitro no processo 184
   3.4.10. Categoria (3.6) – Particularidades culturais ou cognitivas
       derivadas da história de vida do árbitro 189
   3.4.11. Categoria (3.7) – Nacionalidade do árbitro 192
3.5. Proposta normativa e observador. Diferentes visões? 193
3.6. Roteiro para a criação de normas concretas 197

CAPÍTULO 4.
PRINCIPAIS QUESTÕES LIGADAS À IMPARCIALIDADE DO ÁRBITRO 199

4.1. Padrão de imparcialidade do árbitro e padrão de imparcialidade
   do juiz 199
4.2. Imparcialidade, independência e neutralidade do árbitro: importância
   relativa das distinções 204
4.3. Imparcialidade e dever de revelação 210
   4.3.1. Natureza e conteúdo do dever de revelação 212
   4.3.2. Violação do dever de revelação não dá causa, *per se*,
       à parcialidade do árbitro 219
4.4. Imparcialidade e binômio ciência-aceitação: limites 223

4.5. Os critérios para a análise da imparcialidade devem ser os mesmos para todos os membros do tribunal arbitral. A conclusão de parcialidade de um árbitro invalida a decisão unânime do tribunal arbitral.   227
4.6. Imparcialidade e novas fronteiras   229
    4.6.1. Financiamento do litígio por terceiros   229
    4.6.2. Imparcialidade e afastamento do advogado   232

CONCLUSÕES   237

REFERÊNCIAS   243
TABELA DE CASOS   257

INTRODUÇÃO

Por que a imparcialidade do árbitro

A preocupação com a imparcialidade do árbitro torna-se cada vez maior à medida que cresce a utilização desse método de solução de controvérsias. Isso porque, conformada por influências diversas (e muitas vezes antagônicas), que orbitam entre a autonomia da vontade das partes e as exigências do devido processo[1], a compreensão da imparcialidade do árbitro pode ser distorcida – com efeitos práticos devastadores para o método – por visões que não outorguem a devida atenção para uma ou para outra influência e, sobretudo, por visões que não reconheçam o ambiente institucional em que tal método é praticado[2].

As dificuldades se iniciam pela própria conceituação do termo "imparcialidade". Visões que pendem excessivamente para a autonomia das partes irão,

---

[1] Colocando que as duas distinções entre a jurisdição estatal e a jurisdição arbitral são o *lugar* do seu exercício e a *origem* da função jurisdicional, das quais derivam uma série de consequências, BRUNO OPPETIT. *Teoría del arbitraje* (trad. Eduardo Silva Romero et al.). Colombia: Legis Editores, 2006, pp. 61-71. Indo além, para defender uma ordem jurídica autônoma para a arbitragem internacional, EMMANUEL GAILLARD. *Teoria geral da arbitragem* (trad. Natália Mizrahi Lamas). São Paulo: Atlas, 2014, pp. 31-35. Passando ao largo dessa sistematização, mas fazendo referência aos dois planos em que o método arbitral opera ("private agreement of the parties" e "law of the jurisdiciton"), além de um terceiro plano na arbitragem internacional ("lex mercatoria", "general principles" e "public law"), FRANCIS DONALD DONAVAN. *International commercial arbitration and public policy*, in *New York University journal of international law and politics*, v. 27, 1995, pp. 646-649. Especificamente sobre o devido processo legal e a arbitragem, MATTI S. KURKELA; SANTTU TURUNEN. *Due process in international commercial arbitration*. 2. ed. New York: Oxford, 2010, *passim*.

[2] O ambiente institucional e as mudanças ocorridas até a primeira metade dos anos 1990 são tratados de modo sucinto no plano de desenvolvimento da obra de YVES DAZALAY; BRYANT G. GARTH. *Dealing in virtue: international commercial arbitration and the construction of a transnational legal order*. Chicago: The University of Chicago Press, 1996, pp. 9-18.

despreocupadamente, afirmar que a imparcialidade do árbitro fica prejudicada pelo próprio método de sua escolha, pois as partes teriam renunciado à imparcialidade pelo benefício de nomearem os próprios julgadores[3]. De outro lado, visões que pendem excessivamente para um viés processualista correm o risco de apenas repetir a fórmula de que a imparcialidade significaria a "equidistância" do julgador ante as partes[4], sem reconhecer que essa ideia não se conforma ao método arbitral (em que o julgador é escolhido por partes que querem *vencer* a disputa), de modo que todas as premissas, motivos e fatos que influenciaram essa escolha devem ser considerados.

A falta de um suporte teórico-conceitual adequado – sobretudo aplicado a um ambiente institucional peculiar como é o da arbitragem – não enseja apenas a dificuldade de identificação da imparcialidade, mas também a confusão entre uma vaga noção desse instituto com noções também vagas de independência e neutralidade do árbitro. Tudo isso acaba por dificultar a solução de problemas concretos, cuja amplitude e diversidade nenhum dos regramentos ou orientações – uma pletora de leis, regulamentos institucionais, códigos de ética, recomendações profissionais, roteiros de atuação, guias de "melhores práticas" e tudo o mais – conseguiu, até o momento, abarcar. Segundo alguns, tais regramentos não devem alcançar tal objetivo – ou mesmo jamais conseguirão fazê-lo[5] – para além de um nível geral, que respeite as características e orientações típicas das diferentes experiências jurídicas, sobretudo nacionais[6].

---

[3] Trata-se da corrente afirmação no sentido de que, na arbitragem, "[t]here is a tradeoff between impartiality and expertise", apresentada originalmente pelo *Judge* Posner no caso *Merit Insurance*. Sobre a afirmação e suas consequências, vide HONG-LIN YU; LAURENCE SHORE. *Independence, impartiality, and immunity of arbitrators – US and English Perspectives*, in International and comparative law quarterly, v. 52, 2003, pp. 947-949; vide, ainda, notas de rodapé 301 e 368.

[4] CÂNDIDO RANGEL DINAMARCO. *A arbitragem na teoria geral do processo*. São Paulo: Malheiros, 2013, p. 27.

[5] KIRSTEN WEISEMBERT. *Peace is not the absence of conflict: a response to professor Rogers's article "Fit and function in legal ethics"*, in *Wisconsin international law journal*, v. 25, 2007, pp. 113-118.

[6] TOBY LANDAU. *The regulation of international commercial arbitration: comparative trends and tensions*, in KOICHI HAMADA; MITSUO MATSUSHITA; CHIKARA KOMURA. *Dreams and dilemmas: economic friction and dispute resolution in the Asia-Pacific*, Singapore: Institute of Southeast Asian Studies, 2000, pp. 458-460. O autor desenvolveu sua tese, expondo-a em palestra proferida no *ICCA 2012 Congress Singapore*, em junho de 2012, disponível no endereço eletrônico www.arbitration-icca.org/AV_Library/ICCA_Singapore2012_Toby_Landau_QC.html; consulta em 21.02.2017. Em sentido análogo, defendendo que regras expressas não captariam a gama de situações possíveis de envolvimento entre advogados, seus escritórios, partes e empresas interrelacionadas, o que daria azo somente a maior intervenção estatal na arbitragem, em prejuízo da própria finalidade do instituto, RAPHAËL DE VIETRI; KANAGA DHARMANANDA. *Impartiality and the issue of repeat arbitrators: a reply to Slaoui*, in *Journal of international arbitration*, v. 28, 2011, pp. 195-196.

Impossível negar o papel fundamental das regras sancionadoras da imparcialidade, que cumprem uma função vital ao orientar um comportamento tido como adequado para resguardar a higidez do método arbitral. No entanto, a leitura de regras sem um suporte teórico-conceitual que compreenda as influências jurídicas (processualidade e autonomia da vontade) e o ambiente institucional do método de solução de controvérsias não auxilia na busca de uma orientação minimamente segura para a solução de problemas concretos.

Nesse sentido, a referência estabelecida na lei brasileira às regras sancionadoras da imparcialidade do juiz (art. 14 da Lei de Arbitragem - LA) adiciona dificuldade extra, tanto para a concepção de um suporte teórico-conceitual relativo ao árbitro quanto para a aplicação desse suporte nas infinitas variáveis encontráveis nas situações concretas. Conforme já afirmado, o modelo processual estatal, embora possa influenciar – e influencie[7] – o modelo processual arbitral, não se reduz a ele, nem se equivalem juiz (funcionário estatal geralmente *sorteado* para solucionar uma controvérsia, com poderes conferidos diretamente pela lei) e árbitro (particular geralmente *nomeado* pelas partes para essa mesma deliberação, com poderes conferidos pela lei e *modulados* potencial ou concretamente pelas partes). Assim, ainda que se possa obter um suporte teórico-conceitual unificado de imparcialidade para o processo judicial e para o processo arbitral, ele deve ser entendido e aplicado à luz das particularidades desse último (aí inclusos seus atores centrais, os julgadores) e, sobretudo, à luz do ambiente institucional em que sua prática se desenvolve, ambiente esse que compreende os estímulos e interesses das partes, advogados, potenciais árbitros e entidades que prestam serviços ligados à arbitragem, bem como as relações que esses mesmos atores protagonizam em um *mercado* particularíssimo e assimétrico[8].

---

[7] Colocando o processo arbitral como sistema, destacando seu fechamento operacional e sua abertura cognitiva, EDUARDO DE ALBUQUERQUE PARENTE. *Processo arbitral e sistema*. São Paulo: Atlas, 2012, pp. 40-60. Também sobre o assunto, fazendo ligações entre teoria geral do processo e arbitragem, o já citado CÂNDIDO RANGEL DINAMARCO. *A arbitragem... op. cit., passim.*

[8] Destacando a existência de competição entre instituições arbitrais e entre profissionais, travada em ambiente desregulado e caracterizado pela assimetria de informação, CATHERINE A. ROGERS. *Transparency in internatinal commercial arbitration*, in *University of Kansas law review*, v. 54, 2006, pp. 1.313-1.319. Em sentido análogo, destacando a competição entre países para atrair a arbitragem como *negócio*, com resultados para a nomeação de seus nacionais como árbitros, vide CHRISTOPHER R. DRAHOZAL. *Arbitrator selection and regulatory competition in international arbitration law*, in CHRISTOPHER R. DRAHOZAL; RICHARD W. NAIMARK (ed.). *Towards a science of international arbitration*. The Hague: Kluwer Law International, 2004, pp. 174 e 185-186. Apontando que a relevância econômica da arbitragem internacional é tanta que países aspiram por se posicionar como um ponto focal dos

Um conceito – embora fundamental para conferir consistência ao tratamento da imparcialidade do árbitro – não é o bastante para, de modo automático, resolver a infinidade de problemas que se colocam na prática da arbitragem. Assim, mais que um trabalho de conceituação, o presente estudo se propõe a tornar esse conceito operativo para o enfrentamento dos problemas que podem ocorrer no método arbitral, problemas esses que acabam por ser *agravados* em razão do afluxo cada vez maior de atores – com diferentes bagagens ético-culturais (e também jurídicas, quando na arbitragem internacional) – no ambiente institucional em que a arbitragem é praticada.

Essa *operacionalização* do conceito de imparcialidade pode ser feita, segundo a proposta deste estudo, por meio da construção de uma *norma concreta*[9], embasada em inferências que o intérprete fará de eventos do mundo fático *(i)* à luz da estrutura normativa à sua disposição, a qual ele deve respeitar como *roteiro* para a elaboração da norma (sob pena de propor, em atitude solipsista[10], uma norma inaceitável em nível sistêmico), e *(ii)* à luz de conteúdos fático-hipotéticos reconhecidos ou reconhecíveis pelas regras aplicáveis, que proporcionarão ao intérprete o insumo para a formação dos silogismos que preencherão a hipótese normativa e apontarão a sua satisfação pelo evento do mundo fático (o que, se não observado, ensejará a inaceitabilidade da norma, porque incoerente frente ao evento que visa sancionar). Essas duas instâncias são denominadas, pela ausência de termos mais adequados, como *premissas de estrutura* e *premissas de conteúdo* no presente estudo.

Com a proposta de identificar um suporte teórico-conceitual adequado e de apresentar um método para sua operacionalização, este estudo busca prestar auxílio na compreensão da imparcialidade do árbitro, como também servir de apoio para a solução de problemas concretos, seja de modo preventivo, seja de modo corretivo. De fato, não se pode abrir mão da imparcialidade do árbitro, mas também não se pode permitir que a incompreensão do seu

---

procedimentos, Fernando Miguel Dias Simões. *Commercial arbitration between China and the Portuguese-speaking world*. The Hague: Kluwer Law International, 2014, pp. 65-66 e 73. Para uma visão (otimista) a partir do Brasil, Arnoldo Wald. *A arbitragem e o mercado de trabalho dos advogados*, in *Revista de arbitragem e mediação*, v. 32, 2012, pp. 95-98.

[9] Vale rememorar a distinção entre *regra* e *norma*: a primeira é o *texto* que será interpretado; a segunda é o *juízo*, produto da interpretação. Humberto Ávila. *Teoria dos princípios*. 14. ed. São Paulo: Atlas, 2013, p. 33.

[10] O *solipsismo* tem fundamento na "concepção filosófica de que o mundo e o conhecimento estão submetidos estritamente à consciência do sujeito. Ele assujeita o mundo conforme seu ponto de vista interior", como esclarece Lenio Streck. *Dicionário de hermenêutica*. Belo Horizonte: Letramento, 2017, p. 273.

conteúdo (ou, pior, a justificativa de sua suposta defesa, a mascarar a intenção de perturbar o processo arbitral ou anular uma sentença arbitral desfavorável) autorize a utilização de táticas que fragilizem ou limitem o alcance do método arbitral.

Estrutura do presente estudo

O capítulo 1 apresenta a noção genérica e corrente de imparcialidade, bem como as diferentes técnicas para sua padronização nas experiências jurídicas nacionais e institucionais (inclusive com o recurso à *soft law*). Essa apresentação identificará as técnicas que se valem: *(i)* do estabelecimento de equivalência entre as causas de recusa ou impugnação do árbitro às hipóteses de afastamento do juiz; *(ii)* da tipificação legal "fechada" dos casos de recusa ou impugnação do árbitro; e *(iii)* do recurso a uma cláusula geral vaga, a ser preenchida conforme as circunstâncias do caso concreto. Na medida do possível, serão trazidas decisões de casos representativas das técnicas de padronização. Ao final do capítulo, serão feitos apontamentos sobre as considerações da doutrina brasileira a respeito do tema.

O capítulo 2 busca estabelecer um suporte teórico-conceitual para a imparcialidade por meio do reconhecimento do seu conteúdo e da sua função na relação jurídica processual. Será demonstrado que a ideia comumente difundida de imparcialidade como a inexistência de "outras influências" além dos argumentos das partes na decisão do julgador não se sustenta filosófica, linguística, sociológica e mesmo juridicamente, pois não reconhece que o fenômeno de conhecer algo – imprescindível (ou mesmo identificável) à ação de valorar e julgar – apoia-se nas pré-compreensões do julgador. Por tal razão, com base no *modelo democrático de processo* e no conceito de *influência*, o capítulo em questão propõe outra concepção de imparcialidade, ligada à não vedação do julgador à influência dos argumentos das partes para o seu convencimento. No entanto, diante da impossibilidade de aferição *in natura* desse fenômeno psíquico, o presente estudo propõe a operacionalização desse conceito por inferências realizadas pelo intérprete a partir de eventos reconhecíveis e identificáveis, operacionalização essa pautada, portanto, na *aparência*.

O capítulo 3 busca a operacionalização do conceito de imparcialidade sugerido no capítulo anterior, utilizando-se de *premissas de estrutura* aplicáveis também para o método de padronização escolhido pela LA, e de *premissas de conteúdo* derivadas da categorização das hipóteses mais comuns de ensejar a aparência de parcialidade (com a eleição de critérios para a análise de cada categoria). A partir dessas premissas, o intérprete poderá propor norma específica para regular o evento concreto, norma essa que deverá ostentar coerência externa (frente ao sistema jurídico aplicável) e interna (frente ao evento normatizado). Conforme já foi colocado, a proposta de norma não pode ignorar o ambiente institucional no qual se desenvolve a arbitragem – e seus personagens, práticas e estímulos –, sob pena de perder a coerência externa ou interna. Como a norma é proposta pelo intérprete (que também possui suas pré-compreensões), o capítulo em questão também trata desse personagem.

O capítulo 4 trata de questões que exsurgem do suporte teórico-conceitual da imparcialidade e do método de operacionalização propostos, os quais ressaltarão a existência padrões de análise diferentes para o árbitro e para o juiz, além de favorecer sua distinção frente à noção geral de independência, identificada pela doutrina – equivocadamente – como fenômeno "objetivo". O capítulo em questão também busca distinguir a imparcialidade do dever de revelação, seja quanto à sua natureza, seja quanto aos efeitos das respectivas violações. Após discutir a possibilidade, à luz da legislação brasileira, de se assumirem diferentes padrões de imparcialidade para os membros de um tribunal arbitral, o capítulo é fechado com um olhar sobre novíssimas questões que envolvem o tema em análise.

Importante ressaltar que o presente estudo não trata de questões eminentemente procedimentais, a saber, o tempo, o modo e a forma da apresentação de eventual recusa ou impugnação de árbitro, que podem variar de acordo com o regulamento institucional adotado pelas partes. Tampouco trata da ação anulatória de sentença arbitral, da qual a violação da imparcialidade é apenas uma das possíveis causas de pedir e cujo procedimento e eficácia da respectiva sentença ultrapassam o objeto do presente estudo.

CAPÍTULO 1.
INSUFICIÊNCIA DA NOÇÃO GENÉRICA E DOS PADRÕES RELATIVOS À IMPARCIALIDADE DO ÁRBITRO

1.1. Imparcialidade como atributo inerente a qualquer julgador

A raiz moral da imparcialidade é orientada a identificar uma escolha eticamente adequada entre a satisfação de interesses subjetivos total ou parcialmente excludentes, especialmente quando os indivíduos não possuem relação familiar ou íntima[11]. Essa procura não é nova: já na filosofia antiga, Platão e Aristóteles buscaram responder à questão do bem viver (*eudamonia*) envolvendo a imparcialidade, respectivamente, em um sistema ético baseado em forma e conteúdos ideais ou em resoluções que tomassem como premissa a vida prática[12]. A filosofia moderna aproveitou-se dessa dicotomia original, não descurando do tema da imparcialidade, ora tratando-o como instrumento da preservação da paz individual e social (destacando-o, com isso, da prudência subjetiva aristotélica)[13], ora como a referência de um observador

---

[11] Assim, a imparcialidade busca a proporção correta entre a satisfação do "meu" interesse frente ao interesse "dos outros". BRIAN FELTHAM. *Partiality and impartiality in ethics*, in BRIAN FELTHAM; JOHN COTTINGHAM. *Partiality and impartiality: morality, special relationships and the wider world*. New York: Oxford, 2010, pp. 2-4.

[12] De modo muitíssimo simplificado, para Platão há o que é imanentemente e idealmente correto e justo, tanto na forma quanto no conteúdo, e é isso o que o homem deve buscar (*A república*, livros VI e VII, disponível no endereço eletrônico http://www.gutenberg.org/files/1497/1497-h/1497-h.htm; consulta em 21.02.2017), enquanto que, para Aristóteles, o que é correto e justo se revela no equilíbrio que o homem deve estabelecer entre as suas necessidades e as necessidades dos demais ao longo da sua vida (*Ética a Nicômano*, sobretudo livros IX.8, X.8 e 9. Disponível no endereço eletrônico http://classics.mit.edu/Aristotle/nicomachaen.html; consulta em 21.02.2017).

[13] É o que faz Thomas Hobbes, ao tratar das causas, geração e definição da *commonwealth*. THOMAS HOBBES. *The English works*. v. III, London: John Bohn, 1840, pp. 113-117, disponível no endereço eletrônico http://files.libertyfund.org/files/585/Hobbes_0051-03_EBk_v7.0.pdf; consulta em 21.02.2017. Para a finalidade do presente estudo, Hobbes foi mais a fundo, apontando que: "An arbitrator, therefore [...] is trusted by the parties to any controversy, to determine the same by

imaginário para a identificação da ação moralmente adequada (reintroduzindo a subjetividade, ainda que por meio de um sujeito hipotético)[14], ora alçado como imperativo categórico (para além de qualquer subjetividade)[15], ora, ainda, como uma variável dependente da posição e situação entre os sujeitos titulares dos interesses e que visa, no caso concreto, promover a máxima felicidade possível de todos (dando vez a uma análise plurisubjetiva e utilitarista da imparcialidade)[16].

O auxílio prestado pela filosofia na estruturação de diferentes visões sobre a imparcialidade, dando destaque à conduta eticamente correta do sujeito que deve escolher a prevalência entre o seu interesse e o interesse de outro, é útil também quando, adentrando o campo jurídico, faz-se necessário estabelecer as condições para se avaliar a prevalência entre um interesse próprio (juridicamente qualificado) sobre outro[17].

No entanto, para além da ponderação entre interesses juridicamente qualificados do próprio sujeito frente aos demais, a imparcialidade faz-se vital quando o sujeito não irá apenas avaliar, mas também decidir, em uma disputa estabelecida mediante pleitos formulados por outros sujeitos, qual deles deverá ter seu interesse desatendido (e em qual medida) e qual deles verá seu interesse prevalecer. Em outras palavras, é no momento do julgamento de uma controvérsia – e, portanto, durante o fenômeno estudado pelo Direito Processual – que a imparcialidade torna-se elemento imprescindível.

---

declaration of his own judgment therein", que "for in that case he [the arbitrator] is a party, and ough by the same reason to be judged by another", e, principalmente, que "[n]evertheless for the trust reposed in him, and for the equality which the law of nature requireth fim to consider in the parties, he violateth the law, in for favour, or hatred to either party, he give other sentence than he thinketh right." THOMAS HOBBES. *The English works*. v. IV. London: John Bohn, 1840, p. 106. Disponível no endereço eletrônico https://archive.org/stream/englishworksofth029531mbp#page/n147/mode/2up; consulta em 21.02.2017.

[14] ADAM SMITH. *The theory of moral sentiments*. Indianapolis: Liberty Fund, 1982, p. 148.

[15] *"Age como se a máxima da tua acção se devesse tornar, pela tua vontade, em lei universal da natureza"*. IMMANUEL KANT. *Fundamentação da metafísica dos costumes* (trad. Paulo Quintela). Lisboa: Edições 70, 2007, p. 59.

[16] A ideia, lançada por Jeremy Bentham, é desenvolvida por John Stuart Mill através do "princípio da máxima felicidade". JOHN STUART MILL. *Utilitarianism*. 7. ed. London: Longmans, Green, And Co., 1879, p. 5. Disponível no endereço eletrônico http://www.gutenberg.org/files/11224/11224-h/11224-h.htm; consulta em 21.02.2017.

[17] A inter-relação entre direito e ética é tratada sobretudo na Filosofia do Direito. Para uma análise histórico-evolutiva do fenômeno, vide JEAN-CASSIEN BILLIER; AGLAÉ MARYIOLI. *História da filosofia do direito* (trad. Maurício de Andrade). Barueri: Manole, 2005.

CAPÍTULO 1. INSUFICIÊNCIA DA NOÇÃO GENÉRICA E DOS PADRÕES RELATIVOS...

A ideia de imparcialidade do julgador é tão cara à experiência jurídica e à administração da justiça que é considerada elemento fundamental tanto pela práxis antiga[18] quanto pelas correntes metodológicas modernas do Direito Processual[19]. No entanto, a despeito da sua vital importância, não são muitos os autores[20] que esboçaram maior preocupação em situar analiticamente a imparcialidade no fenômeno processual, razão pela qual ela é caracterizada ora como *condição* do exercício legítimo da função jurisdicional[21], ora como *qualidade* do julgador[22], ora como *elemento* do próprio método processual[23], sem maiores preocupações com o seu sentido e alcance, identificados sob uma noção genérica de *dever* do julgador[24] de decidir – sem prevenção ou juízo prévio – em favor de ou contra pessoas ou coisas[25] e sem interesse direto e indireto na causa[26].

No campo normativo, o tema não foi tratado expressamente pela Constituição Federal, razão pela qual é considerado como indiretamente referido mediante a garantia do devido processo (art. 5º, inc. LIV) e pela incorporação[27] do Pacto Internacional de Direitos Civis e Políticos de 1966, ratificado pelo

---

[18] Assim noticia PIERO CALAMANDREI. *Giustizia e politica: sentenza e sentimento*, in *Processo e democrazia*. Padova: CEDAM, 1954, pp. 46-48.

[19] Trata-se do contraditório-influência, que considera a participação dos destinatários da decisão no procedimento da sua produção como método legitimador. Essa participação, comprometida com as regras do discurso, compõe modelo que visa assegurar racionalidade e controlabilidade – e assim a legitimidade – da decisão final. Somente pode ser convencido racionalmente, pelo discurso, o julgador não contaminado de parcialidade. Sobre o tema, NICOLÒ TROCKER. *Processo civile e costituzione: problemi di diritto tedesco e italiano*. Milano: Giuffrè, 1974, pp. 114-115.

[20] Exceção seja feita ao estudo de Flávio Galdino que, apoiado em outros autores que também se esforçaram em situar a imparcialidade de modo analítico, defende a existência de três perfis da imparcialidade complementares e intrinsicamente ligados, a saber, imparcialidade-juiz natural, imparcialidade-equidistância e imparcialidade-independência. FLÁVIO GALDINO. *Princípio da imparcialidade judicial*, in RICARDO TORRES; FLAVIO GALDINO; EDUARDO KATAOKA. *Dicionário de princípios jurídicos*. São Paulo: Elsevier, 2011, p. 567.

[21] JOSÉ CARLOS BARBOSA MOREIRA. *Reflexões sobre a imparcialidade do juiz*, in *Temas de direito processual – sétima série*. São Paulo: Saraiva, 2001, p. 19.

[22] MAURO CAPPELLETTI. *Ideologias en el derecho procesal*, in *Proceso, ideologias, sociedad* (trad. Santiago Sentís Melendo). Buenos Aires: Ediciones Juridicas Europa-America, 1974, p. 4. No mesmo sentido, RUI PORTANOVA. *Princípios do processo civil*, Porto Alegre: Livraria do Advogado, 1995, p. 79.

[23] SERGIO JOSÉ BARBERIO. *La imparcialidad judicial*, in *Activismo y garantismo procesal*. Córdoba: Academia Nacional de Derecho y Ciencias Sociales de Córdoba, 2009, pp. 21-31.

[24] GIUSEPPE ARMANI (Ed.). *Enciclopedia del diritto*. 2. ed. Italia: Garzanti, 2001, p. 644.

[25] VÍCTOR DE SANTO. *Diccionario de derecho procesal*. 2. ed. Buenos Aires: Editorial Universidad, 1995, p. 185.

[26] ANA PRATA. *Dicionário jurídico*. v. I, 5. ed. Coimbra: Almedina, 2008, p. 725.

[27] ARTUR CÉSAR DE SOUZA. *A parcialidade positiva do juiz*. São Paulo: RT, 2008, p. 57.

Brasil (art. 5º, § 2º), que prevê que "[t]oda pessoa terá o direito de ser ouvida publicamente e com as devidas garantias por um Tribunal competente, independente e imparcial"[28], sendo que tanto o Código de Processo Civil de 1973 (CPC/73 – arts. 134 e 135)[29] e o novo Código de Processo Civil (CPC/15 – arts. 144 e 145) quanto o Código de Processo Penal (CPP – arts. 252 e 253) trazem elencos esparsos de hipóteses de presunção absoluta (impedimento) e de presunção relativa (suspeição) de parcialidade do julgador[30].

Assim, apesar de o Direito Processual reconhecer a relevância da imparcialidade, ele acaba por não superar a vagueza do termo ao não lhe atribuir um significado conceitual e funcionalmente unívoco nem desenvolver as premissas de sua operacionalização em casos práticos, razão pela qual é possível extrair apenas uma noção genérica do seu conteúdo – a qual deve ser ultrapassada para o seu estudo no âmbito da arbitragem.

1.2. Transposição da noção genérica de imparcialidade para a arbitragem

1.2.1. Transposição não uniforme do conceito de imparcialidade para a arbitragem e o advento das noções de independência e de neutralidade

Reconhecido o caráter processual da arbitragem[31], também o árbitro – o julgador nesse método – deve ostentar a qualidade comumente identificada sob a noção genérica de imparcialidade.

---

[28] Decreto de Promulgação (nº 592/1992) e Tratado disponíveis no endereço eletrônico http://www.planalto.gov.br/ccivil_03/decreto/1990-1994/D0592.htm; consulta em 21.02.2017.

[29] No CPC de 1939, as causas de impedimento e suspeição do juiz (todas tratadas pelo termo "suspeição") eram estabelecidas nos incisos do art. 184, ao qual o art. 1.033, relativo à "suspeição" do árbitro, fazia referência.

[30] Registre-se a tentativa de Mattirolo, resgatada por Vescovi, de congregar as hipóteses em quatro motivos fundamentais, ligados à subjetividade do julgador: afeto, interesse, animosidade e amor próprio. ENRIQUE VESCOVI. *Teoría general del proceso*. Bogotá: Temis, 1984, p. 149.

[31] Não por outra razão a obra fundamental sobre a arbitragem na doutrina brasileira recebeu o título "Arbitragem e Processo". Não obstante, o autor informa que na LA não existem apenas regras processuais. CARLOS ALBERTO CARMONA. *Arbitragem e processo*. 3. ed. São Paulo: Atlas, 2009, p. 14. De fato, embora a arbitragem tenha origem contratual (pois deriva de negócio jurídico celebrado entre as partes) e envolva também uma relação contratual (o contrato de arbitragem, por força do qual o árbitro e a instituição de arbitragem prestam seu serviço às partes), é na relação jurídica processual, distinta da contratual, que a solução do litígio é obtida. Sobre a relação contratual entre instituições, árbitro e partes, vide VALERIO SANGIOVANNI. *Il rapporto contrattuale tra gli arbitri e le parti nel diritto tedesco*, in *I contratti*, n. 8-9, 2005, pp. 827-837.

CAPÍTULO 1. INSUFICIÊNCIA DA NOÇÃO GENÉRICA E DOS PADRÕES RELATIVOS...

A situação de vagueza do termo "imparcialidade", já existente no que concerne ao processo civil estatal, é agravada quando ele é transportado para a arbitragem, em razão da falta de uniformidade com que é tratado na legislação de diversos países, nos regulamentos e códigos de ética das instituições arbitrais e na doutrina dedicada ao tema. Essa falta de uniformidade ora deriva da atribuição de diferentes significados ao termo, ora da confusão e baralhamento com os termos "independência" e "neutralidade", consagrados na prática da arbitragem comercial internacional.

De fato, algumas legislações nacionais utilizam apenas o termo "imparcialidade" para descrever a qualidade que o árbitro deve ostentar: é o que ocorre na *Arbitration Act* inglesa (*Rule 24.1.a* e *Rule 33.1.a*), na *Revised Uniform Arbitration Act* norte-americana (*Section 12*) e no *Arbitration Act* sueco (*Section 8*), por exemplo. Outras legislações, por sua vez, não usam o termo "imparcialidade" e fazem referência apenas ao termo "independência": é o caso da *Loi Fédérale sur le Droit International Privé* suíça (art. 180, alínea 2, letra "c"). Algumas legislações fazem uso de ambos os termos, tais como o *Code Judiciaire* belga (art. 1.690), a *Zivilprozessordnung* alemã (§ 1.036), a *Ley de Arbitraje* espanhola (art. 18, § 2º) e a Lei de Arbitragem brasileira (art. 13, § 6º). O *Code de Procédure Civile* francês[32] (art. 1452, alínea 2) não fazia referência a nenhum termo; simplesmente determinava que o árbitro informasse, antes de aceitar o encargo, a existência de qualquer causa para sua recusa; essa orientação foi alterada com o advento do *Décret n. 2011-48*, de 13 de janeiro de 2011 que, ao reformar o *Code de Procédure Civile*, inseriu referência expressa aos termos "imparcialidade" e "independência" (art. 1456, alínea 2). No mesmo sentido, a antiga Lei de Arbitragem Voluntária portuguesa previa apenas que era "aplicável o regime de impedimentos e escusas estabelecido na lei de processo civil para os juízes" (art. 10, nº 1), sendo que, com a nova lei (Lei 63/2011), passou-se a prever expressamente que os "árbitros devem ser independentes e imparciais" (art. 9, nº 3). O art. 12.1 da Lei Modelo da Comissão das Nações Unidas para o Direito Comercial Internacional (UNCITRAL) de 1985, com as alterações adotadas em 2006, prevê que o árbitro pode ser "objetado se existirem circunstâncias que possam suscitar dúvidas fundamentadas sobre sua imparcialidade ou independência"[33].

---

[32] Até o adento da *Loi n. 2007-1787*, de 20 de dezembro de 2007, o texto era denominado "*Noveau Code de Procédure Civile*".
[33] Tradução não oficial do texto para o português por Flavia Fóz Mange, Gustavo Santos Kulesza, Rafael Bittencourt Silva e Rafael Vicente Soares. Vide COMISSÃO DAS NAÇÕES UNIDAS PARA O DIREITO COMERCIAL INTERNACIONAL. *Lei Modelo da UNCITRAL sobre Arbitragem Comercial Internacional 1985, com as alterações adotadas em 2006*. Disponível no endereço eletrônico http://cbar.org.br/site/wp-content/uploads/2012/05/Lei_Modelo_Uncitral_traduzida_e_revisada_versao_final.pdf; consulta em 21.02.2017.

A consulta à doutrina dedicada à análise dos termos nas diferentes legislações não auxilia a interpretação. Segundo certo entendimento, a independência está contida na imparcialidade[34]; segundo outra orientação, em sentido diametralmente oposto, a imparcialidade é vista como corolário ou consequência da independência[35]; e, por fim, uma terceira orientação busca afastar os conceitos, atribuindo a cada qual um conteúdo específico[36].

Na tentativa, senão de definir, ao menos de apartar os termos para tratá-los de modo teoricamente mais sistemático e praticamente mais operativo – e assim superar a confusão conceitual ensejada pela interpretação direta das leis nacionais – os textos doutrinários pesquisados para a elaboração do presente estudo tendem a reconhecer certas características particulares aos conteúdos da imparcialidade e da independência, separando-os ainda do conteúdo da neutralidade do árbitro.

Tomar por empréstimo um conceito desenvolvido por outro ramo do Direito é o que faz a doutrina arbitral ao se apropriar das noções derivadas do art. 10 da Declaração Universal dos Direitos Humanos, a qual, ao se referir à necessidade de julgamento por um "tribunal independente", interpreta a expressão como "garantia de uma justiça não subordinada a razões

---

[34] É o sentido atribuído pela doutrina à lei sueca, pois "[t]he first two paragraphs of section 8, and to some extent the third, mention situations where there is not only a lack of impartiality, but also doubt as to the arbitrator's independence. In the Act, independence is not mentioned explicitly, but is included in the concept of impartiality." KAJ HOBÉR. *Arbitration reform in Sweden*, in *Arbitration international*, v. 17, n. 4, 2001, p. 362.

[35] É o sentido atribuído pela doutrina à lei suíça, pois "[a]ccording to the drafters of article 180(1)(c) of the PILA, impartiality can be considered to the corollary of the independence of an arbitrator or, at least, usually result of such independence". Posição diversa na doutrina suíça, com base na mesma regra, também se verifica, pois "[b]ased upon the fact that the express wording of Article 180(1)(c) of the PILA only refers to independence, some legal commentators have, however, maintained that the standard for independence and impartiality of a party-appointed arbitrator is less strict than one applicable to the chairperson or an arbitrator appointed by third parties or a court". Registro das duas opiniões é dada por GABRIELLE KAUFMANN-KOHLER; BLAISE STUCKI. *International arbitration in Switzerland: a handbook for practitioners*. The Hague: Kluwer Law International, 2004, p. 42.

[36] Em debate ao projeto de lei que deu origem ao *Arbitration Act* inglês, *Lord* Lester sugeriu a introdução de emenda que explicitasse (também) o requisito de independência do árbitro, sob a argumentação de que a imparcialidade não resulta necessariamente na independência e que a ausência expressa ao termo poderia ser contrária à garantia de independência do julgador expressa no artigo 6º da Convenção Europeia de Direitos Humanos. Sobre o tema, vide ROBERT MERKIN. *Arbitration Act 1996, an annotated guide*. London: Informa Professional, 1996, pp. 12-13.

de Estado"[37]. A ideia de não subordinação – relação que pode ser objetivamente verificada e demonstrada – foi a base para o preenchimento do conceito de independência na doutrina arbitral. Assim, apesar de os critérios de independência do Poder Judiciário ou de seus membros não se subsumirem aos aplicáveis ao árbitro[38], a independência deste é compreendida como a ausência de elemento potencialmente condicionante do julgamento, ou seja, a inexistência de um vínculo de subordinação ou de relação pessoal, social, negocial ou financeira objetivamente considerada entre o árbitro e a parte (ou seu advogado)[39]. De modo genérico, entende-se que a falta de independência deriva de relações problemáticas entre o árbitro e uma das partes ou seu advogado, resultantes de acordos ou relações financeiras, ligações de cunho sentimental (amizade ou laços familiares) ou ligação à identificação de grupo (compartilhar nacionalidade ou filiação profissional)[40].

As justificativas para a identificação e proteção da independência na arbitragem giram entre uma perspectiva que põe foco no livre convencimento do árbitro e que considera que seria difícil a este, ao possuir relação ou vínculo próximo com uma das partes, decidir sem favorecê-la, e uma perspectiva focada na confiança depositada no método de solução de conflitos, que restaria quebrada por conta da relação ou vínculo próximo do árbitro com uma das partes[41].

---

[37] ORLANDO VIEGAS MARTINS AFONSO. *Poder judicial – independência in dependência*. Coimbra: Almedina, 2004, p. 67. A apropriação do termo é registrada em transcrição que a doutrina arbitral faz de decisões da Corte Europeia de Direitos Humanos; a exemplo da transcrita em obra dedicada à arbitragem: "in order to establish whether a tribunal can be considered as 'independent', regard must be had, *inter alia*, to the manner of appointment of its members and their term of office, the existence of guarantees against outside pressures and the question whether the body presents an appearance of independence [...]. As to the question of 'impartiality', there are two aspects of this requirement. First, the tribunal must be subjectively free of personal prejudice or bias. Secondly, it must also be impartial from an objective viewpoint, that is, must offer sufficient guarantees to exclude any legitimate doubt in this respect", conforme aponta LORETTA MALINTOPPI. *Independence, impartiality and duty of disclosure of arbitrators*, in PETER MUCHLINSKI; FEDERICO ORTINO; CHRISTOPH SCHREUER (Ed.). *Oxford handbook of international investment law*. New York: Oxford University Press, 2008, pp. 807-808.

[38] Esse tema será tratado nos capítulos 3.3 e 4.1.

[39] Nesse sentido, M. SCOTT DONAHEY. *The independence and neutrality of arbitrators*, in *Journal of international arbitration*, v. 9, n. 4, 1992, p. 31.

[40] WILLIAM W. PARK. *Arbitrator integrity: the transient and the permanent*, in *San Diego law review*, v. 46, 2009, p. 636.

[41] CHIARA SPACCAPELO. *L'imparzialità dell'arbitro*. Milano: Giuffrè, 2009, pp. 103-104.

Enquanto a independência do árbitro estaria ligada à ausência de conexões próximas com as partes (ou até mesmo com seus advogados), a imparcialidade relacionar-se-ia com o prejulgamento do litígio, ou seja, com uma *inclinação* ou *tendenciosidade* inadmissível do árbitro em relação a uma das partes ou à matéria em disputa[42]. Essa *inclinação* ou *tendenciosidade* do árbitro para o favorecimento de uma das partes (tratada, na língua inglesa, pelo termo "bias") teria outras origens que não a conexão ou relacionamento entre ambos, podendo ser fruto de preconcepções do árbitro a respeito das partes (preconcepções ligadas, por exemplo, à honestidade, etnia, nacionalidade ou orientação política) ou a respeito da matéria envolvida (preconcepções ligadas à predeterminação sincera do árbitro quanto à tese vencedora, sem a análise dos argumentos jurídicos ou dos fundamentos fáticos da pretensão, ou mesmo derivada de corrupção)[43] [44]. Antecipando apontamento a ser feito mais adiante neste estudo, a insuficiência dessa distinção levou autores fundir a objetividade e a subjetividade que caracterizaria, respectivamente, a independência da imparcialidade[45].

As discussões sobre as características essenciais do árbitro que assegurariam o tratamento equânime das partes, a confiança destas no processo e uma decisão justa não se limitam às noções genéricas de independência e de imparcialidade, envolvendo também – sobretudo nas arbitragens internacionais – a ideia de neutralidade do julgador[46].

Na arbitragem, o termo "neutralidade" é costumeiramente utilizado para designar a ausência de identidade nacional, cultural[47] ou até mesmo religiosa[48] entre árbitro e partes. Embora seja um elemento verificável objetivamente, ele se tornou relevante para a arbitragem internacional sob a premissa de que,

---

[42] WILLIAM W. PARK. *Arbitrator integrity...* op. cit., p. 635.

[43] SAMUEL ROSS LUTTRELL. *Bias challenge in international commercial arbitration: the need for a 'real danger' test*. The Hague: Kluwer Law International, 2009, p. 20.

[44] Especialmente quanto a erros de julgamento derivados da heurística ou de vieses, vide BRUNO GUANDALINI. *Economic analysis of the arbitrator's function*. The Hague: Kluwer Law International, 2020, pp. 331-366.

[45] Para Marc Henry, *"l'appréciation de l'indépendance de l'arbitre doit être de nature objective tempérée (de subjectivisme)"*. MARC HENRY. *Affaire Tecnimont: de la défense de l'orthodixie*, in Petites affiches, n. 215, 28 Octobre 2014, p. 9.

[46] PIERRE LALIVE. *On neutrality of the arbitrator and of the place for arbitration*, in CLAUDE REYMOND; EUGÈNE BUCHER (Ed.). *Swiss essays on international arbitration*. Zurich: Schulthess Polygraphischer Verlag, 1984, p. 23.

[47] M. SCOTT DONAHEY. *The independence...* op. cit., p. 32.

[48] TIBER VÁRADY; JOHN J. BARCELÓ III; ARTHUR T. VON MEHREN. *International commercial arbitration: a transnational perspective*. 3. ed. New York: West Publishing, 2006, p. 265.

CAPÍTULO 1. INSUFICIÊNCIA DA NOÇÃO GENÉRICA E DOS PADRÕES RELATIVOS...

quanto menor a identidade nacional, política ou religiosa entre partes e árbitro, menores as chances de que este possa ser influenciado por tais fatores ao proferir sua decisão[49]. É entendimento corrente, na arbitragem internacional, que o árbitro escolhido pelas partes serve, idealmente, como um "intermediário" cultural, jurídico e negocial, bem como um "tradutor" da parte que o escolheu[50]; essa característica, desejável nos coárbitros, não se coadunaria com o papel a ser desempenhado pelo árbitro presidente[51].

Existe, ainda, uma acepção do termo "neutralidade" derivada da prática arbitral norte-americana, segundo a qual os árbitros não neutros (escolhidos pelas partes) possuiriam padrões de independência e imparcialidade diferentes do árbitro neutro (o presidente do painel), o que lhes possibilitaria, entre outras peculiaridades, ostentar *predisposição* à tese defendida pela parte que o indicou, servindo como seu representante no tribunal arbitral[52] inclusive para discutir com ela, diretamente e sem a presença da outra parte ou do restante dos julgadores, a força dos seus argumentos perante o tribunal arbitral para facilitar eventual composição[53].

[49] Nesse sentido, "[m]ore than a national lawyer, someone who is internationally-minded, trained in comparative law and inclined to adapt to a comparative and truly 'international outlook'. In this way, he will really be neutral in relation to the legal systems and methods, whether procedural or substantive, of both parties – systems and methods which, whatever may be the law chosen to govern the subject-matter in dispute, are bound to influence to some extent the parties' attitudes and presentations, consciously or not, as arbitration practice frequently reveals". PIERRE LALIVE. *On neutrality... op. cit.*, p. 23. É por essa razão que os regulamentos de algumas instituições arbitrais, tal como o da CCI (art. 13.5), estabelecem que em processos nos quais haja partes de diferentes nacionalidades, o árbitro presidente ou o árbitro único não deve compartilhar a nacionalidade de nenhuma delas.

[50] ILHYUNG LEE. *Practice and predicament: the nationality of the international arbitration (whit survey results)*, in Fordham international law journal, v. 31, n. 3, 2008, p. 604. Em crítica a essa percepção, JAN PAULSSON. *Moral hazard in international dispute resolution*, p. 10. Disponível no endereço eletrônico http://www.arbitration-icca.org/media/0/12773749999020/paulsson_moral_hazard.pdf; consulta em 21.02.2017.

[51] Nesse sentido: "the usual practice in international commercial arbitration is to appoint a sole arbitrator (or a presiding arbitrator) of a different nationality from that of the parties to the dispute". ALAN REDFERN; MARTIN HUNTER; NIGEL BLACKABY; CONSTANTINE PARTASIDES. *Redfern and Hunter on international commercial arbitration*. 5. ed. New York: Oxford University, 2009, pp. 261-262.

[52] SETH H. LIEBERMAN. *Something's rotten in the state of party-appointed arbitration: healing ADR's black eye that is "nonneutral neutrals"*, in Cardozo journal of conflict resolution, v. 5, 2004, pp. 224-225. No entanto, o autor demonstra que os diferentes Circuitos norte-americanos – e os próprios profissionais que atuam como árbitros – não têm entedimento unívoco sobre o comportamento esperado do "non-neutral" no que diz respeito à sua vinculação à tese da parte que o nomeou, às comunicações com a parte e quanto ao alcance do dever de revelação.

[53] OLGA K. BYRNE. *A new code of ethics for commercial arbitrators: the neutrality of party-appointed arbitrators on a tripartite panel*, in Fordham urban law journal, v. 30, 2003, pp. 1.842-1.843.

A exemplo do que ocorre com a relação entre as noções gerais de independência e imparcialidade, a relação destas com a noção geral de neutralidade e sua importância para a arbitragem não são tradadas de modo claro e uniforme: há quem coloque a independência como o resultado da neutralidade e imparcialidade, que seriam seus pré-requisitos, de modo que a neutralidade seria a possibilidade do árbitro ser e manter-se totalmente equidistante em pensamento e ações durante todo o curso do processo, enquanto a imparcialidade envolveria o *status* do árbitro a ser realmente testado no contexto das concretas relações existentes entre o árbitro e cada parte[54]; e há quem, em sentido oposto, sugira ser a neutralidade a mais proeminente característica do árbitro, à frente da imparcialidade e independência[55]. Outro entendimento, por fim, nega autonomia à neutralidade, enquadrando seu conteúdo nas noções de imparcialidade ou de independência[56].

O apoio na legislação e doutrina dedicadas ao tema da imparcialidade do árbitro nada mais confere senão uma noção genérica do seu conteúdo em comparação a noções também genéricas de independência e de neutralidade, que não são operativas para a solução dos casos concretos, visto não permitirem a identificação precisa da sua inter-relação e, por derivação, a extração de consequências jurídicas.

1.2.2. Impossibilidade de identificação precisa dos conteúdos da imparcialidade, da independência, da neutralidade e da sua importância no caso concreto

Mesmo que, com algum voluntarismo, fosse possível a superação das dificuldades para a conceituação e identificação da inter-relação entre imparcialidade, independência e neutralidade dos árbitros com o apoio em noções gerais – cuja aceitação, já se viu, não é pacífica – o que se veria, em um exame mais aprofundado, é que tais noções não possuem nível de detalhamento e especificidade para a efetiva operação em casos concretos.

A noção geral de imparcialidade como inclinação inadmissível do árbitro a ponto de ensejar prejulgamento não é operativa, pois, além de não trazer o método pelo qual terceiros poderiam mensurar objetivamente uma inclinação psíquica e subjetiva do árbitro[57], também não permite o traçado da linha

---

[54] GIORGIO BERNINI. *Report on neutrality, impartiality, and independence*, in *The arbitral process and the independence of arbitrators*. Paris: ICC Publishing, 1991, p. 31.
[55] PIERRE LALIVE. *On neutrality... op. cit.*, p. 24.
[56] WILLIAM W. PARK. *Arbitrator integrity... op. cit.*, p. 637.
[57] Esse tema será tratado no capítulo 2.1.2.

divisória entre as crenças e pontos de vista (inalienáveis, visto que o árbitro também é uma pessoa inserida no mundo) aceitáveis do julgador e as crenças e pontos de vista que impediriam uma análise imparcial do litígio. Sem desenvolvimento e fora de premissas claras de análise, a noção de imparcialidade não é útil e não responde a questões que podem se suceder – e se sucedem na vida real – em escala progressiva de complexidade. Pergunta-se: deveria ser qualificado como imparcial o árbitro que é um especialista na matéria objeto do conflito se já houvesse publicado estudo no qual revelasse sua posição, que seria *a priori* favorável a uma das partes, como por exemplo, uma visão pró--minoritários em conflitos societários? E se o árbitro, sem nada ter escrito ou publicado, participasse de encontro acadêmico cujo tema fosse "sociedades e acionistas minoritários", organizado por um grupo de estudos patrocinado por companhias listadas na B3 (antiga BOVESPA)? E se, ao invés de meramente participar de evento, o árbitro fosse participante ativo de um grupo de estudos sobre essa matéria? E se fosse o coordenador desse grupo? E se, ao invés de grupo de estudos, o árbitro participasse de uma instituição de "defesa" dos acionistas minoritários? O que ocorreria se um acionista minoritário ou seu advogado, envolvidos no processo arbitral, também participassem de uma ou mais dessas atividades juntamente com o árbitro[58]?

Por sua vez, não parece correta a afirmação de que a independência seria de mais fácil identificação, pois diferentemente da imparcialidade, seria verificável objetivamente[59]. Se ela deriva da existência de um vínculo entre o árbitro e a parte (ou seu advogado), parece evidente que o *grau* de dependência irá variar de acordo com a *natureza* ou a *estreiteza* desse vínculo. Não basta, assim, identificar tal vínculo, tornando-se inescapável o exercício de um juízo de valor sobre o grau de dependência que ele cria. Não há dúvida de que o árbitro, ao ser titular de 50% das ações representativas do capital de uma sociedade que venha a ser parte em um procedimento arbitral, dela retirando o seu sustento, está intimamente ligado por laço de dependência. Mas, e se, ao invés de 50%,

---

[58] No que diz respeito à participação do árbitro e de uma parte em um mesmo colóquio (sem qualquer consideração quanto às orientações ideológicas do árbitro – o que afasta o caso do exemplo discutido), já foi decidido pela Corte de Cassação francesa que tal fato, ainda que não revelado, não enseja dúvida quanto à imparcialidade do árbitro. *Cour de cassation*, decisão de 04.07.2012, in *Revue de l'arbitrage*, 2012, n. 3, p. 682.

[59] Nesse sentido: "The concept is related to an objective measure in the sense that it is possible to determine what is the relationship between the arbitrator and the party in question". BRUNO MANZANARES BASTIDA. *The independence and impartiality of arbitrators in international commercial arbitration*, in Revista e-mercatoria, v. 6, 2007, p. 4.

o árbitro fosse titular de uma dezena de ações de uma companhia com muitos milhões delas? E se, ao invés de ações, o árbitro fosse proprietário de quotas de um fundo que, entre outras companhias, também investisse naquela que figurava como parte no litígio? E se o árbitro fosse acionista do banco que gerisse tal fundo recebendo dividendos pelos resultados? Todas essas situações se alterariam se o árbitro houvesse entregado a administração do seu patrimônio a gestor profissional, a quem incumbiam as escolhas de investimento? Faria diferença se a aquisição das ações ou quotas tivesse ocorrido depois da instauração do procedimento arbitral? E se fosse antes, faria diferença se fossem três dias ou três anos?[60] Outros exemplos sobre dependência: no Brasil, onde se sobressai a qualidade das universidades públicas, seria dependente do Estado o árbitro que fosse professor de uma dessas instituições, a ponto de não poder julgar causas que envolvessem empresas públicas ou de economia mista vinculadas ao mesmo ente federativo? Faria diferença o valor da remuneração que o árbitro recebesse da universidade pública? E se a universidade fosse federal, estaria o árbitro vetado a participar de processos arbitrais em que fosse parte uma empresa na qual o Banco Nacional de Desenvolvimento Econômico e Social (BNDES) houvesse investido ou da qual tivesse adquirido participação?

Em todos esses casos há um liame *objetivo* entre árbitro e parte, mas seria uma redução inaceitável apontar que todos eles caracterizam dependência – ou, ao menos, o mesmo *grau* de dependência – a ponto de impedir que o árbitro participe do julgamento da causa[61] por violação da imparcialidade. Das duas, uma: ou *qualquer* liame (ainda que tênue) caracterizará a dependência, sendo que o seu *grau* pode ou não influenciar na imparcialidade; ou apenas o liame (ainda que tênue) *que influenciar* na imparcialidade caracterizará a dependência. Seja como for, a objetividade supostamente evidenciada pela noção geral demonstra ter pouca serventia para a operação de casos concretos.

Também a noção geral de neutralidade, que gira em torno da ausência de identidade nacional, cultural ou religiosa do árbitro com uma das partes, não

---

[60] Também demonstrando que a imparcialidade não se revela com a propalada objetividade, embora com outros exemplos, CHRISTOPHER KOCH. *Standards and procedures for disqualifying arbitrators*, in *Journal of international arbitration*, v. 20, n. 4, 2003, pp. 237-239. No mesmo sentido, MARC HENRY. *Affaire Tecnimont... op. cit.*, p. 9.

[61] Nesse sentido: "An arbitrator who is impartial but not wholly independent may be qualified, while an independent arbitrator who is not impartial must be disqualified. In selecting party-appointed arbitrators in international arbitration, the absolutely inalienable and predominant standard should be impartiality". DOAK BISHOP; LUCY REED. *Practical guidelines for interviewing, selecting and challenging party-appointed arbitrators in international commercial arbitration*, in *Arbitration international*, v. 14, n. 4, 1998, p. 395.

é operativa. A despeito de a neutralidade aparentemente configurar elemento verificável objetivamente, a sua efetiva influência na decisão proferida em um procedimento arbitral não pode ser medida de modo concreto, indicando apenas uma possibilidade de que o árbitro venha a julgar impropriamente[62], minando a confiança das partes no procedimento específico[63].

A noção geral de neutralidade, além de sofrer do mesmo problema que atinge a noção geral de dependência, qual seja, a necessidade de atribuição de *graus* para dita identidade nacional, cultural ou religiosa entre árbitro e parte, sofre também da ausência de um critério para que mesmo *objetivamente* tal identidade seja reconhecida.

O que seria identidade nacional? Ela envolveria o país de nascimento do árbitro, o país que lhe conferiu cidadania ou também o país de domicílio? Imagine-se o seguinte exemplo[64]: um negócio entre uma indústria coreana e uma empresa japonesa, que distribui os produtos da primeira no mercado japonês, enseja conflito submetido a procedimento arbitral a ser decidido por árbitro único em Tóquio, segundo a lei coreana. Tomando-se neutralidade por mera nacionalidade, a conclusão é a de que tanto um árbitro coreano quanto um japonês não seriam neutros[65]. Mas o que aconteceria se o árbitro fosse norte-americano (sem origem japonesa ou coreana) que tivesse tido domicílio durante tempo considerável no Japão ou na Coreia[66]? E se apenas

---

[62] Nesse sentido: "Neutrality is not synonymous with impartiality. Rather, it is an exterior sign or an indication of likely impartiality; neutrality is easier to recognize, and easier to translate into standards". TIBER VÁRADY; JOHN J. BARCELÓ III; ARTHUR T. VON MEHREN. *International commercial... op. cit.*, p. 265.

[63] Nesse sentido, há um "greater degree of confidence... on all sides if there is no chance that one party will get a better hearing because of some cultural or national identification between the party and the arbitrator". TOBY LANDAU. *Composition and establishment of the tribunal*, in *American review of international arbitration*, v. 9, 1998, p. 73.

[64] Apresentado por ILHYUNG LEE. *Practice... op. cit.*, pp. 620-621.

[65] O autor da hipótese conduziu uma pesquisa entre advogados experientes em arbitragens internacionais que trabalham em Seul, na qual lhes foi perguntado se a nomeação de árbitro de nacionalidade japonesa no exemplo em questão os preocuparia (com três respostas possíveis: "não me preocuparia", "teria alguma preocupação" ou "iria me preocupar muito"), bem como se tais advogados iriam ou não impugnar o árbitro apontado. Dos dezenove advogados consultados, dois responderam ter alguma preocupação e dezessete responderam que se preocupariam muito; dezessete também responderam que impugnariam o árbitro, um respondeu que não impugnaria e outro não respondeu a essa pergunta. ILHYUNG LEE. *Practice... op. cit.*, pp. 622-623.

[66] Dos dezenove advogados que responderam à pesquisa, três revelaram que o árbitro americano que tivesse vivido tempo considerável no Japão não os preocuparia, onze apontaram que teriam alguma preocupação e cinco responderam que se preocupariam muito. Doze advogados disseram que impugnariam o árbitro. ILHYUNG LEE. *Practice... op. cit.*, p. 624.

tivesse residido por curto período? E se o árbitro tivesse pais nacionais desses países, tivesse lá nascido e crescido, mas imigrado aos Estados Unidos, onde teria adquirido cidadania e renunciado à cidadania de origem[67]? Seria importante para a avaliação da neutralidade do árbitro o exame da sua autoimagem como sendo um "japonês nos Estados Unidos", um "nipo-americano", um "americano de ascendência japonesa" ou simplesmente um "americano"? E se o árbitro tivesse nascido nos Estados Unidos, com ascendentes que emigraram do Japão já adultos[68]?

Ademais, ainda que a neutralidade, no sentido de ausência de identidade nacional não se fizesse presente no caso concreto (ou seja, o árbitro tivesse a mesma nacionalidade que uma das partes e diferente da outra), mas se isso fosse conhecido e aceito pelas partes, o árbitro estaria impedido de funcionar? Ou a neutralidade apenas teria relevância se interferisse na imparcialidade?

Logo se vê que as noções gerais de independência e de neutralidade têm pouca autonomia e podem, com vantagens, ser reconduzidas ao conceito de imparcialidade, conforme a proposta deste estudo.

1.3. Tentativas de padronização da imparcialidade do árbitro

1.3.1. As diversas técnicas de padronização

Diferentes técnicas foram concebidas na tentativa de se superar as deficiências das noções genéricas de imparcialidade e independência, e assim possibilitar a solução de casos concretos. Em geral, tais técnicas conferem mais concretude às ditas noções ao circunscreverem – com graus diferentes de especificidade e por meios diversos – as causas de recusa do árbitro ou da sua impugnação pelas partes. Delineando-se, portanto, as causas de recusa ou impugnação do árbitro, são também delineados padrões capazes de orientar a solução de casos concretos.

---

[67] Dos dezenove advogados que responderam à pesquisa, nove indicaram alguma preocupação e dez afirmaram que ficariam muito preocupados. Dezesseis afirmaram que impugnariam o árbitro e dois informaram que não o fariam. Um advogado não respondeu à pergunta sobre a impugnação. ILHYUNG LEE. *Practice... op. cit.*, pp. 624-625.

[68] Nessa versão, três advogados responderam que não teriam qualquer preocupação, dez indicaram que teriam alguma preocupação e seis informaram que se preocupariam muito. Quatorze advogados afirmaram que impugnariam o árbitro. ILHYUNG LEE. *Practice... op. cit.*, p. 627.

CAPÍTULO 1. INSUFICIÊNCIA DA NOÇÃO GENÉRICA E DOS PADRÕES RELATIVOS...

Essa especificação das causas de recusa e impugnação do árbitro pode ser realizada por direta tipificação legal ou, quando a lei confere essa abertura, por tipificação nos regulamentos das instituições arbitrais. É possível, porém, que a lei não tipifique as causas de recusa e impugnação do árbitro, mas sim estabeleça critérios mais ou menos abertos que sirvam de balizas para a futura identificação dessas causas pelo intérprete. É possível, ainda – o que ocorre sobretudo nos países de tradição *common law*[69] – que a lei não estabeleça critérios interpretativos para a recusa ou impugnação do árbitro, cabendo à jurisprudência o papel de estabelecer os padrões de orientação com a utilização de "testes"[70] derivados de casos concretos.

Tal como se verá, é comum a sobreposição das técnicas no mesmo ordenamento: ainda que a lei tipifique os casos de recusa ou impugnação do árbitro, aceitam-se também as hipóteses estabelecidas em regulamentos arbitrais ou identificadas pela jurisprudência mediante a concepção de critérios interpretativos. Não há, assim, a adoção exclusiva de uma técnica, mas a sobreposição delas, o que já permite o vislumbre da sua insuficiência quando isoladamente aplicadas.

1.3.2. As técnicas de padronização na experiência da *civil law*
1.3.2.1. Equivalência entre causas de recusa ou impugnação do árbitro e do juiz

A mais antiga técnica de padronização da imparcialidade do árbitro segue – por equivalência estabelecida em lei ou jurisprudencialmente – as regras disciplinadoras da imparcialidade do juiz estatal, sob a premissa de que o árbitro seria juiz de fato e de direito[71]. Vários países optaram por essa orientação e a

---

[69] Não se pode desconhecer que o termo "common law" agrega experiências jurídicas comuns até certo ponto, a partir do qual se distinguem, conforme bem demonstra Guido Soares, ao comentar as diversas acepções do termo e ressaltar as diferentes experiências jurídicas seguidas pela Inglaterra e pelos Estados Unidos da América. GUIDO FERNANDO SILVA SOARES. *Common law: introdução ao direito dos EUA*. 1. ed. (2ª tir.). São Paulo: RT, 1999, pp. 32-47 e 58-64. A evolução das teorias a respeito da *common law*, apresentada para leitores não afeitos a essa tradição, é traçada por JULIO CÉSAR CUETO RÚA. *El "common law": su estructura normativa; su enseñanza*. Buenos Aires: Abeledo-Perrot, 1997, pp. 19-87.

[70] Sobre os testes empregados pela jurisprudência para a análise da imparcialidade, vide capítulo 1.3.3. Nos países de tradição *commom law*, a exceção relevante é a Austrália, que positivou o teste "*real danger*" a partir de 17.06.2010, no seu *International Arbitration Act*, conforme aponta SAMUEL ROSS LUTTRELL. *Australia adopts the 'real danger' test for arbitrator bias*, in *Arbitration international*, v. 26, n. 4, 2010, pp. 625-632. O texto legal está disponível no endereço eletrônico http://www.austlii.edu.au/au/legis/cth/consol_act/iaa1974276/s18a.html; consulta em 21.02.2015.

[71] CHIARA SPACCAPELO. *L'imparzialità... op. cit.*, p. 262.

alteraram, tal como Alemanha, Bélgica e Espanha, ao passo que outros, tais como Argentina, Chile e Suíça[72] ainda a mantêm.

Ao disciplinar as causas de recusa dos árbitros, o § 1032 da lei processual alemã (*"Zivilprozessordnung"*), na sua redação original, fazia referência às causas de recusa dos juízes[73]. A partir da reforma processual de 1998, entretanto, a Alemanha adotou a Lei Modelo UNCITRAL, alterando a redação do § 1036, item (2), ZPO, e estabeleceu a possibilidade de recusa do árbitro quando existirem circunstâncias que permitam levantar "dúvidas justificadas" sobre sua imparcialidade ou independência[74].

Na Bélgica, sob a vigência do *Code Judiciaire* de 1967, os árbitros podiam ser recusados pelas mesmas causas que os juízes[75], mas, por reforma legislativa de 1998, que visou harmonizar a legislação às práticas da arbitragem internacional[76], a identificação entre causas de impugnação de árbitros e juízes foi rompida, passando o árbitro a poder ser recusado pela existência de circunstâncias que ensejassem "dúvidas legítimas" sobre sua imparcialidade ou independência[77]. Nova alteração, de junho de 2013, refinou o texto relativamente

---

[72] Também aqui a equivalência entre os motivos de recusa e impugnação do árbitro e do juiz funciona para as arbitragens internas, conforme o art. 18 da *Concordat sur l'arbitrage*.

[73] Em tradução para o francês: "...la récusation est justifiée lorsqu'un motif existe de douter de l'impartialité du juge". PETER F. SCHLOSSER. *L'impartialité e l'indépendance de l'arbitre en droit allemand*, in JACQUES VAN COMPERNOLLE et al. (Ed.). *L'impartialité du juge et de l'arbitre*. Bruxelles: Bruylant, 2006, p. 301.

[74] PHILIPP K. WAGNER. *Arbitration in Germany*, in *New York State Bar Association international law practicum*, v. 23, 2010, p. 106. SAMUEL ROSS LUTTRELL. *Bias...* op. cit., pp. 103-104.

[75] Na língua original: "Les arbitres peuvent être récusés pour les mêmes causes que les juges". Disponível no endereço eletrônico http://www.ejustice.just.fgov.be/cgi_loi/arch_a.pl?cherche r=t&language=fr&dt=CODE+JUDICIAIRE&choix1=ET&fr=f&choix2=ET&numero=8&tab le_name=LOI&fromtab=loi_all&DETAIL=1967101006/F&nm=1967101057&sql=dt+contains+ +'CODE'%2526+'JUDICIAIRE'and+actif+=+'Y'&rech=13&tri=dd+AS+RANK+&trier=promulg ation&cn=1967101006&row_id=1&caller=archive&la=F&ver_arch=002; consulta em 21.02.2017.

[76] G. HORSMANS. *La loi belge du 19 mai 1998 sur l'arbitrage*, in *Revue d'arbitrage*, 1999, n. 3, p. 475. Também sobre o tema, GUY KEUTGEN. *L'indépendance et l'impartialité de l'arbitre em droit belge*, in JACQUES VAN COMPERNOLLE et al. (Ed.). *L'impartialité...* op. cit., p. 276.

[77] Na língua original: "Art. 1690. 1. Les arbitres peuvent être récusés s'il existe des circonstances de nature à soulever des doutes légitimes sur leur impartialité ou leur indépendance". Disponível no endereço eletrônico http://www.ejustice.just.fgov.be/cgi_loi/loi_a.pl?language=fr&dt=LOI&c hercher=c&fr=f&numero=13&text1=code+judiciaire&table_name=loi&fromtab=loi_all&imgcn. x=54&DETAIL=1998051945/F&nm=1998009527&imgcn.y=6&sql=dt+contains++'LOI'+and+(+t it+contains+proximity+40+characters+(+'code'%2526+'judiciaire')+++)and+actif+=+'Y'&rech=33 0&tri=so+AS+RANK+&cn=1998051945&row_id=1&caller=image_a1&la=F&pdf_page=1&pdf_ file=http://www.ejustice.just.fgov.be/mopdf/1998/08/07_1.pdf; consulta em 21.02.2017.

à matéria, passando-o de afirmativo para negativo com vistas a tornar mais restritivas as causas de recusa do árbitro[78].

O art. 23 da antiga *Ley Sobre Arbitraje de Derecho Privado* espanhola de 1953 determinava que não podia ser nomeado árbitro a pessoa que tivesse com as partes ou com a controvérsia alguma das relações que estabelecessem a possibilidade de *abstención* (equivalente ao impedimento, declarável de ofício) ou *recusación* (equivalente à suspeição, dependente de alegação das partes) de um juiz, disciplinadas no artigo 188 e seguintes da *Ley de Enjuiciamiento Civil* então vigente[79]. Com alguma evolução – pois previsto o dever de revelação, inexistente no diploma anterior – a orientação foi mantida na *Ley de Arbitraje* de 1988 (*Ley 36/1988*)[80] – que serviu de inspiração para a LA[81]. No entanto, a *Ley de Arbitraje* de 2003 (*Ley 60/2003*) alterou significativamente a orientação,

---

[78] Conforme art. 1686, § 2º, na língua original: "Un arbitre ne peut être récusé que s'il existe des circonstances de nature à soulever des doutes légitimes sur son indépendance ou son impartialité". Disponível no endereço eletrônico http://www.ejustice.just.fgov.be/cgi_loi/loi_a.pl?langu age=fr&dt=LOI&chercher=t&choix1=ET&fr=f&choix2=ET&numero=1&text1=code+judiciair e&table_name=LOI&text2=arbitrage&fromtab=loi_all&imgcn.x=44&DETAIL=2013062403/ F&nm=2013009310&imgcn.y=10&sql=dt+contains++'LOI'+and+((+tit+contains+proximity+40+ characters+(+'code'%2526+'judiciaire')++AND+text+CONTAINS+++(+'arbitrage')++)+or+(+text +contains+proximity+40+characters+(+'code'%2526+'judiciaire')++AND+text+CONTAINS+++ (+'arbitrage')++))and+actif+=+'Y'&rech=90&tri=dd+AS+RANK+&trier=promulgation&cn=201 3062403&row_id=1&caller=image_a1&la=F&pdf_page=3&pdf_file=http://www.ejustice.just. fgov.be/mopdf/2013/06/28_2.pdf; consulta em 21.02.2017. Comparar com a transcrição da nota de rodapé anterior.

[79] As causas de recusa ou impugnação do juiz, aplicáveis ao árbitro, são enumeradas por JOSÉ M. CHILLÓN MEDINA; JOSÉ F. MERINO MERCHÁN. *Tratado de arbitraje privado interno e internacional*. Madrid: Editorial Civitas, 1978, p. 182: "1. El parentesco de consanguinidad o afinidad, dentro del cuarto grado civil, con cualquiera de los litigantes. 2. El mismo parentesco, dentro del segundo grado, con el Letrado de alguna de las partes que intervengan en el pleito. Esto se entenderá sin perjuicio de hacer cumplir la prohibición que tiene los Abogados para encargarse en la defensa de asuntos en que deben conocer como Jueces sus parientes dentro de dicho grado. 3. Estar o haber sido denunciado por alguna de las partes como autor, cómplice o encubridor de un delito, o como autor de una falta. 4. Haber sido defensor de alguna de las partes, emitido dictamen sobre el pleito como Letrado, o intervenido en él como Fiscal, perito o testigo. 5. Ser o haber sido tutor o curador para bienes, o haber estado bajo la tutela o curaduría de alguno que sea parte en el pleito. 6. Ser o haber sido denunciador o acusador privado del que recusa. 7. Tener pleito pendiente con el recusante. 8. Tener interés directo o indirecto en el pleito o en otro semejante. 9. Amistad íntima. 10. Enemistad manifiesta."

[80] Disponível no endereço eletrônico http://noticias.juridicas.com/base_datos/Derogadas/r1-l36-1988.t3.html#a18; consulta em 21.02.2017.

[81] Assim afirma um dos elaboradores do anteprojeto. CARLOS ALBERTO CARMONA. *Arbitragem... op. cit.*, p. 11.

apartando os casos de recusa ou impugnação de árbitro e de juiz, dado o entendimento de que os últimos não eram adequados em matéria de arbitragem por não cobrirem as hipóteses particulares ao método[82]. Assim, o direito espanhol, pelo art. 12.2 da *Ley 60/2003*, originalmente voltado à identificação entre causas de imparcialidade de juiz e de árbitro, passou a adotar a padronização aberta, pela qual a recusa ou impugnação do árbitro deve se fundamentar em "dúvidas justificadas a respeito da sua imparcialidade ou independência"[83].

No Chile, a concepção de que o árbitro pertence à "ordem judicial" levou à equivalência entre os motivos de recusa ou impugnação do árbitro e do juiz para as arbitragens internas, consoante o art. 243 do *Código Orgánico de Tribunales (Ley nº 7421/1943)*[84], orientação criticada por não compreender que o desempenho profissional do árbitro – necessariamente um advogado para as arbitragens de direito – envolve situações e relações profissionais não aplicáveis aos juízes, razão pela qual o dispositivo deveria ser interpretado extensivamente[85]. Já para as arbitragens comerciais internacionais, reguladas pela *Ley n° 19.971*, de 2004, há outra solução: seu art. 12, item 2, prevê que o árbitro pode ser recusado ou impugnado se não ostentar as qualidades requeridas pelas partes ou se estiverem presentes circunstâncias que determinem "dúvidas justificadas" sobre sua imparcialidade ou independência[86].

Nos exemplos tratados, o que se vê é a paulatina perda da identidade legal entre as causas de impugnação de juízes e árbitros, visto que, embora ambos os profissionais decidam os conflitos que lhe sejam submetidos, estão sujeitos a diferentes contextos profissionais para o exercício da sua função, sendo o principal deles o fato de os juízes não serem escolhidos pelas partes, pertencendo a um Poder estatal, ao passo que os árbitros, comumente mais envolvidos com o mercado, são geralmente escolhidos pelas partes. Por conta disso,

---

[82] FAUSTINO CORDÓN MORENO. *El arbitraje de derecho privado*. Cizur Menor: Editorial Aranzadi, 2005, p. 162.
[83] Disponível no endereço eletrônico http://www.boe.es/buscar/doc.php?id=BOE-A-2003-23646; consulta em 21.02.2017.
[84] ALEJANDRO ROMERO SEGUEL. *La independencia e la imparcialidad en la justicia arbitral*, in *Revista chilena de derecho*, v. 28, n. 3, 2001, p. 510. Optou-se por não se enumerar os casos de *recusación* do juiz no direito chileno, dado o seu grande número. Ditos casos podem ser consultados na legislação disponível no endereço eletrônico http://www.nuestroabogado.cl/organicotribunales.htm; consulta em 21.02.2017.
[85] ALEJANDRO ROMERO SEGUEL. *La independencia... op. cit.*, pp. 519-520 e 531.
[86] Sobre a arbitragem comercial internacional chilena, vide CRISTIAN CONEJERO ROOS. *The new chilean arbitration law and the influence of the model law*, in *Journal of international arbitration*, v. 22, n. 2, 2005, pp. 149-162.

inúmeras situações fáticas que seriam inconcebíveis para os juízes podem ocorrer em relação aos árbitros, tornando o método da identidade legal de causas de impugnação superado.

1.3.2.2. Tipificação legal dos casos de recusa ou impugnação do árbitro
Outra técnica, agora menos comum, de padronização da imparcialidade do árbitro é a tipificação legal mediante o estabelecimento de causas definidas e exclusivas para sua recusa ou impugnação.

Dada a sua tradição legalista[87], a China é um dos poucos exemplos nessa área. A legislação arbitral do país, no art. 34, prevê quatro circunstâncias em que a recusa ou impugnação do árbitro pode ocorrer: *(i)* o árbitro ser parte no processo arbitral ou ser familiar das partes ou de seus advogados; *(ii)* o árbitro possuir interesse pessoal no caso; *(iii)* o árbitro conhecer ou possuir outras relações com uma das partes ou com qualquer dos advogados envolvidos no caso, que possam prejudicar a prolação de uma sentença justa e imparcial; e *(iv)* o árbitro ter se encontrado em particular com qualquer das partes ou seus respectivos advogados, ter aceitado presentes deles ou ter participado de banquetes que eles tenham promovidos[88].

É possível notar que, a despeito da tipificação, a regra legal utiliza termo de significado consideravelmente aberto, como "interesse pessoal", e não define ou circunscreve quais os tipos de relações entre árbitro e partes (ou seus advogados) que podem ser considerados "prejudiciais" à prolação de uma sentença imparcial, o que fica a cargo do intérprete na análise do caso concreto. Mesmo com essa abertura, a tipificação foi considerada insuficiente e a prática da arbitragem na China reconheceu outras circunstâncias que consistem ou em alargamento das hipóteses previstas na lei (tal como a discussão prévia do caso entre árbitro e partes ou seus advogados) ou em hipóteses totalmente novas (tal como o árbitro possuir o mesmo empregador que uma das partes ou seus advogados) para a recusa ou impugnação de árbitro[89].

As causas de recusa ou impugnação na lei de arbitragem chinesa não configuram, portanto, tipificação fechada, conclusão que se confirma quando

---

[87] Sobre a tradição legalista chinesa e suas origens filosófica e sociológica, bem como sua comparação com as tradições ocidentais, vide Jialue Li. *China, a sui generis case for the western rule-of-law model*, in *Georgetown journal of international law*, v. 41, 2010, pp. 711-748.
[88] *Arbitration Law of the People's Republic of China*, disponível em inglês no endereço eletrônico http://en.chinacourt.org/public/detail.php?id=101; consulta em 21.02.2017.
[89] Jingzhou Tao. *Arbitration law and practice in China*. 2. ed. Netherlands: Kluwer Law International, 2008, pp. 131-132.

examinado o Regulamento de Arbitragem da *China International Economic and Trade Arbitration Commission* (CIETAC), mais antiga e maior instituição administradora de processos arbitrais na China[90], que possui regra aberta – e efetivamente aplicada no âmbito da instituição – a respeito da imparcialidade do árbitro[91]. Referida regra, constante do art. 31 (antigo art. 29) do Regulamento, determina que o árbitro informe quaisquer fatos ou circunstâncias que possam levantar "dúvidas justificadas" sobre a sua imparcialidade ou independência, inclusive no curso do processo arbitral. Com base nessa informação, as partes podem impugnar o árbitro e, se essa impugnação for contestada pela outra parte, caberá ao Presidente da CIETAC decidir o incidente, conforme art. 32 (antigo art. 30) do Regulamento. Estranhamente, no artigo dedicado aos deveres do árbitro (art. 24, antigo art. 22), o Regulamento apenas prescreve que ele deve manter-se independente e tratar as partes com igualdade[92]. O exame do Regulamento de Arbitragem do *Shanghai International Arbitration Center* (SHIAC) segue o mesmo esquema, com as mesmas palavras[93].

Outro exemplo de tipificação legal, mais atenuada que o modelo chinês, vem da Suécia, que adota na prática uma técnica mista. Primeiramente, a *Section 8* do *Swedish Arbitration Act* determina, na alínea 1, que o árbitro deve ser imparcial, sendo que a alínea 2 prevê que as partes podem requerer o afastamento do árbitro se existir qualquer circunstância que possa diminuir a confiança na sua imparcialidade, especificando quatro hipóteses: *(i)* o árbitro ou uma pessoa próxima a ele figurar como parte no processo arbitral e poder esperar benefício ou prejuízo digno de relevância com a decisão

---

[90] Referências e estatísticas podem ser obtidas no endereço eletrônico http://www.cietac.org/index.cms; consulta em 21.02.2015.

[91] Joseph T. McLaughlin; Kathleen M. Scanlon; Catherine X. Pan. *Planning for commercial dispute resolution in mainland China*, in *The american review of international arbitration*, v. 16, 2005, p. 147. Sobre a favorável impressão geral de imparcialidade nas arbitragens administradas pela CIETAC, vide Randall Peerenboom; Xin He. *Dispute resolution in China: patterns, causes and prognosis*, in *East Asian Law Review*, v. 4, 2009, p. 29; para as críticas às falhas do órgão, vide Michael I. Kaplan. *Solving the pitfalls of impartiality when arbitrating in China: how the lessons of the Soviet Union and Iran can provide solutions to western parties arbitrating in China*, in *Penn State law review*, v. 110, 2005-2006, pp. 785-788.

[92] *CIETAC Arbitration Rules*. Disponíveis em inglês no endereço eletrônico http://cn.cietac.org/rules/rules.pdf; consulta em 21.02.2015. O Regulamento em vigor a partir de 2015 está disponível no endereço eletrônico http://cn.cietac.org/rules/rule_E.pdf, consulta em 21.02.2016.

[93] A previsão sobre a independência consta o art. 19, o dever de revelação no art. 25, e o procedimento de impugnação no art. 26. *SHIAC Arbitration Rules*. Disponíveis em inglês no endereço eletrônico http://www.shiac.org/upload/day_141230/SHIAC_ARBITRATION_RULES_2015_141222.pdf; consulta em 21.02.2015.

do litígio; *(ii)* o árbitro ou pessoa próxima a ele ser diretor ou representante de pessoa jurídica que figura como parte e poder esperar benefício ou prejuízo digno de relevância com a decisão do litígio; *(iii)* o árbitro ter exercido previamente algum papel na disputa, como *expert* ou qualquer outro, ou ter auxiliado uma parte na preparação ou condução do caso; e *(iv)* o árbitro ter recebido ou requerido compensação sem o consentimento de ambas as partes no curso do processo arbitral[94].

A despeito do que diz a lei, a Suprema Corte sueca ("Högsta domstolen") declarou em três ocasiões que a tipificação legal é exemplificativa, e não taxativa. Mais: as decisões fizeram o confronto das situações nos casos concretos com as hipóteses previstas nas *IBA Guidelines*[95], com referência expressa a esse texto. No primeiro caso, *Anders Jilkén v. Ericsson AB*[96], o presidente do tribunal arbitral foi afastado porque funcionava como consultor do escritório de advocacia que representava, na arbitragem, uma das partes (o grupo Ericsson). Na qualidade de consultor, o árbitro em questão possuía sala e tinha acesso a outros setores do escritório, chegando mesmo a prestar orientação jurídica ao grupo, embora ele não fosse seu cliente direto. Seu trabalho de consultor representava vinte por cento da sua remuneração total como profissional.

No segundo caso, *Korsnäs v. AB Fortum Värme*[97], a Suprema Corte sueca considerou, também à luz das *IBA Guidelines*, que não deveria ser afastado o árbitro que, em um período de três anos, havia sido indicado duas vezes pelo mesmo escritório de advocacia para diferentes arbitragens. As duas indicações foram em número inferior às quatro previstas nas *IBA Guidelines* para gerar dúvidas quanto à imparcialidade do árbitro. Ademais, a grande parcela de indicações do árbitro no período adveio de outros escritórios de advocacia.

A decisão de um terceiro caso, *KPMG AB v. ProfilGruppen AB*, proferida pela Corte de Recursos de Svea ("Svea hovrätt"), também fez expressa

---

[94] *The Swedish Arbitration Act (SFS 1999:116)*, no idioma original e em inglês, disponível no endereço eletrônico http://www.sccinstitute.com/?id=23746; consulta em 21.02.2017.

[95] Vide capítulo 1.3.4.

[96] *Anders Jilkén v. Ericsson AB*, julgado em 19 de novembro de 2007, caso T 2448-06. Tradução não oficial da decisão para o inglês disponível no endereço eletrônico http://www.arbitration.sccinstitute.com/files/1083436/T2448-06_en%20English.pdf; consulta em 21.02.2017.

[97] *Korsnäs v. AB Fortum Värme samägt med Stockholms stad*, julgado em 9 de junho de 2010, caso T 156-09. Decisão no original em sueco disponível no endereço http://www.hogstadomstolen.se/Domstolar/hogstadomstolen/Avgoranden/2010/2010-06-09%20T%20156-09%20dom.pdf; consulta em 21.02.2017. Sobre a decisão, com comentários em inglês, vide Kar-Eik Danielsson; Björn Tude. *Sweden: two different arbitration cases*, disponível no endereço eletrônico http://www.iflr.com/Article/2176818/Sweden-Two-different-arbitration-cases.html; consulta em 21.02.2017.

referência ao caráter meramente exemplificativo da tipificação constante do *Swedish Arbitration Act*, resultando na anulação de sentença arbitral à luz de circunstâncias que implicaram, segundo o julgamento estatal, a diminuição da confiança na imparcialidade de um árbitro. No caso em questão, o árbitro indicado por uma das partes (KPMG) era sócio sênior da filial de um escritório de advocacia que passou a patrocinar, após a prolação da sentença arbitral e contra a própria KPMG, um litígio de várias centenas de milhões de euros. Foi provado que o escritório de advocacia do árbitro foi consultado no curso da arbitragem sobre a possibilidade de patrocínio desse litígio, aceitando-o antes da conclusão da arbitragem. A sentença na arbitragem foi proferida em 22 de dezembro de 2010 e a KPMG foi registrada como contraparte do cliente do escritório em 23 de dezembro de 2010, sendo que, por conta disso, a Corte de Recursos entendeu que o árbitro sabia ou deveria saber que seu escritório contratou o patrocínio de litígio contra uma das partes no curso de arbitragem, o que minaria a confiança das partes em sua imparcialidade[98].

A experiência estrangeira demonstra que o reconhecimento da imparcialidade do árbitro com base na tipificação das causas que ensejariam a sua impugnação é impraticável, na medida em que não permite aplicação ou adaptação às inúmeras situações em que a postura ou as relações do árbitro com as partes, com terceiros ou com o litígio seja criticável ou gere dúvidas quanto ao favorecimento de uma parte, mas que não esteja compreendida nas causas legais de impugnação.

1.3.2.3. Cláusula geral relativa à imparcialidade do árbitro
No extremo oposto das legislações que buscaram definir com *numerus clausus* as causas de recusa ou impugnação dos árbitros, há outras que vinculam a imparcialidade dos julgadores à existência de dúvida aos olhos das partes (ou de terceiro isento) a esse respeito, estabelecendo uma "cláusula geral"[99]. Outras legislações, a exemplo da brasileira, apenas se utilizam do termo "imparcialidade" sem maiores indicações do seu conteúdo. Tal como já adiantado no presente capítulo[100], essa é a orientação para a qual se inclinaram

---

[98] *KPMG AB v. ProfilGruppen AB*, julgado em 27.09.2011, caso T 1085-11. Tradução não oficial da decisão para o inglês disponível no endereço eletrônico http://www.jpinfonet.se/files/1023796/T%20 1085-11_eng.pdf; consulta em 21.02.2017.

[99] Sobre o tema das cláusulas gerais, vide JUDITH MARTINS-COSTA. *O direito privado como um 'sistema em construção': as cláusulas gerais no Projeto do Código Civil Brasileiro*, in *Revista de informação legislativa*, n. 139, 1998, pp. 5-22. O tema será retomado no capítulo seguinte do presente estudo.

[100] Itens 1.3.2.1 e 1.3.3.

CAPÍTULO 1. INSUFICIÊNCIA DA NOÇÃO GENÉRICA E DOS PADRÕES RELATIVOS...

diversos países que, entre outras soluções, adotaram em larga medida a Lei Modelo UNCITRAL sobre Arbitragem Comercial Internacional de 1985[101], que prevê a possibilidade de recusa ou impugnação do árbitro sempre que as circunstâncias derem ensejo a dúvidas justificadas sobre sua parcialidade ou independência.

1.3.2.4. Um caso particular: a evolução das técnicas na França

Em razão da sua evolução e da diversidade de técnicas que acolheu, o modelo francês de tratamento da imparcialidade é digno de nota.

Originalmente, diante da inexistência de uma regra específica a respeito dos motivos de recusa ou impugnação do árbitro, a orientação inicial da Corte de Cassação ("Cour de Cassation") francesa era estender ao árbitro os mesmos motivos aplicáveis para o juiz togado, previstos no art. 378 do antigo *Code de Procédure Civile*[102]. O sistema, no entanto, era considerado inadequado, pois o Judiciário francês considerava a imparcialidade[103] do árbitro com menor rigor que a do juiz[104].

Essa primeira orientação permaneceu com o advento do novo *Code de Procédure Civile*[105]. Segundo uma interpretação tradicional na doutrina e jurisprudência, ao árbitro seriam aplicáveis os mesmos motivos de afastamento do juiz, previstos no art. 341 do *Code de Procédure Civile*, causas que eram taxativas e assim deviam ser entendidas tanto para o juiz quanto para o árbitro[106]. Isso se justificava tanto porque o árbitro teria o mesmo papel que o juiz,

---

[101] A versão original da Lei Modelo, bem como a versão revista em 2006 podem ser obtidas no endereço eletrônico http://www.uncitral.org/uncitral/en/uncitral_texts/arbitration/1985Model_arbitration.html; consulta em 21.02.2017.

[102] Assim afirma Marc Henry. *Le devoir d'indépendance de l'arbitre*. Paris: LGDJ, 2001, p. 46.

[103] Na doutrina e jurisprudência francesas, o termo *impartialité* é menos recorrente que o termo *indépendance*, que tem conotação bem mais ampla, usada para caracterizar até mesmo a orientação subjetiva do árbitro, como se vê na expressão *"indépendance d'esprit"*. Em ampla análise do termo "indépendance" (sob as noções funcional, espiritual e dialética) para embasar a escolha pela não utilização do termo "imparcialité", vide Thomas Clay. *L'arbitre*. Paris: Dalloz, 2001, pp. 234-252. Para preservar a coerência terminológica do presente estudo, o termo *"indépendance"* utilizado na doutrina francesa será traduzido como "imparcialidade".

[104] Matthieu de Boisséson. *Le droit français de l'arbitrage interne et international*. Paris: Joly, 1990, p. 22. Aponta o autor que a interpretação contribuía para ensejar uma opinião geral desfavorável à arbitragem, vista sempre com olhos suspeitos.

[105] Texto até 2007 denominado *"Noveau Code de Procédure Civile"*. Vide nota 32.

[106] Sobre o tema, Marc Henry. *Le devoir... op. cit.*, pp. 296-299.

o que demandaria a identificação das causas de recusa ou impugnação, quanto pela exigência de segurança na arbitragem[107].

A alteração da lei francesa, primeiramente relativa à arbitragem interna com o *Decret n. 80-354*, de 1980, e posteriormente também à arbitragem internacional com o *Decret n. 81-500*, de 1981 – este último a revogar a quase totalidade do anterior e incluir o livro IV do *Code de Procédure Civile*, dedicado à arbitragem – ensejou uma forte mudança de rumo. Por essa alteração, o legislador francês, apesar de não ter feito referência expressa à independência ou imparcialidade do árbitro, referendou-as legislativamente de modo indireto, por determinar, no segundo parágrafo do art. 1.452, que o árbitro, ao aceitar o encargo, informasse às partes sobre qualquer motivo que pudesse dar causa à sua recusa. Em paralelo, o art. 1.463 do mesmo diploma, ao mencionar a recusa ou a abstenção do árbitro, abria caminho para que as partes motivadamente a requeressem.

Baseada na então nova redação legal, a Corte de Apelação ("Cour d'appel") de Paris iniciou nova orientação jurisprudencial, que culminou no reconhecimento de que a imparcialidade do árbitro é da essência da sua função jurisdicional e que as causas de recusa ou impugnação não se limitariam àquelas estabelecidas para o juiz. Ao contrário, as causas de impugnação seriam quaisquer hábeis a evidenciar a existência de ligações materiais ou intelectuais, caracterizando uma provável situação de influência no julgamento do árbitro e um risco de prejulgamento com relação a uma das partes na arbitragem[108]. Com tal afirmação, foi superado o limite que havia circunscrito as hipóteses de recusa do árbitro àquelas do art. 341 do *Code de Procédure Civile*, como reconheceu a doutrina majoritária[109], que considerava incongruente o transporte, para o árbitro, da regra concebida para o juiz.

Posteriormente, a Corte de Cassação passou a considerar que o art. 341 do *Code de Procédure Civile*, que previa apenas oito casos de recusa, não exauria sequer a exigência de imparcialidade requerida do juiz estatal[110]. Com isso,

---

[107] JEAN ROBERT. *L'arbitrage, droit interne, droit international privé*. 5. ed. Paris: Dalloz, 1983, p. 123.
[108] No original: "les circonstances invoquées pour contester cette indépendance doivent caractériser, par l'existence de liens matériels ou intellectuels, une situation de nature à affecter le jugement de l'arbitre en constituant un risque certain de prévention à l'égard de l'une des parties à l'arbitrage". *Société Maec et al. v. P. Mumbach, Cour d'appel de Paris*, decisão de 23.03.1995, in *Revue de l'arbitrage*, 1996, n. 3, p. 446.
[109] Assim anota MARC HENRY. *Les obligations d'indépendance et d'information de l'arbitre à la lumière de la jurisprudence récente*, in *Revue de l'arbitrage*, 1999, n. 2, p. 201. No mesmo sentido, PHILLIPE FOUCHARD. *Le statut de l'arbitre dans la jurisprudence française*, in *Revue de l'arbitrage*, 1996, n. 3, p. 349.
[110] *Cour de cassation*, decisão de 28.04.1998, in *Revue trimestrielle de droit civil*, n. 3, 1998, pp. 744-746.

a prática francesa, originalmente apegada a *numerus clausus*, passou a operar mediante uma noção mais ampla de imparcialidade.

A ênfase dada pela lei para o dever de revelação do árbitro e a ausência de referência expressa à imparcialidade como causa de anulação da sentença arbitral aparentemente influenciaram os tribunais franceses a considerar a violação do primeiro como causa do segundo. Como exemplo, pode ser citado o caso *Somoclest v. DV Construction*[111], no qual a Corte de Cassação estabeleceu que a nomeação sistemática de árbitro por sociedades de um mesmo grupo pode provocar dúvidas justificáveis quanto à sua imparcialidade aos olhos das partes, e deve ser absolutamente revelada. No caso em questão, o árbitro indicado pela Somoclest havia atuado por indicação das sociedades do grupo em outros cinquenta e um processos. Outra decisão da mesma corte anulou sentença proferida por árbitro que, ao aceitar o encargo, revelou apenas ter sido indicado várias vezes por uma das partes (sem, no entanto, especificar quantas). Na ação de anulação, soube-se que o número de indicações totalizava trinta e quatro, razão pela qual foi acatada a tese de que a frequência e a regularidade em longo período das relações entre o árbitro e a parte caracterizariam a existência de "affaires current" entre ambos, que deveria ao menos ter sido revelado para que a parte que desconhecia os fatos pudesse exercer o seu direito à impugnação do árbitro no curso do procedimento[112].

O papel fundamental da jurisprudência na interpretação das causas de recusa ou impugnação do árbitro não se modificou nem mesmo com o advento do *Décret 2011-48*, de 2011, que alterou diversos dispositivos referentes à arbitragem do *Code de Procédure Civile*, entre eles, o art. 1.456, que passou a prever expressamente que o árbitro, antes de aceitar sua missão, deve revelar

---

[111] *Cour de cassation*, decisão n° 693, de 20.10.2010 (09-68.997). Disponível no endereço eletrônico http://www.courdecassation.fr/jurisprudence_2/premiere_chambre_civile_568/962_20_17860.html; consulta em 21.02.2017.

[112] No original: "Qu'en statuant ainsi, alors que le caractère systématique de la désignation d'une personne donnée par les sociétés d'un même groupe, sa fréquence et sa régularité sur une longue période, dans des contrats comparables, ont créé les conditions d'un courant d'affaires entre cette personne et les sociétés du groupe parties à la procédure de sorte que l'arbitre était tenu de révéler l'intégralité de cette situation à l'autre partie à l'effet de la mettre en mesure d'exercer son droit de récusation, la cour d'appel a violé les textes susvisés". *X v. Société Prodim et Société Logidis, Cour de cassation*, decisão n° 692, de 20.10.2010 (09-68.131). Decisão disponível no endereço eletrônico http://www.courdecassation.fr/jurisprudence_2/premiere_chambre_civile_568/962_20_17860.html; consulta em 21.02.2017.

todas as circunstâncias capazes de afetar sua independência ou sua imparcialidade[113]. As cortes estatais continuaram no seu papel de interpretação do texto e trataram, com profundidade, não mais dos reflexos da relação entre partes e árbitros fora da arbitragem para a imparcialidade, mas sim da relação entre o advogado (ou de seu escritório) com o árbitro e as consequências da não revelação pelo árbitro[114].

A reforma da lei francesa, contudo, não cuidou com propriedade do método de controle da imparcialidade do árbitro após a prolação da sentença arbitral, ao não estabelecer a falta de imparcialidade do árbitro como causa direta para anulação da sentença arbitral. Assim, é preciso encaixar a ocorrência em alguns dos incisos do novo art. 1.520 do *Code de Procédure Civile*, sendo que alguns doutrinadores entendem que tal violação incidiria na previsão do inciso 2 ("constituição irregular do tribunal arbitral") e que não abarcaria, em tese, as causas de perda da imparcialidade por fato posterior à dita constituição, enquanto outros acomodam o fato no inciso 5 ("violação da ordem pública internacional"), ou ainda, encaixam na previsão do inciso 3 ("desrespeito do árbitro quanto à sua missão"), que reclama uma distância razoável e equiparada do árbitro em relação às partes[115].

O atual modelo de padronização da imparcialidade do árbitro adotado na França, baseado em noção genérica, ao mesmo tempo em que permite a flexibilidade e aproveitamento do texto legal aos mais variados casos, oportunizou o surgimento de interpretações inconsistentes, na inversa proporção em que não forem esclarecidas as premissas de operacionalização[116], a exemplo do que ocorreu no caso *Tecso v. Neoelectra Group*[117], no qual a Corte de Apelação de Paris, em 10.03.2011, analisou as premissas colocadas por ambas as partes

---

[113] *Code de Procédure Civile*, disponível no endereço eletrônico http://www.legifrance.gouv.fr/affichCode.do;jsessionid=AFF74D5E43A870DC86EC846458FDDA6D.tpdjo07v_3?idSectionTA=LEGISCTA000023450938&cidTexte=LEGITEXT000006070716&dateTexte=20130201; consulta em 21.02.2017.

[114] Thomas Clay. *L'application perlée du règlement d'arbitrage pour la contestation des liens non révélés entre arbiter et conseil*, in Revista de arbitragem e mediação, v. 33, 2012, pp. 179-188.

[115] Detalhamento e críticas às orientações doutrinárias são dados por Tom Philippe Heintz; Gustavo Vieira da Costa Cerqueira. *A nova interpretação da obrigação de independência do árbitro na França: ad extirpanda?*, in Revista de arbitragem e mediação, v. 32, 2012, pp. 405-408.

[116] Tratadas no capítulo 2 do presente estudo.

[117] Cópia da decisão da Corte de Cassação e sua percuriente análise, amplamente aproveitada neste estudo, é feita por Tom Philippe Heintz; Gustavo Vieira da Costa Cerqueira. *Racionalização do dever de revelação no direito francês da arbitragem*, in Revista de arbitragem e mediação, v. 362, 2012, pp. 411-431.

CAPÍTULO 1. INSUFICIÊNCIA DA NOÇÃO GENÉRICA E DOS PADRÕES RELATIVOS...

em ação anulatória de sentença arbitral que havia sido proferida em 04.06.2009. Pela *Tecso*, foi afirmado que: *(i)* um dos árbitros teria violado o dever de revelação por não informar ter sido *of counsel*, entre fevereiro de 1989 a outubro de 2000, do escritório (Freshfields Bruckhaus Deringer) ao qual pertencia uma das advogadas que patrocinava, pessoalmente (e não em nome do escritório) uma das partes; e *(ii)* tal árbitro não teria revelado que havia sido consultado "duas ou três vezes como professor, para emitir uma opinião jurídica" pelo referido escritório, do qual dispunha de endereço eletrônico (*e-mail*), além de ter organizado colóquio em suas dependências. No curso da ação anulatória, foi esclarecido pela *Neoelectra* que: *(iii)* a advogada não atuava, na causa, em nome do escritório, e nele foi admitida somente após a saída do professor designado árbitro; e *(iv)* o colóquio realizado nas dependências do escritório foi organizado por iniciativa da Associação ligada à Université Paris II, dirigida pelo professor designado árbitro.

Em sentença, a Corte de Apelação de Paris entendeu que a consulta do escritório ao árbitro por duas ou três vezes caracterizaria *"courant d'affaires"*, afirmando, ainda, que a não revelação dessa situação negou à *Tecso* o exercício do seu direito de recusa, além de estabelecer que a situação da advogada deveria ter sido revelada, mesmo na ausência de ligações pessoais com o árbitro[118]. A Corte de Cassação, em decisão de 10.12.2012, determinou que o juízo inferior fosse além de meras inferências e apurasse, em concreto, em que medida os fatos não revelados poderiam levar a dúvidas justificadas quanto à imparcialidade e independência do árbitro[119]. Remetida a causa à Corte de Apelação de Lyon, esta manteve a sentença arbitral, entendendo que os fatos não gerariam dúvidas quanto à independência ou imparcialidade do árbitro. Considerou que: *(i)* o árbitro não estava mais trabalhando no escritório quando a advogada integrou a firma; *(ii)* os contatos do árbitro com o escritório, após este ter se desligado, foram ocasionais; e *(iii)* a advogada não defendia a *Neoelectra* na qualidade de integrante do escritório, mas em nome próprio[120].

A experiência francesa também tocou o delicado tema da extensão do dever de revelação do árbitro (a ensejar dúvidas quanto à sua imparcialidade) frente a informações públicas e da sua natureza contínua. Trata-se do caso *AGI*

---

[118] Tom Philippe Heintz; Gustavo Vieira da Costa Cerqueira. *Racionalização... op. cit.*, p. 418.
[119] Tom Philippe Heintz; Gustavo Vieira da Costa Cerqueira. *Racionalização... op. cit.*, p. 418.
[120] *Cour d'appel de Lyon*, decisão de 11.03.2014 (3/00447). Disponível no endereço eletrônico https://www.doctrine.fr/d/CA/Lyon/2014/R8A1F8BD781E4E8F99246; consulta em 20.09.2017.

v. *Columbus et CHF*, julgado pela Corte de Apelação de Paris[121]. Em recurso de apelação interposto contra a ordem de *exequatur* de sentença arbitral proferida por árbitro único (Henri Alvarez) em procedimento sob regulamento ICDR, a *AGI* defendeu a violação do art. 1.520, inciso 2 do Code de Procédure Civile por conta da formação irregular do tribunal. Quando indicado para atuar como árbitro, Alvarez revelou que um sócio da filial de Toronto do seu escritório (Fasken Martineau) havia representado por anos a empresa *Leucadia National Corporation* (que detinha 100% do capital da *CHF*) no Canadá, em assuntos internos àquele país; afirmou, ainda, que entendia que seu escritório não estava prestando serviços à *Leucadia* em nenhum assunto[122].

No curso do processo arbitral (mais precisamente na fase de elaboração da sentença), foi divulgado, na página eletrônica do escritório ao qual pertencia o árbitro, que a *Leucadia* havia concretizado a venda de sua participação em uma mina (pelo preço de USD 575 milhões) com o auxílio de uma equipe de três sócios do escritório (da qual não participava o árbitro), que já representava os interesses da *Leucadia* desde 2005.

Trazendo essas informações ao Poder Judiciário, a *AGI* apelou contra a ordem de *exequatur* concedida pelo Tribunal de Grande Instância de Paris. O juízo *ad quem* entendeu que não seria razoável exigir das partes que continuassem, após o início do procedimento, a pesquisar as fontes que fazem menção ao nome do árbitro para conferir a eventual existência de conflito de interesses. Além disso, a despeito dos honorários recebidos pelo escritório do árbitro na operação de venda da mina terem sido modestos, a magnitude da operação, o número de advogados envolvidos e a publicidade que lhe foi dada demonstram a importância que lhe foi atribuída pelo referido escritório. Por fim, ao contrário do quanto declarado pelo árbitro, enquanto pendente o processo arbitral, três advogados do seu escritório estavam prestando serviços à *Leucadia*. Esses fatos – assim considerou o Tribunal de Apelação de Paris – seriam hábeis a ensejar no espírito da *AGI* uma dúvida razoável quanto à independência e imparcialidade do árbitro, o que consistiria em formação

---

[121] *Cour d'appel de Paris*, decisão de 14.10.2014 (13/13459). Disponível no endereço eletrônico http://www.ohada.com/content/newsletters/2434/Arret-Cour-d-Appel-Paris-14-octobre-2014.pdf; consulta em 21.02.2015.

[122] No original: "I wish to disclose that a partner in my firm's Toronto office has represented Leucadia National Corporation in Canada in respect of Canadian based matters over a number of years. I understand that at present there are no matters in respect of which my firm is currently providing advice to Leucadia National Corporation".

CAPÍTULO 1. INSUFICIÊNCIA DA NOÇÃO GENÉRICA E DOS PADRÕES RELATIVOS...

irregular do tribunal, segundo a lei francesa. A decisão pela não concessão do *exequatur* à sentença arbitral foi mantida pela Corte de Cassação[123].

Não obstante as incontornáveis flutuações interpretativas, a evolução da experiência francesa – calcada na casuística e na jurisprudência – fornece importante material no que diz respeito à padronização da imparcialidade do árbitro.

1.3.3. Técnicas de padronização na experiência da common law[124]
1.3.3.1. A experiência inglesa e a disputa entre testes para aferição da imparcialidade

A Inglaterra não desconhece a regulamentação legal da arbitragem, especialmente no que diz respeito à imparcialidade do árbitro. Era assim no *Arbitration Act* inglês de 1950 (alterado e complementado por modificações legislativas de 1966, 1975 e 1979), o qual previa apenas que a sentença arbitral poderia ser invalidada caso o árbitro não tivesse conduta apropriada ou não desse condução apropriada ao processo[125], e assim continuou no *Arbitration Act* de 1996[126] atualmente em vigor, que enuncia, entre os princípios gerais aplicáveis ao instituto (*Section 1(a)*), ser o objeto da arbitragem a obtenção de uma resolução justa das disputas por um tribunal imparcial, sem atrasos ou encargos desnecessários. Mais especificamente, na seção dedicada aos deveres do tribunal arbitral, a lei impõe sua atuação com justiça e imparcialidade, com atribuição a cada parte de uma oportunidade razoável de expor o seu caso e lidar com a exposição de seu adversário (*Section 33(1)(a)*). O *Arbitration Act* qualifica como grave irregularidade a violação dos deveres da *Section 33* que cause injustiça substancial a uma das partes (*Section 68(2)(a)*), estabelecendo como

---

[123] *Cour de cassation*, decisão de 16.12.2015 (14/26279). Disponível no endereço eletrônico https://www.legifrance.gouv.fr/affichJuriJudi.do?oldAction=rechJuriJudi&idTexte=JURITEXT000031652620&fastReqId=936205787&fastPos=1; consulta em 22.02.2016.

[124] A expressão "commom law" identifica experiências jurídicas que possuem orientações comuns relativas à sua gênese e desenvolvimento, normas, doutrinas, princípios e padrões. Isso não significa esquecer que tais sistemas possuem suas particularidades, podendo se falar, por exemplo, na *common law* norte-americana, inglesa, australiana, entre outras. Nesse sentido, LEON TRAKMAN. *"Legal traditions" and international commercial arbitration*, in The american review of international arbitration, v. 17, n. 1, 2006, p. 11.

[125] No original, "Where an arbitrator or umpire has misconducted himself or the proceedings", conforme *Section 23(2)*. O *Arbitration Act 1950* está disponível no endereço eletrônico http://www.legislation.gov.uk/ukpga/Geo6/14/27/contents; consulta em 21.02.2017.

[126] *Arbitration Act 1996*, disponível no endereço eletrônico http://www.legislation.gov.uk/ukpga/1996/23/contents; consulta em 21.02.2017.

consequência a invalidade e a ineficácia da sentença arbitral (*Section 68(3)(a)* e *Section 68(3)(c)*). Além dessa disciplina, o *Arbitration Act* prevê a possibilidade de a parte em processo arbitral recorrer ao Poder Judiciário para remoção de árbitro, se houver circunstância que dê origem a dúvidas justificadas sobre a sua imparcialidade (*Section 24(1)(a)*).

Como a lei não estabelece critérios operativos de avaliação da imparcialidade e como é da própria tradição do *common law* a vinculação aos precedentes judiciais, a doutrina e a jurisprudência reconhecem as decisões judiciais como fundamentais[127] para o entendimento do tema[128]. Tais decisões estabeleceram uma série de *testes* para a identificação e mensuração da imparcialidade dos julgadores em geral e dos árbitros em particular. Sob esse aspecto, foi o julgamento do caso *R. v. Sussex Justices, ex parte McCarthy* o *leading case* a respeito da imparcialidade dos juízes, ampliando o entendimento (então mais restritivo) utilizado no antigo caso *Dimes v. Grand Junction Canal*[129], limitado ao brocardo *nemo judex in sua causa*, assim entendido como proibição de atuação do julgador em causa cujo resultado comprovadamente implicar seu benefício (patrimonial) direto[130].

No caso *R. v. Sussex Justices*[131], estabeleceu-se que a *mera aparência* de parcialidade é suficiente para anular uma decisão judicial, conforme entendimento

---

[127] "Na *Common Law*, a idéia que permeia o sistema é de que o direito existe não para ser um edifício lógico e sistemático, mas para resolver questões concretas." GUIDO FERNANDO SILVA SOARES. *Common law... op. cit.*, p. 53.

[128] Com referência a diversos estudos e julgados, BEATRICE ZUFFI. *L'arbitrato nel diritto inglese*. Torino: Giappichelli, 2008, pp. 220-234.

[129] O caso *Dimes*, julgado pela Casa dos Lordes (*"House of Lords"*) em 1852, envolveu a impugnação do julgador, *Lord* Cottenham, no julgamento de um caso que envolvia uma sociedade na qual ele detinha participação substancial. Referências sobre o caso podem ser obtidas no endereço eletrônico http://swarb.co.uk/?search-class=DB_CustomSearch_Widget-db_customsearch_widget&search=Search&widget_number=2&cs-post_title-0=The+Grand+Junction+Canal+Company+-v-+Dimes; consulta em 21.02.2017.

[130] Sobre a causa restritiva de impugnação ao interesse pecuniário, com apresentação de casos julgados nos séculos XVI e XVII, vide JOHN P. FRANK. *Disqualification of judges*, in *Yale law journal*, v. 56, 1947, pp. 609-612.

[131] No caso, um motociclista (McCarthy) envolveu-se em um acidente que resultou em processo judicial perante o juízo criminal de primeiro grau ("Magistrate's Court") sob a acusação de direção perigosa. O escrivão do juízo que atuava no caso em questão era também membro ("solicitor") da banca de advogados que patrocinava ação cível contra o réu, relativa ao mesmo acidente. O escrivão retirou-se com os julgadores quando estes deliberaram o julgamento e retornaram com a condenação do réu. Mesmo com a declaração dos julgadores de que haviam concebido a decisão sem consultar o escrivão, a corte superior ("King's Bench") anulou a decisão em razão da aparência de parcialidade.

CAPÍTULO 1. INSUFICIÊNCIA DA NOÇÃO GENÉRICA E DOS PADRÕES RELATIVOS...

consolidado no *dictum* do *Lord* Hewart, segundo o qual "a justiça não apenas deve ser feita, mas deve ser manifesta e indubitavelmente ser vista como feita"[132]. No caso em questão, a imparcialidade dos julgadores foi identificada e mensurada segundo o teste que ficou conhecido como "reasonable apprehension of bias", que envolve duas operações básicas: a primeira é a determinação das circunstâncias importantes para serem avaliadas do ponto de vista de um *observador razoável*; a segunda é a avaliação propriamente dita dessas circunstâncias para identificação de uma razoável apreensão de parcialidade, no sentido de uma *suspeita* – subjetiva, portanto – de que ela tenha ocorrido[133].

Nova evolução jurisprudencial seguiu-se no caso *R. v. Gough*[134], em cuja decisão foram analisados diversos julgados anteriores e identificados dois testes relativos à imparcialidade dos julgadores comumente aplicados pelas cortes inglesas, quais sejam, o "reasonable apprehension of bias" já mencionado, e o "real danger of bias", ao final aplicado no caso em questão.

No caso *Gough* foi consolidada orientação ao teste "real danger of bias", que envolve a operação de identificar quais fatos poderiam ser entendidos como prejudiciais à imparcialidade pelos próprios julgadores – afastando, aí, a noção do *observador razoável*[135] – e, com base nas circunstâncias do caso, avaliar se houve o real perigo (e não apenas suspeita) de imparcialidade do julgador, no sentido de que ele poderia ser influenciado por tais fatos e decidir injustamente em favor ou desfavor de uma das partes[136].

---

[132] No original: "justice should not only be done but should manifestly and undoubtedly be seen to be done". Caso [1924] 1 K.B. 256. Referência ao caso no endereço eletrônico http://johnhemming.blogspot.com.br/2011/04/r-v-sussex-justices-ex-p-mccarthy-1924.html; consulta em 21.02.2017.
[133] SAMUEL ROSS LUTTRELL. *Bias... op. cit.*, pp. 41-42.
[134] No caso, descobriu-se que uma jurada em julgamento de roubos era vizinha do irmão do réu (irmão esse também originalmente acusado, mas posteriormente excluído da demanda antes do julgamento), ao final condenado. A jurada declarou que desconhecia o fato no curso do julgamento e apresentou declaração nesse sentido. Considerando que a jurada não conhecia o fato, a Casa dos Lordes ponderou que ela não poderia ter sido influenciada por ele. *R. v. Gogh*, [1993] 2 All E. R. 724, cuja íntegra da decisão pode ser obtida em http://www.law.hku.hk/conlawhk/sourcebook/admlawcases/Gough.htm; consulta em 21.02.2017.
[135] Conforme as palavras de *Lord* Goff: "I think it is unnecessary, in formulating the appropriate test, to require that the court should look at the matter through the eyes of a reasonable man, because the court in cases such as these personifies the reasonable man".
[136] Também nas palavras de *Lord* Goff: "Accordingly, having ascertained the relevant circumstances, the court should ask itself whether, having regard to those circumstances, there was a real danger of bias on the part of the relevant member of the tribunal in question, in the sense that he might unfairly regard (or have unfairly regarded) with favour, or disfavour, the case of a party to the issue under consideration by him".

Tão importante quanto a mudança do observador, a divergência entre o teste "reasonable apprehension of bias" e o teste "real danger of bias" deu-se no que diz respeito à premissa de que a *apreensão* é subjetiva, porque ligada a um estado mental, ao passo que o *perigo real* se baseia mais nas evidências objetivas do que na percepção de um indivíduo ou das próprias partes[137].

O teste "real danger of bias" deixou de vincular as cortes inglesas a partir do julgamento do caso *Porter v. Magill*[138]. Sob a premissa de proceder a um modesto ajuste no teste aplicado ao caso *Gough*, a Casa dos Lordes (acompanhando o voto do *Lord* Hope) sugeriu a retirada da referência ao "real danger of bias" e sua substituição pela referência ao "real possibility of bias", iniciando um cisma a respeito da real distinção entre ambos os termos. Atualmente, alguns entendem que a alteração leva a uma mudança na operação do teste "real danger of bias", de modo a serem identificadas todas as circunstâncias que sugerem que o julgador não seja imparcial, para posterior avaliação da possibilidade (e não mais do perigo) de imparcialidade sob o ponto de vista de um *observador informado* (e não apenas razoável)[139], ao passo que outros entendem que a alteração de referência é meramente semântica[140].

---

[137] SAMUEL ROSS LUTTRELL. *Bias... op. cit.*, p. 42.

[138] No caso, a líder do *Westminster City Council*, Shirley Porter, desenvolveu uma política de vender imóveis pertencentes à administração em áreas capazes de eleger representantes no *City Council* (denominadas "*marginal wards*"), para aumentar a proporção de eleitores do Partido Conservador nessas áreas. As casas foram vendidas com desconto, levando a auditoria a concluir que Porter deveria restituir à cidade o valor de £31 milhões. Porter apelou ao Poder Judiciário, sob a alegação de que havia aparência de tendenciosidade ("*bias*") do auditor em razão das suas declarações em uma conferência de imprensa. Ao final, a Casa dos Lordes concluiu, com o voto de *Lord* Hope, que o teste envolvia "whether the fair-minded and informed observer, having considered the facts, would conclude that there was a real possibility that the tribunal was biased". Caso [2001] UKHL 67, cuja íntegra da decisão pode ser obtida em http://www.publications.parliament.uk/pa/ld200102/ldjudgmt/jd011213/magill-1.htm; consulta em 21.02.2017.

[139] Nas palavras de *Lord* Baker: "The test for apparent bias involves a two stage process. First the Court must ascertain all the circumstances which have a bearing on the suggestion that the tribunal was biased. Secondly it must ask itself whether those circumstances would lead a fair minded and informed observer to conclude that there was a real possibility that the tribunal was biased". Caso *Flaherty v. National Greyhound Racing Club Ltd.* [2005] EWCA Civ 1117. Decisão disponível no endereço eletrônico http://www.bailii.org/ew/cases/EWCA/Civ/2005/1117.html; consulta em 21.02.2017.

[140] Nas palavras de *Lord* Phillips, ao comentar o que o julgador deve fazer nos casos de impugnação de árbitro: "It must then ask whether those circumstances would lead a fair-minded and informed observer to conclude that there was a real possibility, or a real danger, the two being the same, that the tribunal was biased". Caso *In Re Medicaments and Related Classes of Goods (No 2)* [2001] 1 WLR 700, CA. Decisão disponível no endereço eletrônico http://www.bailii.org/ew/cases/EWCA/Civ/2000/350.html; consulta em 21.02.2017.

CAPÍTULO 1. INSUFICIÊNCIA DA NOÇÃO GENÉRICA E DOS PADRÕES RELATIVOS...

Os diferentes testes relativos à imparcialidade dos juízes foram aplicados em decisões sobre a imparcialidade dos árbitros. Por exemplo, no caso *Norbrook Laboratories Ltd. v. Tank*[141], no qual há expressa referência ao teste "real possibility of bias" pela declaração de que um observador bem informado concluiria haver a real possibilidade de o julgador ser tendencioso[142], há quem sustente que o teste utilizado foi o "real danger of bias"[143]. Mais clara aplicação do teste "real danger of bias" foi feita no caso *Laker Airways Inc. v. FLS Aerospace Ltd.*[144], no qual os julgadores declararam buscar a identificação de um real perigo de parcialidade[145]. A decisão no caso *AT&T v. Saudi Cable*[146] também optou pelo teste "real danger of bias", embora tenha considerado que tal teste, assim como o do "reasonable apprehension of bias", leva, na prática,

---

[141] Caso *Norbrook Laboratories Ltd. v. Tank*, [2006] APP.L.R. 05/12. Decisão disponível no endereço eletrônico http://www.nadr.co.uk/articles/published/ArbLawReports/Norbrook%20v%20Tank%202006.pdf; consulta em 21.02.2017. No caso, o árbitro único, a pretexto de reduzir os custos da arbitragem, contatou e questionou, sozinho e diretamente, três testemunhas por telefone, sem consultar previamente as partes e sem guardar registro das conversas.

[142] No original: "I have no doubt that the fair minded and informed observer, having considered all the facts in the case relating to contact eith the three witnesses would conclude that there was a real possibility that the tribunal was biased".

[143] É o que faz SAMUEL ROSS LUTTRELL. *Bias... op. cit.*, p. 52.

[144] Caso *Laker Airways Inc. v. FLS Aerospace Ltd.*, [1999]. Decisão disponível no endereço eletrônico http://old.simic.net.cn/upload/2010-06/20100609140146968.pdf; consulta em 21.02.2017.

[145] No caso, a FLS requereu ao *Queen's Bench* a remoção do árbitro com base em três alegações: *(i)* pelo fato de ambos serem advogados (*"barristers"*) e pertencerem à mesma câmara (*"chamber"*), o advogado da FLS (Michael Sullivan) e o árbitro indicado por ela (Stanley Burnton) teriam inerente conflito de interesses, o que impediria o primeiro de agir imparcialmente; *(ii)* existência de risco de que informações sobre o caso fossem trocadas entre o árbitro e o advogado fora do processo arbitral; e *(iii)* o julgamento do árbitro poderia ser influenciado pela sua familiaridade com o advogado. O *Queen's Bench* afastou a primeira alegação com base em jurisprudência já consolidada quanto à organização da advocacia inglesa em câmaras e sua irrelevância *per se* à imparcialidade do árbitro, notando que o fato de árbitro e advogado praticarem a profissão e eventualmente se contraporem não gera conflito de interesses entre eles (profissionais), mas entre as partes que, respectivamente, defendem. A mesma corte afastou a segunda alegação por notar que não há relação de parceria ou de emprego entre profissionais da mesma câmara, de modo que deveria ser demonstrado que a própria existência e organização das câmaras daria causa a dúvidas justificadas sobre a imparcialidade do árbitro pelo perigo da disseminação imprópria de informações confidenciais. A terceira alegação foi afastada não apenas porque advogado e árbitro mal se conheciam, mas porque as câmaras são locais onde a competição e o coleguismo entre os profissionais não solapam o fato de que elas são compostas por profissionais independentes que não compartilham a carreira ou a remuneração.

[146] Caso *AT&T Corporation v. Saudi Cable Co* [2000] APP.L.R. 05/15. Decisão disponível no endereço eletrônico http://www.nadr.co.uk/articles/published/ArbitrationLawR/AT&T%20v%20Saudi%202000.pdf; consulta em 21.02.2017.

ao mesmo resultado ao apartar um perigo real de um perigo imaginado por uma das partes quanto à parcialidade do árbitro[147].

Mais clara foi a decisão do caso *ASM Shipping v. TTMI*[148], no qual ambas as partes basearam-se no teste "real possibility of bias", sendo esclarecido que, diante das circunstâncias do caso, um observador independente concluiria existir a real possibilidade de o tribunal estar enviesado. Aplicando o teste "real possibility of bias", mas também fazendo referência às *IBA Guidelines*[149], a decisão da impugnação do árbitro no caso *Sierra Fishing v. Hasan*[150] levou em consideração a relação direta do julgador e de seu escritório com uma das partes, seu envolvimento direto no litígio (especificamente, seu envolvimento na

---

[147] No caso, as partes disputavam sobre um contrato que tinham celebrado entre si em razão da participação (e posterior vitória) da AT&T em concorrência pública para o projeto de expansão do serviço de telecomunicações na Arábia Saudita. A AT&T requereu a invalidação de sentença parcial proferida pelo tribunal arbitral pelo fato de o árbitro indicado pela Saudi Cable (Yves Frontier) não ter revelado que era diretor não executivo da empresa Nortel, concorrente vencida pela AT&T na concorrência, nem que possuía 474 ações dessa companhia. O pedido de invalidação foi afastado pela *House of Lords* pelas considerações expostas no voto de *Lord* Woolf: *(i)* a decisão sobre a imparcialidade deve levar em conta critérios objetivos; *(ii)* o árbitro não sabia que a Nortel havia participado da concorrência quando fez suas revelações; *(iii)* eventual benefício indireto que o resultado da arbitragem traria à Nortel seria tão mínimo para o árbitro que não seria razoável que isso pudesse tê-lo influenciado; *(iv)* o envolvimento do árbitro com a Nortel era limitado e foi acuradamente descrito como incidental na sua vida profissional; *(v)* o árbitro não dava importância ao seu envolvimento com a Nortel, tanto que, assim que a ligação foi apontada pela AT&T na arbitragem, o árbitro prontamente ofereceu-se para renunciar à diretoria; e *(vi)* não houve qualquer atitude do árbitro no curso da arbitragem que sugerisse tendenciosidade contra qualquer das partes.

[148] Caso *ASM Shipping Ltd. of India v. TTMI Ltd. of England* [2005] APP.L.R. 10/19. No caso, o árbitro presidente (Mathews) havia funcionado, em outro e não relacionado processo arbitral, como advogado sob a orientação dos mesmos advogados que agora representavam uma das partes, no intuito de demonstrar (mediante o procedimento de *disclosure* de documentos) a falta de integridade e desonestidade de uma das testemunhas (Moustakas). Na arbitragem cujo painel era presidido por Mathews, iniciada 7 meses após o procedimento de *disclosure* na arbitragem prévia, Moustakas era a principal testemunha de uma das partes e sobre ele também pesavam acusações de desonestidade. Foi requerido o afastamento judicial do árbitro presidente, sendo que o julgamento em primeiro grau reconheceu, pelo teste "real possibility of bias", o fundamento para o afastamento do julgador, não o fazendo por considerar que a impugnação do árbitro havia sido extemporânea. Posteriormente, o árbitro renunciou ao encargo. O julgamento de primeiro grau está disponível no endereço eletrônico http://www.nadr.co.uk/articles/published/ArbitrationLawRep/ASM%20v%20TTMI%202005.pdf; consulta em 21.02.2017.

[149] Vide capítulo 1.3.4.

[150] Caso *Sierra Fishing Company and other v. Hasan Said Farran and others* [2015] EWHC 140 (Comm). Decisão disponível no endereço eletrônico http://www.bailii.org/ew/cases/EWHC/Comm/2015/140.rtf; consulta em 21.12.2017.

redação de um dos contratos em disputa) e seu comportamento no curso do processo frente a uma das partes[151].

A rica experiência inglesa decantou diferentes "testes" para aferição da imparcialidade e pavimentou a aplicação do teste "real possibility of bias" utilizado no caso *In Re Medicaments*[152]. Ainda que tais "testes" envolvam aparente confusão de conceitos e de pontos de vista de observadores, seu estudo é útil para auxiliar na eleição das premissas de operacionalização sugeridas no presente estudo.

1.3.3.2. A experiência norte-americana e a vagueza do conceito de "evident partiality"

Assim como ocorreu com a jurisprudência inglesa, a noção inicialmente restrita de imparcialidade do juiz, derivada da inexistência de interesse pessoal ou pecuniário direto na causa (*nemo iudex in causa sua*), foi ampliada na legislação norte-americana. Já em 1792, o Congresso norte-americano editou a primeira lei sobre o tema, que adicionava ao motivo clássico de impugnação,

---

[151] A disputa originalmente dizia respeito ao inadimplemento de diversos acordos financeiros entre, de um lado, a companhia Sierra Fishing e uma pessoa física (Said Mohamed) e, de outro, duas outras pessoas físicas (Hassan Farran e Ahmed Assad). Tal disputa desembocou em ação de remoção de árbitro indicado por Farran e Assad (Ali Zbeeb), que acabou por tornar-se árbitro único em razão da inércia da outra parte (Sierra Fishing e Mahamed) em indicar outro profissional para compor o tribunal arbitral. Ao decidir a demanda de remoção, o *Queen's Bench* destacou que havia "real possibility", aos olhos de um "fair-minded observer", de perda de imparcialidade do árbitro, considerados os fatos: *(i)* indicativos da ligação do árbitro com uma das partes, pois *(i.1)* o árbitro foi advogado de instituição financeira (Finance Bank SAL, banco libanês) entre 2005 e 2006, período em que, tal como no curso do processo arbitral e do julgamento da ação de remoção, o credor Farran era presidente da instituição; *(i.2)* o pai do julgador (Hussein Zbeeb) era (também no curso do processo arbitral) um dos executivos de alto escalão do banco, além de ser sócio de banca, juntamente com o árbitro (Zbeeb Law & Associates), que prestava serviços e representava tanto a Farran quanto à instituição financeira que esse dirigia, sendo admitido, pelo árbitro, que disso derivava "some financial income" para o escritório; *(ii)* indicativos da atuação do árbitro na negociação e redação de dois instrumentos subscritos pelas partes na tentativa de colocar fim ao litígio ("Execution Agreement" e seu aditamento), sobre os quais Farran e Assad fundamentaram seus pleitos; *(iii)* a forma e o conteúdo das manifestações do árbitro no curso do processo arbitral, após ser impugnado, demonstrarima que ele havia "descended into the arena and taken up the battle on behaf of Dr. Farran e Mr. Assad, visto que *(iii.1)* utilizou-se de argumentos em favor da posição de Farran e Assad quanto a questões processuais ligadas à jurisdição e à impugnação do árbitro, suportados por exposição detalhada e citação de jurisprudência, que esses últimos ainda não haviam apresentado no processo arbitral; e *(iii.2)* utilizou-se de "intemperate language", questionando a boa-fé das partes que o impugnaram.

[152] Apontando, de forma sucinta, a disputa entre os "testes", SAMUEL ROSS LUTTRELL. *Bias...* op. cit., pp. 59-61.

então reconhecido jurisprudencialmente, a hipótese de o juiz ter advogado anteriormente para uma das partes[153]. A lei foi emendada sucessivamente para a integração de outras hipóteses e de diferentes procedimentos relativos ao incidente de impugnação, que são disciplinados na esfera federal, atualmente, nas *Sections 144 e 455* das *Federal Rules of Civil Procedure*[154], tendo sido sempre influenciada – no sentido do seu alargamento interpretativo – pela jurisprudência[155].

A experiência desenvolvida no tema da imparcialidade dos juízes ensejou a adoção de regras consolidadas na *Section 10* do *Federal Arbitration Act* (FAA)[156], o texto sancionador da imparcialidade do árbitro em âmbito federal nos Estados Unidos, que prevê a anulação da sentença arbitral proferida mediante corrupção, fraude ou utilização de meios indevidos (*Section 10(a)(1)*); ou quando for constatada a "evidente parcialidade" ou corrupção do árbitro (*Section 10(a)(2)*).

Foi o julgamento do caso *Commonwealth Coatings v. Continental Casualty*[157] pela Suprema Corte norte-americana que fixou os fundamentos da análise – com vertentes muitas vezes contraditórias – da imparcialidade dos árbitros sob o FAA. O caso (o único em que o tema foi levado à Suprema Corte) envolvia

---

[153] Sobre a evolução da legislação federal norte-americana relativa à imparcialidade dos juízes, vide RICHARD E. FLAMM. *History of and problems with the federal judicial disqualification framework*, in *Drake law review*, v. 58, 2010, sobretudo pp. 753-756.

[154] Excelente descrição das sucessivas reformas é feita por AMANDA FROST. *Keeping up appearances: a process-oriented approach to judicial recusal*, in *University of Kansas law review*, v. 35, 2005, pp. 538-550.

[155] Grande quantidade de decisões na esfera federal e sua respectiva fundamentação nas regras de impugnação dos juízes constantes das *Federal Rules of Civil Procedure* são trazidas em abrangente estudo feito por CHARLES GARDNER GEYH. *Judicial disqualification: an analysis of Federal Law*. 2. ed. Federal Judicial Center, 2010. Sobre casos problemáticos, tais como (*i*) o que envolveu o *Justice* Scalia (membro da Suprema Corte) e sua viagem com o então litigante Dick Cheney semanas após o julgamento do caso do qual era parte; (*ii*) o que envolveu a decisão do *District Judge* Martin Feldman, que revogou a moratória decretada pelo Presidente Obama para a prospecção de petróleo em águas profundas após o desastre no golfo do México (descobriu-se que o juiz detinha grande quantidade de ações de companhias petrolíferas, que foram vendidas no mesmo dia em que o juiz deu a decisão); ou (*iii*) que envolveu a discussão sobre a necessidade do *District Judge* Vaughn Walker, alegadamente homossexual, declarar-se ou não se declarar impedido para decidir sobre a constitucionalidade da vedação do casamento homoafetivo na constituição do Estado da Califórnia, vide DMITRY BAM. *Making appearances matter: recusal and the appearance of bias*, in *Brigham Young University law review*, v. 2011, 2011, pp. 945-947.

[156] Disponível no endereço eletrônico http://www.law.cornell.edu/uscode/text/9/10; consulta em 21.02.2017.

[157] Extrato do julgamento disponível no endereço eletrônico https://bulk.resource.org/courts.gov/c/US/393/393.US.145.14.html; consulta em 21.02.2017.

árbitro presidente que, antes do início do procedimento arbitral, havia prestado consultoria a uma das partes, na qualidade de engenheiro, em relação ao projeto objeto da disputa, recebendo pelo trabalho a quantia de USD 12 mil. O árbitro não revelou tal fato e a sentença foi favorável, por unanimidade, à parte que tinha contratado a consulta.

Embora a Suprema Corte tenha revertido a decisão da instância inferior e anulado a sentença arbitral com a aplicação da Section 10(a)(2) do FAA, tendo em vista que a não revelação do negócio anterior seria demonstração de evidente parcialidade do árbitro presidente, não houve consenso claro de qual deveria ser o padrão para se aferir tal evidente parcialidade, gerando cisão no colegiado sobre: *(i)* se o padrão da imparcialidade do árbitro deveria ser equivalente ao do juiz; e *(ii)* se o negócio anterior entre árbitro e parte deveria ser substancial ou se qualquer envolvimento que causasse a mera impressão de tendenciosidade ("impression of bias") seria suficiente para o afastamento do árbitro[158].

A corrente majoritária, encabeçada pelo *Justice* Black, entendeu equiparável o padrão de imparcialidade do árbitro ao padrão do juiz (fazendo menção ao 33º *Canon of Judicial Ethics*) e estabeleceu que os árbitros devem revelar às partes qualquer negócio que possa criar a impressão de tendenciosidade, sendo que seu dever não seria apenas atuar sem tendenciosidade, mas também evitar qualquer *aparência* nesse sentido[159]. Por sua vez, a corrente encabeçada pelo *Justice* White (que proferiu voto concordante, mas com observações) fez apontamentos segundo os quais a imparcialidade do árbitro não deve ser medida pelo padrão aplicável ao juiz, defendendo ainda que os árbitros não devem ser afastados por relações de negócio com as partes se tais relações são triviais, mas que, ao contrário, tais relações devem ser substanciais para que a evidente imparcialidade fique caracterizada[160]. No caso, o *Justice* White usou esse raciocínio para demonstrar que a relação do árbitro presidente, no caso sob julgamento, não foi trivial, pois envolvia remuneração significativa[161].

---

[158] Análise detalhada da decisão foi feita por Merrick T. Rossein; Jennifer Hope. *Disclosure and disqualification standards for neutral arbitrators: how far to cast the net and what is sufficient to vacate an award*, in *St. John's law review*, v. 81, 2007, pp. 206-209.

[159] No original: "arbitrators must not only be unbiased but must also avoid even the appearance of bias".

[160] No original: "[arbitrators are not] automatically disqualified by a business relationship with the parties before them if are unaware of the fact but the relationship is trivial".

[161] No original: "But it is enough for present purposes to hold, as the Court does, that where the arbitrator has a substantial interest in a firm which has done more than trivial business with a party, that fact must be disclosed".

Essa cisão entre os pontos de vista no caso *Commonwealth Coatings* influenciou decisões posteriores nos diferentes Circuitos da esfera judicial federal norte-americana, ensejando decisões desfavoráveis à equivalência do padrão de aferição de imparcialidade do árbitro ao do juiz, conforme se vê no caso *International Produce, Inc. v. A/S Rosshavet*[162], no qual se afirmou que aplicar aos árbitros os mesmos padrões (elevados) de imparcialidade aplicáveis aos juízes apenas serviria para afastar os árbitros mais capazes[163]. São registradas, entretanto, decisões que, em sentido oposto ao ora narrado, entenderam que os padrões de imparcialidade dos árbitros deveriam ser mais severos que aqueles aplicáveis aos juízes[164].

[162] Caso *International Produce, Inc. v. A/S Rosshavet*, 638 F. 2d 548 (2º Cir 1981), disponível no endereço eletrônico https://bulk.resource.org/courts.gov/c/F2/638/638.F2d.548.80-7387.132.html; consulta em 21.02.2017. No caso, os árbitros do painel (Lloyd Nelson, Mack Klosty e Hammond Cederholm) revelaram possíveis conflitos de interesses, pois: *(i)* Klosty havia sido indicado anteriormente como árbitro em disputas por uma das partes (International) e havia feito negócios com ela como *broker*; *(ii)* a empresa na qual Nelson desenvolvia suas atividades possuía uma longa relação de negócios com a controladora da Internacional; e *(iii)* o escritório que patrocinava a Rosshavet (Haight Gardner) também estava à frente de uma arbitragem em que era parte um dos clientes da empresa presidida por Cederhorn, cujo objeto envolvia uma embarcação nomeada *Mary S*. Ainda no curso do processo, surgiu outro conflito que envolvia a embarcação, no qual as partes foram, também, representadas pelos mesmos escritórios atuantes no caso em que Cederhorn era árbitro. Cederhorn foi arrolado, pelo seu cliente, como testemunha, razão pela qual o advogado (Carey) do escritório (Hill Rivkins) de uma das partes lhe telefonou, requerendo a sua renúncia, pois seria provável que o escritório que representava a outra parte (Haight Gardner) iria prepará-lo como testemunha, contato que seria incompatível com a posição de árbitro. Cederhorn foi encorajado pelos demais árbitros do painel a não renunciar, razão pela qual condicionou sua permanência à retirada do caso dos advogados que também atuassem no caso que envolvia *Mary S*., no que foi atendido pelo escritório Haight Gardner, mas não pelo escritório Hill Rivkins, que apenas requereu a produção de provas.
O Tribunal estatal, revertendo a decisão de primeiro grau que considerou a infringência da *evidente parcialidade* pelo contato de Cederhorn com ambos os escritórios, apontou que, diferentemente dos juízes, não é inusual que os profissionais selecionados como árbitros em conflitos marítimos tenham tido numerosos negócios com uma ou mais das partes ou com os seus advogados, e que os árbitros mais procurados sejam justamente os mais proeminentes e experientes membros da específica comunidade de negócios da qual emanam as disputas a serem arbitradas.
[163] No original: "We are convinced that the goals of the arbitration system would not be served if arbitrators and Article III judges were held to the same high standard. To vacate an arbitration award where nothing more than an appearance of bias is alleged would be 'automatically to disqualify the best informed and most capable potential arbitrators'".
[164] Por todos, o próprio caso *Commonwealth Coatings*, em que se declarou: "It is true that arbitrators cannot sever all their ties with the business world, since they are not expected to get all their income from their work deciding cases, but we should, if anything, be even more scrupulous to safeguard the impartiality of arbitrators than judges, since the former have completely free rein to decide the law as well as the facts and are not subject to appellate review".

CAPÍTULO 1. INSUFICIÊNCIA DA NOÇÃO GENÉRICA E DOS PADRÕES RELATIVOS...

Também é possível perceber, na jurisprudência norte-americana, a falta de orientação a respeito do padrão constitutivo da evidente parcialidade do árbitro. Alguns Circuitos impõem a anulação das sentenças pela *razoável impressão de tendenciosidade*, tal como ocorreu no caso *Sanko S.S. Co. Ltd. v. Cook Industries*[165], no qual se afirmou que o árbitro não deve fornecer às partes uma completa biografia profissional, mas apenas fornecer informações sobre negócios que criem uma *impressão de possível tendenciosidade* ("impression of possible bias")[166]. Outros Circuitos, no entanto, são mais restritivos conceitualmente, afastando tanto a *aparência* quanto a *impressão* como padrões constitutivos da "evidente imparcialidade", e exigindo a demonstração de um conflito efetivo de interesses ou de uma falha grave no cumprimento do dever de revelação do árbitro que leve a ofender o padrão de uma pessoa razoável. É o que se vê nos casos *Gianelli Money v. ADM Investor*[167], no qual se afirmou que ocorre evidente parcialidade quando há um conflito real de interesses ("actual bias") ou quando o árbitro conhece e oculta informações que levariam uma pessoa

---

[165] Caso *Sanko S.S. Co. Ltd. v. Cook Industries*. 495 F.2d 1260, 1263 (2º Cir. 1973). Decisão disponível no endereço eletrônico https://bulk.resource.org/courts.gov/c/F2/495/495.F2d.1260.6.73-1355.html; consulta em 21.02.2017. No caso, o árbitro presidente teria informado que sua empresa (Sagus Marine Corporation) tinha tido negócios com uma das partes (Cook), sem, no entanto, informar várias outras conexões entre as empresas, entre elas, o fato de sua empresa ser uma afiliada da Louis Dreyfus Partnership of France, empresa essa que, como a Cook, era uma das maiores negociadoras mundiais de grãos, e que ambas firmavam entre si e com frequência *swaps* e vendas de *commodities*. Sanko, na busca da anulação da sentença, alegou que o presidente tinha interesse em dar uma decisão favorável à Cook para possibilitar que a Dreyfus pudesse retornar o favor no futuro, alegação essa que foi afastada no julgamento do caso pela Corte de Apelações do Segundo Circuito.

[166] No original: "To be sure, the broad disclosure called for in Commonwealth Coatings does not require that an arbitrator 'provide the parties with his complete and unexpurgated business biography.' 393 U.S. at 151, 89 S.Ct. at 340; Reed & Martin, Inc. v. Westinghouse Elec. Corp., 439 F.2d 1268 (2d Cir. 1971). But where dealings 'might create an impression of possible bias', they must be disclosed".

[167] Caso *Gianelli Money Purchase Plan and Trust v ADM Investor Services, Inc.*, 146 F.3d 1309 (11º Cir. 1998). Decisão disponível no endereço eletrônico https://bulk.resource.org/courts.gov/c/F3/146/146.F3d.1309.97-2586.html; consulta em 21.02.2017. No caso, tanto o árbitro único indicado pelas partes quanto seu escritório haviam representado, em diversos negócios, o presidente (Kent C. Kelley) de uma empresa parceira de uma das partes (Basic Commodities, Inc., parceira da ADM), inclusive no negócio que levou à arbitragem, em que tal empresa figurou como garante (embora não fosse parte no processo arbitral). O Tribunal considerou que inexistia conflito real de interesses (*actual conflict*), uma vez que o árbitro não conhecia os contatos passados do seu escritório com a empresa garantidora do negócio levado à arbitragem.

razoável a crer que tal conflito de interesses exista[168]; e no caso *Lifecare International v. CD Medical*[169], no qual se afirmou que a violação do dever de investigar as ligações pretéritas do escritório do árbitro com as partes da arbitragem não leva, automaticamente, à criação de uma *razoável impressão de tendenciosidade* ("reasonable impression of bias")[170], ou ainda no caso *Lucent Tech., Inc. v. Tatung Co.*[171], no qual, rejeitando a tese da "appearance of bias" e a tese da

---

[168] No original: "[...] the district court should have applied the law of our Circuit, which is that an arbitration award may be vacated due to the "evident partiality" of an arbitrator only when either (1) an actual conflict exists, or (2) the arbitrator knows of, but fails to disclose, information which would lead a reasonable person to believe that a potential conflict exists".

[169] Caso *Lifecare International, Inc. v. CD Medical, Inc.*, 68 F. 3d 429 (11º Cir. 1995). Decisão disponível no endereço eletrônico https://bulk.resource.org/courts.gov/c/F3/68/68.F3d.429.94-4595.html; consulta em 21.02.2017. No caso, o coárbitro Craig Stein foi impugnado por duas razões.
A primeira razão envolveu uma narração feita pelo árbitro (também advogado) no intervalo da audiência, quando contou um situação por ele vivida, na qual o advogado com o qual litigava havia se recusado a reagendar uma audiência, o que o obrigou a viajar ao exterior, conduta que reputou antiprofissional e passível de punição disciplinar; posteriormente foi descoberto que o advogado ao qual o árbitro se referia havia trabalhado no escritório (White & Case) que agora patrocinava uma das partes sujeitas à sua decisão e que o referido árbitro, quando do incidente, escreveu ao escritório e afirmou que uma banca do gabarito do White & Case não poderia admitir um comportamento como o apresentado pelo advogado. Relativamente à alegação de *evidente parcialidade* em razão do ocorrido, o Tribunal estatal entendeu que o desentendimento entre advogados faz parte da profissão e que seria de todo improvável que eventual animosidade que pudesse existir frente ao advogado fosse passada para todo o escritório e, posteriormente, também para a empresa que ele representa na arbitragem. Em suma, entendeu-se que o fato "is more in the line of remote, uncertain, and speculative partiality or a mere appearance of bias or partiality, as opposed to bias or partiality that is direct, definite, and capable of demonstration".
A segunda razão para a impugnação do árbitro derivou do fato de ele não ter revelado que, poucos meses antes de ser nomeado para o caso (o que ocorreu em novembro de 1992), havia se tornado *of counsel* do escritório Greenbert Traurig, banca que havia sido contatada em 1988 para revisar um aditamento a um contrato estabelecido entre as duas partes na arbitragem e que uma delas (CD Medical), em janeiro de 1990, procurou novamente o escritório para representá-la na arbitragem. O Tribunal estatal entendeu que o árbitro não tinha ciência dos contatos entre o escritório do qual era *of counsel* e uma das partes da arbitragem, e assim a falha do árbitro em investigar e revelar tais contatos não criaria uma razoável impressão de tendenciosidade ou parcialidade.
Em conclusão, no entendimento do Tribunal, a mera aparência de imparcialidade seria insuficiente para caracterizar a "evidente parcialidade" e para a consequente anulação da sentença arbitral.

[170] No original: "[...] we cannot conclude that Arbitrator Stein's failure to investigate and, of course, disclose the two prior contacts between [office] and [party] creates a reasonable impression of bias or partiality".

[171] Caso *Lucent Tech., Inc. v. Tatung Co.*, 379 F.3d 24, 29 (2d Cir. 2004). Decisão disponível no endereço eletrônico https://bulk.resource.org/courts.gov/c/F3/379/379.F3d.24.03-7741.html; consulta em 21.02.2017. No caso, a empresa Lucent instaurou – e venceu – procedimento arbitral contra a empresa Tatung, no qual pleiteava o pagamento de *royalties* objeto de um contrato de uso de patente. A Lucent indicou o árbitro David Luening e a Tatung indicou Ed Fiorito, árbitros que escolheram como presidente Roger Smith. Leuning revelou que havia sido contratado com advogado pela Lucent (através

CAPÍTULO 1. INSUFICIÊNCIA DA NOÇÃO GENÉRICA E DOS PADRÕES RELATIVOS...

"proof of actual bias", o julgamento pendeu para a análise da existência ou não de "strong evidence of bias"[172].

Há, efetivamente, pouca luz sobre as diferenças entre a *aparência* e a *impressão*, ainda mais quando caracterizadas como *forte, razoável, possível, justificável* ou com outro qualificador qualquer. A despeito das tentativas de se mapear os critérios adotados pelos diferentes Circuitos da esfera judicial federal para a caracterização da *evidente parcialidade* estabelecida na lei, o que se assiste é a ausência de uma orientação comum[173] e até mesmo a assimetria de análises entre Circuitos que, em tese, adotam um mesmo critério[174].

A complicar ainda mais a identificação de uma orientação clara sobre o padrão de imparcialidade do árbitro na experiência jurídica norte-americana, há a prática de formação de tribunais com árbitros não neutros ("non-neutrals"), sufragada pelo *Code of Ethics for Arbitrators in Commercial Disputes* adotado conjuntamente pela *American Arbitration Association* (AAA) e pela *American Bar Association* (ABA) em 1997. Segundo essa prática (entendida pela doutrina[175] e pela jurisprudência[176] como não coibida pelo FAA), se as

---

do escritório Kirkland & Ellis) em questão não ligada à arbitragem, prestando serviços entre abril de 1998 e dezembro de 1999. Smith também revelou que foi advogado de uma banca que trabalhou para a Lucent. As revelações foram enviadas para a AAA mas, aparentemente, a Tatung jamais recebeu cópia dos documentos. Na discussão judicial que se seguiu sobre a parcialidade dos árbitros, a Corte de Apelação do Segundo Circuito acatou a decisão do juiz de primeiro grau que considerou que "Luening's prior relationship with Lucent had terminated in all material respects before Lucent's counsel solicited his services as an arbitrator in this matter" e que não acataria o pedido de *disclosure* para investigar a ligação de Smith com a Lucent. Sobre o não recebimento dos documentos de revelação, a Corte de Apelação considerou que a Tatung poderia ter, a qualquer momento no curso da arbitragem (que durou dois anos) ter requerido os documentos que alegou não ter recebido.

[172] No original: "we rejected both 'appearance of bias' and 'proof of actual bias' tests of evident partiality [...]" e "[n]othing about the relationship provides strong evidence of partiality by the arbitrator that would justify vacating the award".

[173] Em superficial, mas didática análise de alguns Circuitos, SHIVANI SINGHAL. *Independence and impartiality of arbitrators*, in *International arbitration law review*, v. 11, 2008, pp. 129-130.

[174] GARY BORN. *The different meanings of an arbitrator's "evident partiality" under U.S. law*, postado no *Kluwer arbitration blog* em 20.03.2013. Disponível no endereço eletrônico http://kluwerarbitrationblog.com/blog/2013/03/20/the-different-meanings-of-an-arbitrators-evident-partiality-under-u-s-law/; consulta em 21.02.2017.

[175] DAVID J. MCLEAN; SEAN-PATRICK WILSON. *Is three a crowd? Neutrality, partiality and partisanship in the context of tripartite arbitrations*, in *Pepperdine dispute resolution law journal*, v. 9, n. 1, 2012, pp. 170-171.

[176] Caso *Sphere Drake Ins. Ltd. v. All American Life Ins.*, 307 F.3d 617 (7º Cir. 2002), no qual se lê que "[p]arties are free to choose for themselves to what lengths they will go in quest of impartiality. Section 10(a)(2) just states the presumptive rule, subject to variation by mutual consent". Decisão disponível no endereço eletrônico https://bulk.resource.org/courts.gov/c/F3/307/307.F3d.617.02-2458.html; consulta em 21.02.2017.

partes expressamente a escolheram, o árbitro indicado pela parte opera como um amálgama de advogado e julgador, com esperada *predisposição* à tese a ser defendida pela parte que o escolheu, embora tal predisposição não deva ser aguda a ponto de afetar sua imparcialidade[177]. Segundo certa corrente, o árbitro não neutro opera como um amigo, que deve ser independente o suficiente para julgar contra a parte que o indicou se nesse sentido apontarem os elementos dos autos, assegurando, entretanto, que todos os argumentos da parte que o indicou serão completa e adequadamente ouvidos[178]. Há aqui, mais uma vez, um zona cinzenta sobre quais fatos caracterizariam propriamente a falta de independência do árbitro não neutro, pois, enquanto alguns julgados afirmam a inaplicabilidade do padrão da *evidente parcialidade* do FAA à espécie[179], outros aplicam as regras sancionadoras desse regramento ao árbitro não neutro que não revelou ter mantido comunicações a respeito do mérito da causa com a parte que o indicou, antes da escolha do árbitro presidente (as comunicações poderiam ter sido feitas, conquanto informada a sua ocorrência) e que, ainda que não neutro, "deveria ter participado do processo arbitral de um modo justo, honesto e de boa-fé"[180]. A aplicação das regras sancionadoras também ocorreu em caso no qual o árbitro não neutro deixou de revelar que era um credor de longa data da parte que o indicou, em decisão que praticamente igualou o dever de revelação dos árbitros não neutros aos dos neutros[181]. A prática do árbitro não neutro, tida por alguns como

---

[177] Literalmente: "As everyone knows, the party's named arbitrator in this type of tribunal is an amalgam of judge and advocate. [...] He is, or may be, a somewhat interested participant in the panel's hearings and deliberations. His questions to witnesses and counsel, his comments along the way, his observations during interim deliberations may have subtle and possibly decisive impacts upon the end result." Caso *Cia de Navegacion Omsil, S.A. v. Hugo Neu Corporation*, 359 F. Supp. 898 (1973). Decisão disponível no endereço eletrônico http://www.leagle.com/xmlResult.aspx?xmldoc=19731257359FSupp898_11109.xml&docbase=CSLWAR1-1950-1985; consulta em 21.02.2017.

[178] JACQUES WERNER. *The Independence of party-appointed arbitrators: for a rule of reason*, in *Journal of international arbitration*, v. 7, n. 2, 1990, p. 5.

[179] Caso *Sphere Drake Ins.* supra.

[180] Caso *Metropolitan Property & Casualty Insurance v. J.C. Penney Casualty Insurance Company*, 780 F. Supp. 885 (1991), com comentários disponíveis no endereço eletrônico http://www.leagle.com/xmlResult.aspx?xmldoc=19911665780FSupp885_11536.xml&docbase=CSLWAR2-1986-2006; consulta em 21.02.2017.

[181] Literalmente: "Accordingly, we adopt the requirement that every arbitrator, neutral or party-designated, make full disclosure of possible conflicts of interest to the parties, prior to commencement of arbitration proceedings. This disclosure should reveal any relationship or transaction that he has had with the parties or their representatives as well as any other fact which would suggest to a reasonable person that the arbitrator is interested in the outcome of the arbitration or which

algo de constrangedor para a experiência arbitral norte-americana[182], passou a figurar como uma exceção se comparada com a experiência arbitral internacional, que exige os mesmos padrões de independência e imparcialidade para todos os membros do tribunal[183]. No entanto, ainda há quem defenda a prática, apontando que a imparcialidade requerida dos coárbitros nas arbitragens internacionais não passaria de um mito[184].

Todos os Estados possuem sua própria legislação sobre arbitragem[185]. Do total, quatorze Estados e o distrito de Colúmbia adotaram o *Revised Uniform Arbitration Act* (RUAA)[186], que repete a fórmula da evidente parcialidade e a consequente invalidação da sentença *(Rule 23(1)(A))*, deixando claro, no entanto, que o árbitro deve fazer uma pesquisa razoável ("a reasonable inquiry") sobre matérias que possam afetar sua imparcialidade ou independência na visão de uma pessoa razoável *(Section 12)*. Outros cinco Estados possuem legislação derivada da Lei Modelo UNCITRAL, com especial destaque para o Estado da Califórnia, que, em resposta à falta de confiança pública no método arbitral em razão da inserção de cláusula compromissória em contratos de consumo e de abusos por parte de instituições

---

might reasonably support an inference of partiality". Caso *Barcon Associates, Inc. v. Tri-County Asphalt Corporation*, 430 A.2d 214 (N.J. 1981). Decisão disponível no endereço eletrônico http://www.leagle.com/xmlResult.aspx?xmldoc=198126586NJ179_1252.xml&docbase=CSLWAR1-1950-1985; consulta em 21.02.2017.

[182] James H. Carter. *Improving life with the party-appointed arbitrator: clearer conduct guidelines for 'nonneutrals'*, in *American review of international arbitration*, v. 11, 2000, p. 305.

[183] David J. McLean; Sean-Patrick Wilson. *Is three... op. cit.*, pp. 174-175.

[184] "When the Continental jurist writes that a party-appointed arbitrator must be impartial – but can be impartial 'in his own fashion' [...] the potential for ambiguity, uncertaninty and confusion seems obvious." Alan Scott Rau. *Integrity in private judging*, in *South Texas law review*, v. 38, 1997, p. 508.

[185] Samuel Ross Luttrell. *Bias... op. cit.*, p. 145.

[186] *Grosso modo*, a aplicação dos diferentes dispositivos é esclarecida no prefácio ao *RUAA*, no qual se lê: "The statute [RUAA] covers any commercial agreement to arbitrate and the resultant arbitration award unless the matter involves only American citizens and has no reasonable relationship to any foreign country and the courts have broadly applied the statute. Therefore, it is unlikely that state arbitration law will have major application to an international case. There are two instances where state arbitration law might apply in the international context: (1) where the parties designate a specific state arbitration law to govern the international arbitration and (2) where all parties to an arbitration proceeding involving an international transaction decide to proceed on a matter in state court and do not exercise their rights of removal under Chapter 2 of Title 9 and the relevant provision of state arbitration law is not preempted by federal arbitration law or the New York Convention. In these relatively rare cases, the state courts will refer to the RUAA unless the State has enacted a special international arbitration law." Samuel Ross Luttrell. *Bias... op. cit.*, p. 146.

de arbitragem[187], adicionou ao texto importantes mudanças e dispositivos, entre eles, o dever de o árbitro revelar se seu cônjuge ou filhos que consigo convivam teriam interesse financeiro na matéria controvertida ou na parte da arbitragem (*Rule 1297.121 (d)*); ou se familiar até terceiro grau do árbitro ou de seu cônjuge for parte, diretor ou gerente da parte, ter atuado ou estar atuando como advogado no procedimento ou tenha interesse que possa ser substancialmente afetado pelo resultado na arbitragem (*Rule 1297.121(e)*)[188]. Pela abrangência de hipóteses, que praticamente inviabilizam ao árbitro cumprir adequadamente o dever de revelação, a lei californiana foi objeto de severas críticas[189].

A breve análise da experiência norte-americana no que se refere à imparcialidade dos árbitros revela a insuficiência de um mero conceito (no caso, a *"evident partiality"*), bem como a necessidade de uma análise profunda do caso concreto à luz de outros casos já decididos, a fim de que uma orientação – ainda que em linhas gerais e sujeita a desvios – possa exsurgir.

1.3.4. Tentativa de padronização via *soft law*: as *IBA Guidelines on Conflicts of Interest in International Arbitration*

As *International Bar Association Guidelines on Conflicts of Interest in International Arbitration* (*IBA Guidelines*) têm como objetivo orientar o exercício do dever de revelação dos árbitros envolvidos em controvérsias de caráter internacional, individuando e esclarecendo os casos em que tal dever subsiste, assim favorecendo uniformidade de comportamento frente a situações similares para eliminar ou ao menos minimizar a disparidade de tratamento em eventos ligados à revelação, renúncia ao encargo e eventual impugnação.

Um Grupo de Trabalho composto de 19 membros nomeados pelo *Committee on Arbitration and ADR* da IBA despendeu mais de dois anos na pesquisa e no desenvolvimento do texto. Seu título original era *Guidelines on Impartiality, Independence and Disclosure in International Commercial Arbitration* e, como o próprio nome sugeria, teria aplicação apenas no âmbito das arbitragens comerciais. No entanto, com a ampliação do escopo para qualquer tipo de

---

[187] CHARLES N. BROWER. *The Ethics of arbitration: perspectives from a practicing international arbitrator*, in *Berkeley journal of international law publicist*, v. 5, 2010, p. 14.
[188] Texto disponível no endereço eletrônico http://www.leginfo.ca.gov/cgi-bin/displaycode?section=ccp&group=01001-02000&file=1297.121-1297.125; consulta em 21.02.2017.
[189] Por todos, CHARLES N. BROWER. *The Ethics...* op. cit., pp. 15-19.

arbitragem, as *IBA Guidelines* tiveram a denominação alterada para aquela ao final adotada[190].

Não possuindo eficácia jurídica vinculante para os ordenamentos nacionais, as *IBA Guidelines* põem-se como corpo de regras que busca reconhecimento prático pela comunidade internacional. Nesse sentido, constituem um texto de *soft law*[191] que têm sido objeto de referência de diversos e importantes precedentes judiciais de vários países[192].

Com vista ao seu aprimoramento, as *IBA Guidelines* foram objeto de revisão por um grupo de 27 profissionais que procedeu à inclusão de algumas previsões na versão "2014" do documento, tomando, em geral, uma posição mais severa quanto à conduta do árbitro no que diz respeito a conflitos de interesses[193].

As *IBA Guidelines* são compostas de duas partes: a primeira de caráter geral e abstrato (*"Princípios Gerais relativos a Imparcialidade, Independência e Divulgação"*), e a segunda de tipo casuístico (*"Aplicação prática dos Princípios Gerais"*, com as diferentes *Listas*)[194].

A primeira parte afirma que o árbitro deve ser e permanecer imparcial e independente, desde o momento da sua indicação até a prolação da sentença arbitral (*Princípio Geral 1*). Quando um árbitro tiver dúvida a respeito da sua própria capacidade de permanecer imparcial ou independente, deve

---

[190] Sobre o trabalho de preparação das *IBA Guidelines*, vide Oto L. O de witt Wijnen; Nathalie Voser; N. Rao. *The background information on the IBA Guidelines on Conflicts of Interests in International Arbitration*, in *Business law international*, v. 5, 2004, p. 433. Também sobre o tema, em análise de primeira-mão, vide Phillip Landolt. *The IBA Guidelines on Conflicts of Interest in International Arbitration: an overview*, in *Journal of international arbitration*, v. 22, 2005, p. 409-418.

[191] Sobre os três sentidos principais do termo "soft law" (instrumento de caráter não vinculante; disposições formuladas de modo amplo ou abstrato; e regras cujo cumprimento não é passível de ser imposto por mecanismos vinculantes ou compulsórios de resolução de disputas), bem como sobre as três "portas de entrada" da *soft law* no processo arbitral (ferramenta persuasiva e inspiração para a prática de atos processuais; ferramenta eleita *a priori* como guia ou orientação para a prática de atos processuais; e aplicação como regra legal vinculante e obrigatória), vide André de Albuquerque Cavalcanti Abbud. *A soft law na arbitragem internacional: a obtenção de provas*. Tese apresentada como requisito para a obtenção do título de Doutor em Direito Processual na Faculdade de Direito da USP, São Paulo, 2013, pp. 13 e 29-34.

[192] Com referência detalhada a casos julgados entre 2004 e 2009, vide IBA Conflicts subcommittee. *The IBA Guidelines of Conflicts of Interest in International Arbitration: The first five years 2004-2009*, in *Dispute resolution international*, v. 4, n. 1, 2010, pp. 5-53.

[193] Apontamentos sobre as mudanças e suas consequências são feitas nos parágrafos seguintes.

[194] O documento, em diferentes idiomas, pode ser acessado no endereço eletrônico http://www.ibanet.org/ENews_Archive/IBA_July_2008_ENews_ArbitrationMultipleLang.aspx; consulta em 21.02.2017.

recusar o encargo (*Princípio Geral 2*); o mesmo princípio se aplica nas hipóteses que ensejem dúvidas justificadas a esse respeito. O texto especifica que dúvidas justificadas existem quando uma pessoa razoável e informada chega à conclusão de que há a possibilidade de que o árbitro possa ter sua decisão influenciada por outros fatores que não o mérito da causa apresentado pelas partes (*Princípio Geral 2(c)*)[195].

O árbitro deve, também, informar as partes, o tribunal arbitral e a instituição que administra o procedimento sobre qualquer circunstância que possa ensejar questionamento a respeito da sua imparcialidade ou independência aos olhos das partes *(Princípio Geral 3)*, mesmo que tais fatos e circunstâncias venham a ocorrer após o início da arbitragem e ainda que as partes tenham renunciado, no início da arbitragem, à faculdade de impugnação do árbitro por qualquer fato ou circunstância futura (*Princípio Geral 3(b)*) . Eventual dúvida do árbitro a respeito da necessidade da revelação deve ser resolvida no sentido de fazê-la, o que não representa admissão de incompatibilidade do árbitro. No entanto, se o árbitro, à luz dessas revelações, considerar que não pode cumprir com o seu dever de imparcialidade, deve renunciar ao encargo (*Princípio Geral 3(c)*).

Os demais quatro *Princípios Gerais* tratam, respectivamente: da renúncia expressa ou tácita à faculdade de impugnação do árbitro (*Princípio Geral 4*); do escopo das *IBA Guidelines*, a compreender não apenas os árbitros e coárbitros, mas também os secretários administrativos do tribunal arbitral (*Princípio Geral 5*); da relevância do escritório do árbitro na configuração do dever de revelar ou de dar ensejo a conflitos de interesse (*Princípio Geral 6*) e do dever das partes e dos árbitros em fazer as devidas pesquisas para identificar possíveis conflitos de interesse, devendo as partes informar caso haja relação direta ou indireta do árbitro com qualquer empresa do grupo ao qual pertencem ou com indivíduo que detenha poder de controle sobre as partes, ou ainda entidade com interesse econômico na sentença a ser proferida (*Princípio Geral 7*), o que compreende os financiadores do litígio e as seguradoras. Esses dois últimos princípios derivaram da revisão de 2014.

Com a eleição de padrões (denominados "Standards" na versão de língua inglesa e "Princípios Gerais" na versão em língua portuguesa), as *IBA Guidelines* buscam compreender a imparcialidade sobre diversos pontos de vista:

---

[195] No original em inglês: "a reasonable and informed third party would reach the conclusion that there was likelihood that the arbitrator may be influenced by factors other than the merits of the case as presented by the parties in reaching his or her decison".

subjetivamente pelo próprio árbitro, subjetivamente *aos olhos das partes* envolvidas, e *objetivamente* por terceiro.

As *IBA Guidelines* também abrem espaço para a realidade em que é exercida a arbitragem internacional ao disporem sobre a relação entre árbitros e partes na perspectiva dos grandes grupos que operam na arbitragem internacional: as *law firms* (*Princípio Geral 6(a)*), os grupos de sociedades (*Princípio Geral 6(b)*) e as pessoas jurídicas (*Princípio Geral 6.(c)*).

Na defesa da tese de que é possível atingir-se maior consistência e menor quantidade de impugnações e renúncias de árbitros mediante detalhamento de casos específicos, o Grupo de Trabalho original dotou as *IBA Guidelines* de uma segunda parte, nas quais são delineadas, de modo não exauriente e meramente exemplificativo, quarenta e nove circunstâncias concretas (número aumentado para cinquenta e duas em 2014), divididas em três listas (denominadas "Application Lists" ou "Listas de Aplicação Prática") nas cores vermelha, laranja e verde.

A Lista Vermelha compreende situações que podem redundar em *dúvidas justificadas* a respeito da imparcialidade ou independência do árbitro e que, por isso, devem ser sempre reveladas. Dessas, quatro situações são irrenunciáveis ("Lista Vermelha não Renunciável") e, portanto, a sua ocorrência deve ensejar a recusa do árbitro à nomeação. Isso se verifica quando: *(i)* existir identidade entre a parte e o árbitro; *(ii)* o árbitro for diretor de uma parte ou membro de um grupo de controle; *(iii)* o árbitro ou seu escritório prestar assessoria regular à parte ou, ainda; *(iv)* houver interesse financeiro significativo do árbitro ou do seu escritório no êxito de uma das partes. A Lista Vermelha contém, além dos casos irrenunciáveis, um elenco de doze situações que, em abstrato, podem indicar parcialidade do árbitro, mas que podem ser objeto de renúncia das partes. É o caso, por exemplo, do árbitro que tenha prestado consultoria ou tenha elaborado um parecer legal relativo à controvérsia a uma das partes ou a uma afiliada, do árbitro que tem interesse direto por ser participação societária em uma das partes ou afiliada, sendo qualquer delas de capital fechado, do árbitro que possua um familiar próximo com interesse financeiro significativo no êxito de uma das partes, ou, ainda, do árbitro que pertence ao mesmo escritório que o advogado de uma das partes.

A Lista Laranja delineia vinte e seis de circunstâncias que podem levar a questionamentos sobre a imparcialidade aos olhos das partes e que, portanto, devem ser objeto de revelação. Constam, entre outros, os casos de nomeação repetida do árbitro pela mesma parte e de o árbitro (ou o seu escritório) ter agido contra ou a favor de uma das partes em questão não ligada ao objeto do processo arbitral. Há um limite temporal de três anos a partir do qual a situação deixa de ser importante, não precisando ser revelada. Em todos esses casos, considera-se que as partes aceitam o árbitro se, após a revelação, nenhuma delas apresentar impugnação tempestiva (trinta dias da revelação do árbitro ou de quando a parte toma conhecimento do motivo de um potencial conflito de interesse, conforme o *Princípio Geral 4(a)*).

Há diferenças procedimentais entre os casos da Lista Vermelha Renunciável e da Lista Laranja: para a Lista Vermelha Renunciável é necessária uma renúncia explícita à faculdade de impugnação do árbitro (*Princípio Geral 4(c)*), ou seja, o silêncio das partes será tomado como impugnação ao árbitro em razão do fato ou circunstância revelado; para a Lista Laranja, entretanto, é admissível uma renúncia tácita à faculdade de impugnação do árbitro quando não apresentada a respectiva manifestação nesse sentido, ou seja, o silêncio das partes significa a aceitação do árbitro.

A Lista Verde, por fim, contém dez hipóteses nas quais não existe conflito verdadeiro ou aparente de interesses que sejam relevantes do ponto de vista objetivo ou subjetivo. Disso resulta que, nessas situações, não há para o árbitro qualquer dever de revelação. Dita lista inclui, por exemplo, as hipóteses de o árbitro já ter opinado, em sede científica (na versão original, a regra fazia referência à "publicação de uma opinião geral", substituída pela "expressão de uma opinião jurídica" na versão de 2014), sobre uma questão que também seja objeto do processo arbitral, sem ter se focado no caso; de advogado do escritório do árbitro ter atuado contra uma das partes ou coligada, sem o envolvimento do árbitro; o árbitro ter relação com outro árbitro ou com o advogado de uma das partes por pertencerem a uma mesma associação profissional ou a uma mesma organização social; ou ainda a hipótese de o árbitro e o advogado de uma parte ou o outro árbitro terem trabalhado no mesmo painel em um processo arbitral precedente.

Embora sejam ao mesmo tempo bastante amplas e muito precisas, e com isso tenham recebido grande aceitação nas mais diversas jurisdições[196-197],

---

[196] DAVID A. LAWSON. *Impartiality and independence of international arbitrations. Commentary on the 2004 IBA Guidelines on Conflicts of Interest in International Arbitration*, in *ASA Bulletin*, v. 23, 2005, pp. 22 e 55. MARKHAM BALL. *Probity deconstructed: how helpful, really, are the new International Bar Association Guidelines on Conflicts of Interest in International Arbitration?*, in *Arbitration international*, 2005, p. 323.

[197] Contra, com a afirmação de que as *IBA Guidelines* apenas fornecem uma ampla plataforma para novas táticas de impugnação de árbitros, V. V. VEEDER. *The English Arbitration Act 1996: its 10th and future birthdays*, disponível no endereço eletrônico http://www.expertguides.com/default.asp?Page=10&GuideID=150&CountryID=117; consulta em 21.02.2017.

CAPÍTULO 1. INSUFICIÊNCIA DA NOÇÃO GENÉRICA E DOS PADRÕES RELATIVOS...

as *IBA Guidelines* sofreram críticas que envolveram: *(i)* a falta de sistematização conceitual da primeira[198] e da segunda partes[199]; *(ii)* a orientação demasiadamente *pró-árbitro* (que se revela, entre outras circunstâncias, no item 2.1.1, que torna renunciável a impugnação do árbitro que já tenha dado parecer a uma das partes sobre o conflito submetido à arbitragem)[200]; ou *(iii)* o tratamento diferente conferido a situações praticamente idênticas (que sobressaem no cotejo entre os itens 1.4 e 2.3.7; o primeiro item, constante da Lista Vermelha não Renunciável, compreende a situação em que o árbitro ou seu escritório preste regularmente serviços a uma das partes serviços, auferindo significativa receita, enquanto o segundo item, constante da Lista Laranja, compreende a mesma situação, desta vez com pagamento não significativo)[201].

Não obstante ter sido entendida como texto *pró-árbitro*, a versão das *IBA Guidelines* resultante da revisão promovida em 2014 aumentou a amplitude e a profundidade do dever de revelação e das possibilidades de recusa e impugnação do árbitro. A exemplo: na versão anterior constava da Lista Laranja (item 3.1.5) a situação de o árbitro ter atuado em processo arbitral anterior em que uma das partes tenha sido envolvida, em assunto relacionado ao discutido no novo processo, redação que foi alterada com a supressão da referência a "assunto relacionado". Assim, dentro do limite temporal de três anos, todas os processos que envolverem uma mesma parte (ou afiliada) e um mesmo árbitro, independentemente do assunto, figuram na Lista Laranja. De modo análogo, as *IBA Guidelines* pré-2014 alocavam na Lista Laranja (item 3.5.2) a existência de uma *específica* posição expressa publicamente a respeito do caso a ser resolvido por arbitragem; a versão pós-2014 não demanda que a posição seja *específica*[202].

A despeito do auxílio das *IBA Guidelines* no tema e sua tentativa de harmonizar, na medida do possível, a interpretação a respeito do padrão de análise

---

[198] RAMON MULLERAT. *Arbitrator's conflicts of interest revisited: a contribution to the revision of the excellent IBA Guidelines of Conflicts of Interest in International Arbitration*, in *Spain arbitration review*, v. 14, 2012, p. 66.

[199] JAMES H CARTER. *Reaching consensus on arbitrator conflicts: the way forward*, in *Dispute resolution international*, v. 6, 2012, p. 27.

[200] RAMON MULLERAT. *Arbitrator's... op. cit.*, pp. 7.

[201] RAMON MULLERAT. *Arbitrator's... op. cit.*, pp. 6-7.

[202] Apontamentos e comentários sobre as alterações são apresentados pela força-tarefa que reuniu membros do INTERNATIONAL COUNCIL FOR COMMERCIAL ARBITRATION; AMERICAN SOCIETY OF INTERNATIONAL LAW. *Report of ICCA-ASIL joint task force on issue conflicts in investor-state arbitration*, in *The ICCA reports*, n. 3, 2016, pp. 18-21. Disponível no endereço eletrônico https://www.asil.org/sites/default/files/ASIL_ICCA.pdf; consulta em 21.12.2017.

da imparcialidade dos árbitros, é invencível a afirmação de que o texto – justamente por buscar pontos comuns e aceitáveis nos mais diversos ordenamentos– não abre espaço para a expressão das diferentes experiências nacionais. As orientações do texto não podem, assim, ser seguidas sem séria ponderação a respeito de tais experiências que, conforme o caso, podem se revelar destoantes das orientações das *IBA Guidelines*[203].

1.3.5. Tratamento da imparcialidade nas instituições arbitrais

As instituições empenhadas na prestação de serviços ligados à solução de controvérsias pelo método arbitral, conhecidas como *câmaras* ou *centros de arbitragem*, com interesse em aumentar a eficiência dos seus serviços (e assim evitar aumento dos custos e desperdício de tempo com impugnações de árbitros, além de reduzir a possibilidade de ataques às sentenças arbitrais proferidas nos procedimentos que administram), também dispõem de regras e mecanismos para a promoção da imparcialidade do árbitro.

No âmbito internacional, o Regulamento de Arbitragem da Câmara de Arbitragem da Câmara de Comércio Internacional (CCI) demanda, em seu art. 11(1) que o árbitro seja e permaneça imparcial e independente frente às partes envolvidas na arbitragem. O árbitro deve, antes da sua nomeação pelo Secretário Geral ou pela Corte[204] (art. 13.2), declarar por escrito sua independência, conforme art. 11(2). A falta de imparcialidade ou independência habilita a impugnação do árbitro por violação do art. 14(1), a ser decidida pela Corte, conforme art. 14(3). Além desses dispositivos, o art. 22(4) impõe ao tribunal arbitral a obrigação de conduzir o processo de modo justo e imparcial.

Ocupada em tornar mais claras as causas de impugnação dos árbitros e auxiliar na interpretação do seu Regulamento de Arbitragem, a CCI publicou, no ano de 2008, um extrato de decisões da Corte a respeito do tema[205]. Autor que se dedicou ao levantamento estatístico apontou que, entre janeiro de 2000 e dezembro de 2009, 345 impugnações a árbitros foram decididas

---

[203] Nesse sentido, a direta crítica de CARLOS ALBERTO CARMONA. *Em torno do árbitro*, in Revista de arbitragem e mediação, v. 28, 2011, p. 57.

[204] A Corte é formada por mais de 100 profissionais dedicados à arbitragem internacional, oriundos de mais de 90 países, eleitos para mandato de 3 anos. Organização, funções e lista de membros podem ser consultadas no endereço eletrônico http://www.iccwbo.org/About-ICC/Organization/Dispute-Resolution-Services/ICC-International-Court-of-Arbitration/; consulta em 21.02.2017.

[205] ANNE MARIE WHITESELL. *Independence in ICC arbitration: ICC Court practice concerning the appointment, comfirmation, challenge and replacement of arbitrators*, in International Court of Arbitration Bulletin: 2007 Special Supplement - Independence of Arbitrators. Paris: ICC Publishing, 2008, pp. 7-40.

pela Corte, em um total de 217 arbitragens. As impugnações atacaram 3,43% do total de árbitros confirmados pela Corte (total de 10.061)[206].

Em 2016, a CCI emitiu a *Note to parties and arbitral tribunals on the conduct of the arbitration under the ICC Rules of Arbitration*[207], cuja seção "A" do capítulo III faz menção a algumas circunstâncias às quais o árbitro (já nomeado ou prospectivo) deve atentar, entre elas: *(i)* ter sido indicado pela parte, seu advogado ou seu escritório, enquanto as *IBA Guidelines*, no item 3.3.8, compreende a situação de o árbitro ter sido indicado pelo mesmo advogado ou escritório por mais de três vezes nos últimos três anos; *(ii)* manter ou ter mantido uma relação profissional com o advogado ou seu escritório, ao passo que as *IBA Guidelines*, no item 3.3.9, fazem referência à ocorrência de atuação conjunta ("co-concil") nos últimos três anos.

É possível notar que, para o exemplo *(i)* acima, a *Note* da CCI não faz referência a um número mínimo de indicações e um período relevante, de modo diferente do que fazem as *IBA Guidelines*. Por sua vez, no exemplo *(ii)*, as *IBA Guidelines* fazem referência a uma circunstância bem específica de trabalho entre advogado e árbitro, impondo também uma janela temporal relevante, enquanto a *Note* da CCI é ampla o suficiente para cobrir uma grande variedade de "relações profissionais". Ter o árbitro elaborado um parecer para o advogado de uma das partes em matéria não relacionada à arbitragem configuraria "relação profissional"? E se o parecer foi contratado e entregue meses antes da indicação do árbitro? E se, ao invés de meses, fossem anos? A futura aplicação da *Note* a casos concretos possivelmente irá orientar sua interpretação e auxiliar na identificação dos fatores a serem levados em consideração nas circunstâncias lá previstas.

Outra instituição com renome internacional que administra processos arbitrais, a *London Court of International Arbitration* (LCIA), possui Regulamento de Arbitragem[208] cujo art. 5.3 determina que o árbitro deve ser e permanecer imparcial e independente frente às partes, agregando que o árbitro não

---

[206] KAREL DAELE. *Challenge and disqualification of arbitrators in international arbitration*. Netherlands: Kluwer Law International, 2012, p. 67. O autor tributa o baixo número de impugnações à técnica adotada no Regulamento da CCI, na qual, antes da confirmação pela Corte, as partes podem objetar a indicação de árbitro feita parte adversária, permitindo que o árbitro recuse a indicação ou que a Corte não confirme a sua nomeação, tudo sem iniciar o procedimento de impugnação.

[207] *Note to parties and arbitral tribunals on the conduct of the arbitration under the ICC Rules of Arbitration*, disponível no endereço eletrônico https://iccwbo.org/publication/note-parties-arbitral-tribunals-conduct-arbitration/; consulta em 10.05.2016.

[208] *LCIA Arbitration Rules*, disponíveis no endereço eletrônico http://www.lcia.org/Dispute_Resolution_Services/lcia-arbitration-rules-2014.aspx#Article%205; consulta em 21.12.2015.

deve agir como advogado de qualquer delas. Referido Regulamento também prescreve, ao lado de outros motivos para o afastamento do árbitro (não atuar de modo justo e imparcial frente às partes ou não conduzir ou participar do processo com a razoável diligência; art. 10.2), que o árbitro pode ser impugnado por qualquer das partes se houver circunstâncias que levantem dúvidas justificadas sobre sua imparcialidade ou independência; a parte pode até mesmo impugnar o árbitro que havia nomeado se tomar conhecimento dessas razões após ter realizado a indicação (art. 10.3)[209]. As impugnações são decididas pela Corte[210].

Assim como a CCI, a LCIA tornou públicos extratos de decisões a respeito da impugnação de árbitros em 2011[211]. Entre janeiro de 2006 e dezembro de 2010, 30 impugnações foram apresentadas frente a um total de 986 casos iniciados no mesmo período[212].

Em termos de publicidade, são notórias as decisões proferidas nas arbitragens de investimento reguladas pela Convenção para a Resolução de Disputas Relativas a Investimentos Entre Estados e Nacionais de Outros Estados (ICSID)[213], tanto no que diz respeito à impugnação e afastamento de árbitros (arts. 57 e 58) quanto no que diz respeito à anulação das sentenças, cuja decisão é dada por uma comissão *ad hoc* formada por julgadores escolhidos pelo Presidente do Banco Mundial com apoio no respectivo secretariado da instituição (ICSID) entre os integrantes de uma lista fornecida pelos países signatários da convenção (arts. 50 a 52)[214]. A divulgação dessas decisões permite a análise do entendimento a respeito do requisito trazido pelo art. 14(1),

---

[209] No original: "An arbitrator may also be challenged by any party if circumstances exist that give rise to justifiable doubts as to his impartiality or independence. A party may challenge an arbitrator it has nominated, or in whose appointment it has participated, only for reasons of which it becomes aware after the appointment has been made".

[210] A Corte é formada por 35 arbitralistas oriundos das maiores áreas comerciais do mundo, dos quais não mais que 6 podem ser nacionais do Reino Unido. Maiores informações sobre a composição da instituição podem ser obtidas no endereço eletrônico http://www.lcia.org/LCIA/Organisation.aspx; consulta em 21.12.2015.

[211] RUTH TEITELBAUM; THOMAS W. WALSH. *The LCIA Court decisions on challenges to arbitrators: an introduction*, in Arbitration international, v. 27, pp. 283-313.

[212] KAREL DAELE. *Challenge... op. cit.*, p. 67.

[213] Disponível no endereço eletrônico https://icsid.worldbank.org/ICSID/StaticFiles/basicdoc/CRR_English-final.pdf; consulta em 21.12.2015.

[214] Comentários sobre o sistema de anulação e críticas ao "movimento pendular" de evolução das decisões anulatórias são feitos por JOSÉ MIGUEL JÚDICE; TIAGO DUARTE. *A anulação de sentenças ICSID: corrigir as sentenças ou corrigir as tendências?*, in SELMA FERREIRA LEMES; INEZ BALBINO (Ed.). *Arbitragem: temas contemporâneos*. São Paulo: Quartier Latin, 2012, pp. 327-357.

CAPÍTULO 1. INSUFICIÊNCIA DA NOÇÃO GENÉRICA E DOS PADRÕES RELATIVOS...

que impõe que o árbitro inspire confiança sobre sua imparcialidade. Interessante notar que, na versão em língua inglesa da Convenção, o texto descreve que o árbitro "may be relied upon to exercise independent judgment", a versão em língua espanhola descreve que ele deve "inspirar plena confianza en su imparcialidad de juicio", enquanto a versão em língua francesa determina que ele deve "offrir toute garantie d'indépendance dans l'exercice de leurs fonctions". Não importando a expressão utilizada, o que se verá no presente estudo[215] é que a análise das impugnações e pedidos de anulação de sentença, nos casos ICSID, sempre envolve a imparcialidade dos árbitros.

No Brasil, as principais câmaras e centros de arbitragem também possuem dispositivos regulamentares voltados à proteção da imparcialidade dos árbitros. É o que ocorre no Centro de Arbitragem e Mediação da Câmara de Comércio Brasil-Canadá (CAM-CCBC), cujo Regulamento prevê as causas pelas quais o árbitro não pode ser nomeado ou possa ser impugnado, em artigo que reproduz as hipóteses previstas no Código de Processo Civil sobre impedimento e suspeição do juiz, além de estabelecer outras[216]. O CAM-CCBC possui, ainda, um Código de Ética para os árbitros, que impõe ao árbitro o dever de ser e permanecer independente e imparcial, além do dever de revelar qualquer fato ou circunstância que possa dar origem a dúvidas quanto à sua imparcialidade e independência, não apenas no seu sentir, mas também segundo os olhos das partes[217]. Modelo sutilmente diferente é o adotado pela Câmara de Conciliação, Mediação e Arbitragem CIESP/FIESP (CMA-CIESP/FIESP), cujo Regulamento prevê, no seu art. 7.3, a possibilidade de serem arguidos o impedimento ou a suspeição do árbitro, bem como impõe que, no desempenho de sua função, o árbitro se mantenha independente e imparcial[218]. A CMA-CIESP/FIESP também possui Código de Ética, o qual impõe ao árbitro o dever de manter-se imparcial e independente, sendo expresso que, para conservar-se imparcial, o árbitro deve atuar "formando sua livre convicção com base na prova produzida

---

[215] A análise de casos é feita no capítulo 4.2.
[216] Entre elas, as previstas nas letras "k" e "l" do art. 5.2, que dispõem, respectivamente, as hipóteses de o *árbitro* "ter atuado como mediador ou conciliador, na controvérsia, antes da instituição da arbitragem, salvo expressa concordância das partes" e "tenha interesse econômico relacionado com qualquer das partes ou seus advogados, salvo por expressa concordância das mesmas." Íntegra do regulamento está disponível no endereço eletrônico https://ccbc.org.br/cam-ccbc-centro-arbitragem-mediacao/resolucao-de-disputas/arbitragem/regulamento-2012/; consulta em 30.12.2019.
[217] Disponível no endereço eletrônico https://ccbc.org.br/cam-ccbc-centro-arbitragem-mediacao/resolucao-de-disputas/arbitragem/codigo-etica/; consulta em 30.12.2019.
[218] Disponível no endereço eletrônico http://www.camaradearbitragemsp.com.br/pt/arbitragem/regulamento.html; consulta em 30.12.2019.

no processo" e que, para conservar a independência "o árbitro não deve manter vínculo com quaisquer das partes"[219]. O Centro de Arbitragem da Câmara Americana de Comércio (CA-AMCHAM), diferentemente das instituições anteriores, não possui uma lista de árbitros, e tem Regulamento cujo art. 7.1 prevê o dever de independência e imparcialidade do árbitro (a versão anterior do Regulamento detalhava ser considerada fundada a suspeita de parcialidade do árbitro em cinco hipóteses expressas, inspiradas nas hipóteses de suspeição dos juízes, "entre outras")[220]. O Regulamento da Câmara de Arbitragem Empresarial-Brasil (CAMARB), que estabelecia no seu art. 4.3, sete hipóteses de impugnação do árbitro, sendo a mais ampla a que permite a impugnação caso o árbitro "não tenha independência, imparcialidade para conduzir a arbitragem ou julgar o litígio" sofreu revisão que estabeleceu, nos arts. 4.4 e 4.9, o dever do árbitro de declarar "não impedimento, independência e imparcialidade"[221]. O Centro Brasileiro de Mediação e Arbitragem (CBMA) possui regulamento que prescreve, no seu art. 5.3, que o árbitro "deverá ser e permanecer independente e imparcial", prevendo a possibilidade de sua recusa pela parte em razão da ausência dessas qualidades, consoante art. 7.1, sem se deter em mais detalhes ou hipóteses que configurariam a falta de imparcialidade ou de independência. O item VII.3 do Código de Ética da instituição comanda ao árbitro "[d]ecidir com imparcialidade e independência", bem como, no item V.4 "[r]evelar qualquer interesse ou relacionamento que provavelmente afete a independência ou que possa criar uma aparência de parcialidade ou tendência"[222].

1.4. Disposições sobre imparcialidade do árbitro na lei e a doutrina brasileira: observações críticas

Mesmo antes da promulgação da LA, trabalhos doutrinários pioneiros na área trataram o tema da imparcialidade do árbitro à luz do CPC, apontando

---

[219] Disponível no endereço eletrônico http://www.camaradearbitragemsp.com.br/pt/arbitragem/regulamento.html; consulta em 30.12.2019.

[220] Disponível no endereço eletrônico https://www.amcham.com.br/o-que-fazemos/arbitragem-e-mediacao; consulta em 30.12.2019.

[221] Disponível no endereço eletrônico http://camarb.com.br/arbitragem/regulamento-de-arbitragem/; consulta em 30.12.2019.

[222] Regulamento disponível no endereço eletrônico http://site1379424603.hospedagemdesites.ws/regulamento_1; consulta em 30.12.2019. Código de Ética disponível no endereço eletrônico http://cbma.com.br/codigo_de_etica; consulta em 30.12.2019.

CAPÍTULO 1. INSUFICIÊNCIA DA NOÇÃO GENÉRICA E DOS PADRÕES RELATIVOS...

que "o Código assemelha o árbitro ao juiz nas hipóteses de impedimento e suspeição legal, sem considerar as características diversas de cada um"[223]. Dado o regramento então existente, parte da escassa doutrina sugeria que tais hipóteses prevaleceriam mesmo se as partes conhecessem e anuíssem com a atuação de árbitros envolvidos em eventos previstos no CPC[224], enquanto outra corrente afirmava textualmente que, com exceção dos casos em que o árbitro também fosse parte (art. 134, inc I, do CPC/73), todas as demais causas de impedimento e suspeição poderiam ser de comum acordo afastadas pelas partes[225] [226].

Com a entrada em vigor da LA, o tema da imparcialidade do árbitro passa a ser disposto no art. 13, *caput*, que esclarece ser essa função exercida por pessoa capaz que tenha a confiança das partes.

A despeito das tentativas da doutrina brasileira em ligar a confiança das partes à imparcialidade (como se verá a seguir neste capítulo), o presente estudo defende que a confiança requerida pelo dispositivo liga-se à contratação do árbitro, e não ao exercício do seu poder jurisdicional. Em outras palavras, ela se refere à *relação contratual* entre partes e árbitro, e não à *relação processual*, pois, para a prestação do serviço[227] de solucionar a controvérsia, o árbitro – tal como qualquer contratado – deve gozar da confiança dos que os contratam, ao passo que seu poder jurisdicional não encontra qualquer amparo na confiança, derivando da eficácia que a lei confere à investidura do árbitro.

É evidente que essa investidura apenas se dá enquanto vigente o contrato entre partes e árbitro, e é por isso que as partes, em conjunto (e salvo

---

[223] José Carlos de Magalhães; Luiz Olavo Baptista. *Arbitragem comercial*. Rio de Janeiro: Freitas Bastos, 1986, pp. 28-29.

[224] José Carlos de Magalhães; Luiz Olavo Baptista. *Arbitragem... op. cit.*, p. 29.

[225] Carlos Alberto Carmona. *A arbitragem no Código de Processo Civil Brasileiro*. Tese apresentada como requisito para a obtenção do título de Doutor em Direito Processual na Faculdade de Direito da USP, São Paulo, 1990, p. 106.

[226] Entre os trabalhos pioneiros, o de Guerreiro faz apenas breve menção à neutralidade (cultural) do árbitro, sem adentrar no tema da imparcialidade, ao passo que o de Leães não trata desses assuntos. Vide José Alexandre Tavares Guerreiro. *Fundamentos da arbitragem comercial internacional*. Tese apresentada como requisito para a obtenção do título de Doutor em Direito Processual na Faculdade de Direito da USP, São Paulo, 1989, pp. 270-272 e Luiz Gastão Paes de Barros Leães. *Ensaio sôbre arbitragens comerciais*, São Paulo: RT, 1966.

[227] A exata qualificação da relação contratual entre árbitro e partes foge do escopo do presente estudo. Sobre o tema e as obrigações derivadas do contrato, vide Agostinho Pereira Miranda. *O estatuto deontológico do árbitro: passado, presente e futuro*, in *III Congresso do Centro de Arbitragem da Câmara de Comércio e Indústria*. Coimbra: Almedina, 2010, p. 62. Análise aprofundada da relação jurídica contratual é feita por Valerio Sangiovanni. *Il rapporto... op. cit.*, pp. 827-837.

disposição em sentido contrário), podem, de comum acordo, resilir o contrato com o árbitro se nele não mais confiarem[228]. No entanto, se uma das partes não mais confiar no árbitro, ela não pode – sozinha e exclusivamente com base na perda subjetiva da confiança – resolver o contrato com o árbitro. Assim, não é a mera perda da confiança a hipótese que desencadeia uma consequência jurídica, mas o ato negocial de ambas as partes.

As colocações a respeito da confiança ficarão mais claras na medida em que a análise introduzir também o dever de imparcialidade do árbitro, que está inscrito, ao lado dos deveres de independência, competência, diligência e discrição, no § 6º do art. 13 da LA.

Em análise ao referido dispositivo, há na doutrina quem não atribua qualquer autonomia aos termos "independência" e "imparcialidade", a ponto de afirmar que "uma condição pressupõe a outra: um árbitro dependente não é imparcial; para ser imparcial, não pode ser dependente"[229]. No entanto, a maioria dos autores brasileiros, acompanhando a doutrina estrangeira, busca diferenciar independência da imparcialidade com base no binômio objetividade-subjetividade, afirmando que a "independência se fundamenta em critérios objetivos de verificação, e, por sua vez, a imparcialidade está vinculada a critérios subjetivos, que, na prática, são de difícil aferição, já que externam um estado de espírito (state of mind)"[230].

Ao buscar um desenvolvimento para essas noções gerais que permitisse a operação de casos concretos, a doutrina passa a qualificar de independente "o árbitro que não está ligado por algum vínculo próximo ou pessoal com uma das partes, e tampouco se prende a interesses no objeto do conflito"[231], o que evidentemente colabora para a sobreposição conceitual, visto que, segundo o binômio original, o *interesse pessoal* pela causa estaria compreendido na noção geral de imparcialidade, não na noção de independência.

Se a independência – que se prega objetiva – acaba por ser subjetivada, também é possível assistir às tentativas de objetivação da imparcialidade – que

---

[228] Algumas leis, tais como a francesa, possuem expressa disposição nesse sentido. Assim: "Article 1462. [...] Un arbitre ne peut être révoqué que du consentement unanime des parties".
[229] José Eduardo Carreira Alvim. *Tratado geral da arbitragem*. Belo Horizonte: Mandamentos: 2000, p. 312.
[230] Selma Maria Ferreira Lemes. *Árbitro: princípios da independência e imparcialidade*. São Paulo: LTr: 2001, p. 53. No mesmo sentido, Luiz Olavo Baptista. *Arbitragem comercial e internacional*. São Paulo: Lex Magister, 2011, p. 165.
[231] Pedro A. Batista Martins. *Apontamentos sobre a lei de arbitragem*. Rio de Janeiro: Forense, 2008, p. 188.

CAPÍTULO 1. INSUFICIÊNCIA DA NOÇÃO GENÉRICA E DOS PADRÕES RELATIVOS...

se prega subjetiva. Assim ocorre ao se afirmar que "[a] primeira qualidade que se exige do árbitro é a imparcialidade, ou seja, a equidistância que o julgador deve guardar em relação às partes"[232] ou que "[o conceito de imparcialidade] diz respeito à necessidade de não estar o julgador envolvido diretamente com os litigantes"[233]. A equidistância, tomada no trecho em sentido figurado, é conceito demasiado fluido e impreciso para caracterizar a imparcialidade, visto que não deixa claro em relação a que seria aplicável. Seria equidistância em atos ou em pensamento? Se for em atos, o árbitro pode ser equidistante nos atos processuais e ainda assim ser parcial, bastando pensar na hipótese de ele tratar as partes desigualmente no curso do processo arbitral, beneficiando a parte contra a qual tem tendenciosidade, justamente para encobrir sua parcialidade. Se for em pensamento, a expressão perde totalmente a sua utilidade por duas razões: *(i)* ninguém é *equidistante* em relação a duas pessoas ou teses, tendo todas as pessoas (inclusive os julgadores) suas inevitáveis preferências originais; e *(ii)* como a equidistância poderia ser detectada a partir da conduta ou da situação do árbitro em relação a uma das partes, qualquer contato ou a mais singela diferença de conduta poderia levar à conclusão da perda de equidistância, permitindo a impugnação do árbitro e trazendo a instabilidade generalizada para o exercício da função.

Por sua vez, dizer-se que o árbitro não deve "estar [...] envolvido diretamente com os litigantes" é reconduzir o conceito de imparcialidade ao de independência e descartar a possibilidade de o árbitro ser parcial ainda que não envolvido com as partes litigantes, bastando pensar em um árbitro que defende, em outro procedimento no qual atua como advogado, alegações de direito idênticas e alegações de fato análogas às que lhe foram apresentadas no processo em que é árbitro. Não há qualquer envolvimento direto, mas a parcialidade pode ser constatada.

Para alcançar um conteúdo mais operativo aos termos, parte da doutrina divide a imparcialidade em dois aspectos: o subjetivo, "no sentido de que não deve possuir interesses próprios na solução do litígio"; e o objetivo, "quando [a lei] exige que o julgador, no caso, o árbitro, conduza o processo arbitral de forma isonômica, garantindo às partes as mesmas 'armas'"[234]. A divisão não parece adequada, pois o tratamento isonômico diz respeito direto à proteção da igualdade das partes ou ao contraditório no processo arbitral, problemas

---

[232] CARLOS ALBERTO CARMONA. *Arbitragem... op. cit.*, p. 239.
[233] CARLOS ALBERTO CARMONA. *Arbitragem... op. cit.*, p. 240.
[234] FERNANDO SILVA MOREIRA DOS SANTOS. *Impedimento e suspeição do árbitro: o dever de revelação*, in *Revista de arbitragem e mediação*, v. 35, 2012, p. 45.

também enquadrados no art. 21, § 2º, da LA, podendo ou não ter como *causa* ou *origem* a parcialidade do árbitro. Imagine-se o caso de o árbitro enviar a uma parte uma ordem processual a respeito da produção de prova e, para a outra parte, uma versão anterior e divergente do documento (ou então, que o documento jamais chegue a ela) e que cada parte cumpra aquilo que estava determinado na ordem processual que recebeu, resultando em desvantagem para uma delas. Esse tratamento desigual, refletindo na sentença, poderá ensejar a sua anulação independentemente de o árbitro ser ou não parcial. Ademais, no limite, a garantia das mesmas *armas* poderia levar à acusação de parcialidade do árbitro que, percebendo a desvantagem de uma parte sem patrocínio frente a outra, patrocinada por excelente escritório de advocacia, não *reequilibrasse* de algum modo a relação processual, ou ao árbitro que não aceitasse o pedido de *gratuidade* da parte que não pudesse arcar com os custos da arbitragem. Esse é risco do qual a prática da arbitragem pode prescindir.

Ademais, a despeito da objetividade com que a doutrina afirma tratar a independência, não é raro deparar-se com afirmações tais como "a independência do árbitro deve ser aferida com vistas à confiança que ele suscita nas partes, e não no grau de confiabilidade que ele próprio acredita possuir"[235], que se utilizam do elemento "confiança das partes" (que nada tem a ver com imparcialidade ou com independência) para subjetivar o que, segundo o binômio já tratado, deveria ser objetivo. Não se pode negar que a escolha de um árbitro seja informada – entre outros atributos – pela confiança que tal sujeito enseja no espírito de quem o escolheu. Essa confiança, no entanto, não tem qualquer repercussão normativa na configuração da independência ou da imparcialidade. É possível que uma ou ambas as partes confiem no árbitro, ainda que ele se enquadre em uma *das relações* previstas no art. 14 da LA, e se decidam por não apresentar requerimento para seu afastamento, deixando assim de exercer a faculdade que a lei lhes outorga. Essa possibilidade, entretanto, não atribui à confiança – tomada em si, e não como causa de um comportamento das partes em exercer ou não uma faculdade – qualquer eficácia normativa, visto que nenhuma sanção processual é cominada à desconfiança. Assim, a imparcialidade e a independência não podem se relacionar com a confiança das partes, sob pena de se desestabilizar a relação processual toda

---

[235] MARCELO ROBERTO FERRO. *Apontamentos sobre a independência dos árbitros*, in MARCELO VIEIRA VON ADAMEK (Ed.). *Temas de direito societário e empresarial contemporâneos*. São Paulo: Malheiros, 2011, p. 858.

CAPÍTULO 1. INSUFICIÊNCIA DA NOÇÃO GENÉRICA E DOS PADRÕES RELATIVOS...

vez que a parte desgostar e alterar sua impressão subjetiva a respeito do árbitro[236]; daí falar-se em impugnações e recusas infundadas[237]. Se ambas as partes estiverem insatisfeitas com o árbitro, podem, se assim permitirem as regras às quais se vincularam, substituí-lo por conta da relação contratual que mantêm com o julgador. Aqui, mais uma vez, não é atribuída eficácia jurídica direta à confiança, que nada mais é que a causa remota para um comportamento (resilição do contrato de arbitragem) das partes.

Ao não conceituar a imparcialidade e a independência, a LA abre espaço à confusão conceitual e permite a interpretação de que ambos os deveres teriam a mesma envergadura e importância na arbitragem, ou então que "[a] independência está intrinsecamente ligada à imparcialidade. Para ser imparcial deve necessariamente se pressupor que é independente"[238]. No entanto, o que ocorreria se as partes declarassem que não teriam nada a opor a um árbitro que se declare dependente de uma delas? Essa dependência admitiria graus (como se veria na hipótese de o árbitro ser investidor de algumas centenas de reais em fundo de investimento que detém, entre outras, ações de companhia coligada a uma das partes, em comparação com a hipótese de o árbitro ser o sócio majoritário dessa companhia)? Esse ato inviabilizaria a ulterior invalidação da sentença arbitral? Seria diferente se o árbitro se declarasse parcial (embora não dependente) em favor de uma das partes? Em resposta a essa última pergunta, parte da doutrina situa a imparcialidade na esfera da autonomia privada, sugerindo que seria permitido que até mesmo um árbitro declaradamente parcial atuasse no caso e tivesse sua sentença imunizada se as partes, sabedoras da parcialidade declarada, dissessem que nada têm a opor: é a leitura que se pode fazer da afirmação de que "a imparcialidade do árbitro, entendida como a equidistância do julgador em relação às partes, está no campo da autonomia privada no direito brasileiro. Assim, é possível, por exemplo, que até mesmo um parente de uma das partes seja árbitro no conflito existente entre elas, desde que presente o binômio ciência-anuência"[239] ou à afirmação de que "a imparcialidade do árbitro, ao contrário do que ocorre no processo judicial,

---

[236] Contra, buscando ligar a confiança "fiducial" (objetivada pela lei) aos casos de impedimento e suspeição dos árbitros, TÉRCIO SAMPAIO FERRAZ JÚNIOR. *Suspeição e impedimento na arbitragem: sobre o dever de revelar na Lei 9.307/1996*, in *Revista de arbitragem e mediação*, v. 28, 2011, pp. 71-75.

[237] JOSÉ EMILIO NUNES PINTO. *Recusa e impugnação de árbitro*, in *Revista de arbitragem e mediação*, v. 15, 2007, p. 83.

[238] FERNANDO SILVA MOREIRA DOS SANTOS. *Impedimento... op. cit.*, p. 48.

[239] RAFAEL FRANCISCO ALVES. *A imparcialidade do árbitro no direito brasileiro: autonomia privada ou devido processo legal?*, in *Revista de arbitragem e mediação*, n. 7, 2005, p. 121.

não integra o devido processo legal no direito brasileiro e não é, por conseguinte, questão de ordem pública, estando restrita realmente ao campo da autonomia privada"[240].

O presente estudo toma direção diversa, defendendo que um julgador não pode ser parcial, pois a parcialidade – que não admite gradação – tornaria inútil o próprio processo, visto que o convencimento do julgador não derivaria da influência que, nele, as partes pudessem exercer[241].

Além da mistura entre confiança, independência e imparcialidade, é possível perceber que, para essa última, a lei brasileira não oferece, diferentemente do que fazem algumas de suas similares estrangeiras ao positivarem as "justifiable doubts" como suporte para a impugnação do árbitro, sequer a indicação sobre como a aferir no caso concreto. A única tentativa da LA em estabelecer que "estão impedidos de funcionar como árbitros as pessoas, com as partes ou com o litígio, algumas das relações que caracterizam os casos de impedimento ou suspeição de juízes" causa mais dúvidas. Não há qualquer indicação de quais seriam tais "algumas" relações, nem como elas "caracterizariam" os casos de impedimento ou suspeição de juízes. Há, no art. 144 do CPC/2015, nove hipóteses de impedimento, e no art. 145, quatro hipóteses de suspeição; dentre todas essas *relações*, quais seriam as *algumas* que o art. 14 da LA aparentemente excluiria? Não há indicação, ainda, se essas *algumas* relações exauririam, para o direito brasileiro, *todas* as hipóteses de ausência de imparcialidade ou independência do árbitro[242] ou se outras haveria, ainda que não redutíveis às previsões do Código de Processo Civil[243].

Desse modo, é necessário reconhecer um conteúdo mais preciso que uma vaga noção geral de imparcialidade; um conteúdo que exclua a análise subjetiva do árbitro e que se prenda àquilo que pode ser, o tanto quanto possível, demonstrável.

---

[240] Rafael Francisco Alves. *A imparcialidade...* op. cit., p. 122.
[241] O tema será tratado com mais profundidade no capítulo 2.2.
[242] Assim: "Tal como faz o Código de Processo Civil ('CPC') em relação aos juízes, a LdA estabelece os casos de impedimento (e suspeição) do árbitro como '*numerus clausus*' ". Luiz Olavo Baptista. *Inutilidades e futilidade daninha: a questão das impugnações de árbitro descabidas*, in Revista direito ao ponto, ano 6, n. 8, 2013, p. 28. No mesmo sentido: "O que não significa que os casos de impedimento (impedimento e suspeição) na Lei de Arbitragem sejam *exemplificativos e abertos*. Ou seja, as partes, por força da confiança (fiducial) podem relevar razões não só de suspeição como de impedimento e aceitar árbitros apesar de seu enquadramento no rol taxativo do Código de Processo Civil, *mas não podem criar outros motivos, quer para suspeição quer para impedimento, fora da lista taxativa do CPC.*" Tércio Sampaio Ferraz Júnior. *Suspeição...* op. cit., p. 75.
[243] Carlos Alberto Carmona. *Arbitragem...* op. cit., p. 253.

Mais que um conteúdo, é preciso estabelecer um método que auxilie a sua aplicação frente às infinitas variáveis que podem se fazer presentes na vida prática. De fato, de nada vale a identificação de um conteúdo conceitual não aplicável aos casos concretos, assim como de nada vale o estudo de casos se entre eles não houver elementos que os amalgamem sob um conteúdo operativo. Superar essa dificuldade é o que o presente estudo busca fazer no capítulo seguinte.

CAPÍTULO 2.
CONTEÚDO DA IMPARCIALIDADE DO ÁRBITRO E SUA OPERACIONALIZAÇÃO PELA APARÊNCIA

2.1. Função da imparcialidade

É inegável a importância da imparcialidade do árbitro para além da esfera estritamente processual. As entidades que administram processos arbitrais, os profissionais que prestam serviços como árbitros, os sujeitos que efetiva ou potencialmente recorrem à arbitragem para a solução de suas controvérsias e até mesmo o Estado têm interesses não imediatamente ligados ao processo arbitral, mas que tocam o tema da imparcialidade do árbitro: as instituições de arbitragem buscam sucesso comercial que advém, sobretudo, da qualidade dos serviços que prestam e da qualidade do regulamento (que entre outros temas relevantes para a higidez do processo, tratam da imparcialidade do árbitro)[244]; os profissionais que prestam serviços como árbitros, igualmente, possuem interesses comerciais, profissionais e mesmo pessoais em se destacarem no ofício, consideração que decorre, dentre outras causas, da reputação (que inclui a atuação com imparcialidade) que conseguem conquistar[245]; os sujeitos que submetem suas disputas ao método arbitral têm interesse na adequada solução das suas controvérsias, possibilitada, entre outras razões, pela imparcialidade do julgador[246]; e o Estado, na medida em que estabelece o ambiente institucional

---

[244] Sobre as percepções dos profissionais atuantes no ramo da arbitragem no Brasil, vide ANDRÉ DE ALBUQUERQUE CAVALCANTI ABBUD. *Relatório "Arbitragem no Brasil – Pesquisa CBAr-IPsos"*, 2012, p. 22, disponível no endereço eletrônico http://www.cbar.org.br/PDF/Pesquisa_CBAr-Ipsos-final.pdf; consulta em 21.12.2015.
[245] ANDRÉ DE ALBUQUERQUE CAVALCANTI ABBUD. *Relatório... op. cit.*, p. 22.
[246] ANDRÉ DE ALBUQUERQUE CAVALCANTI ABBUD. *Relatório... op. cit.*, pp. 11-13.

da arbitragem (pela lei e por decisões judiciais), tem interesse em fazer respeitar suas diretrizes[247].

Nos casos concretos, a relevância da imparcialidade é sentida antes mesmo da instauração do processo arbitral: o profissional indicado para o posto de árbitro tem o dever de prestar revelações, dentre outros, dos fatos que podem gerar dúvidas sobre a sua imparcialidade[248], dever que orbita a relação contratual estabelecida entre o profissional e as partes (com ou sem a intermediação da instituição arbitral)[249], e não a relação processual, pois tal dever existe antes e independentemente do processo (imagine-se o caso de o profissional indicado, após a revelação, não ser aceito como árbitro e sequer assumir o encargo; nesse caso, há o procedimento, mas não o processo, nos termos do art. 19 da LA).

Apesar de sua importância extrapolar o processo arbitral e se revelar antes da sua instauração, é nele que a imparcialidade serve à sua função de integração do *due process*[250] que, investigada, permite estabelecer premissas para a superação da noção genérica, que dificulta a sua identificação nos casos concretos.

2.1.1. Modelo processual, participação e influência

Teorias sobre a legitimação das decisões jurisdicionais[251,252] e sobre o exercício da democracia através do discurso influenciaram a concepção[253] do "modelo

---

[247] Extenso exame da resposta de várias legislações ao aumento do uso – e dos valores envolvidos – nas arbitragens internacionais é apresentado por THOMAS E. CARBONNEAU. *The ballad of transnational arbitration*, in *University of Miami law review*, v. 56, n. 4, 2002, pp. 781-792. No mesmo sentido, STEPHAN WILSKE; TODD J. FOX. *The global competition for the "best" place for international arbitration - myth, prejudice, and reality bits*, in CHRISTIAN KLAUSEGGER; PETER KLEIN (Ed.). *Austrian Yearbook on International Arbitration*. Wien: Manz'sche Verlags- und Universitätsbuchhandlung, v. 2009, pp. 390-414.

[248] A distinção entre o dever de revelação e a imparcialidade é tratada no capítulo 4.3.

[249] Sobre a relação contratual entre árbitros, partes e instituição arbitral, vide VALERIO SANGIOVANNI. *Il rapporto... op. cit.*, pp. 827-837. Vide, também MANUEL PEREIRA BARROCAS. *Manual de arbitragem*. Coimbra: Almedina, 2010, pp. 319-325.

[250] Sobre o devido processo na arbitragem, vide EDUARDO DE ALBUQUERQUE PARENTE. *Processo... op. cit.*, pp. 103-107. Vide, também, MATTI S. KURKELA; SANTTU TURUNEN. *Due process... op. cit.*, pp. 1-14.

[251] ANDRÉ ALVES DE ALMEIDA. *Processualidade jurídica e legitimidade normativa*. Belo Horizonte: Fórum, 2005, p. 110.

[252] Na verdade, as teorias se voltam à legitimação e controle de todas as instâncias do poder estatal, e não apenas do poder jurisdicional. Sobre o tema, ANTONIO MANUEL PEÑA FREIRE. *La garantía en el estado constitucional de derecho*. Madrid: Trotta, 1997, *passim*.

[253] ANTONIO DO PASSO CABRAL. *Nulidades do processo moderno*. 2. ed. Rio de Janeiro: Forense, 2010, p. 106.

CAPÍTULO 2. CONTEÚDO DA IMPARCIALIDADE DO ÁRBITRO E SUA OPERACIONALIZAÇÃO...

democrático de processo", que põe em relevo a participação do julgador e das partes para o seu desenvolvimento e conclusão[254].

Considerando-se a abertura do sistema jurídico ao entorno social e à pluralidade de valores e interesses – conflitantes – que ele contém, resta cada vez mais comprometida a eficácia da lei (elaborações políticas de interesse geral) para a solução de controvérsias. Tal solução, assim, deve ser *construída* de acordo com a dinamicidade e pluralidade sociais, através de pressupostos comunicativos que legitimam o direito produzido pelo diálogo[255], que utiliza como ponto de partida as homogenizações normativas características das regulações legais (embora não se esgote nelas)[256]. Ao assim proceder, abre-se espaço às considerações específicas dos valores, interesses e bens jurídicos envolvidos, legitimando o exercício do poder não apenas pela autoridade da lei (cuja importância é indiscutível), mas pela consideração e participação dos seus destinatários na construção da norma vigente e aplicável à solução da controvérsia[257].

Por sua vez, as teorias do discurso buscam reconhecer as condições pelas quais uma decisão pode ser racionalmente obtida, mediante um *processo comunicativo* voltado ao consenso[258]. Entre tais condições está a oportunidade de os debatedores participarem seriamente da argumentação, em completa igualdade de oportunidades[259].

Inspirada por essas ideias, a processualística moderna substituiu não apenas o ideário liberal do processo como *coisa das partes* meramente fiscalizada pelo julgador, como também ultrapassou o ideário social e ativista do processo como *coisa do julgador* ao qual as partes se submetem[260]. Esses padrões foram

---

[254] DIERLE JOSÉ COELHO NUNES. *Processo jurisdicional democrático: uma análise crítica das reformas processuais*. Curitiba: Juruá, 2008, p. 212.
[255] JÜRGEN HABERMAS. *Direito e democracia: entre facticidade e validade* (trad. Flávio Beno Siebeneichler). v. II, 2. ed. Rio de Janeiro: Tempo Brasileiro, 2003, pp. 19-25.
[256] ANTONIO MANUEL PEÑA FREIRE. *La garantía... op. cit.*, pp. 246-247.
[257] ROSEMIRO PEREIRA LEAL. *Teoria processual da decisão jurídica*. São Paulo: Landy, 2002, p. 145.
[258] ANTONIO DO PASSO CABRAL. *Nulidades... op. cit.*, p. 109.
[259] JOVINO PIZZI. *O conteúdo moral do agir comunicativo*. São Leopoldo: Unisinos, 2005, p. 148.
[260] Esses lugares-comuns, cujos extremos descambam ou para a absoluta inércia do julgador, ou para o excessivo ativismo judicial, são tratados (com ocultação das respectivas desvantagens de cada ponto de vista) na mesma obra por JORGE W. PEYRANO. *Sobre el activismo judicial*, in *Activismo y garantismo procesal*. Córdoba: Academia Nacional de Derecho y Ciencias Sociales de Córdoba, 2009, pp. 11-20, e por ADOLFO ALVARADO VELLOSO. *El garantismo... op. cit.*, pp. 145-163.

suplantados pelo *modelo democrático de processo*[261], que exige a *comparticipação* de todos os sujeitos processuais[262], agregando ao conteúdo do contraditório processual não apenas a possibilidade de as partes se informarem sobre (ou se oporem a) uma decisão, mas a possibilidade de que elas – efetiva e concretamente – participem da sua construção. Sob essa ótica, o contraditório processual emerge como garantia de *influência* das partes nas decisões proferidas no processo[263].

De fato, para participar da construção da norma concreta, não basta que as partes contem com a garantia do equilíbrio na obtenção de informações relevantes e com a oportunidade de reagirem a uma decisão desfavorável, conforme o entendimento do princípio do contraditório segundo o binômio informação-reação clássico[264]. Antes de tudo, as partes devem contar com um julgador que possa ser *influenciado* pelos argumentos apresentados, não apenas com a faculdade de *reação*, mas também de *ação* sobre o entendimento do julgador. Influência, nesse sentido, é "um meio de obter um efeito sobre a atitude ou opinião dos outros por meio de uma ação intencional [...] através do apelo ao senso subjetivo de obrigação [desses outros] [...] e sem a ameaça

---

[261] Sobre a concepção do contraditório no processo liberal, no processo social e no processo democrático, em detalhado apanhado histórico, vide Humberto Theodoro Junior; Dierle José Coelho Nunes. *Princípio do contraditório: tendências de mudança na sua aplicação*, in Revista da Faculdade de Direito do Sul de Minas, v. 28, 2009, pp. 179-182.

[262] Humberto Theodoro Junior; Dierle José Coelho Nunes. *Princípio... op. cit.*, p. 178.

[263] Cândido Rangel Dinamarco. *A instrumentalidade do processo*. 3. ed. São Paulo: Malheiros, 1993, p. 27. No mesmo sentido: "In questo contesto, osserviamo che la comprensione del contraddittorio come diritto di influenza esprime la democrazia deliberativa nel processo: la società può influenzare gli atti decisori statali con la discussione argomentativa, ed il contraddittorio è il principio processuale che mette in pratica questo procedimento dialogico, aprendo il palco giurisdizionale al dibattito partecipativo e pluralista". Antonio do Passo Cabral. *Il principio del contraddittorio come diritto d'influenza e dovere di dibattito*, in Rivista di diritto processuale, v. 2, 2005, p. 456.

[264] É de se notar que a Teoria Geral do Processo já superou essa noção simplificada do contraditório, conforme se depreende da leitura de duas edições distintas da obra fundamental sobre o assunto. Na mais antiga lê-se que "o contraditório é constituído por dois elementos: a) a informação; b) a possibilidade de reação", ao passo que, na mais recente, consta que o juiz "ouvindo uma [das partes], não pode deixar de ouvir a outra; somente assim se dará a ambas a oportunidade de expor suas razões, de apresentar suas provas, de influir no convencimento do juiz". Compare-se Antonio Carlos de Araújo Cintra; Ada Pellegrini Grinover; Cândido Rangel Dinamarco. *Teoria Geral do Processo*. 1. ed. São Paulo: RT, 1974, p. 27, com Antonio Carlos de Araújo Cintra; Ada Pellegrini Grinover; Cândido Rangel Dinamarco. *Teoria Geral do Processo*. 22. ed. São Paulo: Malheiros, 2006, p. 64.

CAPÍTULO 2. CONTEÚDO DA IMPARCIALIDADE DO ÁRBITRO E SUA OPERACIONALIZAÇÃO...

de sanção situacional"[265], ou, de modo mais orientado para o processo, "um condicionamento significativo da conduta dos demais sujeitos do processo, realizado a partir de posições críticas ou omissões conclusivas, transmitidas comunicativamente e que, caso não existissem, poderiam, mantidas as demais condições, motivar o sujeito condicionado a agir de modo diverso"[266].

É por meio da influência exercida pelos argumentos trazidos à cognição do julgador que as partes efetivamente participam do processo, legitimando, com essa participação efetiva, a decisão tomada[267].

Nesses termos, a imparcialidade não se revela como a inexistência de *preferência* ou *predisposição* do julgador a uma das teses apresentadas no processo ou à pessoa mesma de uma das partes, tal como comumente colocado pela doutrina[268]. A imparcialidade deve ser objeto de um conceito que ponha em relevo a sua função de, a despeito das preferências do julgador (inerentes a qualquer ser humano), possibilitar a *influência* das partes no seu convencimento, pela consideração dos argumentos apresentados no processo.

Sob o ponto de vista metodológico-jurídico, a imparcialidade consiste na condição subjetiva do julgador em ser *influenciado* e *persuadido*[269] pelos argumentos de ambas as (ou melhor, de qualquer das) partes no litígio, a despeito de suas alienáveis[270] preferências ou predisposições.

2.1.2. Preferência, pré-compreensão e imparcialidade

Com os estudos de Heidegger[271], o método hermenêutico descartou definitivamente a possibilidade de o indivíduo ser capaz de apreender a realidade sem recorrer à sua própria vivência e às marcas (posições, visões e concepções)

---

[265] No original: "Influence is a way of having an effect on the attitudes and opinions of others through intentional [...] action" "through appeal to a subjective sense of obligation" "without reference to any threat of situational sanctions". TALCOTT PARSONS. *On the concept of influence*, in *The public opinion quarterly*, v. 27, 1963, pp. 38 e 45.

[266] ANTONIO DO PASSO CABRAL. *Nulidades... op. cit.*, p. 114.

[267] Não é por outra razão a repulsa cada vez mais eloquente na doutrina contra as declarações de "nulidade-surpresa", de ofício, pelo juiz. Sobre a necessidade de permitir a influência das partes previamente a tais declarações, vide RENZO CAVANI. *Contra as "nulidades-surpresa": o direito fundamental ao contraditório diante da nulidade processual*, in *Revista de processo*, v. 218, 2013, pp. 65-78.

[268] Vide capítulo 1.

[269] O conceito de influência adotado pelo presente estudo é próximo do conceito de persuasão apresentado por ENRIQUE M. FALCÓN. *Comunicación y proceso*, in *Revista de processo*, n. 157, pp. 124-125.

[270] Vide capítulo 2.1.2.

[271] MARTIN HEIDEGGER. *Ser e tempo* (trad. Marcia Sá Cavalcante Schuback). Parte I, 15. ed. Petrópolis: Vozes, 2005.

que essa vivência imprimiu. De modo direto, "[a] interpretação de algo como algo funda-se, essencialmente, numa posição prévia, visão prévia e concepção prévia. A interpretação nunca é a apreensão de um dado preliminar isenta de pressuposições"[272].

O indivíduo, ao interpretar algo, faz impregnar a interpretação da sua pré-compreensão daquilo que é interpretado[273], ou seja, lança sobre a interpretação, necessariamente, a própria personalidade. Com isso, o *ser* do intérprete – resultado da sua vivência em um contexto social, linguístico, cultural etc. em certo *tempo* – interfere no produto da intepretação.

Ressaltando o caráter histórico da interpretação, Gadamer[274] apontou que o indivíduo não se relaciona com a realidade, mas com as evidências dessa realidade traduzidas pela linguagem, construídas no curso da sua própria historicidade: ele, indivíduo, apropria-se dos acervos de ideias descritos linguisticamente para assim identificar e compreender a evidência do mundo que lhe é apresentada[275]. Por sua vez, esses acervos são objeto de uma tradição, pois são traduzidos pela consolidação das várias experiências humanas prévias. Ao interpretar um texto, por exemplo[276], o intérprete parte necessariamente da sua pré-compreensão dos significados linguísticos, mas não pode ignorar que o autor (assim como o intérprete, imerso em uma tradição), ao construir o texto, terá nele impresso as suas próprias pré-compreensões e pré-conceitos. Isso impõe que "face a qualquer texto, nossa tarefa é não introduzir, direta e acriticamente, nossos próprios hábitos lingüísticos"[277].

---

[272] MARTIN HEIDEGGER. *Ser... op. cit.*, p. 207. De modo também claro, "só interpretamos o que compreendemos previamente, conforme nossa faticidade, isto é, como ser no mundo, já circunscritos por objetos, vivendo em determinado estado de conexão com os outros". MARIA HELENA DAMASCENO E SILVA MEGALE. *Hermenêutica jurídica: interpretação das leis e dos contratos*. Belo Horizonte: Faculdade de Direito da UFMG, 2001, p. 35.

[273] MARTIN HEIDEGGER. *Ser... op. cit.*, p. 207.

[274] HANS-GEORG GADAMER. *Verdade e método* (trad. Flávio Paulo Meurer). 3. ed. Petrópolis: Vozes, 1999, *passim*.

[275] EDUARDO C. B. BITTAR. *Hans-Georg Gadamer: a experiência hermenêutica e a experiência jurídica*, in *Hermenêutica plural*. São Paulo: Martins Fontes, 2002, p. 186.

[276] Para Gadamer, o processo hermenêutico é unitário, inexistindo distinção entre compreensão, interpretação e aplicação do trabalho do intérprete. Literalmente: "Nesse sentido nos vemos obrigados a dar um passo mais além da hermenêutica romântica, considerando como um processo unitário não somente a compreensão e interpretação, mas também a aplicação [...] a aplicação é um momento do processo hermenêutico, tão essencial e integrante como a compreensão e a interpretação". HANS-GEORG GADAMER. *Verdade... op. cit.*, p. 460.

[277] HANS-GEORG GADAMER. *Verdade... op. cit.*, p. 403.

CAPÍTULO 2. CONTEÚDO DA IMPARCIALIDADE DO ÁRBITRO E SUA OPERACIONALIZAÇÃO...

A interpretação se inicia com a revelação de um sentido prévio ao texto, originário das expectativas e da perspectiva do intérprete. No entanto, esse *projeto prévio* de significado é constantemente revisado no processo hermenêutico, conforme o intérprete penetra no sentido do texto, reprojetando constantemente a sua interpretação[278] e operando a uma *fusão de horizontes*[279].

Transportando as noções acima para o processo, tem-se que – também sob uma ótica metodológico-hermenêutica – o julgador pode ter (*rectius*: tem) sua visão prévia sobre os sujeitos processuais, sobre os direitos que serão discutidos e sobre o litígio em si. Essa pré-compreensão pode ser mais ou menos tênue, a depender das experiências do julgador[280]. O que não se pode permitir é que seus pré-conceitos impeçam a apropriação e mensuração das opiniões e pontos de vista trazidos pelas partes no litígio, que as antecipações do julgador o imunizem contra a alteridade (entre as próprias convicções e os argumentos trazidos) inerente ao processo de interpretação. É por essa razão que o teste proposto pelas *IBA Guidelines*, que identificam como *dúvidas justificadas* sobre a imparcialidade a possibilidade de o árbitro ser influenciado por fatores outros além do mérito da causa[281] apresentado pelas partes, parece-nos por demais impreciso, visto que inúmeras são as influências sofridas pelo julgador. É preciso que esses outros fatores, mais do que influenciarem o árbitro em algum sentido (o que sempre vai ocorrer), impeçam o exercício da influência de uma das partes no processo (o que não se pode admitir que ocorra).

Também sob a ótica metodológica-hermenêutica, portanto, a parcialidade do árbitro não se faz sentir pela existência de pré-compreensões, e sim pela eventual *vedação que elas ofereçam à influência* de ambas as partes no seu convencimento, no seu *fechamento à argumentação das partes*. Obviamente, se a argumentação for ruim, ela será ponderada e afastada pelo árbitro, o que é muito diferente da situação de o árbitro estar imunizado à sua influência.

A questão que se coloca para o presente estudo – e que começa a ser respondida a partir do item seguinte – é o ponto a partir do qual a pré-compreensão

---

[278] HANS-GEORG GADAMER. *Verdade... op. cit.*, p. 402.
[279] HANS-GEORG GADAMER. *Verdade... op. cit.*, p. 451.
[280] "A filosofia hermenêutica alertou-nos para o perigo do objetivismo subjacente à abordagem metódica, objetivamente, da interpretação das expressões humanas. Ao desenvolvermos o nosso conhecimento da 'pré-estrutura' da compreensão, excluímos ainda a pressuposição simplista da possibilidade de um conhecimento totalmente objetivo ou neutro, dado o fato de termos já interpretado um objeto 'como' algo, antes mesmo de o chegarmos a investigar". JOSEF BLEICHER. *Hermenêutica contemporânea* (trad. Maria Georgina Segurado). Rio de Janeiro: Edições 70, 1980, p. 353. A lição é perfeitamente aplicável à hermenêutica jurídica realizada no curso de um processo arbitral.
[281] *IBA Guidelines*, Princípio Geral 2(c).

do árbitro a respeito das questões a serem discutidas na arbitragem (ou a respeito das partes) é estabelecida de forma tal a imunizar o julgador contra a influência e persuasão dos argumentos que lhe são apresentados.

2.2. Da subjetividade para a intersubjetividade: imparcialidade, probabilidade e aparência

Se não há disputa quanto à imprescindibilidade da imparcialidade do árbitro – que o presente estudo defende consistir na condição subjetiva do julgador em ser influenciado pelos argumentos de ambas as partes no litígio –, não existe uma orientação concreta de como ela pode ser aferida. Sendo imperscrutável o íntimo do julgador[282], a primeira forma de aferição consiste na declaração do próprio árbitro.

Se o árbitro declarar-se parcial, ele necessariamente será afastado do procedimento, não apenas porque assim exige o art. 16 da LA, mas também porque faltará condição necessária para a estruturação do modelo processual definido pelo art. 21, § 2º do mesmo texto legal, com o comprometimento da possibilidade do exercício da *influência* integrante do contraditório. Se o árbitro declarar-se imparcial, o panorama não será tão simples, por duas razões: *(i)* o árbitro pode, de boa-fé, entender-se imparcial e não o ser, não admitindo para si mesmo que seria impermeável aos argumentos de uma das partes; ou *(ii)* o árbitro pode mentir.

A falta de confiabilidade na palavra do árbitro e a impossibilidade de aferição da sua psiquê não deixam alternativas além da análise das circunstâncias fáticas que poderão *aparentar* (e disso se trata: aparência, não no sentido atribuído pelos "testes" ingleses ou norte-americanos, mais fraco que a "evidência" ou "real perigo", mas sim no sentido de "fenômeno apreensível intersubjetivamente") a sua parcialidade ou a sua imparcialidade frente a um padrão assumido como vinculante ou adequado. Assim, diante de determinadas circunstâncias fáticas, analisadas de acordo com certas premissas, é que se poderá analisar a *aparência* de que o árbitro seja ou não seja imparcial.

---

[282] Literalmente: "As discussed above, partiality, or 'bias', is a subjective state of mind." Também: "Unless an arbitrator publicly announces his partiality or is overgeard in a moment of private admission, it is difficult to imagine how 'proof' would be obtained". Ambos os trechos de Martin F. Gusy; James M. Hosking; Franz T. Schwarz. *A guide to the ICDR International Arbitration Rules*. New York: Oxford University Press, 2011, p. 111.

CAPÍTULO 2. CONTEÚDO DA IMPARCIALIDADE DO ÁRBITRO E SUA OPERACIONALIZAÇÃO...

Ao tratar de aparência, o presente estudo não adentra o debate entre as correntes objetivista e subjetivista da Teoria do Conhecimento, evitando a questão de a aparência consistir na impressão errônea (pois baseada na percepção humana) sobre a real natureza do mundo ou de a aparência configurar a revelação de um fenômeno e assim constituir o único elemento sobre o qual o conhecimento se basearia[283]. Para o fim do presente estudo, basta apontar que na maioria dos casos – mas não necessariamente em todos – há relação entre o que é percebido (a aparência de parcialidade ou imparcialidade do árbitro) e o evento subjacente (a psiquê desse árbitro), derivada tanto da lógica quanto da experiência de um sujeito ou um grupo de sujeitos racionais que o analisa, experiência esta que inclui o conhecimento de casos em que esta aparência foi mensurada.

Ao se propor um método que se baseia na *aparência*, é necessário assumir o risco de se incorrer em erro quanto à constatação desse indicador, mesmo que no íntimo o julgador seja e permaneça imparcial. Pode ocorrer de se tachar de parcial um árbitro que se comportou de modo incabível ou por demais inadequado, mas que não permitiria que esse comportamento influenciasse sua decisão (permanecendo, em seu íntimo, imparcial); é também possível que se afirme ser imparcial o árbitro que tenha se comportado adequadamente, mas que possua tendenciosidade contra ou a favor de uma das partes em nível suficiente a impedir a influência dos argumentos que lhe serão apresentados no processo arbitral (permanecendo, em seu íntimo, parcial). Esses são os riscos não elimináveis do método baseado na *aparência*. No entanto, a impossibilidade de utilização segura de outro método impõe a assunção desses riscos.

Há quem defenda a aparência de imparcialidade do árbitro como um valor em si, sob a consideração de que a arbitragem é baseada na confiança e que, por isso, o método alternativo de solução de controvérsias somente se desenvolveria em um ambiente ético[284]. Uma visão um pouco diferente, que traça um paralelo entre a independência judicial e a imparcialidade do árbitro como um elemento-chave para a manutenção da credibilidade e legitimidade dos tribunais arbitrais, chega à mesma conclusão[285]. O presente estudo, porém, não analisa essa questão (que concerne à sociologia), privilegiando a abordagem da imparcialidade no âmbito do direito processual e utilizando-se da aparência como elemento de análise, não como valor em si.

---

[283] NICOLA ABBAGNANO. *Dicionário de filosofia* (trad. Alfredo Borsi). São Paulo: Martins Fontes, 2007, pp. 79-81.
[284] BRUNO MANZANARES BASTIDA. *The independence...* op. cit., p. 3.
[285] Ponto de vista consolidado na expressão: "justice should not only be done but should manifestly and undoubtedly be seen to be done".

93

CAPÍTULO 3.
PREMISSAS PARA CONSTRUÇÃO DA NORMA CONCRETA

3.1. Conceito de imparcialidade e estrutura normativa

Tal como visto, o presente estudo partiu da premissa de que *sempre* um julgador é influenciado pelas experiências às quais se expôs e por seus próprios pré-conceitos, *afastando* a noção genérica de imparcialidade como a não exposição do julgador a outras influências além dos argumentos oferecidos pelas partes no curso do processo.

Eliminada a noção genérica, o conceito de imparcialidade foi reconstruído em vista da sua função na relação jurídico-processual, que é permitir às partes o exercício da *influência*, por seus argumentos, na decisão final do julgador, de modo que sua ausência destrói a própria estrutura e subverte o papel da relação para a qual funciona. Com isso, é possível atribuir à parcialidade um conteúdo, qual seja, a vedação, o óbice, a imunização do árbitro à influência potencial dos argumentos das partes, conceito esse que não admite gradação: ou o julgador é imparcial ou não é.

Consistindo essa vedação um evento eminentemente psíquico e, portanto, subjetivo, sua demonstração e mensuração somente podem ser feitas com base na *aparência* inferida a partir de fatos do mundo concreto.

O conceito de imparcialidade e a sua revelação através da aparência não são suficientes para a solução de casos concretos, ao menos não são suficientes para estabelecer uma orientação interpretativa relativamente harmônica ou estável, que confira segurança e previsibilidade mínimas exigidas pelo direito no tratamento de casos semelhantes. É preciso, assim, entender a estrutura normativa que permite a utilização do conceito ou, por outras palavras, entender como o intérprete pode trabalhar esse conceito à luz da estrutura normativa à sua disposição, criando norma concreta que, aplicada ao caso, possa sustentar a conclusão de parcialidade ou imparcialidade do árbitro. Essas são o que o presente estudo denomina *premissas de estrutura*.

O reconhecimento e o respeito às *premissas de estrutura* não esgotam o trabalho do intérprete. O direito trabalha *a partir* do mundo concreto (quando elege eventos que integram a hipótese de fato normativa) e *para* o mundo concreto (ao regular eventos que devem ocorrer a título de sanção)[286], razão pela qual uma orientação interpretativa relativamente harmônica ou estável da imparcialidade não pode prescindir de uma análise atenta dos eventos do mundo concreto a partir dos quais se possa legitimamente inferir a *aparência* da imparcialidade. Além das *premissas de estrutura* que a norma concreta aplicável a determinado caso deve respeitar, ela também deve possuir um *conteúdo* fático-hipotético adequado, respeitando certas *premissas de conteúdo* derivadas da própria experiência jurídica.

Como essa experiência da arbitragem ocorre sobretudo em um *mundo à parte*[287], habitado por profissionais que figuram ora como advogados, ora como

---

[286] A estrutura da norma jurídica é analisada por MARCOS BERNARDES DE MELO. *Teoria do fato jurídico: plano da existência*. 7. ed. São Paulo: Saraiva, 1995, pp. 35-37 (suporte fático) e pp. 51-53 (preceito ou sanção).

[287] Sobre o controle da participação no mercado da arbitragem, especialmente para a função de árbitro, vide CATHERINE A. ROGERS. *The vocation of the international arbitrator*, in *American University international law review*, v. 20, 2005, pp. 977-980. Da mesma autora, sobre o desenvolvimento de uma "arbitral rule of law", CATHARINE A. ROGERS. *Regulating international arbitrators: a functional approach to developing standards of conduct*, in *Stanford journal of international law*, v. 41, 2005, pp. 66-67. As preocupações da autora com as assimetrias de informação sobre os árbitros levaram-na a formular o "International Arbitrator Information Project", pelo qual ela propõe que "each arbitrator would have a dedicated webpage that would be electronically searchable. Each page would include standard biographic information, such as education, professional training, nationality, language skills, and arbitration experience. Arbitrator webpages would also include links to all publicly available arbitral awards associated with the arbitrator, and all judicial opinions (translated into English or summarized in English) that reference the arbitrators or their awards. It would also include links to arbitrators' academic and professional publications, again fully- or partially--translated into English where necessary. Additionally, the Project would also allow searchable access to publications by other arbitrators and academics that comment on the relevant arbitrator's publications, awards, and judicial decisions that rule on or reference those publications or awards". Sobre o tema, vide CATHERINE A. ROGERS. *The International Arbitrator Information Project: from an ideation to operation*, in *Kluwer arbitration blog*; disponível no endereço eletrônico http://kluwerarbitrationblog.com/blog/2012/12/10/the-international-arbitrator-information-project-from-an--ideation-to-operation/; consulta em 21.12.2015. Em momento posterior, o projeto foi ampliado e transformado no "Arbitrator Intelligence", cuja missão é "to promote transparency, fairness, and accountability in the selection of international arbitrators, and to facilitate increased diversity in arbitrator appointments". A iniciativa pode ser conferida em http://www.arbitratorintelligence.org; consulta em 12.02.2016.

árbitros, que se conhecem e se reconhecem, possuindo experiências profissionais – e muitas vezes histórias de vida – em comum, é necessário que a análise das *premissas de conteúdo* seja precedida de um breve olhar sobre o *ambiente institucional* no qual a arbitragem se desenvolve.

Por fim, sendo a proposta do presente estudo considerar a imparcialidade a partir da *aparência*, que nada mais é senão um juízo feito sobre evidências fáticas coletadas (ou melhor, escolhidas pelo intérprete), o presente capítulo busca identificar – não sem reconhecer as dificuldades e aproximações envolvidas – quem seria o autor ideal desse juízo: partes, árbitros ou terceiros.

3.2. Premissas de estrutura

O primeiro trabalho que o intérprete terá para a construção da norma concreta a respeito da parcialidade ou imparcialidade do árbitro será identificar a forma de padronização do conceito pelas regras aplicáveis a determinado procedimento.

3.2.1. Primeira premissa de estrutura: modelo democrático de processo como forma de orientação na interpretação das hipóteses expressamente previstas e de integração de hipóteses não previstas expressamente

Conforme o presente estudo demonstrou, as opções legislativas de padronização da imparcialidade dos árbitros ensejam problemas práticos de ordens diversas: *(i)* a técnica de padronização mediante exclusiva tipificação legal dos casos de recusa ou impugnação deixa de tratar grande variedade de hipóteses passíveis de ocorrer nos casos concretos; *(ii)* a técnica de padronização mediante a equiparação às causas de impedimento ou suspeição de juízes impõe ao intérprete o esforço argumentativo de adequar aquilo que foi legislado ao servidor do Estado (escolhido para julgar uma causa segundo regras de distribuição de competência) a um particular (escolhido direta ou indiretamente pelas próprias partes); e *(iii)* a técnica de padronização mediante o estabelecimento de um *estado de coisas* impõe ao intérprete o desafio de preenchimento do suporte fático da regra a ser aplicada, resultando em maior dificuldade para o exercício e controle da interpretação, diminuindo a previsibilidade das condutas objetivadas.

Não importa qual seja a opção legislativa, o intérprete somente superará os problemas hermenêuticos ao recorrer ao *modelo democrático de processo* e à consequente conceituação da imparcialidade como não fechamento do árbitro à *influência* dos argumentos das partes, que será aferida mediante as aparências que eventos objetivamente verificáveis ensejarão no caso concreto. Como se viu, nem mesmo os ordenamentos que, já antecipando a problemática derivada da impossibilidade de aferição da condição subjetiva (psiquê) do árbitro, positivaram expressamente a existência de *dúvidas justificadas* como fator denotativo da parcialidade[288], favorecem a superação dos problemas hermenêuticos se não for levado em conta que a imparcialidade consiste no óbice à *influência* dos argumentos das partes no julgador. Daí a necessidade do recurso ao *modelo democrático de processo* como forma de orientar e harmonizar eventuais hipóteses previstas em lei e, eventualmente, como forma de integrar situações não previstas expressamente, mas que igualmente imunizam o árbitro ao exercício da *influência*.

As hipóteses de imparcialidade eventualmente tipificadas em lei ou outras regras vinculantes carecem – tal como qualquer outro texto – ser interpretadas mediante a atividade da subsunção, que consiste na adaptação das propriedades da hipótese do fato prevista linguisticamente no texto normativo às propriedades da descrição linguística do evento ocorrido no mundo social. Assim, o intérprete adapta o *juízo* que faz da hipótese prevista ao *juízo* que extrai do evento social[289].

Se o ordenamento que rege o processo arbitral acata o *modelo democrático de processo* que, entre outras características, prevê a imparcialidade do árbitro como um *estado de coisas* necessário, essa previsão exerce eficácia integrativa[290], permitindo ao intérprete a eleição do comportamento necessário para se atingir o conteúdo operativo da imparcialidade (não imunização do árbitro aos argumentos das partes), efetivamente criando a hipótese de fato da norma que regulará o caso concreto.

Cabe ao intérprete[291] escolher, dentre todos os eventos ocorridos no mundo fático, aqueles sobre os quais a lei lhe permite projetar critérios que lhe são

---

[288] É o caso das legislações que seguem a Lei Modelo UNCITRAL. Vide capítulos 1.3.2.3 e 1.3.3.2.
[289] Trata-se de "[...] uma adaptação entre as propriedades do ato comunicativo jurídico geral e abstrato e o evento social ocorrido, com a criação de um micro-sistema de formulações jurídicas destinado à construção da verdade a ser incorporada pelo sistema, dando origem ao ato comunicativo jurídico individual e concreto [...]". ERNANI CONTIPELLI. *Aplicação da norma jurídica*. São Paulo: Quartier Latin, 2007, p. 80.
[290] HUMBERTO ÁVILA. *Teoria... op. cit.*, pp. 104-105.
[291] "A adequação do evento social às categorias dos atos comunicativos previstos na norma jurídica geral e abstrata depende da atuação do intérprete/aplicador." ERNANI CONTIPELLI. *Aplicação... op. cit.*, p. 120.

interessantes ressaltar[292]. Nesse sentido, o direito não se prende aos fatos em si, mas ao uso que lhes é dado como referência para o estabelecimento da norma que regulará determinada relação jurídica, em uma estratégia retrospectiva[293] ou de conformação da situação do fato (como enunciado) ao texto normativo, em um "ir e vir da perspectiva"[294] desenvolvido pelo intérprete.

O direito brasileiro, como já afirmado no presente estudo, trabalha diretamente[295] a imparcialidade do árbitro em três passagens da LA: *(i)* estabelecendo-a como *modo de ser* do processo no art. 21, § 2º; *(ii)* impondo-a ao árbitro no art. 13, §6º, sem a definir; e *(iii)* impedindo, no art. 14, caput, "de funcionar como árbitro" o profissional que ostentar frente às partes ou ao litígio "algumas das relações que caracterizam os casos de impedimento ou suspeição de juízes" previstas no arts. 144 e 145 do CPC. Ao assim proceder, a lei acatou duas técnicas: a técnica da equiparação (positivada de modo vago pela referência a "algumas das relações", sem especificar quais relações seriam, e deixando esse ônus para o intérprete diante do caso concreto) e a técnica do estabelecimento de um *estado de coisas* voltado à imparcialidade.

Assim, a despeito de a lei impedir que sejam árbitros pessoas que ostentem "algumas das relações" que configurem impedimento e suspeição de juízes, esse não deve ser – e não é – o único critério de padronização da imparcialidade dos árbitros no ordenamento brasileiro[296]. Ao contrário, ao assimilar o modelo democrático de processo, consoante art. 21, a LA *demanda* que outros casos não expressamente previstos ou referidos também sejam considerados, na medida em que eles possam ser enquadrados na situação de não permitir que o árbitro possa ser persuadido e influenciado pelos argumentos de ambas as partes na arbitragem. Tome-se o exemplo, quando vigente o CPC de 1973, da relação de amizade íntima entre árbitro e advogado, cujo correlato para

---

[292] Nesse sentido: "Law provides nothing but a *network of criteria exteriorly and posteriorly projected onto the event*. The underlying idea is to afford that I can break an event into sets of concepts and conceptual connections (artificially established as seen from any purely theoretical reconstruction of its factors and elements) so that, by their standards, I can issue a judgment upon the fact". CSABA VARGA. *The non-cognitive character of the judicial establishment of facts*, in *Legal System and practical reason*. Stuttgart: Franz Steiner, 1994, p. 235.

[293] CSABA VARGA. *The non-cognitive... op. cit.*, p. 238.

[294] KARL LARENZ. *Metodologia da ciência do direito* (trad. José Lamego). 3. ed. Lisboa: Fundação Calouste Gulbenkian, 1997, p. 395.

[295] O art. 14, § 1º, objetivando o dever de revelação do árbitro, trabalha com a imparcialidade indiretamente.

[296] Contra, conforme já citado, LUIZ OLAVO BAPTISTA. *Inutilidades... op. cit.*, p. 28.

o juiz não estava previsto nos arts. 134 e 135[297]. Não havia dúvida – e assim se reconheceu em diversas decisões judiciais segundo legislações que também estabelecem um *estado de coisas* – de que, a despeito da ausência de previsão expressa, o caso em questão demanda o reconhecimento da parcialidade do árbitro[298]. No CPC de 2015 (que introduziu como causa de suspeição do juiz sua amizade íntima com advogado da causa no art. 145, inc. I), o exemplo pode ser a relação negocial do escritório ou do sócio do árbitro com uma das partes, o que sempre será impossível para o juiz, que no exercício da sua função judicante não estabelece relação societária com outros julgadores.

Assim, a análise da imparcialidade do árbitro no direito brasileiro demanda não apenas o exame das causas de suspeição e impedimento dos juízes (e sua adaptação para o processo arbitral) ou de eventuais outras regras vinculantes escolhidas pelas partes (tais como os regulamentos e os códigos de ética das instituições arbitrais), mas também o cotejo do *modo de ser* imposto pela lei com as circunstâncias específicas de determinado caso concreto (o que permite a criação de norma não ligada às situações já previstas na hipótese legal ou consensualmente vinculantes). Assim, seja com regras mais específicas, seja com apoio na regra geral de vedação à parcialidade do árbitro, o intérprete deve elaborar uma *proposta de norma* que permita averiguar a aparência de imparcialidade do árbitro no caso concreto.

Se há regras vinculantes com hipóteses específicas (por força de lei ou de consenso), o trabalho do intérprete é facilitado, consistindo no estabelecimento da relação entre a hipótese específica prevista na regra vinculante e a descrição do caso concreto. Exemplo disso é o árbitro amigo íntimo de uma das partes (art. 13, § 6º, da LA, c/c art 145, inc. I, do CPC), na qual o intérprete deverá demonstrar em que consiste uma *amizade íntima* normativamente prevista e demonstrar que os elementos distintivos dessa relação ocorrem no caso prático.

Registre-se o posicionamento desenhado pelo julgamento do caso *Merit v. Leatherby*, segundo o qual as regras consensuais a respeito da imparcialidade fixadas no regulamento da *American Arbitration Association* (AAA), impondo um padrão mais rígido para a avaliação da imparcialidade do que o constante na *Section 10* do FAA, não seriam um ponto de partida adequado para a perquirição da validade de uma sentença impugnada em razão da parcialidade

---

[297] Tal evento, segundo a melhor doutrina, não configurava impedimento ou suspeição do juiz. Sobre o tema, José Rogério Cruz e Tucci. *Do relacionamento juiz-advogado como motivo de suspeição*, in Revista dos Tribunais, v. 756, 1998, p. 69-76.
[298] Vide capítulo 3.4.4.

CAPÍTULO 3. PREMISSAS PARA CONSTRUÇÃO DA NORMA CONCRETA

do árbitro, visto que o regulamento não teria força de lei[299]. Não é possível concordar com essa tese à luz do direito brasileiro, que, como já apontado, estabelece um *estado de coisas* que pode ser padronizado pelas partes, conquanto não contrarie o *modelo democrático de processo*.

Mas como criar uma proposta de norma sem que haja qualquer regra vinculante que trate da hipótese verificada no caso concreto?

Quando essas referências não existem – e assim é o caso do direito brasileiro ao estabelecer (ao lado de padrões análogos aos dos juízes para a imparcialidade dos árbitros) um *estado de coisas* que, como defendido no presente estudo, impõe ao árbitro que esteja aberto à influência exercida pelos argumentos das partes –, a liberdade do intérprete na eleição dos eventos que se encaixariam[300] na norma criada para o caso concreto é maior. No entanto, igualmente maior é o *ônus argumentativo* do intérprete[301] para justificar que tal evento do mundo social se enquadra entre aqueles que atentam contra a imparcialidade.

Se não há regras vinculantes que tratem do evento ocorrido no caso concreto, o intérprete verificará se existem regras não vinculantes, categoria em que se encontram tanto eventual corpo de diretrizes não adotadas expressamente no procedimento arbitral (como, por exemplo, as *IBA Guidelines*), como leis e regulamentos não aplicáveis ao caso concreto, mas que guardem alguma similitude com a situação que se quer analisar. A partir dessas regras, o intérprete apresentará uma proposta normativa que seja suportada pelo *estado de coisas* imposto pela lei brasileira a respeito da imparcialidade do árbitro (arts. 21, § 2º e 13, § 6º, da LA).

Tão importante quanto um corpo de regras é a interpretação que lhe é dada[302]. E por essa razão, não se pode descartar o valor da jurisprudência e da doutrina – seja no trato das regras vinculantes, seja das não vinculantes – para a construção da proposta normativa na qual a aparência de imparcialidade no caso concreto será tratada.

---

[299] Caso *Merit Insurance Co. v. Leatherby Insurance Co.*, 714 F.2d 673 (7th Cir. 1983). Decisão disponível no endereço eletrônico https://www.casetext.com/case/merit-ins-co-v-leatherby-ins-co-2/; consulta em 21.12.2015.
[300] CSABA VARGA. *The non-cognitive... op. cit.*, p. 234.
[301] HUMBERTO ÁVILA. *Teoria... op. cit.*, pp. 107-108.
[302] A moderna hermenêutica jurídica reconhece que norma não se confunde com o seu substrato verbal (a regra), mas sim consiste no juízo que o intérprete retira desse substrato. Sobre o tema, e exemplo das *"idas e vindas"* do intérprete na compreensão de uma regra, vide KARL ENGISCH. *Introdução ao pensamento jurídico* (trad. J. Baptista Machado). 7. ed. Lisboa: Fundação Calouste Gulbenkian, 1996, pp. 124-127.

Não se pode olvidar que, além da indeterminação dos comportamentos necessários voltados para a obtenção do *estado de coisas* relativo à imparcialidade, parte das regras mais específicas nas quais a proposta normativa do intérprete poderá se basear envolve *conceitos indeterminados*[303] – que carecem de um preenchimento valorativo –, ou, sob diferente prisma, envolve *cláusulas gerais*[304] – que são completadas mediante referência a regras extrajurídicas, de modo que sua valoração impõe a utilização de modelos de comportamento e pautas de valoração –, tal como se vê na expressão *"amigo íntimo"*. Assim, a formulação de uma proposta de norma para o caso concreto demandará do intérprete uma atuação não apenas dedutiva, mas também de classificação e valoração, segundo aquilo que comumente se espera (em certo momento histórico e em certa cultura) do comportamento adequado de um agente imparcial. Eis aí a abertura da proposta normativa para os dados da realidade e às regras da experiência que o intérprete, segundo a sua visão de mundo, dele extrai[305].

Essa valoração do evento social que integrará a proposta normativa deve se dar no estreito ângulo entre dois vértices, com vistas à proteção da utilidade e segurança do mecanismo de solução de controvérsia: a interpretação daquilo que *comumente se espera* a respeito de um evento que envolve a imparcialidade não pode ser muito rigorosa ou restritiva – o que redundaria na impossibilidade de demonstração da imparcialidade, com a consequente maior dificuldade de exclusão dos árbitros aparentemente parciais; e, no outro vértice, a interpretação daquilo que *comumente se espera* a respeito de um evento que envolve a imparcialidade do árbitro não pode ser muito indulgente ou ampliativa – o que redundaria na desmesurada facilidade de demonstração da parcialidade, criando um estímulo para a utilização dessa alegação em técnicas dilatórias pela parte que quer frustrar a utilização ou o resultado do método arbitral. De fato, quanto mais amplas forem as hipóteses que possam caracterizar a imparcialidade do árbitro e quanto menos demonstrações elas demandarem para que se configure a aparência de parcialidade, mais fácil será às partes eliminarem o árbitro tido como parcial. De outra banda, ao se ampliar as hipóteses e demandar pouca demonstração, abre-se espaço para manobras

---

[303] KARL ENGISCH. *Introdução... op. cit.*, pp. 210-214.
[304] RUY ALVES HENRIQUE FILHO. *Direitos fundamentais e processo*. São Paulo: Renovar, 2008, p. 231. Vide também, por referência ao autor citado, JUDITH MARTINS-COSTA. *O direito privado... op. cit.*, esp. pp. 6-8.
[305] KRZYSZTOF BURDZY. *The search for certainty*. Singapore: Word Scientific Publishing, 2009, p. 179.

do litigante que tenha interesse em tumultuar ou retardar o processo arbitral, ou mesmo em anular a sentença arbitral no Poder Judiciário.

3.2.2. Segunda premissa de estrutura: satisfação de postulados hermenêuticos ou das justificativas de "segunda ordem"

Enquanto a criação da norma concreta com base em hipóteses já previstas nas regras vinculantes exige a subsunção do juízo do intérprete a respeito do evento social ao juízo desse mesmo intérprete a respeito da previsão de fato existente na regra vinculante específica, a criação de norma a partir de regra que impõe um *estado de coisas* deve ser realizada segundo argumentação que satisfaça determinadas *premissas de sentido* ou que siga certos *postulados hermenêuticos*. Se assim não fosse, qualquer intérprete poderia construir a norma que melhor lhe aprouvesse, sem que ela encontrasse respaldo sistemático-jurídico, ou seja, sem a possibilidade de qualquer controle sobre a sua produção[306].

A seguir, serão tratados (dentro dos limites que servem ao objeto central do presente estudo) os *postulados hermenêuticos* e as *premissas de sentido* importantes para a orientação e controle da proposta normativa formulada pelo intérprete com base no *estado de coisas* colocado pela LA relativamente à imparcialidade do árbitro.

O primeiro dos postulados hermenêuticos é a *razoabilidade como equidade*, que significa a aplicação da norma levando-se em consideração o que comumente acontece[307], segundo a presunção de que os fatos ocorreram dentro da normalidade (nesse sentido, considerando que o árbitro esteja de boa-fé). Também como postulado hermenêutico, a razoabilidade impõe que, para a demonstração da parcialidade, seja também demonstrado que os eventos que o intérprete utiliza para elaborar a norma para o caso concreto estão fora do que normalmente ocorre e do que normalmente se espera do comportamento do árbitro. É a *razoabilidade como equidade* que impõe a comparação do que *comumente acontece* com as *particularidades* do evento que ensejariam, segundo o intérprete, a aparência de parcialidade do árbitro. Em assim fazendo, impõe, por consequência, que o intérprete demonstre *(i)* por meio da jurisprudência brasileira ou estrangeira, regras não vinculantes emanadas de lei estrangeira ou em guias de melhores práticas, doutrina etc., quais são as práticas,

---

[306] Não por outra razão "[u]m ordenamento, como sistema, contém um repertório, contém também uma estrutura". Tércio Sampaio Ferraz Júnior. *Introdução ao estudo do direito*. 2. ed. São Paulo: RT, 1996, p. 175. Colocando o processo arbitral como subsistema, destacando seu fechamento operacional e abertura cognitiva, vide Eduardo de Albuquerque Parente. *Processo... op. cit.*, pp. 40-60.
[307] Humberto Ávila. *Teoria... op. cit.*, p. 173.

os comportamentos e as situações aceitas e *(ii)* por que a prática, comportamento e situação do caso específico distanciam-se daqueles aceitos. Para tanto, quanto mais detalhadamente forem descritas as circunstâncias envolvidas no caso específico – ou seja, quanto mais detalhes a respeito da cadência de eventos, do tempo em que eles ocorreram, dos personagens envolvidos, entre outros – menos difícil será aproximar ou afastar esse caso específico do que *comumente acontece*.

Embora haja autores que defendam que a razoabilidade seja um conceito jurídico norte-americano equivalente ou aproximado do conceito de proporcionalidade dos alemães[308], a melhor doutrina estabelece diferenças entre ambos[309]. A razoabilidade é diferente da proporcionalidade porque exige a consideração das particularidades individuais do caso, enquanto a segunda exige uma análise da relação (proporcional) entre meios e fins.

A aplicação da proporcionalidade – o segundo postulado hermenêutico para a orientação e controle da proposta normativa quando não há conduta descrita nas regras vinculantes – envolve o exame de três elementos, quais sejam, adequação, necessidade e proporcionalidade em sentido estrito. Há divergência sobre a necessidade de que todos os três sejam examinados cumulativamente[310] ou que o sejam de modo subsidiário, isto é, de que o elemento seguinte seja examinado apenas se o anterior não permitir a solução do problema[311].

A adequação exige que o meio escolhido fomente a promoção do fim estabelecido, relação que pode ser analisada em três aspectos: quantitativo, qualitativo e probabilístico. Sob o aspecto quantitativo, um meio pode promover mais, menos ou igualmente um fim que outro; sob o aspecto qualitativo, um meio pode promover pior, igualmente ou melhor um fim do que outro meio; e sob o aspecto probabilístico, um meio pode promover com mais, menos ou igual certeza um fim que outros meios. Conjugando esses critérios, um meio pode promover mais intensamente, melhor e mais seguramente um fim que

---

[308] Entre eles, JUAN FRANCISCO LINARES. *Razonabilidad de las leyes*. 2. ed. Buenos Aires: Astreas, 1970, p. 29. SUZANA DE TOLEDO BARROS. *O princípio da proporcionalidade e o controle de constitucionalidade das leis restritivas de direitos fundamentais*. 2. ed. Brasília: Brasília Jurídica, 2000, p. 57. Sobre desnecessidade de distinção entre a razoabilidade e a proporcionalidade no processo civil, vide MARCELO JOSÉ MAGALHÃES BONICIO. *Proporcionalidade e processo*. São Paulo: Atlas, 2006, pp. 28-34.
[309] Sobre o assunto, com ampla base bibliográfica e análise histórica, vide VIRGÍLIO AFONSO DA SILVA. *O proporcional e o razoável*, in Revista dos Tribunais on line, v. 798, 2002, pp. 23-50.
[310] HUMBERTO ÁVILA. *Teoria... op. cit.*p. 183.
[311] VIRGÍLIO AFONSO DA SILVA. *O proporcional... op. cit.*, pp. 34-35.

CAPÍTULO 3. PREMISSAS PARA CONSTRUÇÃO DA NORMA CONCRETA

outros. É o que deve ser buscado pelo intérprete[312] ao propor que determinado comportamento do árbitro ou fato que o envolva recomende a necessidade da sua impugnação ou a anulação da sentença que ele tenha proferido em nome da proteção da imparcialidade de modo mais intenso, melhor e mais seguramente que a manutenção do árbitro ou da validade da sentença proferida. A anulação da sentença por conta de um parecer sobre a causa, dado pelo árbitro ao advogado de uma das partes, anos antes da instauração do processo arbitral, é adequada para o fomento da aparência de imparcialidade? E se o parecer tiver sido sobre causa similar? E se tiver sido dado sobre causa totalmente diferente? E se, além de ser sobre causa totalmente diferente, tiver sido dado ao escritório ao qual pertence o advogado que patrocina a arbitragem, anos antes de ele se integrar à banca? E se, ao invés de um parecer, tiverem sido dez? É no critério da adequação que o intérprete verificará se a medida proposta para a manutenção da imparcialidade efetivamente é capaz de fomentá-la[313].

A avaliação da necessidade enseja o exame de outros meios que possam promover com a mesma intensidade o fim perseguido, com a menor restrição possível ao direito atingido. A necessidade é examinada em caráter imprescindivelmente comparativo entre os vários meios possíveis, daí se distinguindo do exame da adequação, que é feito em caráter absoluto[314]. O intérprete deverá examinar o fim eleito e os direitos que serão limitados pelos meios possíveis voltados ao fim desejado. Nesse sentido, o afastamento do árbitro ou a anulação da sentença por ele proferida por conta de uma aparência de imparcialidade está a patrocinar o devido processo ou o comprometendo por privilegiar uma tática que pode ser dilatória? A parte que impugna o árbitro ou requer a anulação da sentença já conhecia ou poderia ter conhecido o fato que apontou ser nocivo à imparcialidade, de modo que o não afastamento do árbitro ou a não anulação da sentença irá promover o devido processo sem o comprometimento do direito fundamental à segurança jurídica? Essas são, entre outras, as perguntas que devem ser respondidas nesse item de análise.

A análise da proporcionalidade em sentido estrito exige a consideração ou sopesamento entre a intensidade da restrição a um direito e a importância

---

[312] HUMBERTO ÁVILA. *Teoria... op. cit.*, p. 188.
[313] VIRGÍLIO AFONSO DA SILVA. *O proporcional... op. cit.*, pp. 36-37.
[314] VIRGÍLIO AFONSO DA SILVA. *O proporcional... op. cit.*, p. 38. Com entendimento diverso, no sentido de que a necessidade envolve o exame da igualdade de adequação entre vários meios para a promoção do fim e, posteriormente, o exame do meio menos restritivo, HUMBERTO ÁVILA. *Teoria... op. cit.*, p. 193.

da realização do fim, de modo que os motivos que fundamentam a adoção da medida necessária para atingir o *estado de coisas* eleito tenham peso suficiente para justificar a restrição ao direito[315]. Seria proporcional restringir o direito de livre associação do árbitro para que se preserve a aparência de imparcialidade no caso concreto, impedindo-o de participar de associações que tenham por objetivo o estudo da matéria ao qual o árbitro se dedica? Seria proporcional restringir o direito ao trabalho do árbitro como professor ou parecerista para que a aparência de imparcialidade seja mantida? Se sim, qual a correta medida dessa restrição? Haveria um limite temporal?

Logo se vê que a análise da adequação, necessidade e proporcionalidade em sentido estrito constitui ferramenta poderosa para a criação de normas concretas, sobretudo as baseadas no *estado de coisas* imposto pela LA.

Outro método de apoio e controle para a criação de normas para caso concreto, elaborado na experiência do *commom law* (e, portanto, mais voltado à explicação *a posteriori* do fenômeno da decisão judicial do que propriamente fornecer uma linha mestra *a priori* para o trabalho do intérprete[316]), baseia-se na ideia de *justificações de segunda ordem*, pelas quais tais normas devem fazer *sentido no mundo* e *sentido no contexto do sistema jurídico*[317]. Para que a norma proposta pelo intérprete faça *sentido no mundo*, este deve *(i)* levar em conta as consequências da sua adoção e da sua não adoção (examinando-se os tipos de decisão que seriam tomados em outros casos que se enquadrariam nos termos da norma proposta) e *(ii)* avaliar a aceitabilidade ou inaceitabilidade dessas consequências, consoante o grau de justiça ou injustiça diante das escolhas de valor predominantes (avaliação que, até certo ponto, é subjetiva)[318]. Por sua vez, para que a norma proposta faça *sentido no contexto do sistema jurídico*,

---

[315] Virgílio Afonso da Silva. *O proporcional... op. cit.*, p. 195.

[316] Guido Fernando Silva Soares. *Common law... op. cit.*, p. 53. Direta e sucinta descrição do contraste entre o caráter mais dedutivo característico da interpretação segundo a tradição do *civil law* frente ao caráter mais indutivo característico da tradição do *common law*, já foi colocada sob os contextos: *(i)* gramatical (ligação do *civil law* à construção de conceitos abstratos e à sua inter-relação); *(ii)* de visão panorâmica (apego do *civil law* à agregação dos conteúdos jurídicos em grandes campos, tais como o do direito público e privado, processual e substantivo, entre outros, cada qual com características próprias e a partir dos quais os temas mais específicos são analisados); e *(iii)* de modelo interpretativo (busca do *civil law* na consistência lógica do pensamento – em respeito aos dois contextos anteriormente mencionados – na solução de problemas práticos, e não no pensamento a partir do problema). Mirjan R. Damaska. *A continental lawyer in an american law school: trials and tribunals of adjustment*, in University of Pennsylvania law review, 1968, pp. 1.365-1.370.

[317] Neil MacCormick. *Argumentação jurídica e teoria do direito* (trad. Waldéa Barcelos). São Paulo: Martins Fontes, 2006, p. 131.

[318] Neil MacCormick. *Argumentação... op. cit.*, pp. 132-133

ela deve respeitar a coesão e coerência desse sistema[319], sendo que a primeira é respeitada se a norma não contradisser qualquer outra extraída no sistema, e a segunda é respeitada se a norma, analisada frente às demais já extraídas, contribuir para proteger e não contrariar os valores aos quais essas normas se voltam a proteger.

De modo mais preciso, a análise da coesão enseja a demonstração de que a norma proposta é compatível com as demais já existentes e extrapolação racional a partir delas, devendo o intérprete, se necessário, recorrer à analogia ou à análise jurisprudencial[320]. A coerência se revela quando a norma proposta *faz sentido* se considerada em conjunto com as demais, perseguindo o fim determinado pelos valores que lhe são comuns[321], tendo também aqui a argumentação por analogia e a análise jurisprudencial papel importante.

Seja qual for o método utilizado – total ou parcialmente – pelo intérprete, é certo que a construção da norma para regular o caso concreto envolve a consideração do fim buscado e das consequências positivas e negativas, bem como jurídicas e extrajurídicas, da sua adoção ou da sua não adoção. Daí falar-se em *utilidade, necessidade, adequação, aceitabilidade* e *coerência*, entre outros conceitos. As considerações a respeito dos critérios de construção normativa e das respectivas consequências, no sentido de identificar a imparcialidade quando presentes certas circunstâncias fáticas e não identificá-la quando as circunstâncias fáticas forem outras, são facilitadas à medida que as diversas experiências jurídicas – advindas de textos legais, regulamentares, institucionais (vinculantes ou não a determinado caso), de decisões judiciais ou não judiciais – permitem uma antevisão dos efeitos que a norma proposta pelo intérprete irá gerar e da sua coerência e coesão com o sistema jurídico que rege um particular procedimento arbitral. Assim, quanto mais ampla a coleta de experiências feitas pelo intérprete e quanto mais pontos de contato ele consiga estabelecer entre essas experiências e o caso que quer solucionar, mais completa será a análise das *premissas de estrutura* e das *premissas de conteúdo* e, portanto, mais justificada estará a norma que ele propõe construir.

---

[319] Neil MacCormick. *Argumentação...* op. cit., p. 135.
[320] Neil MacCormick. *Argumentação...* op. cit., pp. 144-155.
[321] Neil MacCormick. *Argumentação...* op. cit., pp. 197-198.

3.3. O ambiente institucional no qual se desenvolve a arbitragem

A finalidade de se coibir a parcialidade – fechamento do árbitro a ser influenciado pelos argumentos apresentados no processo por ambas as partes – deve ser buscada por um meio (disposto pela norma concreta proposta pelo intérprete) aplicado a um *contexto* no qual a arbitragem se desenvolve. À luz desse *contexto*, o meio ou norma não deve ser tal que dificulte sobremaneira a conclusão de parcialidade nos casos concretos, constituindo ferramenta útil para impedir que continuem figurando como árbitros aqueles profissionais aparentemente incapazes de produzir um julgamento imparcial. Essa perspectiva privilegia o devido processo legal. Em polo oposto, à luz desse mesmo *contexto* no qual a arbitragem se desenvolve, o meio ou norma para a coibição da parcialidade não pode facilitar sobremaneira a conclusão da sua existência, pois isso levaria à instabilidade do processo arbitral e à utilização da norma como técnica dilatória pela parte que quer tumultuar determinado procedimento arbitral ou anular sentença arbitral proferida legitimamente. Essa perspectiva privilegia a segurança jurídica.

No contexto descrito, a análise das premissas de conteúdo deve ser precedida pelo conhecimento do *ambiente institucional* no qual se desenvolve a prática da arbitragem, justamente para conferir maior uniformidade à identificação do *nível de aparência* ensejado pelos eventos do mundo concreto que se quer regular, equilibrando as exigências relativas ao devido processo legal e à segurança jurídica.

Analiticamente, o conhecimento do *ambiente institucional* no qual se desenvolve a prática da arbitragem é imprescindível para três movimentos: *(i)* possibilitar a criação da norma concreta pela interpretação adequada da conduta específica estabelecida em textos normativos vinculantes; ou *(ii)* possibilitar a criação da norma concreta a partir do *estado de coisas* (quando inexistente previsão de conduta específica) objetivado pelos textos normativos vinculantes; e, em qualquer dos casos anteriores, *(iii)* possibilitar o adequado enquadramento do evento do mundo fático nas categorias (conduta específica, quando prevista; comportamentos voltados à obtenção do *estado de coisas*, quando não houver previsão de conduta específica) da norma concreta proposta pelo intérprete.

A norma concreta deve respeitar tanto os postulados interpretativos do sistema jurídico (ou, dito de outro modo, sua coesão e sua coerência), quanto manter conexão com o mundo social no qual é desenvolvido o comportamento que se pretende regular normativamente[322]. Realmente, se não conhecido o *ambiente institucional* dentro do qual atuam os praticantes da arbitragem, o intérprete correrá o risco de propor uma norma concreta que teria como consequência a decretação da parcialidade do árbitro em razão de um comportamento comum ou aceitável nesse ambiente, porém, para ele (intérprete) desconhecido, tal como se daria pelo agendamento de entrevista do profissional pela parte estrangeira que considera nomeá-lo como árbitro[323]. Dado o seu desconhecimento do ambiente institucional, o intérprete poderia ser levado a crer que a comunicação direta da parte com o potencial árbitro ensejaria, *per se*, a aparência de preferência do árbitro pela parte que o entrevistou e de vedação desse mesmo profissional aos (futuros) argumentos da parte contrária. De modo análogo, o desconhecimento do ambiente institucional pelo intérprete ensejará o risco de este propor norma concreta que tem como consequência a não decretação de parcialidade do árbitro por um comportamento reprovável, mas que ele, intérprete, venha a entender como um pecado menor, tal como se daria se, na entrevista do exemplo anterior, a parte revelasse as questões principais do caso e os argumentos que entende adequados para que

---

[322] Sobre o tema, vide capítulo 3.2.2.
[323] Dada a ampliação dos candidatos à função de árbitro em arbitragens internacionais e o desconhecimento, pelas partes (geralmente estrangeiras), do perfil desses candidatos, a prática da entrevista é aceita. Sobre o tema, com instruções detalhadas sobre o que é e o que não é aconselhável perguntar ao candidato a árbitro segundo diversas instituições e autores, vide CHARTERED INSTITUTE OF ARBITRATORS. *Practice Guideline 16: the interviewing of prospective arbitrators*, disponível no endereço eletrônico http://www.ciarb.org/information-and-resources/Practice%20Guideline%20 16%20April2011.pdf; consulta em 21.12.2015. A prática da entrevista, que geralmente envolve o advogado da parte, também é tratada na orientação nº 8 das *IBA Guidelines on Party Representation in International Arbitration*, lançadas em 25.05.2013, disponíveis no endereço http://www.ibanet. org/Publications/publications_IBA_guides_and_free_materials.aspx#partyrep; consulta em 21.12.2015. Na prática experiência jurídica interna norte-americana, a concepção do árbitro não neutro pode permitir a comunicação direta e troca de pontos de vista entre a parte e o árbitro por ela escolhido até mesmo após a instauração do processo arbitral. No caso *Sunkist*, mesmo após constatar a ocorrência de reuniões do árbitro (Jessie Meyers) com os patronos da parte (Del Monte) que o nomeou para a entrevista de testemunhas prospectivas do caso, a Corte do Décimo Primeiro Circuito não considerou prejudicada a imparcialidade do árbitro porque nem os representantes, nem as testemunhas estavam sob juramento nesse momento e porque não restou comprovado que o árbitro tivesse discutido com os demais as informações que recebeu durante as entrevistas, apontando que "Mr. Meyers' conduct is not only unobjectionable, but commonplace". Caso *Sunkist Soft Drinks, Inc. et al. v. Sunkist Growers*, 10 F.3d 753 (11th Cir. 1993). Decisão disponível no endereço eletrônico http://openjurist.org/10/f3d/753/sunkist-soft-drinks-inc-v-sunkist-growers-inc; consulta em 21.12.2015.

o possível árbitro opinasse sobre eles. Afinal, se a entrevista é para conhecer o árbitro, por que não conhecer a sua opinião sobre o caso concreto[324]?

Outro exemplo da relevância do ambiente institucional pode ser extraído da publicação de artigos doutrinários em revistas científicas. Se a posição defendida teoricamente pelo potencial árbitro puder ser aproveitada favoravelmente por uma das partes em futuro litígio, esse evento do mundo fático poderia ser (erroneamente) tomado pelo intérprete que não conhece o ambiente institucional da arbitragem como indicativo de parcialidade, sob a presunção de que o árbitro tenderá a proferir sentença conforme a sua inclinação científica. Ora, entre o entendimento *em tese* a respeito de uma teoria jurídica e a sua aplicação *em concreto* em um conflito medeiam tanto a demonstração da aplicabilidade da teoria dentre outras igualmente aplicáveis (solução de questões de direito), quanto a demonstração da ocorrência dos eventos que permitiriam essa aplicação (solução de questões de fato). O exemplo e a conclusão se alterariam completamente se, ao invés de defender uma posição teórica, o árbitro, antes de ter sido nomeado, houvesse escrito texto técnico no qual criticasse uma sentença arbitral pretérita relativa à mesma relação jurídica material[325], ou se o árbitro também fosse advogado em uma causa

---

[324] Esse é o ponto colocado por Craig e outros, para quem "it is perfectly proper for a party to discuss the case with the potential arbitrator", embora, curiosamente, esses mesmos autores apontem que o potencial árbitro deva apenas ouvir a parte, sem dar a sua opinião sobre o caso. W. LAWRENCE CRAIG; WILLIAM W. PARK; JAN PAULSSON. *International Chamber of Commerce arbitration*. 3. ed. Oceana Publications, 2000, p. 213. Atualmente, as orientações relativas à entrevista do árbitro na arbitragem internacional encontram-se na *Guideline* nº 8 das *IBA Guidelines on Party Representation*, disponíveis no endereço eletrônico http://www.ibanet.org/Publications/publications_IBA_guides_and_free_materials.aspx#partyrep; consulta em 21.12.2015.

[325] Foi o que ocorreu no caso *Swiss International Air Lines Ltd. v. Swiss Pilots Association* (decisão 4P.247/2006, de 07.11.2006), decidido pela Suprema Corte da Suíça. As partes em questão já vinham litigando em duas outras arbitragens, já terminadas. Sobre a sentença da segunda arbitragem, um professor publicou um artigo, no qual, tomando por referências as questões de fato e de direito reveladas, apresentava opinião conclusiva sobre o mérito da causa. Posteriormente, esse professor foi indicado como árbitro por uma das partes para uma terceira arbitragem, sobre a mesma relação jurídica. Impugnado, o árbitro foi afastado pela Suprema Corte da Suíça, que considerou que as questões a serem colocadas para o professor seriam as mesmas que ele havia analisado em seu estudo, bem como que as críticas endereçadas pelo professor à sentença arbitral haviam sido contundentes e levariam à conclusão de que sua opinião não era mais passível de alteração. Maiores referências ao caso podem ser encontradas nos comentários de GEORG NAEGELI; HANNAH BOEHM. *Swiss Federal Supreme Court upholds challenge of an arbitrator (Decision 4P.247/2006 dated 7 November 2006; published in DFC 133 I 89)*, in IBA Arbitration Committee newsletter, outubro de 2007, pp. 62-64.

essencialmente análoga, na qual a sua sentença servisse de precedente para reforçar a tese que, como advogado, o profissional defende[326].

Em grande medida, portanto, conhecer o ambiente institucional da arbitragem pressupõe a tomada de consciência de que ela é praticada por *profissionais* que atuam em um *mercado*[327] e que cultivam e mantêm relações entre si, com seus clientes e com terceiros, com o objetivo de, nesse mercado, prosperar[328].

3.3.1. Um pouco da história da arbitragem comercial internacional[329] e a arbitragem no Brasil: o aumento do número de árbitros e a ineficácia de controles informais

Consta que até o início do século XX era corrente o entendimento a respeito da desnecessidade de controles formais para a regulação da conduta dos árbitros e das partes na arbitragem comercial internacional, pois se considerava que as qualidades e características dos envolvidos configurariam o fator-chave para a estabilidade da arbitragem: o *senso de honra* e o temor de reprovação ensejariam nas partes[330] – homens de negócio, em sua maioria – pressão suficiente para o cumprimento voluntário das sentenças arbitrais, tornando desnecessárias regras para o cumprimento judicial dessas decisões; o mesmo *senso de honra* e o temor de reprovação ensejariam nos árbitros – juristas europeus renomados, em sua maioria – pressão suficiente para conduta

---

[326] Trata-se do caso *Telekom Malaysia*, que envolveu o Prof. Emmanuel Gaillard, tratado no subcapítulo 3.4.7.

[327] Considerando a existência de um mercado constituído por profissionais com credibilidade, prestígio e atuação habitual, bem como apontando a existência de incentivos institucionais (participação em lista de árbitros de instituições arbitrais e recusa de confirmação da sua nomeação) e mercadológicos (responsabilização do árbitro) para a atuação ética do árbitro, SUSAN D. FRANCK. *The role of international arbitrators*, in International law students association journal of international & comparative law, v. 12, 2006, pp. 516-518.

[328] "[A]rbitration is now a service industry, and a very profitable one at that. The arbitral institution, the arbitrators, the lawyers, the expert witnesses and the providers of ancillary services all charge fees on a scale which would quite literally have been inconceivable thirty years ago". MICHAEL MUSTIL. *Arbitration: history and background*, in Journal of international arbitration, v. 6, n. 2, 1989, p. 55.

[329] Embora a *arbitragem internacional* não seja uma categoria qualificada normativamente na lei brasileira, não se pode negar que há uma prática internacional da arbitragem, sobretudo ligada aos conflitos derivados do comércio transnacional; prática que, nesse sentido, distingue-se daquela desenvolvida na arbitragem de direito interno. Sobre o tema, sucintamente, LUIZ OLAVO BAPTISTA. *Arbitragem... op. cit.*, p. 39.

[330] DETLEV F. VAGTS. *The international legal profession: a need for more governance?*, in American journal of international law, v. 90, 1996, p. 250.

ética e imparcial, tornando desnecessária regulação normativa nesse sentido, mesmo no âmbito da CCI[331].

Com o desenvolvimento do comércio internacional e o consequente aumento das disputas nesse campo, a crença de que o mero *senso de honra* seria suficiente para compelir as partes ao cumprimento das sentenças arbitrais foi sendo abandonada e substituída pela convicção da necessidade de uma regulação normativa mínima que propiciasse segurança e efetividade ao seu cumprimento[332]. Eis a origem da moderna arbitragem comercial internacional, que nasceu do esforço originalmente empreendido entre os anos de 1930 e 1950 por um grupo de juristas europeus relativamente restrito, posteriormente denominado "grand old men"[333]. Seu projeto – configurar um sistema operativo para a solução de conflitos ligados ao comércio internacional – culminou, no ano de 1958, com a elaboração da Convenção para o Reconhecimento e a Execução de Sentenças Arbitrais Estrangeiras, também conhecida como Convenção de Nova York[334]. No entanto, a preocupação com a regulação normativa do cumprimento das sentenças arbitrais não foi acompanhada pela regulação da conduta dos árbitros, pois, a despeito do crescente aumento do número de litígios no âmbito do comércio internacional, seu número ainda permitia que um seleto grupo de profissionais suficientemente qualificados

---

[331] W. LAWRENCE CRAIG. *Some trends and developments in the laws and practice of international commercial arbitration*, in *Texas international law journal*, v. 30, 1995, p. 7.

[332] No *Report and Preliminary Draft Convention adopted by the Committee on International Commercial Arbitration at its meeting of 13 March 1953*, promovido pela Câmara de Comércio Internacional, são registradas as críticas debatidas ao sistema então vigente, regulado pela Convenção de Genebra de 1927, e a sua insuficiência para a ordem econômica internacional da época, notadamente no que diz respeito ao cumprimento de sentenças arbitrais estrangeiras. É clara, nesse sentido, a superação do ideal de *senso de honra* para o cumprimento de sentenças arbitrais. Vide COMMITTEE ON INTERNATIONAL COMMERCIAL ARBITRATION. *Report and Preliminary Draft Convention adopted by the Committee on International Commercial Arbitration at its meeting of 13 March 1953*, in *ICC Publication*, n. 174, 1953, p. 7 [=*The ICC International Court of Arbitration Bulletin*, v. 9, 1998].

[333] A expressão foi difundida pela obra de YVES DAZALAY; BRYANT G. GARTH. *Dealing... op. cit.*, pp. 34-37. No mesmo sentido, e com detalhes históricos, CATHERINE A. ROGERS. *The vocation... op. cit.*, pp. 963-964.

[334] THOMAS E. CARBONNEAU, *The Ballad... op. cit.*, p. 774. Alguns desses "grand old men" ou "grand notables", diretamente envolvidos com o desenvolvimento da arbitragem internacional e com a elaboração do texto que deu origem à Convenção de Nova Iorque, são nominados por Pieter Sanders e têm seu papel descrito por Ottoarndt Glossner, também participantes do esforço normativo. Vide, para tanto, PIETER SANDERS. *The making of the Convention*, in *Enforcing arbitration awards under the New York Convention – experience and prospects*, New York: United Nations, 1999, p. 3 e OTTOARNDT GLOSSNER. *From New York (1958) to Geneva (1961) – a veteran's diary*, in *Enforcing arbitration awards under the New York Convention – experience and prospects*. New York: United Nations, 1999, pp. 5-7.

CAPÍTULO 3. PREMISSAS PARA CONSTRUÇÃO DA NORMA CONCRETA

continuasse a dominar a atividade de patrocínio das causas e, por consequência, da escolha e do exercício da função de árbitros[335].

Diante do acentuado incremento do comércio internacional e do surgimento de diversos outros atores nesse campo[336], os controles informais aos quais se submetiam os membros do relativamente pequeno seleto grupo de pessoas elegíveis ao papel de árbitros nos conflitos do comércio internacional deixaram de ser eficazes. De um lado, o aumento no volume dos conflitos demandou o aumento do número de julgadores[337] e, de outro, a ampliação do comércio internacional ensejou a entrada de diversos atores (de distinta origem e formação jurídico-cultural) no panorama da arbitragem internacional, aumentando a diversidade cultural e jurídica dos profissionais dedicados à atividade[338].

A participação de agentes com diferentes bagagens jurídico-culturais na arbitragem internacional e o vertiginoso aumento no número de conflitos ensejaram a perda da homogeneidade pretérita a respeito do que consistiria a conduta do árbitro considerada imparcial, bem como dos controles informais característicos dos pequenos grupos[339]. A arbitragem – especialmente na função de árbitro – deixou de ser área de atuação exclusiva dos "grand notables"[340], embora ainda seja possível notar a existência de uma

---

[335] Catharine Rogers chama a atenção para o fato de que a *Convention on the Recognition and Enforcement of International Arbitral Awards* de 1958 (Convenção de Nova York) não menciona qualificações mínimas para árbitros ou quaisquer consequências para a ausência de imparcialidade dos árbitros. CATHARINE A. ROGERS. *Regulating... op. cit.*, p. 78.

[336] "New entrants also came from the United States as American companies began participating more vigorously in international trade and American law firms took note of the large profits to be made in providing international arbitration services. Both groups eventually introduced to the system 'home-grown' arbitrators, who better reflected their own expectations and legal cultures." CATHERINE A. ROGERS. *The vocation... op cit.*, p. 4.

[337] Com informações estatísticas, vide ELENA V. HELMER, *International commercial arbitration: americanized, "civilized", or harmonized?*, in *Ohio State journal on dispute resolution*, v. 19, n. 1, 2003, p. 38.

[338] Dezalay e Garth apontam a entrada de grandes bancas norte-americanas na prática da arbitragem internacional, as quais levaram o seu conhecimento técnico (ou tecnocrático, segundo os autores) processual – sobretudo em matéria de conflito de interesses –, utilizando-o para quebrar a hegemonia dos "grand old men", que eram *experts* em direito material e que mantinham grande proximidade entre si. YVES DAZALAY; BRYANT G. GARTH. *Dealing... op. cit.*, pp. 47 e 205-212. No mesmo sentido, CATHARINE A. ROGERS. *Regulating... op. cit.*, pp. 62-63.

[339] Literalmente: "The small community of international arbitrators, who know and trust one another, is gone. Peer-group control will no longer be here to preserve the 'ethics' of international arbitration." DAVID HACKING. *Ethics, elitism, eligibility: a response: what happens if the icelandic arbitrator falls through the ice?*, in *Journal of international arbitration*, v. 15, n. 4, 1998, p. 77.

[340] YVES DAZALAY; BRYANT G. GARTH. *Dealing... op. cit.*, p. 306.

elite de profissionais altamente qualificados que predominam nas arbitragens de maior vulto financeiro e de maior importância[341].

Embora haja movimentos orientados à convergência de práticas na arbitragem comercial internacional[342] (a exemplo das *Guidelines* das IBA sobre conflitos de interesses ou sobre a conduta dos representantes na arbitragem internacional ou das *Rules* dessa instituição a respeito da produção de provas[343]), eles estão longe de terem se completado ou mesmo de contarem com o apoio de todos os estudiosos e praticantes da arbitragem[344]. As práticas ainda divergem de acordo com as diversas experiências e os diversos ambientes institucionais em que a arbitragem se desenvolve.

Na esfera nacional, a Lei nº 9.307/1996 entrou em vigor e foi referendada pelo Poder Judiciário quando já estava amplamente superada a confiança no *senso de honra* das partes, e em momento em que já se despertava, na prática e na doutrina estrangeiras, a preocupação com a imparcialidade dos árbitros[345]. Tal como ocorreu e ainda ocorre no cenário internacional, a utilização do método é cada vez mais frequente nas arbitragens internas brasileiras[346], gerando demanda por mais árbitros (a despeito da existência de uma *elite* de profissionais brasileiros que figuram como árbitros nos conflitos mais relevantes, tal como se pode verificar nas listas de árbitros das principais institui-

---

[341] THOMAS CLAY. *Quem são os árbitros internacionais. Abordagem sociológica*, in *Revista de arbitragem e mediação*. v. 6, 2005, p. 109. YVES DAZALAY; BRYANT G. GARTH. *Dealing... op. cit.*, p. 35

[342] Explicando essa convergência com base na noção econômica de rede (*"network"*), pela qual a comunhão de uso reduz os custos de interação entre os sujeitos e agentes da arbitragem internacional, o que impulsiona indivíduos, instituições arbitrais e até mesmo Estados a adotarem práticas cada vez mais comuns, vide TOM GINSBURG. *The culture of arbitration*, in *Vanderbilt jornal of transnational law*, v. 36, 2003, pp. 1342-1343. Sobre o papel da *soft law* nessa convergência, vide ANDRÉ DE ALBUQUERQUE CAVALCANTI ABBUD. *A soft law... op. cit., passim.*

[343] Textos disponíveis no endereço eletrônico http://www.ibanet.org/Publications/publications_IBA_guides_and_free_materials.aspx; consulta em 21.12.2015.

[344] Sobre o assunto, comparando práticas do ambiente institucional europeu e norte-americano da arbitragem, CARRIE MENKEL-MEADOW *Are cross-cultural ethics standards possible or desirable in intenational arbitration?*, in *Mélanges en l'honneur de Pierre Tercier*. Zurich: Schulthess Verlag, 2008, p. 897-898. Sobre a oposição às *IBA Guidelines on Party Representation*, vide as duras palavras do presidente da Associação Suíça de Arbitragem, MICHAEL E. SCHNEIDER. *Transfer of ownership: from the parties' respective cases to the Case decided by the tribunal*, disponível no endereço eletrônico http://www.arbitration-ch.org/pages/en/asa/news-&-projects/presidents-message/index.html#.UxKnWbWYZMt; consulta em 21.12.2015.

[345] A constitucionalidade da LA foi declarada pelo STF no processo de homologação de sentença estrangeira de autos SE 5.206, em outubro de 2001.

[346] Vide, exemplificadamente, o número de litígios submetidos anualmente à CMA CIESP/FIESP, que aumentou de 5 no ano de 2001 para 39 no ano de 2012. *Revista direito ao ponto*, ano 6, n. 8, p. 53.

ções arbitrais, nas publicações e nos congressos dedicados ao assunto[347]) e, consequentemente, de orientações mais claras a respeito do sentido e alcance da imparcialidade que lhes é prescrita.

3.3.2. A prática arbitral e seu desenvolvimento em um mercado assimétrico

Não há dúvidas de que a prática da arbitragem ensejou a formação de um conjunto de profissionais especializados nesse método de solução de controvérsias: além do reconhecimento entre seus pares, árbitros, advogados das partes, pareceristas e outros prestadores de serviços jurídicos, estão a atuar em um campo que impõe desafios profissionais, geralmente envolve altas somas de dinheiro e pode proporcionar polpudos honorários[348]. Assim, a procura dos agentes econômicos em situação de conflito pela prestação de serviços jurídicos ligados à arbitragem e a oferta desses mesmos serviços pelos profissionais da área possibilita a constituição de um verdadeiro *mercado* profissional[349].

A despeito da expansão do número de profissionais disponíveis para atuar como árbitros nas arbitragens internacionais e, em menor grau, nas arbitragens internas[350], há dois fatores principais que impedem a formação de um mercado competitivo e aberto: *(i)* as barreiras à entrada de novos profissionais; e *(ii)* a assimetria de informação dentro desse mercado[351].

---

[347] Vide os recorrentes palestrantes, debatedores e oradores dos eventos patrocinados pelo CBAR nos anos de 2000 a 2013, cujos dados podem ser consultados no endereço eletrônico http://cbar.org.br; consulta em 21.12.2015.

[348] *Crescimento da arbitragem cria novo mercado para advogados*. Fonte: Jornal Valor Econômico, caderno "Legislação & Tributos", 08.08.2003, p. E-1.

[349] "Em sentido geral, o termo [mercado] designa um grupo de compradores e vendedores que estão em contato suficientemente próximo para que as trocas entre eles afetem as condições de compra e venda dos demais. Um mercado existe quando compradores que pretendem trocar dinheiro por bens e serviços estão em contato com vendedores desses mesmos bens e serviços. Desse modo, o mercado pode ser entendido como o local, teórico ou não, do encontro regular entre compradores e vendedores de uma determinada economia". PAULO SANDRONI. *Novíssimo dicionário de economia*. São Paulo: Best Seller, 1999, p. 378.

[350] Em obra que se volta ao esclarecimento, ao empresário ou ao advogado não familiarizado com o *mundo* da arbitragem, é registrado que até mesmo orientações a respeito da imparcialidade, aplicáveis nas arbitragens internacionais, não o seriam nas arbitragens internas "porque no Brasil o mundo da arbitragem ainda é muito pequeno". O próprio título da obra já é um indicativo da existência de informações não disponíveis aos profissionais não iniciados nesse *mundo*. HAROLDO MALHEIROS DUCLERC VERÇOSA. *Os "segredos" da arbitragem*. São Paulo: Saraiva, 2013, p. 71.

[351] CATHERINE A. ROGERS. *The vocation... op. cit.*, pp. 967-968.

As barreiras à entrada são determinadas pelo número não relevante de profissionais dedicados à arbitragem, que mantêm a sua posição no mercado pelas credenciais que ostentam ou, mais precisamente, pelo uso de um "capital simbólico"[352] agregado em três frentes: *(i)* detenção de um saber específico no campo do direito processual ou do direito material envolvido nos conflitos; *(ii)* manutenção de relações negociais e sociais que os envolvam nos centros de prática da arbitragem; e *(iii)* o reconhecimento entre os seus pares[353].

Como o método mais comum de composição de um tribunal arbitral é aquele segundo o qual cada uma das partes indica unilateralmente um coárbitro (ou, nas arbitragens multipartes, cada polo da relação processual faz tal indicação) é comum que tais partes – com apoio dos seus advogados – escolham para a função os profissionais que se destacarem no ofício de árbitro e que, obviamente, tenham para com a causa alguma afinidade – evitando, no entanto, julgador claramente venal, visto que isso reduziria consideravelmente a possibilidade de ele influenciar o julgamento do tribunal arbitral[354] –, com preferência àqueles que já tenham, em algum momento das suas carreiras, emitido opinião (em textos, sentenças ou palestras, além de outras oportunidades) que possa, ao menos em princípio, favorecer a tese que a parte indicante irá defender na arbitragem. A seleção do árbitro é orientada à maximização das chances de procedência das teses da parte que o escolhe, envolvendo a análise das atividades anteriores do árbitro, os tribunais em que ele desempenhou função, a personalidade, o fato de ele já ter servido com os árbitros ou advogados em

---

[352] YVES DAZALAY; BRYANT G. GARTH. *Dealing...* op. cit., pp. 29 e 31.
[353] THOMAS CLAY. *Quem são...* op. cit., p. 109.
[354] Em termos diretos: "This, however, is not the complete picture. In reality, parties afforded the power to appoint an adjudicator do hope to impact the final outcome of the adjudicatory process through appointing a person sympathetic to them or their case. To think otherwise would be absurd. If nothing else, classic 'prisoner dilemma' dynamics, the fear that the other party would appoint a favorable adjudicator, would lead to such an outcome. Even when viewed from this perspective, judicial independence and impartiality may still have a certain strategic value. A party-appointed adjudicator may be more effective in terms of impacting the outcome of the adjudicatory process if she is perceived as independent and impartial". YUVAL SHANY. *Squaring the circle? Independence and impartiality of party-appointed adjudicators in international legal proceedings*, in Loyola of Los Angeles international and comparative law review, v. 30, n. 3, 2008, p. 482. Sobre a atitude tomada por profissionais de renome quando participam de painel em que um dos membros demonstra franco favoritismo pela parte que o nomeou, vide ANDREAS F. LOWENFELD. *The party-appointed arbitrator: further reflections*, in LAWRENCE W. NEWMAN; RICHARD D. HILL (Ed.). *The leading arbitrators' guide to international arbitration*. 2. ed. New York: Juris Publishing, 2008, pp. 43-45.

CAPÍTULO 3. PREMISSAS PARA CONSTRUÇÃO DA NORMA CONCRETA

outro painel, entre outros fatores[355], atividade que aparentemente dá resultado, bastando verificar o número de decisões divergentes nos processos arbitrais ICSID, proferidas pelos coárbitros em favor da parte que os escolheu[356]. Uma conhecida afirmação de um também conhecido profissional da arbitragem internacional deve ser sempre levada em consideração: "quando patrocino um cliente em uma arbitragem, procuro escolher um árbitro com a máxima predisposição ao meu caso, com o mínimo de aparência de parcialidade"[357].

Para o profissional da área jurídica ser conhecido, ele precisa se projetar, participando do máximo de atividades ligadas ao tema da arbitragem. Essas atividades certamente motivarão a criação de contatos que, se não compreendidos dentro da lógica do *ambiente institucional*, poderão ser interpretados como causadores de parcialidade. Um jantar oferecido por um profissional aos diversos palestrantes durante um congresso não deverá ensejar a aparência de parcialidade se, posteriormente, um dos convidados, na qualidade de patrono de uma das partes, indicar o anfitrião como árbitro; totalmente diferente seria a situação se esses personagens (árbitro e advogado) jantassem sozinhos na residência de um deles, em um evento não institucional e aparentemente sem outra motivação profissional[358] [359]. No Brasil, a conjunção de um mercado ainda composto por número não expressivo de profissionais dedicados à função de árbitro (que permite que eles se conheçam e sejam

---

[355] DOAK BISHOP; LUCY REED. *Practical... op. cit.*, p. 399. Também de modo claro: "The reality is that everything a party does once a dispute has broken out is focussed on winning". JAN PAULSSON. *Moral ... op. cit.*, p. 10.

[356] ALBERT JAN VAN DEN BERG. *Dissenting opinions by party-appointed arbitrators in investment arbitration*, in MAHNOUSH H. ARSANJANI et al. (Ed.). *Looking to the future: essays on international law in honor of W. Michael Reisman*. Amsterdam: Martinus Nijhoff, 2010, pp. 821-843.

[357] No original: "[W]hen I am representing a client in an arbitration, what I am really looking for in a party-nominated arbitrator is someone with the maximum predisposition towards my client, but with the minimum appearance of bias". MARTIN HUNTER. *Ethics of the International Arbitrator*. Trecho transcrito por SIMON GREENBERG; CHRISTOPHER KEE; J. ROMESH WEERAMANTRY. *International commercial arbitration: an Asia Pacific perspective*. New York: Cambridge University Press, p. 263.

[358] O membros da *comunidade* arbitral "purport to regulate its activity through sets of internal rules and ethical mores. At the same time, those outside the regulated group maintain a strong interest in the observance of ethical guidelines that are consistent with societal notions of fairness and honesty. Thus, even the ethical structures and boundaries of self-regulating professions are continually measured against larger societal goals and ideals, including neutrality". DESERIEE A. KENNEDY. *Predisposed with integrity: the elusive quest for justice in tripartite arbitrations*, in Georgetown journal of legal ethics, v. 8, 1994, p. 750.

[359] Colocando que esse evento ensejaria aparência de parcialidade no *ambiente institucional* norte-americano, em contraste ao europeu, CARRIE MENKEL-MEADOW. *Are cross-cultural... op. cit.*, pp. 897-898.

conhecidos e respeitados – ou ao menos não impugnados – pelos advogados das partes), bem como a *cordialidade*[360] característica da índole do brasileiro ainda possibilitam que, na prática, essa situação de encontros e jantares entre profissionais ainda sejam comuns. Isso, no entanto, deve se alterar para que o *ambiente institucional* brasileiro alcance um padrão de conduta mais condizente com a prática internacional[361].

Contatos profissionais e sociais existem no *ambiente institucional* da arbitragem. E essa realidade – que significa que árbitros em potencial e advogados podem ser colegas, mas não comparsas; podem ser conhecidos, mas não aliados – deve ser reconhecida e levada em conta pelo intérprete quando da formulação da norma concreta que ele quer ver aplicada[362].

Assim, é de se esperar que haja algum nível de interação entre profissionais que ora figuram como árbitros, ora como advogados. Não se pode, de antemão, apontar aparência de imparcialidade ao árbitro que participa de uma mesma instituição acadêmica ou profissional que o advogado de uma das partes – até porque são esses contatos profissionais ou acadêmicos os gatilhos que lhe podem render nomeações para a composição de um tribunal arbitral –, ou se o árbitro fizer a apresentação de livro escrito pelo advogado de uma das partes[363]. Veja-se, por exemplo, o caso decidido pela Corte Superior Regional ("Oberlandesgericht") de Frankfurt, no qual não foi reconhecida

---

[360] A expressão, no sentido definido por Buarque de Holanda, aponta para a aversão do brasileiro a ritualismos e sua preferência por forma de convívio ditada por ética de fundo emotivo, originada do meio rural e patriarcal. SÉRGIO BUARQUE DE HOLANDA. *O homem cordial*, in *Raízes do Brasil*. 26. ed. São Paulo: Companhia das Letras, 1995, pp. 146-148.

[361] Apontando que, no que diz respeito às práticas das diversas comunidades arbitrais, "the main mechanisms of convegence are likely to be economic rather than cultural", TOM GINSBURG. *The culture... op. cit.*, p. 1.345.

[362] "Many think that the Judicial Code of Conduct, since where lawyers lay adjudicative roles. I do not agree, since the judge has a permanent role, which allows him to be at arms length from parties on a regular basis. Arbitrators who may depend on parties choosing and paying them may be closer to lawyers seeking clients in some respects, while resembling judges in others." CARRIE MENKEL-MEADOW. *Ethics and professionalism in non adversarial lawyering*, in *Forida State University law review*, v. 27, p. 161, nota de rodapé 49.

[363] Esse é o alerta dado no caso *Health Services Management Corp. v. Charles Hughes*, 975 F.2d 1253 (7th Cir. 1992) que, citando o caso *Florasynth, Inc. v. Pickholz* (750 F.2d 171, 173 - 2nd Cir.1984), fez constar que "[a]s arbitrators are usually knowledgeable individuals in a given field, often they have interests and relationships that overlap with the matter they are considering as arbitrators. The mere appearance of bias that might disqualify a judge will not disqualify an arbitrator". Decisão disponível no endereço eletrônico http://openjurist.org/975/f2d/1253/health-services-management-corp-v-hughes; consulta em 21.12.2015.

a parcialidade do árbitro que, na qualidade de diretor da DIS ("Deutsche Institution für Schiedsgerichtsbarkeit") e um dos três coeditores de publicação periódica da entidade, havia cosubscrito o prefácio da edição publicada em setembro de 2006, dedicada às regras europeias de concorrência e arbitragem. Nessa edição, havia um texto que reproduzia uma conferência proferida pelo advogado do requerido na arbitragem, na qual era defendida a inexistência de poder-dever dos árbitros em investigar alegações de violação às regras europeias de concorrência. Após a veiculação da edição (janeiro de 2007), o tribunal arbitral informou às partes que encerraria a instrução sem ordenar investigações sobre o cumprimento das regras de concorrência que uma das partes alegou terem sido violadas, o que levou tal parte a impugná-lo por, indiretamente, endossar posição da outra parte a respeito do caso objeto da arbitragem, analogamente ao parágrafo 3.5.2 das *IBA Guidelines*. A Corte Superior de Frankfurt julgou improcedente a impugnação do árbitro[364].

Dado o número ainda restrito de participantes do *mercado* da arbitragem e a proteção do seu *capital simbólico*, é comum que os coárbitros escolham como presidente do tribunal arbitral o profissional que conhecem e em quem, de certa foram, confiam. Tal confiança pode ser retribuída na escolha da presidência de outro tribunal futuro. Não só. Esses mesmos profissionais frequentemente trocam os papéis não apenas na constituição dos tribunais arbitrais, mas também quando um deles é o advogado de uma das partes e nomeia outro profissional do grupo para a função de coárbitro[365]. Assim, e em certa medida, também participam do *ambiente institucional* da arbitragem as partes que frequentemente se utilizam do método para a solução de suas disputas, tais como grandes construtoras, grandes agentes do comércio internacional etc.[366] Quanto mais restrito o mercado, mais se pode admitir a existência

---

[364] Comentários e maiores referências ao caso podem ser consultados em MATTHIAS SCHERER. *New case law from Austria, Switzerland and Germany regarding the IBA Guidelines on Conflicts of Interest in International Arbitration*, in Transnational dispute management, v. 5, n. 4, 2008, pp. 11-12; disponível no endereço eletrônico http://www.lalive.ch/files/Scherer-IBA_Guidelines-case_law.pdf; consulta em 21.12.2015.

[365] Literalmente: "[t]he same individuals who belong to the networks around the central institutions of arbitration are found in the roles of lawyers, co-arbitrators, or chairs of the arbitral tribunal. The principal players therefore acquire a great familiarity with each other, and they develop also, we suspect, certain connivance with respect to the role held by the adversary of the moment". YVES DAZALAY; BRYANT G. GARTH. *Dealing... op. cit.*, p. 49.

[366] Daí afirmar-se que: "There is a tradeoff between impartiality and expertise. The expert adjudicator is more likely than a judge or juror not only to be precommitted to a particular substantive

de contatos entre parte e árbitro, conforme se decidiu no caso *Mutual Insurance v. Home Insurance*, no qual a Corte de Apelação do Sexto Circuito confirmou a validade da sentença arbitral derivada em processo no qual a cláusula compromissória prescrevia que "the arbitrators come from within the insurance industry", de modo que as partes, no entender da referida Corte, deveriam estar conscientes da probabilidade de que os árbitros, como participantes do mercado, tivessem mantido relações pretéritas com os envolvidos, ou seja "the panel will contain some actual or potential friends, counselors, or business rivals of the parties." No caso em questão, *Mutual* buscou a anulação da sentença em razão de o árbitro indicado pela *Home*, Ronald Jacks, não ter cumprido com o dever de revelação, embora Ronald tenha prestado declaração, no início do procedimento, na qual informou ter participado de painéis como árbitro da *Home* seis vezes e como árbitro da sua adversária duas vezes nos últimos 20 anos, não tendo revelado que, quando trabalhava como advogado (Jacks era advogado aposentado), o escritório para o qual trabalhava havia patrocinado empresa ligada à *Home*, em representação que não havia perdurado[367].

O reconhecimento entre os pares é o último dos fatores que atribuem a um determinado profissional o *capital simbólico* que lhe rende a nomeação para a composição de tribunais arbitrais. Quanto maior o reconhecimento, mais aceitação o profissional terá e, na prática, mais difícil será atribuir-lhe parcialidade em determinado caso. É esse reconhecimento que impede, por exemplo, que o profissional que tenha dado pareceres a clientes de uma banca de advocacia que patrocina uma das partes (não a beneficiária do parecer, obviamente) seja impugnado pela parte patrocinada pela banca adversária. É esperado que grandes juristas prestem serviços às grandes bancas, no papel de pareceristas. No entanto, a conclusão pode não ser a mesma se, ao invés de um jurista com décadas de atuação, estiver frente a um professor em início de carreira, visto que sua trajetória pode não ter rendido ainda o reconhecimento de seus

---

position but to know or have heard of the parties (or if the parties are organizations, their key people)". Caso *Merit Insurance Company v. Leatherby Insurance Company*, 714 F.2d 673 (7th Cir. 1983), disponível no endereço eletrônico https://www.casetext.com/case/merit-ins-co-v-leatherby-ins-co-2/; consulta em 21.12.2015. O presente estudo, ao conceituar diferentemente a imparcialidade, nega essa afirmação.

[367] Caso *Mutual Insurance Co. v. Home Insurance Co.*, 429 F.3d 640 (6th Cir. 2005). Decisão disponível no endereço eletrônico http://law.justia.com/cases/federal/appellate-courts/F3/429/640/494640/; consulta em 21.12.2015.

CAPÍTULO 3. PREMISSAS PARA CONSTRUÇÃO DA NORMA CONCRETA

pares a ponto de evitar que um contato profissional seja tomado como aparência de parcialidade.

O presente estudo não defende que a construção da norma concreta pelo intérprete leve em conta o reconhecimento profissional do árbitro impugnado. Ao contrário, a busca por alguma harmonização no que diz respeito à imparcialidade passa pelo tratamento equânime dos profissionais. O que não se pode deixar de constatar é que, na prática, o reconhecimento do árbitro pelos seus pares pode servir como fator inibidor de impugnação, o que nada tem a ver com a modulação da norma concreta, caso ela venha a ser proposta pelo intérprete.

O reconhecimento também pode ser fator que dificulta a acusação de parcialidade ao árbitro, pois quanto mais conhecido ele for, mais informações públicas existirão sobre o seu entendimento a respeito de determinadas questões jurídicas e, igualmente, mais informações existirão a respeito da sua participação em instituições e eventos ligados à prática da arbitragem, sendo, por consequência, mais fácil perquirir a respeito das relações do árbitro com os demais agentes (partes ou advogados) de um procedimento específico. Assim, quanto mais informações públicas ou acessíveis às partes houver, mais emulativa aparentará ser eventual impugnação do árbitro (especialmente se tal impugnação for feita no momento final do procedimento e a sequência dos atos processuais puder levar à conclusão de que o julgamento será desfavorável à parte que apresenta a impugnação).

As assimetrias derivadas da existência de um grupo reduzido de profissionais dedicados à arbitragem são reforçadas pela confidencialidade dos procedimentos, que resulta na não publicação das sentenças e das decisões relativas às impugnações de árbitros[368]. Com isso, as informações sobre a reputação dos árbitros são de difícil acesso para os interessados, restando apropriada apenas pelos profissionais ou escritórios que atuam com frequência nesse mercado[369].

---

[368] Apontando a confidencialidade dos processos arbitrais como uma das causas da assimetria no *mercado* da arbitragem, CATHERINE A. ROGERS. *Regulating... op. cit.*, p. 65. Defendendo a aplicação de precedentes (no sentido de *stare decisis*) na arbitragem, Kuyven também defende que "deva ser dado aos centros de arbitragem maior autonomia para decidir sobre a utilidade e a oportunidade de publicar as decisões". LUIZ FERNANDO MARTINS KUYVEN. *O necessário precedente arbitral*, in *Revista de arbitragem e mediação*, v. 36, 2013, p. 307.

[369] Literalmente: "[n]ot surprisingly, there are potential difficulties in obtaining anecdotal information about arbitrator candidates. Some individuals and firms regard this information as confidential or proprietary; some limit the availability of this type of intelligence to a circle of close, professional friends or colleagues [...]". FRANCIS O. SPALDING. *Selecting the arbitrator, what counsel can do*, referido por CATHERINE A. ROGERS. *The vocation... op. cit.*, p. 969.

Por último, a análise do *ambiente institucional* da arbitragem deve levar em conta os usuários desse método. Não se pode esquecer que a arbitragem – pela sua proposta de possibilitar o procedimento adequado a cada caso específico, a ser decidido por especialistas na matéria – não é desenhada para separar por completo o julgador da comunidade negocial a qual ele servirá[370].

A interpretação de regra ou a proposta normativa a respeito da imparcialidade do árbitro deve levar em conta, portanto, a existência de um *ambiente institucional* que proporciona uma maior interação e proximidade entre os potenciais árbitros, advogados, indivíduos e instituições que se utilizam com mais frequência desse método de solução de controvérsias.

3.4. Premissas de conteúdo

As premissas de estrutura não esgotam o trabalho do intérprete na elaboração da norma concreta a concluir pela parcialidade ou imparcialidade do árbitro. Elas servem como roteiro e ferramenta para que o intérprete componha a norma, mas pouco dizem sobre o seu conteúdo, ou melhor, sobre a hipótese de fato normativa. As premissas de estrutura orientam a construção do silogismo normativo, ao passo que as premissas de conteúdo o preenchem, fornecendo mais segurança e maior possibilidade de controle à produção da norma concreta.

São as premissas de conteúdo as categorias que o intérprete utilizará para ligar as situações e eventos do mundo fático (ou melhor, os elementos que quer destacar desses eventos e os juízos de valor a respeito deles) à consequência normativa que dê pela parcialidade ou imparcialidade do árbitro e respectivos efeitos jurídicos, estabelecendo toda a cadeia de *microdecisões* que levará à *macrodecisão* final[371], integrando a norma concreta. Assim, trabalhando as premissas de conteúdo conforme as premissas de estrutura, o intérprete valorará eventos fáticos e normatizará a parcialidade ou imparcialidade no caso concreto.

A prática jurídica permite que o presente estudo decante certas *categorias* de eventos que, investigadas analiticamente e trabalhadas à luz das premissas de estrutura, auxiliam a normatização da parcialidade ou imparcialidade

---

[370] HENRY GABRIEL; ANJANETTE H. RAYMOND. *Ethics for commercial arbitrators: basic principles and emerging standards*, in *Wyoming law review*, v. 5, 2005, p. 454.
[371] RODOLFO LUIS VIGO. *Interpretação... op. cit.*, p. 111.

CAPÍTULO 3. PREMISSAS PARA CONSTRUÇÃO DA NORMA CONCRETA

através da aparência. Essas categorias não esgotam, obviamente, todas as infinitas variáveis fáticas possíveis. Ademais, por serem fruto da acumulação de experiência, as categorias propostas no presente estudo não obstam a que um mesmo evento do mundo fático seja decomposto e inscrito em mais de uma delas, fazendo com que, na prática, as categorias e respectivas investigações analíticas se sobreponham. Não obstante, tais categorias são úteis à tarefa do intérprete em construir a norma aplicável ao caso concreto, ao agregar eventos similares e homogeneizar os critérios pelos quais eles podem ser analisados.

De modo não exauriente, o presente estudo busca identificar, dentro da massa de casos nos quais a imparcialidade do árbitro foi questionada (respeitando-se, obviamente, o método de padronização da imparcialidade aplicado), as categorias de situações ou eventos mais comuns, que permitirão a identificação, para cada qual, dos respectivos *critérios* de análise.

Referida massa de casos pode ser submetida a uma primeira clivagem, da qual derivam três categorias primárias: *(1)* casos em que o questionamento da imparcialidade foi sustentado preponderantemente na existência de uma relação estabelecida entre o árbitro ou pessoas e entidades ligadas a ele com a parte ou pessoas e entidades ligadas a ela; *(2)* casos em que o questionamento da imparcialidade foi sustentado preponderantemente na existência de relação do árbitro com o advogado ou escritório de advocacia que patrocina a parte ou entidades ligadas a ela; e *(3)* casos em que o questionamento não se encontra diretamente fundado nas relações preponderantes das categorias anteriores.

A categoria *(1)* admite decomposição com base na natureza da relação, abrindo dois ramos: *(1.1)* relação de negócios, que envolve liames primordialmente econômicos; e *(1.2)* relação familiar, pessoal ou social, que envolve outros liames que não os econômicos. Dentro da categoria *(1.1)*, ainda um terceiro nível de decomposição é possível, daí derivando: *(1.1.1)* relação de trabalho (como empregado, diretor ou similar) ou societária; e *(1.1.2)* relação de prestação de serviços (entre eles, jurídicos). A categoria *(1.2)* não justifica um terceiro nível de clivagem.

A categoria *(2)*, que envolve tanto relações negociais quanto familiares, pessoais ou sociais (com as quais as duas primeiras geralmente se sobrepõem), também admitiria, idealmente, um segundo nível de clivagem, do qual derivariam quatro ramos: *(2.1)* relação do árbitro com o advogado que representa a parte; *(2.2)* relação do árbitro com o escritório do advogado que representa a parte; *(2.3)* relação do escritório ao qual pertence o árbitro com o advogado; *(2.4)* relação do escritório ao qual pertence o árbitro com o escritório ao qual pertence o advogado que representa a parte. No entanto, os casos práticos consultados frequentemente sobrepõem essas subcategorias, razão pela qual pareceu mais adequado tratá-las todas em conjunto, considerando as distinções e particularidades à medida que elas se fizerem necessárias.

A categoria *(3)*, por não se sustentar primordialmente na existência de qualquer outra relação que envolva o árbitro com as partes, seus advogados ou pessoas e entidades ligadas a elas, congrega hipóteses bastante heterogêneas, a saber: *(3.1)* contato anterior do árbitro com a causa, com causas derivadas ou com questões similares; *(3.2)* posições técnicas defendidas pelo árbitro em estudos acadêmicos ou similares; *(3.3)* duplo papel do árbitro, que também funciona como advogado em outros processos; *(3.4)* atuação do árbitro no procedimento; *(3.5)* nomeação repetitiva do árbitro; *(3.6)* particularidades culturais ou distorções cognitivas derivadas da história de vida do árbitro; e *(3.7)* nacionalidade do árbitro.

A categorização das situações ou eventos mais comuns habilita o intérprete a se utilizar dos respectivos critérios de análise, facilitando a sua conclusão a respeito da aparência da imparcialidade do árbitro. Por exemplo, a existência de uma relação negocial na qual o árbitro seja diretor da parte enseja a utilização, entre outros, de critérios de análise econômicos (ou seja, a repercussão econômica que a decisão na arbitragem irá propiciar para a parte ou para o próprio árbitro, devido à condição funcional que ostenta em relação à parte) para a demonstração da aparência de imparcialidade, ao passo que a existência de uma relação pessoal entre árbitro e parte descarta, de início, a utilização de critérios econômicos, tornando importante a demonstração da profundidade, duração e importância dessa relação.

A categorização, como recorte ideal e valorativo de eventos e situações do mundo fático, não obsta a sobreposição ou interpolação de categorias. De fato, em que categoria se inscreveria a situação em que um familiar do árbitro é sócio ou diretor da empresa parte da arbitragem? Seria pessoal, visto que haveria uma relação familiar envolvida (o que denotaria a aparência de imparcialidade quanto mais estreita fosse a relação), ou seria negocial, tendo em vista a possibilidade de repercussão econômica (o que denotaria a aparência de imparcialidade quanto menor o benefício econômico envolvido)? De modo análogo, em que categoria se inscreveria a situação em que o árbitro, além de ter trabalhado em conjunto com o advogado da parte, é também seu amigo? Essas e outras questões serão tratadas a seguir, a partir do exame dos casos que possibilitam tanto a identificação das categorias propostas no presente estudo quanto dos respectivos critérios de análise.

CAPÍTULO 3. PREMISSAS PARA CONSTRUÇÃO DA NORMA CONCRETA

Mantendo-se fiel ao método utilizado na eleição das categorias, o presente estudo tratará primeiramente dos casos que ensejaram a referida eleição, para, ao final, expor e comentar os critérios de análise mais relevantes.

3.4.1. Categoria (1.1.1) – Relação de trabalho ou societária do árbitro ou de pessoas próximas com a parte ou entidades ligadas a ela

A categorização sugerida no presente estudo identifica como primeiro tipo de situação ou evento comum, hábil a ensejar a aparência de parcialidade do árbitro, a existência de relação de trabalho ou societária deste com a parte ou entidades a ela ligadas. São casos em que o árbitro figura como funcionário ou diretor da empresa que é parte na arbitragem ou pertencente ao grupo econômico dela. Também se enquadram na categoria os casos em que o árbitro detenha ações ou quotas da sociedade parte na arbitragem ou de coligada.

Diferentemente do que apontaria o senso comum, é possível que casos enquadrados na categoria em questão não suscitem a aparência de parcialidade, que depende de alguns critérios de análise. Foi o que ocorreu no caso *Vivendi v. Argentina*, processado segundo as regras ICSID, e que envolveu a conhecida profissional da arbitragem internacional, Gabrielle Kaufmann-Kohler. A árbitra havia sido eleita, em 2006, para a função de presidente do Comitê de Nomeação e Governança, participando assim da Diretoria do Grupo UBS, banco de investimentos que possuía considerável fração do capital de duas empresas – Vivendi (com 2,38% do capital votante) e Suez (com 2,1% do capital votante) – envolvidas em processos arbitrais dos quais Kaufmann-Kohler já compunha o tribunal arbitral. Parte da remuneração de Kaufmann-Kohler era, inclusive, recebida em ações do UBS.

A Argentina, uma das partes nesse processo, afirmou ter tomado conhecimento da posição de Kaufmann-Kohler apenas em 2007, após ter sido proferida a segunda decisão no caso Vivendi, apresentando impugnação na qual alegou que a árbitra não poderia exercer um julgamento independente por conta da sua posição na diretoria. Vivendi alegou que Kaufmann-Kohler seria completamente independente, sem qualquer envolvimento material ou interesse no desenvolvimento financeiro do UBS, e que Kaufmann-Kohler não tinha o dever de informar a assunção do cargo porque o fato era público e irrelevante para sua independência ou imparcialidade.

Conforme as regras ICSID, os dois outros árbitros do tribunal deliberaram sobre a impugnação, entendendo que Kaufmann-Kohler permanecia apta a julgar as causas, que seu envolvimento com Vivendi e Suez seria (se muito) tênue e que o benefício que poderia derivar de uma decisão favorável seria insubstancial e imaterial. Os árbitros utilizaram quatro critérios para avaliar a conexão entre a árbitra e a parte: proximidade, intensidade, dependência e materialidade[372]. A proximidade seria remota e indireta, sendo que a árbitra jamais havia tido contato com a diretoria das empresas e não sabia quem eram os seus acionistas. A intensidade estaria afastada diante da inexistência de qualquer contato da árbitra por conta do seu cargo de diretora do UBS. Inexistiria dependência da árbitra, notadamente à vista de que ela não auferiria qualquer benefício ou vantagem relativamente ao ganho de causa por qualquer das partes. Por fim, a participação do UBS nas empresas não seria material para o desempenho financeiro, lucratividade ou para a valorização das ações do UBS, e de forma alguma afetaria a remuneração da árbitra na qualidade de diretora.

Interessante caso – em que a evidente parcialidade não foi considerada em função do conhecimento prévio, pelas partes, dos efeitos da cláusula compromissória, que não poderia ser contestada sob pena de desestabilizar o contrato no qual estava inserida, em atentado às regras de direito comercial – foi decidido por corte estatal norte-americana. Trata-se do caso *Westinghouse Electric v. NYC Transit Authority*[373], no qual a cláusula compromissória constante do contrato proposto em licitação vencida pela Westinghouse dispunha que os litígios que envolvessem as partes seriam resolvidos pelo *Chief Electrical Officer* da própria autoridade de trânsito, em decisão que seria sujeita a controle judicial ("*judicial review*") apenas se fosse arbitrária ou gritantemente errônea por evidente má-fé. Depois de anos de difícil relacionamento contratual, a Westinghouse notificou a autoridade de trânsito – na pessoa do *Chief Electrical Officer* – alegando que as restrições impostas pela autoridade de trânsito configuravam uma efetiva ordem de interrupção das atividades ("*stop work order*"), o que justificaria a interrupção da execução do contrato como um todo. O *Chief Electrical Officer* respondeu que essa atitude configuraria inadimplemento contratual, o que levou a Westinghouse a iniciar a

---

[372] *Decision on a Second Proposal for the Disqualification of a Member of the Arbitral Tribunal*, proferida para os casos *ICSID Case nº ARB/03/19* (Vivendi) e *ICSID Case nº ARB/03/17* (Suez), disponível no endereço eletrônico https://jusmundi.com/fr/document/decision/en-suez-sociedad-general-de-aguas-de-barcelona-s-a-and-interagua-servicios-integrales-de-agua-s-a-v-argentine-republic-decision-on-a-second-proposal-for-the-disqualification-of-a-member-of-the-arbitral-tribunal-monday-12th-may-2008#decision_1352; consulta em 21.12.2015.

[373] Caso *Westinghouse Electric Corporation v. New York City Transit Authority et al.*, 623 N.E. 2d 531 (N.Y. 1993). Decisão disponível no endereço eletrônico http://www.leagle.com/decision/199312982NY2d47_1125; consulta em 21.12.2015.

arbitragem que, como seria de se esperar, foi decidida desfavoravelmente à Westinghouse pelo próprio *Chief Electrical Officer*. Trazida a questão ao Judiciário, a Corte de Apelação de Nova Iorque apontou que a cláusula de solução de controvérsias havia sido livre e conscientemente aceita pelas partes, que refletia uma negociação multimilionária da qual as partes aceitaram os termos, especificações e riscos, sendo que negar os efeitos dela seria desequilibrar economicamente o contrato e a própria concorrência pública[374].

Situações em que pessoas próximas ao árbitro – isto é, seus familiares – sejam empregados ou diretores das partes na arbitragem também podem ser enquadradas na categoria proposta. Dois foram os casos identificados. No primeiro, o caso *Morelite v. NYC District Council*, o pai do árbitro era o presidente do sindicato parte no litígio. O árbitro não revelou a relação de parentesco. Como nenhuma das partes provou qual o grau de ligação negocial, econômica ou sentimental entre pai e filho, a Corte de Apelação do Segundo Circuito utilizou-se de presunção para anular a sentença arbitral, sob o entendimento de que, em geral, filhos são leais a seus pais e inclinados a beneficiá-los[375]. Em outro caso, no qual o irmão do árbitro era funcionário do sindicato parte da arbitragem (relação também não revelada pelo árbitro), a conclusão foi em sentido contrário. Foi feita uma análise profunda da relação entre os irmãos (no passado, árbitro e seu irmão haviam morado juntos e haviam sido proprietários de uma lavanderia). Uma vez analisado o eventual benefício econômico do árbitro e do seu irmão com o resultado da arbitragem, chegou-se à conclusão de que nem o árbitro, nem seu irmão teriam qualquer interesse discernível no resultado do julgamento. Ademais, foi constatado que o árbitro havia julgado contra o sindicato em que o irmão trabalhava mais da metade das vezes em que havia exercido a função. Assim, a Corte de Apelação do Quarto Circuito não encontrou interesse econômico direto do árbitro ou mesmo do seu irmão no resultado da arbitragem, razão pela qual declarou

---

[374] Comentário à decisão, sob a ótica da renúncia ou preclusão da faculdade de impugnação do árbitro, é feita no capítulo 4.4.

[375] No original: "[w]e know nothing more about the relationship between Patrick Campbell, Jr. and Patrick Campbell, Sr. except that the former is the latter's son. We do not know how close they are, or how independent the son is of the father, or how divergent their views on the issues giving rise to the arbitrated dispute. And without knowing more, we are bound by our strong feeling that sons are more often than not loyal to their fathers, partial to their fathers, and biased on behalf of their fathers. We cannot in good conscience allow the entering of an award grounded in what we perceive to be such unfairness". Caso *Morelite Constr. Corp. v. New York City Dist. Council Carpenters Ben. Funds*, 748 F.2d 79, (2d Cir.1984). Decisão disponível no endereço eletrônico https://law.resource.org/pub/us/case/reporter/F2/748/748.F2d.79.84-7351.86.html; consulta em 21.12.2015.

válida a sentença arbitral, reformando a decisão da instância inferior[376]. Interessante notar que, na decisão, a Corte de Apelação referendou os critérios de análise relativos à demonstração da parcialidade, segundo o seguinte elenco: *(i)* existência de interesse pessoal, pecuniário ou similar do árbitro no resultado da arbitragem; *(ii)* imediatidade (*"directness"*) da relação entre árbitro e parte; *(iii)* conexão da relação com a arbitragem; e *(iv)* proximidade de tempo entre a relação e o procedimento arbitral.

Já houve caso em que a relação não se estabeleceu entre árbitro e parte, mas entre o primeiro e um concorrente da parte no mercado. Trata-se do já referido caso *AT&T*[377], no qual o árbitro, Yves Frontier, não revelou ser diretor não-executivo da empresa Nortel e deter 474 ações representativas do seu capital. A *House of Lords* afastou o pedido de anulação da sentença arbitral, entre outras razões, pelo não exercício efetivo da diretoria e pela pequena quantidade de ações detidas pelo árbitro.

A Corte da CCI já enfrentou casos enquadráveis na categoria proposta no presente estudo, não confirmando a nomeação de árbitro que revelou ser diretor de empresa que tinha participação indireta em uma das partes do processo arbitral[378], nem de árbitro que revelou ter trabalhado no departamento jurídico de uma subsidiária de uma das partes por seis anos e no departamento jurídico de uma subsidiária indireta da mesma parte nos quatro anos seguintes, em relação que havia terminado um ano antes da apresentação da declaração de independência[379]. Também não foi confirmada a nomeação de árbitro indicado por um Estado quando o profissional revelou ser Advogado-Geral do Ministério da Justiça[380].

Referindo-se a situações práticas, as *IBA Guidelines* tratam do tema na Lista Vermelha de Eventos Irrenunciáveis, coibindo que o árbitro seja *(i)* representante legal de pessoa jurídica parte no procedimento arbitral[381]; ou *(ii)* administrador, conselheiro, membro de órgão supervisor ou possua influência

---

[376] Caso *Consolidation Coal Company v. Local 1643, United Mine Workers of America*, 48 F.3d 125 (4th Cir. 1995); Decisão disponível no endereço eletrônico http://law.justia.com/cases/federal/appellate-courts/F3/48/125/607195/; consulta em 21.12.2015.
[377] Vide notas 146 e 147.
[378] ANNE MARIE WHITESELL. *Independence in ICC arbitration: ICC Court practice concerning the appointment, confirmation, challenge and replacement of arbitrators*, in International Court of Arbitration Bulletin: 2007 Special Supplement - Independence of Arbitrators. Paris: ICC Publishing, 2008, p. 20.
[379] ANNE MARIE WHITESELL. *Independence... op. cit.*, p. 21.
[380] ANNE MARIE WHITESELL. *Independence... op. cit.*, p. 24.
[381] Seção 1.1.

de controle semelhante sobre uma das partes[382]. A Lista Vermelha de Eventos Renunciáveis prevê situação em que o árbitro seja *(iii)* detentor, direta ou indiretamente, de participações societárias em uma das partes ou em coligada de uma das partes, se pessoa jurídica de direito privado[383]. A Lista Laranja trata de situações em que o árbitro *(iv)* tenha se associado, nos três anos anteriores, a uma parte ou à coligada de uma das partes sob um vínculo profissional, como o de antigo empregado ou sócio[384]; *(v)* detenha, direta ou indiretamente, participações societárias em uma das partes ou em coligada, se de capital aberto, e que sejam significativas em virtude de seu volume ou natureza[385]; e *(vi)* seja administrador, conselheiro ou membro de órgão supervisor, ou possua influência de controle semelhante em coligada de uma das partes, embora não esteja diretamente envolvida no objeto da controvérsia[386]. A Lista Verde considera a hipótese de o árbitro possuir volume insignificante de participação societária em uma das partes ou coligadas, se empresas de capital aberto[387].

A conjunção das características consideradas nas decisões mostra que os critérios de análise relevantes giram em torno de dois pontos: *(i)* a relação em si mesma; e *(ii)* a existência e substancialidade da repercussão econômica da decisão para o árbitro.

Na análise da relação em si mesma, são ponderadas as *particularidades* de cada caso à luz do que *comumente acontece*, aferindo-se a proporcionalidade da identificação do evento ou situação com a aparência de parcialidade e das respectivas consequências jurídicas de acordo com os seguintes critérios:

- proximidade da relação, sendo que quanto mais próxima e direta ela for, ou seja, quanto menos pessoas ou entidades se interpuserem entre parte e árbitro, mais aparente a parcialidade. De fato, mais aparente a parcialidade se o árbitro for sócio, diretor ou empregado da parte, do que se ele o for de uma subsidiária, ou detenha ações ou quotas via fundo de investimentos;
- intensidade da relação, sendo que quanto mais intensa ela for, mais aparente a parcialidade. De fato, mais aparente a parcialidade se o árbitro for diretor que participa das decisões da parte, exercendo com habitualidade

---

[382] Seção 1.2.
[383] Seção 2.2.1.
[384] Seção 3.4.2.
[385] Seção 3.5.1.
[386] Seção 3.5.4.
[387] Seção 4.5.2.

essa função, do que se ele possuir um cargo meramente consultivo em uma subsidiária; e
- contemporaneidade da relação, sendo que quanto mais próxima no tempo ela for em relação ao processo arbitral, mais aparente a parcialidade. De fato, mais aparente a parcialidade se o árbitro continuar sendo funcionário da parte, do que se ele tiver exercido tal cargo no passado distante.

A análise da repercussão econômica da decisão para o árbitro é feita de acordo com os seguintes temas:

- existência demonstrável de benefício econômico para o árbitro ou pessoa a ele ligada, tais como a valorização de ações representativas do capital social ou recebimento direto de dinheiro;
- imediatidade (*"directness"*) do benefício, sendo que quanto mais imediato for, mais aparente a parcialidade. A imediatidade revela-se pelo número de "passos" que constituem a cadeia de eventos pela qual o impacto da decisão irá repercutir até efetivamente afetar o interesse econômico do julgador[388]. De fato, mais aparente a parcialidade do árbitro se ele atribui valores diretamente à parte com a qual tem relação do que se prejudicar, pela sua decisão, uma concorrente dessa parte;
- substancialidade, sendo que quanto mais substancial o benefício, mais aparente a parcialidade. A substancialidade incorpora um componente absoluto, que representa o real ou verdadeiro (*"actual"*) valor financeiro do impacto da decisão; e um componente relativo, que estabelece uma proporção entre o valor absoluto do impacto e o *status* econômico do julgador[389]. De fato, mais aparente a parcialidade do árbitro se o benefício econômico for multimilionário e o árbitro não possuir extenso patrimônio e outras fontes de renda do que se o benefício for mínimo frente ao patrimônio ostentado pelo árbitro com amplas fontes de renda.

As decisões analisadas demonstram que nenhum dos critérios pode, isoladamente, confirmar que a norma criada pelo intérprete respeita a coerência e coesão do ordenamento aplicável. Cada caso, nas suas

---

[388] JOHN R. ALLISON. *A process value analysis of decision-maker bias: the case of economic conflict of interest*, in *American business law journal*, v. 32, n. 4, 1995, pp. 514-515.
[389] JOHN R. ALLISON. *A process... op. cit.*, p. 515.

particularidades, ensejará o destaque de critérios diferentes, levando a conclusões também diferentes. No entanto, é possível perceber a constante exigência de repercussão econômica da decisão para o árbitro (ou pessoa próxima a ele), sem o que resta muito dificultada a demonstração da aparência de parcialidade.

3.4.2. Categoria (1.1.2) – Relação de prestação de serviços do árbitro (ou de seu escritório) com a parte ou pessoas e entidades ligadas a ela

A segunda categoria sugerida pelo presente estudo trata da situação ou evento em que o árbitro ou sociedade a qual ele pertença preste serviços para a sociedade parte na arbitragem ou para sua coligada.

O caso mais representativo dessa categoria é o conhecido *Commonwealth Coatings*[390], no qual a Suprema Corte norte-americana reconheceu a parcialidade do árbitro que havia prestado diretamente serviço a uma das partes – relativamente a projeto que acabou sendo objeto de controvérsia –, recebendo dela remuneração de USD 12 mil, sem que nada tivesse revelado no curso do procedimento arbitral. Ponderando que a relação entre árbitro e parte não era *de minimis*, além de ser direta, a Suprema Corte entendeu evidente a parcialidade do árbitro, consoante o FAA.

Às vezes, não apenas as relações já estabelecidas entre árbitro e parte, mas também aquelas a serem formalizadas no futuro, podem ensejar a aparência de imparcialidade. Como já ressaltado no caso *KPMG v. ProfilGruppen*[391], a relação negocial da parte com o árbitro (ou seu escritório) foi formalmente iniciada após o encerramento do processo arbitral, não obstante as negociações para tanto tenham ocorrido antes desse encerramento. Tal fato levou ao reconhecimento da violação da imparcialidade do árbitro.

A substancialidade da relação entre árbitro e parte para a configuração da parcialidade é ressaltada no caso *Amco v. Indonesia*, processado segundo as regras ICSID, no qual a Indonésia impugnou o árbitro indicado pela sua adversária pelo fato de este (coárbitro) ter respondido a consulta tributária do acionista controlador da Amco três meses antes do início da arbitragem. A Amco revelou que a consulta respondida pelo árbitro rendeu menos que USD 450 e foi concedida a pessoa física, em duas páginas. Os dois árbitros incumbidos de decidir a impugnação rejeitaram-na, apontando que uma

---

[390] Mais detalhes sobre o caso no texto principal e nota 157.
[391] Mais detalhes sobre o caso no texto principal e nota 98.

consulta legal sobre uma questão não se compara a uma relação advogado-cliente regular[392].

No mesmo sentido foi a decisão proferida pelo comitê nomeado pelo presidente do Conselho Administrativo do ICSID para decidir o pedido de anulação da sentença arbitral proferida no caso *Vivendi Universal v. Argentina*[393]. A Argentina impugnou o próprio presidente do comitê, o profissional canadense Yves Fortier, sob a alegação de que um dos seus sócios no escritório *Ogilvy Renault* havia orientado a empresa predecessora da Vivendi (Compagnie Generale des Eaux) em uma questão tributária de Quebec, o que rendeu ao escritório um total de USD 216 mil em honorários, dos quais USD 204 mil se referiam a trabalho prestado entre 1995 e 1999. O trabalho, vindo sob solicitação de outro escritório de advocacia (que atuava como "*leading counsel*"), ainda não estava terminado ao tempo em que se desenvolvia o procedimento de anulação da sentença, restando ainda tarefas triviais relativas ao "*winding up*" da operação, que resultariam em honorários de não mais que USD 2 mil. Fortier não havia se envolvido pessoalmente no trabalho, que nada tinha a ver com o litígio submetido à arbitragem. O comitê asseverou que as relações profissionais do árbitro com uma parte não configuravam base automática para o seu afastamento, e que todas as circunstâncias precisavam ser consideradas para determinar se a relação era significativa ou suficiente para justificar dúvidas razoáveis sobre a capacidade de o julgador decidir livre e independentemente. Necessário, segundo o comitê, existir um risco real de falta de imparcialidade baseado em fatos, e não apenas mera especulação ou inferência. O pedido de anulação foi denegado, pois *(i)* Fortier havia, imediata e completamente, revelado a relação e fornecido mais informações quando requeridas, mantendo total transparência; *(ii)* Fortier não possuía relação advogado-cliente direta com os requerentes ou suas afiliadas; *(iii)* o trabalho prestado pelos colegas de Fortier não tinham relação com o conflito submetido à arbitragem; *(iv)* o trabalho prestado não consistia na prestação de orientações jurídicas

---

[392] Assim: "A legal advice on a minor question which could not have been anything but minor, as the fees received show it, is of no [bearing] on the 'reliability' of the advisor to be an arbitrator appointed by the client to whom he had given this advice. To give and to receive such an advice does not create an 'attorney-client' relationship and is by no means comparable to the situation of a regular counsel of the appointing party". Caso referido por Karel Daele. *Challenge... op. cit.*, pp. 271-272.

[393] Caso *Compañía de Aguas del Aconquija S.A. & Vivendi Universal v. Argentine Republic*, ICSID Case No. ARB/97/3. *Decision on the challenge to the President of the Committee*; disponível no endereço eletrônico http://www.italaw.com/sites/default/files/case-documents/ita0208.pdf; consulta em 21.12.2015.

CAPÍTULO 3. PREMISSAS PARA CONSTRUÇÃO DA NORMA CONCRETA

ou estratégicas aos requerentes, mas sim concernentes a um negócio específico, no qual a Ogilvy Renault não era a *"leading firm"*; e *(v)* a relação legal entre a Ogilvy e a parte logo se encerraria com o fechamento do negócio.

Um terceiro caso ICSID é o *Lemire v. Ukraine*, no qual o árbitro indicado pelo investidor revelou, pouco mais de um ano após a constituição do tribunal, que seu escritório havia iniciado o patrocínio da Ucrânia em outro procedimento arbitral perante a ICJ, no qual não se envolveria, afirmando que o fato não afetaria sua imparcialidade, mas que renunciaria ao encargo se qualquer das partes assim requeresse. O investidor afirmou não ter objeções ao árbitro. A Ucrânia informou que não teria objeções sob duas condições: o escritório teria que levantar um *"ethical screen"* para isolar o árbitro do procedimento ICJ, e o investidor e seu advogado teriam que se comprometer a não invocar o envolvimento do escritório do árbitro no caso ICJ para impugnar, em estágio posterior, a sentença a ser proferida. O *"ethical screen"* foi estabelecido a contento de ambas as partes, mas elas não se compuseram sobre os termos do compromisso a ser prestado pelo investidor e seu advogado (sendo que este último havia apresentado declaração em seu nome e em nome do seu cliente, alegando que também se manifestava em nome de Lemire, o que a Ucrânia não aceitou), razão pela qual a própria Ucrânia – e não Lemire – impugnou o árbitro, primeiramente sob a alegação de não cumprimento da condição que havia estabelecido, e depois sob a alegação de que a posição do árbitro ensejaria conflito, visto que o Ministro da Justiça da Ucrânia iria gerir tanto o caso ICSID como o ICJ. A impugnação foi afastada pelos coárbitros, que consideraram que o *"ethical screen"* seria suficiente para a manutenção da condição de imparcialidade do árbitro[394].

Outro caso representativo é o *HSMV v. ADI*, tratado segundo o FAA. A sociedade HSMV era baseada na Califórnia e a sociedade ADI era integralmente detida *Commonwealth of Australia*. No debate para a elaboração da convenção de arbitragem, em novembro de 1998, o advogado da HSMV enviou ao advogado da ADI uma lista com proposta de dois nomes para o painel arbitral, Geoffrey Gibson e Michael Pryles, acompanhados dos respectivos currículos. Nem a ADI, nem seu advogado propuseram outro nome ou investigaram os árbitros propostos pois, nas palavras do advogado da ADI, não havia razão para duvidar das suas credenciais, visto que ambos os nomes eram sócios dos maiores escritórios de advocacia da Austrália. Em paralelo,

---

[394] Caso *Joseph Charles Lemire v. Ukraine*, ICSID Case No. ARB(AF)/98/1, referido por KAREL DAELE. *Challenge... op. cit.*, pp. 112-114 e 329-330.

em vista do interesse da *Commonwealth of Australia* em privatizar a ADI e a necessidade de revelar aos interessados as relações com a HSMV, a agência da ADI enviou ao presidente da HSMV, em outubro de 1998, uma proposta de acordo de confidencialidade em cuja carta de envio constava "*[s]hould you have any queries, please call me on 61 2 6208 9114. Mr. Bill Conley of Blake Dawson Waldron (61 2 6234 4017) can assist in respect of the confidentiality arrangements*", tendo o presidente da HSMV dado o encaminhamento do documento ao seu pessoal para as providências. Em junho de 1997 (após a conclusão da arbitragem), o assessor financeiro da *Commonwealth of Australia*, contatou a HSMV para informar que muniria interessados na compra da ADI com os contratos entre a empresa e a HSMV. A HSMV respondeu, requerendo os acordos de confidencialidade entre a ADI e os potenciais compradores (resposta enviada pelo escritório Blake Dawson Waldron). Foi nesse momento, segundo a alegação da HSMV, que ela se apercebeu que o escritório que estava operando a venda da ADI era o mesmo ao qual pertencia o árbitro Gibson. Este explicou que não tinha conhecimento do envolvimento do seu escritório na venda da ADI. No entanto, na ação anulatória da sentença, a Corte Distrital da Califórnia considerou que envolvimento contemporâneo da banca na alienação da sociedade parte na arbitragem claramente representava conflito de interesses e que Gibson tinha o dever de investigar as relações do seu escritório[395]. A Corte também afastou a alegação de que a HSMV teria renunciado à faculdade de impugnar o árbitro, pois uma mera frase que fazia referência ao escritório de advocacia em uma de muitas comunicações entre as partes não poderia configurar ciência da HSMV quanto à representação dos interesses da detentora da ADI, não tendo sido demonstrado que a primeira empresa efetivamente sabia, compreendia ou tinha conhecimento da presença de um conflito de interesses antes da conclusão da arbitragem.

A relação entre árbitro e parte deve ser relativamente próxima e regular para ensejar a aparência de parcialidade. É o que demonstra a decisão proferida na ação anulatória da sentença arbitral do caso *Reeves Brothers v. Capital-Mercury*, no qual os árbitros (pertencentes ao mercado têxtil) foram escolhidos pela instituição arbitral GAC, uma divisão da AAA, consoante o seu regulamento: Norman Hackel, como presidente, e Norman Katz e Lawrence H. Bober como coárbitros. Em revelação feita várias semanas após

---

[395] Caso *HSMV Corp. v. ADI Ltd.*, 72 F.Supp.2d 1122 (C.D. Cal. 1999). Decisão disponível no endereço eletrônico http://www.leagle.com/decision/1999119472FSupp2d1122_11086; consulta em 21.12.2015.

CAPÍTULO 3. PREMISSAS PARA CONSTRUÇÃO DA NORMA CONCRETA

a sua indicação, o coárbitro Bober informou que havia sido empregado de uma instituição bancária da qual Reeves era cliente. Capital impugnou a indicação do árbitro, a qual a AAA não deu provimento. Uma das testemunhas prospectivas arroladas pela Reeves foi David Borowoka, que foi seu funcionário desde 1986, chegando a presidente quando se desligou, em 1995, permanecendo apenas como consultor. Quando o coárbitro Hackel viu a testemunha Borowka na sala de audiência, informou que ele foi um antigo e próximo parceiro de negócios. A Capital requereu a remoção de Hackel e um membro da AAA, após falar com o coárbitro, negou o pedido da Capital. Borowka não prestou testemunho. Posteriormente à arbitragem, Reeves esclareceu que o coárbitro Bober não conhecia a empresa ou sua conta enquanto era funcionário da instituição bancária (entre 1951 e 1987), e que a relação entre a testemunha Borowka e o coárbitro Hackel perdurou nos anos 1950, quando este trabalhava para a United Merchants and Manufactures, a qual deixou em 1981. A ação anulatória da sentença arbitral, que trazia como causa de pedir a violação da *Rule 15* do regulamento do GAC[396], foi julgada improcedente tendo em vista que as relações apontadas pela Capital haviam sido reveladas antes de ter sido proferida a sentença e afastadas como causa de parcialidade de acordo com o regulamento adotado pelas partes. Além disso, com apoio em outros julgados, a Corte Distrital de Nova Iorque declarou que a *"evident partiality"* – imposta pela *Section 10* do FAA para a anulação das sentenças arbitrais – deveria ser encontrada quando uma pessoa razoável pudesse concluir a imparcialidade do árbitro, e que o fato de um árbitro simplesmente julgar em favor da parte contrária não satisfazia o requisito de demonstração da parcialidade[397].

A regularidade da relação do árbitro com uma das partes tornou-se o critério determinante para a análise da sua imparcialidade em caso LCIA. Trata-se

---

[396] A *Rule 15* assim dispunha: "Any person appointed as neutral arbitrator shall disclose to the Secretary any circumstance likely to affect impartiality, including any bias or any financial or personal interest in the result of the arbitration or any past or present relationship with the parties or their representatives. The Secretary shall also request, and each party and their representatives shall disclose to the Secretary, any such circumstances known to them. Upon receipt of such information from the arbitrator or another source, the Secretary shall communicate the information to the parties and, if deemed appropriate, to the arbitrator and others. Upon objection of a party to the continued service of a neutral arbitrator, the Secretary shall determine whether the arbitrator should be disqualified and shall inform the parties of the decision, which shall be conclusive."

[397] Caso *Reeves Bros., Inc. v. Capital-Mercury Shirt Corp.*, 962 F. Supp. 408 (S.D.N.Y. 1997). Decisão disponível no endereço eletrônico https://www.courtlistener.com/nysd/cR7G/reeves-bros-inc-v-capital-mercury-shirt-corp/; consulta em 21.12.2015.

do caso LCIA No. UN3476[398], no qual o árbitro indicado pelo requerido revelou (em julho de 2003) que havia lhe prestado serviço em relação a um contrato EPC para a construção de um campo petrolífero, quatro anos antes (em 1999). De fato, o árbitro integrou-se como sócio, em 9 de dezembro de 1999, na banca que prestava serviços ao requerido. No entanto, a associação foi breve, encerrando-se em 31 de dezembro daquele ano. Nesse ínterim, o profissional auxiliou na preparação de minutas internas do contrato, lembrando-se de ter feito uma viagem de dois dias para discuti-las com o departamento de engenharia do requerido. Foi juntada declaração do ex-sócio, que classificou a atuação do árbitro como "imaterial", além de confirmar que ele havia deixado de trabalhar no tema quando desfeita a sociedade, em dezembro de 1999, não mantendo contato com qualquer empregado do requerido desde então. A Divisão da LCIA, formada por Pierre Karrer, José Maria Abascal e Bernard Hanotiau julgou a impugnação apresentada pelo requerente à luz do *Arbitration Act 1996* inglês e das regras UNCITRAL, considerando não ter restado qualquer relação entre o árbitro e o requerido que viesse a ser obstáculo para a sua imparcialidade.

Algumas vezes, porém, não é o árbitro quem estabelece contato direto com a parte, mas sim o seu escritório. Nesses casos, deve ser considerada a ciência ou não do árbitro a respeito da existência dessa relação, bem como se a falta de ciência foi devida à desídia do árbitro no seu dever de se informar ou então à dificuldade mesma de obter essa informação – dificuldade que se agrava quanto maior for o escritório e mais profissionais e filiais ele possuir.

Por reconhecer o dever do árbitro em obter informações que possam levantar dúvidas quanto à sua imparcialidade (um dos feixes do dever de revelação), é importante a decisão da Corte de Apelação do Nono Circuito no caso *Schmitz v. Zilveti*. No caso, a sentença arbitral foi proferida em processo desenvolvido no NASD, cujo Código de Procedimento (equivalente a um regulamento de arbitragem), em sua *Section 23(b)*, estabelecia que: "[p]ersons who are requested to accept appointment as arbitrators should make a reasonable effort to inform themselves of any interests or relationships described in Paragraph (a) above"[399]. Após a sentença arbitral, as partes vencidas (Jean

---

[398] Caso LCIA No. UN3476; decisão de 24.12.2004 referida por WILLIAM W. PARK (Ed.). *Arbitration international – special edition on arbitrator challenges*, The Hague: Kluwer Law International, 2011, pp. 367-370.

[399] Essas relações descritas no parágrafo *(a)* incluíam "[a]ny direct or indirect financial or personal interest in the outcome"; "any [...] financial, business, professional, family, or social relationships that are likely to affect impartiality or might reasonably create an appearance of partiality or bias" e "any personal relationships with any party, its counsel, or witnesses".

CAPÍTULO 3. PREMISSAS PARA CONSTRUÇÃO DA NORMA CONCRETA

e Leonard Schmitz) fizeram uma pesquisa na qual descobriram que o escritório de advocacia de um dos árbitros (John R. Conrad) havia representando uma empresa controladora de uma das partes (Prudential Insurance Co., controladora da parte Pru-Bache) em pelo menos dezenove casos nos últimos trinta e cinco anos, tendo a representação mais recente terminado vinte e um meses antes do início do processo arbitral. O árbitro nada havia revelado a esse respeito, visto que não tinha conhecimento da representação. Em ação anulatória da sentença arbitral, a Corte de Apelação do Nono Circuito[400] entendeu que o árbitro tinha o dever de investigar as representações do seu escritório, não apenas porque isso era requerido pelas regras do processo arbitral, mas também porque "[r]equiring arbitrators to make investigations in certain circumstances gives arbitrators an incentive to be forthright with the parties, honestly disclosing what arbitrators might otherwise have an incentive to hide".

Os critérios da temporalidade da relação entre parte e escritório do árbitro e da ciência deste a respeito dessa relação foram tratados no caso *Al-Harbi v. Citibank*, segundo o FAA. Contra a sentença proferida em arbitragem da qual foram partes Abdullah E. Al-Harbi e uma subsidiária integral do Citibank, o primeiro ajuizou demanda anulatória, sob a alegação de que o árbitro escolhido por ambas as partes, Kenneth R. Feinberg, havia anteriormente trabalhado em uma banca de advogados que havia representado o Citibank em casos não relacionados ao processo arbitral[401]. Restou demonstrado que o árbitro não tinha conhecimento dos serviços, e que não teria o dever de investigar a existência de fatos marginais, notadamente quando se ligavam à lista de clientes de seu antigo escritório.

Outra decisão que envolveu o critério temporalidade foi proferida pela Corte da CCI. O órgão afastou uma impugnação contra o árbitro nomeado pelos requeridos, que tinha como base a revelação feita pelo julgador de que seu escritório havia patrocinado demanda contra uma subsidiária dos requerentes, ao longo de dois anos, em caso encerrado aproximadamente cinco

---

[400] Caso *Jean Schmitz; Leonard Schmitz v. Carlos J. Zilveti, III; Nicholas S. Meris; Prudential-Bache Securities Inc.*, 20 F.3d 1043 (9th Cir. 1994). Decisão disponível no endereço eletrônico http://www.leagle.com/decision/1994106320F3d1043_1893; consulta em 21.12.2015.
[401] Caso *Abdullah E. Al-Harbi v. Citibank N.A and Citibank A.S.*, 85 F. 3d 680 (U.S. App. D.C. 115). Decisão disponível no endereço eletrônico https://law.resource.org/pub/us/case/reporter/F3/085/85.F3d.680.95-7192.html; consulta em 21.12.2015. Casos similares na LCIA e na CCI são referidos por KAREL DAELE. *Challenge... op. cit.*, pp. 272-274.

anos antes do início da arbitragem, no qual o árbitro não tinha trabalhado e do qual anteriormente nada sabia[402].

O caso *Gianelli Money v. ADM Investor*[403] insere a questão do conhecimento do árbitro quanto às relações do escritório ao qual posteriormente se incorporou. No caso, a banca havia prestado serviços, anteriormente à entrada do árbitro, com o presidente de uma empresa ligada diretamente ao conflito. O árbitro não conhecia tais vínculos, sendo que a única relação posterior à sua integração na banca, apontada no curso da arbitragem, não ensejou impugnação das partes. No caso *Lifecare International v. CD Medical*[404], não foi considerado parcial o árbitro que, meses antes de ser indicado, tornou-se *of counsel* do escritório que, mais de quatro anos antes do início do processo arbitral, havia sido contratado pelas partes para revisar um aditamento contratual celebrado entre elas, e que, dois anos antes do início do processo arbitral, havia sido (o escritório, não o árbitro) consultado por uma delas para representá-la na arbitragem. Foi demonstrado que o árbitro não conhecia essas situações, ocorridas anos antes de tornar-se *of counsel*.

Em caso análogo, relativo a arbitragem AAA, o árbitro não foi considerado parcial em razão de a banca, da qual havia se desligado seis meses antes do início do processo arbitral, ter prestado serviços (concluídos mais de seis anos antes do início do processo arbitral) a empresas ligadas a uma das partes. O árbitro sequer tinha conhecimento desses serviços[405].

Houve caso na CCI em que o árbitro não foi confirmado por ter revelado que, em três ocasiões, seu escritório de advocacia havia ajuizado demanda contra uma das partes[406]. Houve, também, caso em que o árbitro presidente foi impugnado com sucesso por não ter revelado que filial estrangeira do seu escritório de advocacia havia representado um cliente em ação contra coligada de uma das partes, em matéria não relacionada com a arbitragem[407].

Os problemas com a imparcialidade do árbitro são agravados quando ele pertence a uma grande banca: trata-se de caso CCI em que o coárbitro indicado por uma das partes revelou que diversos sócios do seu escritório, situados em filiais estrangeiras, representavam a parte que o havia indicado e suas

---

[402] ANNE MARIE WHITESELL. *Independence...* op. cit., pp. 30-31.
[403] Para mais detalhes, vide nota de rodapé 167.
[404] Para mais detalhes, vide nota de rodapé 169.
[405] Nesse sentido, *Betz v. Pankow*, 31 Cal. App. 4 1503 (1995), disponível no endereço eletrônico http://www.leagle.com/decision/19951534³¹CalApp4th1503_11451; consulta em 21.12.2015.
[406] ANNE MARIE WHITESELL. *Independence...* op. cit., p. 22.
[407] ANNE MARIE WHITESELL. *Independence...* op. cit., p. 29.

subsidiárias. Revelou, também, que havia trabalhado com alguns desses advogados, sendo que nenhum participava do procedimento arbitral em questão. A parte contrária se opôs à nomeação, que não foi confirmada pela CCI[408]. De modo similar, a CCI não confirmou a nomeação de árbitro que revelou o fato de um de seus sócios prestar serviços como consultor para uma subsidiária de uma das partes[409].

No entanto, a CCI confirmou a nomeação de árbitros cujas declarações de independência continham observações imprecisas e que não foram impugnadas por nenhuma das partes, nas seguintes situações: *(i)* árbitro havia representado, no passado, a parte que o nomeou, em matéria não relacionada com o objeto do processo arbitral, sendo que alguns advogados do seu escritório haviam atuado para empresas pertencentes ao mesmo grupo de sociedades; *(ii)* várias filiais do escritório de advocacia do árbitro prestavam serviços à parte que o indicou, sendo que nenhum deles se relacionava com a arbitragem ou envolvia valores significativos; *(iii)* o escritório do árbitro havia prestado serviços, no passado, a uma das afiliadas da parte que o indicou; *(iv)* o árbitro indicado trabalhava em meio período como consultor da banca de advocacia cujo escritório regional uma vez representou um acionista da parte que o indicou[410].

Outro caso digno de nota é o *African Holding v. Congo*, processado segundo as regras ICSID, no qual o investidor impugnou a árbitra indicada pelo Congo, Teresa Giovannini, porque o escritório ao qual ela pertencia havia patrocinado esse Estado em matéria relacionada à controvérsia, sem receber a integralidade dos honorários. Com isso, o escritório era credor do Congo, o que inclinaria a árbitra a julgar a causa procedente para o Estado e aumentar suas chances de receber o crédito. A questão não chegou a ser decidida em razão da renúncia da árbitra[411].

Caso que evidenciou que o dever de revelação do árbitro é contínuo e perdura por todo o arco processual foi o *AGI v. CHF*. As sociedades Auto-Guadeloupe Investissement (AGI) e Caribbean Fiber Holdings (CFH)

---

[408] ANNE MARIE WHITESELL. *Independence... op. cit.*, pp. 21-22.
[409] ANNE MARIE WHITESELL. *Independence... op. cit.*, p. 23. Outros casos, em variações sobre o mesmo critério, são trazidos pela autora.
[410] Todos os casos são trazidos por ANNE MARIE WHITESELL. *Independence... op. cit.*, pp. 16-17.
[411] Caso referido por KAREL DAELE. *Challenge... op. cit.*, pp. 277-278. Referência à renúncia é feita no parágrafo 8º da sentença. Decisão disponível no endereço eletrônico https://icsid.worldbank.org/ICSID/FrontServlet?requestType=CasesRH&actionVal=showDoc&docId=DC776_Fr&caseId=C66; consulta em 21.12.2015.

detinham, conjuntamente, a integralidade do capital de Global Caribbean Fiber SA (GCF), e negociaram sua transferência para a Colombus Acquisitions e Colombus Holding France. Após a AGI declarar que havia desistido do negócio, a Colombus instaurou processo arbitral para obter a transferência das ações e reparação de danos. A CFH integrou a demanda, formulando pedido indenizatório ("punitive damages"). O árbitro único aceitou o encargo em 15 de setembro de 2009 e proferiu sentença em 27 de março de 2011, em Barbados, condenando a AGI. Contra o reconhecimento da decisão na França, proferido em 20 de junho de 2013, a AGI apresentou recurso, no qual alegou que o árbitro não havia revelado que um time formado por três sócios em seu escritório de advocacia havia prestado serviços à controladora da CFH (Leucadia National Corporation) em uma questão corporativa durante o curso da arbitragem. A informação constava na página eletrônica do escritório em dezembro de 2010. De fato, ao aceitar o encargo, em 2009, o árbitro havia revelado que um sócio do seu escritório em Toronto havia representado Leucadia por alguns anos, mas que entendia que no momento da declaração não havia prestação de serviços. A Corte de Apelação de Paris considerou que, a despeito de se esperar que as partes busquem informação pública e facilmente acessível sobre os árbitros no início do procedimento, não seria razoável que elas fizessem a uma "revisão sistemática" dessas informações no curso dele; considerou também que mesmo que o escritório houvesse recebido remuneração não significativa, a envergadura do negócio do cliente, o número de advogados envolvidos e a subsequente publicidade dada ao trabalho demonstravam a sua importância para o escritório[412]. A Corte de Cassação manteve a decisão, reiterando os seus fundamentos[413].

No caso *Middlesex*, a aparência de parcialidade foi evidenciada pela relação do árbitro com uma terceira empresa, a qual ele representava contra uma das partes, em litígio não relacionado. O procedimento arbitral iniciou-se em razão de acidente automobilístico sofrido por Stuart Levine, instaurado em face de *Middlesex Mutual Insurance Company, Patriot General Insurance Company* e *Allstate Insurance Company*, segundo as regras AAA. Foi selecionado como presidente o árbitro John L. Hartnett, que subscreveu declaração

---

[412] Caso *S.A. Auto Guadeloupe Investissements (AGI) v. Société Colombus Acquisitions Inc., S.A.S. Colombus Holding France (CHF) et Société Caribbean Fiber Holdings LP (CFH). Cour d'Appel de Paris*, decisão de 14.10.2014 (13-13459), disponível no endereço eletrônico http://www.ohada.com/content/newsletters/2828/Arret-Cour-d-Appel-Paris-14-octobre-2014.pdf; consulta em 21.12.2016.

[413] *Cour de cassation*, decisão de 16.12.2015 (14-26.279), disponível no endereço eletrônico http://www.ohada.com/content/newsletters/2828/arret-auto-guadeloupe.pdf; consulta em 21.12.2016.

de imparcialidade na qual deveria apontar tudo o que pudesse refletir na sua habilidade de funcionar como árbitro neutro (os demais árbitros eram, segundo a experiência norte-americana, "não neutros"). No entanto, o árbitro neutro deixou de informar que a empresa seguradora que patrocinava (Harnett, Inc.) estava em litígio com a Middlesex e a Patriot e que ele, pessoalmente, estava sob investigação do *Florida Bar* por conta desse litígio. Por maioria, o tribunal arbitral proferiu sentença em favor de Levine no valor de USD 1,2 milhão. Middlesex e Patriot formularam pedido de anulação da sentença arbitral na Corte Distrital do Sul da Flórida, que restou acolhido. Posteriormente, a Corte de Apelação do Décimo Primeiro Circuito analisou recurso de apelação e considerou que a atitude do árbitro presidente, ao atuar como advogado da empresa Harnett e nessa qualidade subscrever duas notificações para a Middlesex sobre prêmios não pagos e, ademais, estar envolvido em procedimento disciplinar no *Florida Bar* (no qual assinou declarações quatro semanas antes da audiência de instrução da arbitragem), não era compatível com a declaração que este fez ao assumir a função de árbitro. Além disso, a Corte de Apelação considerou que os contatos entre o árbitro e a parte contrária ultrapassavam aqueles que ocorreriam no curso normal do exercício profissional do árbitro e que este violou o dever de revelação, de modo que seu comportamento estava circunscrito na descrição da *"evident partiality"*. A Corte de Apelação afastou, ainda, a alegação de perda da oportunidade de apontar a parcialidade do árbitro presidente, haja vista a insuficiência de demonstração de que os funcionários da Middlesex e da Patriot possuíam conhecimento suficiente dos fatos que poderiam indicar a parcialidade do árbitro[414].

A prestação de serviços contra uma das partes também pode dar causa à aparência de parcialidade do árbitro. Há registro de que o *Board* da SCC deu provimento à impugnação de árbitro que estava atuando como *legal expert* e produzindo uma *legal opinion* contra a parte que o havia impugnado[415].

Em relação menos próxima, mas que envolveu a particularidade do litígio frente à prestação de serviços do árbitro como advogado de sociedade que não era parte do processo arbitral, há o caso *Société ETE v. Gascogne Paper*.

---

[414] Caso *Middlesex Mutual Insurance Co. et al v. Stuart Levine*, 675 F.2d 1197 (11th Cir. 1982). Decisão disponível no endereço eletrônico https://www.casetext.com/case/middlesex-mut-ins-co-v-levine/; consulta em 21.12.2015.

[415] Caso SCC 46/2007, referido por Helena Jung. *SCC practice: challenges to arbitrators – SCC Board decisions 2005-2007*, pp. 13-15, disponível no endereço eletrônico http://www.sccinstitute.se/filearchive/2/28190/04-Art32-Jung.pdf; consulta em 21.12.2015.

No caso, o árbitro presidente (escolhido por comitê da instituição arbitral) deixou de revelar que patrocinava uma série de demandas em nome de uma terceira sociedade, EDF (Életricité de France). O contrato que deu origem à disputa dizia respeito, justamente, a mandato outorgado pela Gascogne à ETE para que esta restaurasse as relações da primeira com a EDF[416]. Após a condenação da ETE, esta apresentou recurso de anulação, ao final não acolhido pela Corte de Apelação de Bordeaux, sob o fundamento de que o árbitro não tinha o dever de revelar suas relações com terceiro alheio ao processo arbitral e que não havia conflito de interesses entre EDF e ETE. Em recurso, a Corte de Cassação entendeu que o árbitro deveria ter revelado todas as circunstâncias suscetíveis de serem consideradas hábeis a afetar a sua imparcialidade, a fim de permitir às partes exercerem seu direito de recusa, anulando a decisão da Corte de Apelação de Bordeaux e remetendo o caso à Corte de Apelação de Paris[417].

Se a decisão do caso *Société ETE v. Gascogne Paper* infelizmente não permite analisar se o processo arbitral teria repercussão econômica para a sociedade cliente do árbitro ou mesmo para este, a decisão do caso *GAT v. République du Congo* teve justamente esse tema como o principal. No caso, o árbitro presidente não revelou que era sócio diretor de escritório de advocacia que prestava serviços para um grupo de companhias que garantia o pagamento da prestação dos contratos de financiamento de obras públicas celebrado entre as partes (TEP Congo). Como a garantia deveria ser desembolsada qualquer que fosse o vencedor do litígio, ou seja, a solução da controvérsia seria "neutra" para TEP Congo, a Corte de Cassação considerou que o árbitro não teria que revelar suas relações negociais com a sociedade, que não seria suficiente para criar dúvidas quanto à sua imparcialidade[418].

A repercussão econômica da relação de prestação de serviços (não apenas da decisão) entre o escritório do árbitro e a parte foi um dos critérios no

---

[416] No original: "société Les Papeteries de Gascogne, devenue Gascogne Paper, a confié à la société d'Experts en tarification de l'énergie une mission de conciliation sur ses relations avec la société EDF".

[417] Caso *Société d'experts en tarification de l'énergie v. Gascogne Paper*. Cour de Cassation, decisão de 01.02.2012 (11-11.084), disponível no endereço eletrônico https://www.legifrance.gouv.fr/affich JuriJudi.do?idTexte=JURITEXT000025286919; consulta em 21.12.2016.

[418] Caso *Groupe Antoine Tabet v. République du Congo*. Cour de cassation, decisão de 25.06.2014 (11-16.444), disponível no endereço eletrônico https://www.legifrance.gouv.fr/affichJuriJudi.do?idTexte=JURITEXT000029153138; consulta em 21.12.2016.

qual o *Queen's Bench* se baseou para determinar a remoção do árbitro único no caso *Sierra Fishing*[419].

As *IBA Guidelines* preveem situações descritas na categoria proposta. A Lista Vermelha de Eventos Irrenunciáveis trata da hipótese de *(i)* prestação regular de assessoria do árbitro à parte que o indicou ou à sua coligada, da qual o árbitro ou a sua empresa obtém receita financeira significativa[420]. A Lista Vermelha de Eventos Renunciáveis compreende as hipóteses de *(ii)* o árbitro prestar consultoria ou representar uma das partes ou coligadas, contemporaneamente à arbitragem[421]; *(iii)* o árbitro pertencer ao escritório de advocacia que patrocina uma das partes[422]; *(iv)* o escritório de advocacia do árbitro ter possuído envolvimento anterior (porém encerrado) na controvérsia, sem o envolvimento pessoal do árbitro[423]; *(v)* o escritório de advocacia do árbitro possuir relacionamento profissional significativo com uma das partes ou coligadas[424]; e *(vi)* o árbitro prestar consultoria regular à parte que o nomeou ou coligadas, não recebendo (ou o seu escritório) receita financeira significativa[425]. A Lista Laranja compreende as hipóteses de *(vii)* o árbitro ter atuado, prestado consultoria ou ter sido consultado, nos três anos anteriores, pela parte que o indicou ou por coligadas, em assunto não relacionado à arbitragem, não possuindo relacionamento constante[426]; *(viii)* o árbitro ter atuado contra uma das partes ou coligadas, em assunto não relacionado, nos três anos anteriores[427]; *(ix)* o escritório de advocacia do árbitro ter atuado para uma das partes ou coligadas, nos três anos anteriores, sem o envolvimento do árbitro[428]; *(x)* o escritório de advocacia estar prestando serviços a uma das partes ou coligadas, contemporaneamente à arbitragem, sem a participação do árbitro e sem relacionamento comercial significativo[429]; *(xi)* um escritório de advocacia, que compartilhe receitas ou honorários com o escritório de advocacia

---

[419] Caso *Sierra Fishing Company and other v. Hasan Said Farran and others* [2015] EWHC 140 (Comm). Vide notas 150 e 151.
[420] Seção 1.4.
[421] Seção 2.3.2.
[422] Seção 2.3.3.
[423] Seção 2.3.5.
[424] Seção 2.3.6.
[425] Seção 2.3.7.
[426] Seção 3.1.1.
[427] Seção 3.1.2.
[428] Seção 3.1.4.
[429] Seção 3.2.1.

do árbitro, prestar serviços a uma das partes ou coligadas na arbitragem[430]; e *(xii)* o árbitro ou seu escritório representar uma parte ou coligadas regularmente, não se envolvendo com a controvérsia submetida à arbitragem[431]. A Lista Verde traz casos em que *(xiii)* o escritório de advocacia do árbitro atuou para uma das partes ou coligadas em assunto não relacionado, sem o envolvimento do árbitro[432]; e *(xiv)* uma empresa em associação ou aliança com o escritório de advocacia do árbitro, mas que não partilha de honorários ou outras receitas, prestar serviços a uma das partes ou coligadas, em assunto não relacionado[433].

A categoria proposta pelo presente estudo permite a identificação de duas situações distintas: *(i)* a prestação de serviços diretamente pelo árbitro; e *(ii)* a prestação de serviços pelo escritório ao qual o árbitro pertence.

Na primeira situação, os critérios de análise voltam-se à relação profissional, cuja expressão é avaliada de acordo com o que *comumente acontece*, a fim de se identificar se o evento ou situação ensejam a aparência de parcialidade, em norma concreta que deve respeitar a coerência e coesão do sistema do qual é extraída, de acordo com os seguintes critérios:

- proximidade da relação, sendo que quanto mais próxima e direta ela for, ou seja, quanto menos pessoas ou entidades se interpuserem entre a parte e o árbitro, mais aparente a parcialidade. De fato, mais aparente a parcialidade do árbitro que prestou serviços diretamente à parte do que a uma sociedade coligada (que não subsidiária integral);
- contemporaneidade da relação, sendo que quanto mais próxima no tempo ao processo arbitral, mais aparente a parcialidade. De fato, mais aparente a parcialidade se a prestação do serviço ocorrer paralelamente à arbitragem do que se tiver ocorrido em um passado distante;
- regularidade da relação, sendo que quanto mais regular ela for, mais aparente a parcialidade. De fato, mais aparente a parcialidade se o árbitro prestar serviços constantes à parte do que se ele tiver prestado um único e pontual serviço;
- afinidade do serviço com a matéria objeto do processo arbitral, sendo que quanto mais afinidade houver, mais aparente a parcialidade. De fato, um serviço prestado que se relacione ao objeto do processo arbitral pode

[430] Seção 3.2.2
[431] Seção 3.2.3.
[432] Seção 4.2.1.
[433] Seção 4.3.1.

sugerir que o árbitro já possua concepção sobre a controvérsia (seja derivada de conhecimento próprio, seja por conta do quanto lhe foi transmitido pela parte fora do processo), restando imunizado às alegações apresentadas no processo arbitral, ou pode ainda ser indicativo do interesse do árbitro em favorecer a parte para quem presta serviços; e
- substancialidade (econômica), já tratada, segregável em um componente absoluto, que representa o real (*"actual"*) benefício econômico, e um componente relativo, que estabelece uma proporção entre o valor absoluto frente ao *status* econômico do árbitro.

Na situação em que o escritório do árbitro (e não o árbitro pessoalmente) mantenha a relação de negócio com a parte, outros critérios se incorporam àqueles acima arrolados:

- o momento em que estabelecida a relação do árbitro com o escritório, pois quanto mais recente for essa relação, mais aparente a imparcialidade. De fato, mais aparente a imparcialidade do árbitro recém-ingresso em banca que já mantinha alguma relação com a parte do que do árbitro já pertencente ao escritório ao tempo em que essa relação de prestação de serviços foi sendo construída; e
- a relação entre o árbitro e o escritório (sócio, associado, empregado, consultor etc.), pois quanto mais estreita essa ligação, mais aparente a parcialidade do árbitro, seja por conta da maior facilidade de acesso à informação, seja pela possibilidade de que sua remuneração esteja mais intimamente ligada aos proventos auferidos pelos serviços prestados à parte.

Em qualquer das hipóteses, deve ser notado o critério de:

- amplitude do mercado de árbitros disponíveis e sua especialidade na matéria objeto de disputa. De fato, quanto menor o número de especialistas disponíveis para funcionar como árbitro em determinado conflito, menos aparente será a parcialidade do árbitro e mais provável será o seu contato com as partes ou com os demais envolvidos no processo arbitral.

3.4.3. Categoria (1.2) – Relação familiar ou social do árbitro com pessoas ou entidades envolvidas com a parte

A terceira categoria proposta pelo presente estudo congrega as relações preponderantemente não negociais do árbitro com pessoas envolvidas com uma das partes. Não se pode descartar, entretanto, que em algumas ocasiões coexista envolvimento econômico, agregando-se, assim, aos critérios de análise para a criação da norma concreta, também aqueles característicos na Categoria *(1.1)* acima.

Caso representativo dessa coexistência é o *Tembec v. USA*[434], no qual sentença proferida em processo arbitral segundo as regras UNCITRAL julgou improcedente o pedido de indenização movido por três empresas canadenses contra os Estados Unidos, pela imposição, por parte do país, de deveres e compensações à importação de madeira canadense. Durante o processo arbitral, os requerentes impugnaram um árbitro sob a alegação de que ele não teria revelado que sua mulher era prima do presidente George W. Bush, que se envolveu pessoal e diretamente, assim como o primeiro-ministro do Canadá, na disputa não vinculante no âmbito do NAFTA a respeito do tema, o que veio a ser o tema central do processo arbitral. O árbitro não havia revelado, ainda, ter recebido duas importantes nomeações na administração pública: *Legal Adviser of the United States Department of State*, enquanto George Bush (pai) era vice-presidente dos Estados Unidos; e indicação para o painel de árbitro da ICSID por George W. Bush (filho). O Secretário-Geral do ICSID rejeitou a impugnação, mas, três meses após tal decisão, os requerentes pleitearam a anulação da decisão com base na *"evident partiality"* prevista na *Section 10* do FAA. A Corte Distrital de Colúmbia anulou a decisão arbitral, sob as considerações de que a relação familiar e a proximidade com a família Bush, bem como os cargos na administração pública para os quais o árbitro foi nomeado – agravadas pela não revelação – seriam substrato suficiente para a constatação da *"evident partiality"* coibida por lei[435].

---

[434] Caso *TEMBEC Inc. v. The United States of America*, Case No. 05-2345 (D.D.C., 2006). Decisão disponível no endereço eletrônico http://www.state.gov/documents/organization/64890.pdf; consulta em 21.12.2015.

[435] Literalmente: "Mr. Robinson's familial relationship to the President of the United States (undisclosed until questioned); his political and financial support for the President (not disclosed at all); his former position as the Legal Adviser to the U.S. State Department (the office defending the claim); and his appointment to the ICSID Panel of Arbitrators by the President (also undisclosed); all demonstrate a relationship that compromises Mr. Robinson's impartiality in Tembec's suit against the United States".

Laços familiares, em geral, têm intensidade e ensejam contatos regulares, levando à conclusão pela parcialidade do árbitro[436]. Veja-se o caso *Morelite v. NYC District Council*, no qual o pai do árbitro era o presidente do sindicato parte no litígio[437], fator considerado determinante (diante da ausência de outras informações) para análise da imparcialidade.

Por sua vez, a existência de meros contatos sociais entre árbitro e parte é irrelevante para a configuração da aparência de parcialidade. No caso *Zhinvali v. Georgia*, segundo as regras ICSID, esta última impugnou o árbitro por ele ter participado de uma "*dinner party*" da qual também participou um executivo sênior de um dos três acionistas da Zhinvali, e pelo fato de o árbitro ter visto esse mesmo executivo em outras reuniões informais. Esse executivo – a quem o impugnante apontou que desenvolveria um papel central na arbitragem e cuja credibilidade seria extremamente importante para a decisão – operava no Chipre, país natal do árbitro, de modo que haveria um risco substancial de que os contatos do árbitro com o executivo afetariam a independência do seu julgamento. A impugnação foi afastada pela falta de demonstração de como encontros casuais e sociais constituiriam manifesta falta de confiança para um julgamento independente, configurando, na verdade, pura especulação[438].

No mesmo sentido foi a decisão da Corte Distrital do Sul de Nova Iorque no caso *PK Time v. Robert*, na qual este último requereu o afastamento de dois árbitros sob a alegação (entre outras) de que eles teriam proferido palestra na conferência "*International Dispute Resolution*", ocorrida em fevereiro de 2012 em Londres, na qual a testemunha técnica de Robert também fez exposição. A conferência foi patrocinada pela empresa Navigant, que empregava a testemunha técnica. A Corte, declarou que PK Time estava claramente especulando sobre a relação entre os árbitros e a testemunha técnica, sendo que "*if the courts were to disqualify every arbitrator who has had professional contacts with a party or witness, it would be difficult to maintain the arbitration system*" [439].

---

[436] Caso que constituiu exceção (Caso *Consolidation Coal Company v. Local 1643, United Mine Workers of America*) e as razões que levaram a isso são trazidos no texto principal e nota 376.
[437] Vide nota 375.
[438] Decisão não publicada, mas referida por KAREL DAELE. *Challenge...* op. cit., pp. 288-289 e por SAMUEL ROSS LUTTRELL. *Bias...* op. cit., p. 226.
[439] Caso *PK Time Group, LCC v. Cinette Robert*, No. 12 Civ. 8200, 2013 (S.D.N.Y. July 23, 2013). Decisão disponível no endereço eletrônico http://f.datasrvr.com/frl/613/93802/6_PK_Time_Group_v_Robert.pdf; consulta em 21.12.2015.

Em caso CCI, o árbitro nomeado pelo requerido foi impugnado pelo requerente por alegadamente ter mantido comunicações *ex parte* com os representantes de uma das partes em um seminário, poucas semanas antes da audiência de instrução. Segundo a alegação do requerente, o árbitro estava no seminário para se patrocinar profissionalmente, de modo que a conversa demonstraria que ele esperava beneficiar-se de uma futura relação com o requerido. Ainda segundo o requerente, o árbitro deveria ter revelado esse contato e, não o fazendo, trazia à tona o questionamento sobre a sua independência. O árbitro respondeu que não tinha envolvimento na organização ou promoção da conferência nem com a escolha dos convidados, que seu contato com um dos empregados do requerido foi extremamente limitado e não substancial, e que as alegações careciam de fundamento, configurando mera especulação[440]. A impugnação foi improvida.

Em outro caso ICSID, *Asset Recovery v. Argentina,* o Estado impugnou o árbitro presidente, Jaime Irarrázabal Covarrubias, por ele ser membro e diretor da Câmara de Comércio América-Chile (Amcham), o que, segundo a Argentina, ensejaria simpatia e favorecimento dos investidores norte-americanos que controlavam a Asset Recovery, fazendo faltar a necessária imparcialidade. Os coárbitros, ao decidirem o incidente, buscaram ligações mais sólidas do árbitro com a parte, levando em consideração que *(i)* a Asset Recovery não era membro da Amcham; *(ii)* o árbitro presidente não tinha relação com a companhia; *(iii)* não havia evidência de que a Asset Recovery tivesse negócios no Chile; *(iv)* não havia evidência de que o árbitro presidente participasse de atividades na Argentina; e *(v)* a Amcham ou seus membros não figuravam como parte no processo arbitral. Assim, julgaram improcedente a impugnação[441].

Interessante caso, que envolveu a atuação do árbitro no curso do procedimento – agravada pela relação mantida com o árbitro não neutro indicado por uma das partes – levou ao reconhecimento de parcialidade e a anulação da sentença arbitral. Após o término de processo arbitral que envolvia direitos trabalhistas, no qual restou vencedora a United Transportation Union (ou sindicato), a empresa vencida, Pacific & Arctic Railway And Navigation Company, buscou a anulação da sentença sob a alegação de parcialidade do árbitro presidente (neutro), Arthur Sempliner, devido à sua ligação com

---

[440] ANNE MARIE WHITESELL. *Independence... op. cit.*, pp. 29-30.
[441] Caso referido por KAREL DAELE. *Challenge... op. cit.*, p. 444. Vide, ainda, *Investment Treaty News* de 19 de outubro de 2006, disponível no endereço eletrônico http://www.iisd.org/pdf/2006/itn_oct19_2006.pdf; consulta em 21.12.2015.

CAPÍTULO 3. PREMISSAS PARA CONSTRUÇÃO DA NORMA CONCRETA

o árbitro não neutro indicado pelo sindicato, Kenneth Levin. O árbitro não neutro indicado pela Pacific foi J. W. Mills[442]. Sempliner e Levin eram amigos há 20 anos e, além desse fato, uma série de outros ensejaram a procedência da anulação em primeiro grau, confirmada pela Corte de Apelo do Nono Circuito: *(i)* Levin telefonou para Sempliner uma série de vezes antes da audiência, pouco menos de 24 horas após ter sido proferida decisão em um caso relacionado; *(ii)* no primeiro dia de audiência, Mills convidou Sempliner para jantar, planejando convidar Levin caso Sempliner aceitasse. Este não aceitou, deixando de mencionar que já havia agendado jantar com Levin; *(iii)* antes do referido jantar, Levin e Sempliner aguardaram de dez a vinte minutos no quarto desse último, e saíram para jantar juntos, tendo sido surpreendidos pelo advogado da Pacific, que instou o seu árbitro a acompanhá-los; no entanto, Mills não conseguiu encontrá-los; Levin pagou o jantar; e *(iv)* na manhã seguinte, Levin e Sempliner foram vistos tomando café da manhã juntos. Trazidos esses fatos para a audiência, gerou-se acalorada discussão, sendo que Sempliner proibiu ao advogado da Pacific o registro das suas alegações de impugnação. Ainda no curso da audiência, Sempliner interrompeu Levin e recomendou que a parte que o havia indicado apresentasse apenas parte dos documentos referidos pelo árbitro (não neutro, não se pode esquecer) como provas. As atitudes do árbitro presidente levaram a Pacific e seu advogado a se retirarem da audiência, a qual continuou apenas com os advogados do sindicato. Ao final, Sempliner proferiu decisão a favor do sindicato. Em uma segunda audiência, realizada em Skagway, também sem a participação da Pacific ou de seus advogados, Levin e Sempliner desembarcaram juntos, tendo a audiência durado em torno de uma hora, sem qualquer registro. Além disso, Levin e Sempliner permaneceram no local por vários dias após o término da audiência, tempo em que pescaram e fizeram refeições juntos. Sempliner novamente julgou a favor do sindicato. A ação de anulação da sentença foi julgada procedente diante das impropriedades processuais, agravadas pelas numerosas "*ex parte communications*" travadas entre o árbitro neutro e o não neutro e pela aceitação, pelo primeiro, de favores e benefícios prestados pelo segundo[443].

---

[442] Caso *Pacific & Arctic Railway And Navigation Co. v. United Transportation Union*, 952 F.2d 1144 (11º Cir., 1991). Decisão disponível no endereço eletrônico https://law.resource.org/pub/us/case/reporter/F2/952/952.F2d.1144.90-35646.html; consulta em 21.12.2015.

[443] No original: "[i]n light of the entire record, including the procedural improprieties; the egregious non-disclosures and unbelievable *post facto* explanations by Levin and Sempliner; Sempliner's assumption of an advocate's role and active assistance to the union in shaping the record so that it might support his awards; the numerous *ex parte* communications between Levin and Sempliner;

As *IBA Guidelines* tratam das hipóteses relativas à categoria proposta pelo presente estudo. Na Lista Vermelha de Eventos Renunciáveis são previstas as hipóteses: *(i)* de um membro familiar próximo do árbitro possuir interesse financeiro significativo no resultado da demanda[444]; *(ii)* de o árbitro ou membro familiar próximo possuir relacionamento próximo com terceiro que possa ser responsabilizado em ação de regresso instituída pela parte derrotada na demanda[445]; *(iii)* de o árbitro possuir relacionamento familiar próximo com uma das partes ou com o administrador, conselheiro ou membro de órgão supervisor ou com qualquer pessoa com influência de controle semelhante sobre uma das partes ou coligadas, ou com advogado que as represente[446] e; *(iv)* de um membro familiar próximo do árbitro possuir interesse financeiro significativo em uma das partes ou coligadas[447]. A Lista Laranja contempla a hipótese *(vi)* de existir um vínculo próximo e pessoal de amizade entre o árbitro e administrador, conselheiro ou membro de órgão supervisor, ou qualquer pessoa com influência de controle semelhante sobre uma das partes ou coligadas, testemunha ou perito, o que se demonstra pelo fato de estes e o árbitro passarem considerável tempo juntos, em atividades não relacionadas a compromissos profissionais de trabalho ou a atividades de entidades de classe ou organizações sociais[448].

O exame das decisões enquadráveis na categoria sugerida pelo presente estudo demonstra que a comparação entre as *particularidades* do caso frente ao que *comumente acontece* para a criação da norma concreta levou em consideração certas características da relação entre árbitro e pessoas envolvidas com a parte, com ênfase nos seguintes critérios:

- intensidade e regularidade da relação e dos contatos, sendo que quanto maior a intensidade e regularidade, mais aparente a parcialidade do árbitro. De fato, mais aparente a parcialidade se o árbitro for familiar do administrador da parte ou for seu amigo de longa data, do que se houver conhecido um membro da equipe deste em um evento social.

Sempliner's acceptance of gratuities and other favors from Levin or union officials; the actual and demonstrated bias of Sempliner and the irrational awards that are the product Sempliner's bias and favoritism, I conclude that the awards are tainted by the functional equivalent of fraud".

[444] Seção 2.2.2.
[445] Seção 2.2.3.
[446] Seção 2.3.8.
[447] Seção 2.3.9.
[448] Seção 3.4.3.

Interessante notar que, para as relações não-familiares, a criação da norma concreta é reforçada por levar em consideração a existência de vínculo econômico na relação analisada, segundo os critérios da categoria (1.1.1) acima; e
- o envolvimento que a pessoa com quem o árbitro se relaciona tem com o litígio, sendo que quanto maior o envolvimento, mais aparente a parcialidade do árbitro. De fato, mais aparente a parcialidade se o árbitro mantiver contato com o diretor jurídico da empresa, que trata diretamente do conflito, do que se o fizer com indivíduo que não tenha qualquer contato com (ou mesmo desconheça) o litígio.

3.4.4. Categoria (2) – Relação do árbitro (ou de seu escritório) com o advogado que representa a parte (ou com seu escritório)

Por conta da configuração peculiar do mercado em que os potenciais árbitros estão inseridos – e tendo em vista que geralmente os advogados das partes são os responsáveis pela indicação dos árbitros – a relação entre patronos e árbitros é categoria hábil a ensejar a aparência de parcialidade. A situação é delicada, pois ao mesmo tempo em que os árbitros precisam se inserir em um mercado para assim receberem indicações, devem não se envolver em situações que possibilitem a aparência de parcialidade[449].

Exemplo disso é o caso *Montez v. Prudential Securities*, decidido segundo o FAA, no qual a Corte de Apelação do Oitavo Circuito negou o pedido de anulação de sentença arbitral formulado por Montez com fundamento na alegação de que o árbitro, James Benson, não teria revelado que havia trabalhado em empresa que teve negócios com o escritório que patrocinava a Prudential[450]. Benson havia sido o *general counsel* do banco de investimento Underwood & Neihaus entre 1977 e 1987, o qual havia contratado o escritório Baker & Botts, em negociação que envolveu honorários de USD 2.8 milhões. Aqui, mais uma vez, o critério de interesse econômico – aplicado à manutenção da relação do árbitro com o advogado da parte – foi analisado, sendo que a Corte apontou que "there is no indication that Benson had any financial interest" relacionado ao escritório de advocacia, ao seu antigo empregador ou à Prudential, e que o árbitro "have anything to gain from fostering a relationship with either Baker & Botts or PSI [Prudential]". Além disso, o critério da tempora-

---

[449] Sobre o tema, com mais detalhes, vide capítulo 3.3.
[450] Caso *Montez v. Prudential Securities, Inc.*, 260 F.3d 980 (8th Cir. 2001). Decisão disponível no endereço eletrônico https://law.resource.org/pub/us/case/reporter/F3/260/260.F3d.980.00-3957.html; consulta em 21.12.2015.

lidade também foi utilizado, tendo a Corte apontado que o antigo empregador do árbitro não possuía negócio com nenhuma das partes na arbitragem, e a relação entre as sociedades (antiga empregadora do árbitro e escritório de advocacia) havia se encerrado cinco anos antes do início da arbitragem.

No conhecido caso *Tecso v. Neoelectra*, a Corte de Apelação de Paris entendeu que a atividade do árbitro como *of counsel* do escritório ao qual pertencia uma das advogadas que defendia (isoladamente, e não em nome do escritório) uma das partes, escritório esse para o qual o árbitro havia prestado consultoria duas ou três vezes como professor e do qual dispunha de endereço eletrônico, seria suficiente – dada a não revelação do árbitro – para caracterizar *courant d'affaires* e a parcialidade do árbitro. A Corte de Cassação requereu apontamentos da Corte de Apelação que, ao final, levaram ao não reconhecimento da falta de imparcialidade[451].

Em geral, o mero fato de o árbitro ter realizado um único serviço com ou para o escritório de advocacia que representa uma das partes não consiste em causa para a aparência de parcialidade, especialmente se o negócio tiver sido *de minimis*, assim como ocorre com a prestação direta de serviço do escritório do árbitro para a própria parte. Tal caso é diferente do *ASM Shipping v. TTMI*, no qual se reconheceu que o fato de o árbitro ter prestado serviço ao escritório de advocacia de uma das partes (em caso não relacionado), para demonstrar a falta de integridade e desonestidade de uma testemunha que também era testemunha principal do caso que iria julgar, ensejaria a parcialidade do árbitro[452].

A relação entre árbitro e advogado da parte deve ser familiar, negocial ou pessoal, não se podendo sustentar que outras conexões (meramente acadêmicas ou institucionais) ensejem, por si, a aparência de parcialidade do árbitro. É o quanto restou decidido no caso *Red Eléctrica de España v. Iberdrola Distribución Eléctrica*[453], no qual a Corte Provincial de Madri considerou que o fato de o árbitro presidente e um dos coárbitros terem sido designados presidente e vice-presidente de uma associação de arbitragem, da qual era secretário também o advogado de uma das partes, não vulnerava os princípios da independência e imparcialidade impressos na Lei de Arbitragem espanhola. Também a Suprema Corte de Justiça da Costa Rica, na decisão do caso

---

[451] Para mais detalhes, vide texto principal e notas 117 e 120.
[452] Para mais detalhes, vide texto principal e nota 148.
[453] Caso trazido por José Carlos Fernández Rozas. *Clearer ethic guidelines and comparative standards for arbitrators*, in Miguel Ángel Fernández-Ballesteros; David Arias. *Liber amicorum Bernardo Cremades*. Madrid: La Ley, 2010, p. 433.

CAPÍTULO 3. PREMISSAS PARA CONSTRUÇÃO DA NORMA CONCRETA

Scott Paper v. Dario Express R. Castro, registrou que "la condición de profesores universitarios que pueden compartir dos abogados dentro de uma misma casa de estudios, no es un motivo que necesariamente deba generar dudas sobre la imparcialidad"[454]. No entanto, é possível pensar em hipótese na qual o árbitro seja professor de um departamento de uma universidade e o advogado de uma das partes seja o professor-chefe do mesmo departamento, com função institucional de atribuir aulas aos colegas e, nesse ponto, influir na sua remuneração. Parece que, aqui, em razão da relação hierárquica, a aparência de parcialidade se mostra com mais força, sendo razoável criar-se norma concreta que coíba tal situação.

O caso ICSID *Universal Compression v. Venezuela* retrata bem o tema do relacionamento profissional e pessoal entre advogado e árbitro, além de outros temas correlatos. No caso, o investidor indicou como árbitro Guido Santiago Tawil, argentino, e a Venezuela, Brigitte Stern, francesa. Tawil revelou, consoante as regras aplicáveis, que não mantinha relação com quaisquer das partes, especificando que *(i)* havia sido, em duas arbitragens ICSID já encerradas, *co-counsel* do escritório de advocacia (King & Spalding) que representava o investidor; *(ii)* uma das associadas do escritório que representava o investidor, Silvia Marchili, havia trabalhado em seu time em outro escritório, entre os anos de 2003 e 2006; e *(iii)* juntamente com outros autores, havia contribuído para a primeira e segunda edições da obra *"The art of advocacy in international arbitration"*, da qual Doak Bishop (*team leader* do King & Spalding) era um dos coeditores. Stern, em sua revelação, nada apontou, mas dois meses depois apresentou declaração na qual ressaltou que havia sido nomeada pela Venezuela em três arbitragens ICSID, nos anos de 2007, 2008 e 2010. Ambos os árbitros confirmaram a sua imparcialidade. As partes impugnaram o árbitro indicado pela adversária, tendo a impugnação contra a nomeação de Stern apontado que haveria comprometimento da sua imparcialidade e independência especialmente porque *(i)* além das múltiplas indicações feitas pela Venezuela; *(ii)* todas elas ocorreram em casos que envolviam assuntos similares, quais sejam, limitação da propriedade por medidas expropriatórias, o que ensejaria a aplicação das Seções 3.1.3 e 3.1.5 das *IBA Guidelines*; e *(iii)* em dois dos casos anteriores, a Venezuela havia sido representada pelo mesmo

---

[454] Caso informado por José Carlos Fernández Rozas. *Contenido ético del oficio de árbitro*, trabalho apresentado no Congreso Arbitraje La Habana 2010, pp. 20-21; disponível no endereço eletrônico http://www.ohadac.com/congres.html?file=content/ohadac/travaux/congres/Contenido%20etico%20del%20acceso%20a%20la%20actividad%20arbitral%20%5BJose%20Carlos%20Fernandez%20Rozas%5D.pdf; consulta em 21.12.2015.

escritório, e em todos eles pelo Advogado Geral, o que ensejaria a aplicação da Seção 3.3.7 das *IBA Guidelines*. A impugnação contra a nomeação de Tawil foi baseada na dúvida razoável sobre a sua imparcialidade, em razão *(i)* da relação profissional entre o árbitro e vários membros do escritório King & Spalding, que durou pelos menos dez anos e que basicamente consistiu na representação conjunta em arbitragens de investimento, sempre em favor dos investidores (três casos até 2010) e *(ii)* da relação de trabalho entre o árbitro e a advogada Silvia Marchili, por quatro anos, no escritório do qual Tawil era sócio ao tempo do processo arbitral em questão. O presidente do tribunal arbitral afastou as impugnações a Stern[455], apontando que as *IBA Guidelines* são indicativas, e não mandatórias, e que sua independência e imparcialidade não seriam impactadas pelas múltiplas indicações pela Venezuela, tendo em vista que a árbitra já havia sido indicada para mais de vinte casos ICSID, evidenciando que ela não seria dependente – economicamente ou de qualquer outro modo – das indicações da Venezuela. Apontou que a árbitra não poderia ser afastada simplesmente por ter enfrentado questões de fato ou de direito semelhantes em outras arbitragens, visto que as decisões pretéritas não a vinculavam, além do que os casos de desapropriação aparentemente teriam se dado em diferentes ramos empresariais. Por fim, afastou a alegação de múltipla indicação pelo mesmo escritório ensejaria relação de dependência, tendo em vista que a árbitra havia sido indicada múltiplas vezes por vários escritórios. O presidente do tribunal também afastou as impugnações a Tawil, apontando que *(i)* não existia relação corrente entre o árbitro e o escritório que patrocinava o investidor e *(ii)* não restou demonstrado que as causas patrocinadas em conjunto envolviam questões legais similares ao caso em questão, de modo que não haveria qualquer vantagem do contato pretérito do árbitro com os advogados. Sobre a relação entre árbitro e a associada do King & Spalding, o presidente considerou difícil imaginar que a imparcialidade do árbitro seria afetada pela relação existente cinco anos antes entre o árbitro e um dos muitos advogados da sua equipe na época[456].

---

[455] Caso *Universal Compression International Holdings, S.L.U. v. The Bolivarian Republic of Venezuela*, ICSID Case No. ARB/10/9. *Decision on the proposal to disqualify Prof. Brigitte Stern and Prof. Guido Santiago Tawil, Arbitrators*, disponível no endereço eletrônico https://icsid.worldbank.org/ICSID/FrontServlet?requestType=CasesRH&actionVal=showDoc&docId=DC2411_En&caseId=C1021; consulta em 21.12.2015.

[456] Críticas a essa decisão, especialmente por ela desconsiderar que a relação de parceria de Tawil com o escritório King & Spalding durou oito anos e meio – o que seria suficiente para que fosse construída uma forte relação pessoal e para que o árbitro estabelecesse uma natural simpatia pelas alegações do seu antigo parceiro – foram feitas por KAREL DAELE. *Challenge... op. cit.*, pp. 295-296.

CAPÍTULO 3. PREMISSAS PARA CONSTRUÇÃO DA NORMA CONCRETA

Demonstração da existência de contatos muito próximos ocorreu no caso *C. Vick v. North Carolina Farm Bureau*, processado segundo as regras da AAA. Nele, o árbitro apontado pela instituição, Mark C. Kirk, revelou: "I know and have worked with counsel for both Parties. I also know Mr. Aldridge [o sócio do escritório que representava a Farm Bureau] socially. Such relationships will not affect my ability to render a fair and impartial determination in this proceeding." Antes da audiência, a sociedade Vick impugnou o árbitro em razão do seu relacionamento com a advogada da parte, impugnação essa afastada pela AAA, com a continuação da audiência. Posteriormente, restou demonstrado que o árbitro não havia revelado diversos eventos que o ligavam aos sócios do escritório de advocacia que representou a Farm Bureau, especialmente à sócia Stephani Humrickhose: *(i)* o árbitro conhecia a advogada desde o primeiro ano da faculdade; *(ii)* a advogada havia tido encontros com o colega de quarto do árbitro no tempo da faculdade; *(iii)* a advogada e o árbitro pertenciam à mesma fraternidade estudantil; *(iv)* o árbitro era amigo do marido da advogada, a quem se referia pelo primeiro nome, do qual conhecia as alergias e a quem caracterizava como "um dos seres humanos mais divertidos na face da Terra"; *(v)* o árbitro e a advogada jantavam juntos e iam a jogos de futebol juntos; *(vi)* o árbitro e a advogada trocavam presentes nos aniversários dos respectivos filhos e seus filhos brincavam juntos; *(vii)* a mulher do árbitro havia viajado para Nova Iorque e se hospedado na residência dos pais da advogada; *(viii)* o árbitro e a advogada tinham amigo em comum, associado ao escritório da advogada; *(ix)* o árbitro admitiu que a advogada indicava casos para seu escritório, recebidos pelo seu sócio Howard Kahn; e *(x)* a advogada representou o árbitro em procedimento criminal e apresentou manifestação em seu interesse para Cortes Distritais. Ademais, restou comprovado que outro sócio da banca que representava a Farm Bureau, Gregory Crampton, foi testemunha técnica no processo criminal em que o árbitro foi envolvido, encontrando-se com o árbitro, para esse fim, várias vezes. Assim, diante das numerosas relações sociais, negociais e profissionais entre o árbitro e o escritório que patrocinava a Farm Bureau – nenhuma delas revelada – a Corte de Apelação da Carolina do Norte[457] entendeu haver fundamento provável a afetar a imparcialidade ou para razoavelmente criar a aparência de imparcialidade, julgando procedente a demanda para a anulação da sentença arbitral.

---

[457] Caso *William C. Vick Const. Co. v. North Carolina Farm Bureau Federation*, 472 S.E.2d 346 (N.C. App. 1996). Decisão disponível no endereço eletrônico http://www.leagle.com/decision/1996818472SE2d346_1745; consulta em 21.12.2015.

Também é interessante o caso anedótico em que o árbitro foi flagrado pelas câmeras de segurança ao entrar à noite e sair na manhã seguinte, por duas vezes, da suíte ocupada por uma das advogadas que atuavam no caso. A advogada afirmou que o árbitro havia passado com ela a primeira noite porque ela não se sentia bem e o árbitro ficou preocupado com a sua saúde; justificou a segunda noite afirmando que o árbitro havia perdido a sua pasta, não a encontrando até horário avançado, quando não conseguiu mais local para pernoitar, razão pela qual a advogada, preocupada, ofereceu-se para dividir novamente o quarto com o árbitro[458].

Em caso CCI, a Corte não confirmou a nomeação do árbitro que deixou de revelar que constava como *of counsel* no endereço eletrônico do escritório de advocacia que representava uma das partes, além de usar seu endereço físico e telefone[459]. Em outro caso CCI, o árbitro não foi confirmado porque estava atuando em dois casos como *co-counsel* do advogado dos requeridos, em dois outros casos como *co-counsel* de colegas do advogado do requerido e em outros dois casos judiciais contra o escritório que estava representando os requerentes[460]. Outros casos de não confirmação envolveram: *(i)* a amizade íntima do árbitro com um dos advogados de uma das partes[461]; *(ii)* o fato de a mulher do árbitro ser uma das sócias do escritório de advocacia que defendia uma das partes[462]; *(iii)* a situação de o árbitro não ter revelado ter emitido pareceres para um cliente do escritório de uma das partes, além de ter atuado como *co-counsel* desse escritório em dois casos não relacionados, e ser coeditor, ao lado do advogado desse escritório de advocacia, de um livro sobre arbitragem[463]; e *(iv)* o fato de o árbitro não ter revelado haver trabalhado, seis anos antes da instauração do processo arbitral, no mesmo escritório de advocacia do advogado de uma das partes, mesmo que não tivesse mais mantido qualquer relação profissional com ele[464].

A Corte da CCI, contudo, confirmou a nomeação de julgadores em casos que envolveram: *(i)* árbitro que foi nomeado revisor oficial do anteprojeto

---

[458] Caso referido por Richard B. Schimitt. *Suite sharing: friendship with winning lawyer imperils huge victory*, in Wall Street Journal, 14.02.1990, *apud* William W. Park. *Arbitrator integrity... op. cit.*, p. 641, nota 31.
[459] Anne Marie Whitesell. *Independence... op. cit.*, p. 21.
[460] Anne Marie Whitesell. *Independence... op. cit.*, p. 25.
[461] Jason Fry; Simon Greenberg. *The arbitral tribunal: applications of articles 7-45 of the ICC Rules in recent cases*; in ICC International Court of Arbitration bulletin, v. 20, n. 2, 2009, p. 20.
[462] Jason Fry; Simon Greenberg. *The arbitral... op. cit.*, p. 20.
[463] Anne Marie Whitesell. *Independence... op. cit.*, p. 18.
[464] Anne Marie Whitesell. *Independence... op. cit.*, p. 18.

de lei que havia sido preparado por um sócio do escritório de advocacia de uma das partes, além de ter sido coautor de várias publicações com ele[465]; *(ii)* árbitro que havia sido coautor de um tratado com o advogado de uma das partes, além de ter trabalhado com ele em um mesmo escritório, em relação que havia terminado nove anos antes do início da arbitragem[466]; *(iii)* árbitro que não revelou que ele e o advogado de uma das partes eram membros do parlamento e do mesmo partido político[467]; e *(iv)* árbitro que revelou participar de várias organizações profissionais com o advogado de uma das partes, sendo que ambos haviam sido coárbitros em dois processos arbitrais já encerrados[468].

A CCI afastou árbitros já confirmados nos casos em que: *(i)* o árbitro informou ter tomado conhecimento que uma das filiais estrangeiras do seu escritório de advocacia, que possuía mais de setecentos advogados, havia conduzido transação que envolvia a parte que o havia indicado, mas que não tinha qualquer relação com o objeto da arbitragem, sendo que o escritório prestou declaração de que havia tomado os mais estritos procedimentos de confidencialidade (*"Chinese wall"*) para isolar o coárbitro de qualquer contato com a matéria[469]; *(ii)* o árbitro informou, após ter sido confirmado, que havia se envolvido, na qualidade de antigo consultor legal da parte que o indicou, no desenvolvimento do projeto que levou à controvérsia[470]; *(iii)* o árbitro não revelou que, contemporaneamente ao processo em questão, era *co-counsel* em outro processo, juntamente com o advogado da parte que o nomeou[471]; e *(iv)* o árbitro constava como advogado e consultor no endereço eletrônico do escritório de advocacia da parte que o nomeou, embora ele fosse professor universitário e somente emitisse opiniões legais e respondesse a consultas para escritórios que remuneravam a universidade, consoante um formato estabelecido em lei, a qual exigia que ele permanecesse independente de qualquer escritório que contratasse seus serviços de consultoria[472].

Há registro de impugnação baseada na relação entre coárbitro e advogado que foi denegada pela Corte da CCI, em caso que envolveu árbitro nomeado

---

[465] ANNE MARIE WHITESELL. *Independence...* op. cit., p. 16.
[466] ANNE MARIE WHITESELL. *Independence...* op. cit., p. 16.
[467] ANNE MARIE WHITESELL. *Independence...* op. cit., p. 16.
[468] ANNE MARIE WHITESELL. *Independence...* op. cit., pp. 18-19.
[469] ANNE MARIE WHITESELL. *Independence...* op. cit., pp. 27-28.
[470] ANNE MARIE WHITESELL. *Independence...* op. cit., p. 28.
[471] ANNE MARIE WHITESELL. *Independence...* op. cit., p. 28.
[472] ANNE MARIE WHITESELL. *Independence...* op. cit., pp. 28-29.

pela parte, que não revelou relação acadêmica com advogado do escritório de advocacia da parte que o indicou, por força da qual supervisionou a tese de doutorado e, segundo a impugnação, teria financiado a publicação da tese. O coárbitro informou que sua relação com o advogado era meramente acadêmica, tal como mantinha com diversos outros alunos. Uma carta do editor afirmou que o coárbitro não havia contribuído financeiramente com a tese[473].

No entanto, foi anulada sentença arbitral proferida em processo no qual o árbitro, Gerald Weisbach, apresentou revelação parcial e incompleta, na qual omitiu que possuía uma relação "familiar" com o advogado de uma das partes (David Baskin), inclusive tendo sido namorado da irmã desse advogado[474]. No caso *Société Milan Presse v. Société Media Sud Communication*[475], o coárbitro havia sido casado com a mãe do advogado de uma das partes (e que o havia indicado para o encargo) e por isso não foi considerado imparcial. Nem mesmo o fato de a mãe do advogado ter falecido em 1991 e o processo arbitral ter se iniciado em outubro de 1993 foi suficiente para afastar a aparência de parcialidade do árbitro.

Para configurar a aparência de parcialidade, é necessária a demonstração de uma verdadeira relação entre árbitro e advogado ou escritório que representa uma das partes. Não bastam meras inferências derivadas de contatos pontuais. Isso fica claro na decisão do caso *Trevino Hernandez v. Smart & Final*, no qual o requerido pleiteou a anulação de sentença arbitral proferida em processo CCI, com fundamento na *Section 10(a)(2)* do FAA, à Corte Distrital do Distrito Sul da Califórnia, sob a afirmação que um dos três árbitros era o presidente da *US-Mexico Bar Association*, enquanto o sócio do escritório de advocacia que representava o requerente era o vice-presidente da mesma associação. A Corte entendeu que a evidente parcialidade requerida pela lei teria que decorrer, no mínimo, de uma relação financeira, de emprego ou pessoal entre o árbitro e a parte[476].

---

[473] ANNE MARIE WHITESELL. *Independence...* op. cit., p. 30.
[474] Caso *La Serena Properties et al v. Gerald Weisbach et al*, 186 Cal. App. 4th 893 (Cal. Ct. App. 2010). Decisão disponível no endereço eletrônico http://www.leagle.com/decision/In%20CACO%2020100804003; consulta em 21.12.2015.
[475] Caso *Société Milan Presse v. Société Media Sud Communication. Cour d'appel de Paris*, decisão de 12.01.1999, in *Revue de l' arbitrage*, 1999, n. 2, pp. 381-383.
[476] Caso *Trevino Hernandez, S. De R.L. de C.V. v. Smart &* Final, Inc., 2010 WL 2505683, (S.D.Cal June 17, 2010), comentado por JUAN M. ALCALÁ; CAMILO CARDOZO; CLAUDIA T. SALOMON. *Chapter 3 – arbitrator disclosure standards in a state of flux*, in GRANT HANESSIAN (Ed.). *ICDR awards and commentaries*. New York: JurisNet, 2012, pp. 80-81.

CAPÍTULO 3. PREMISSAS PARA CONSTRUÇÃO DA NORMA CONCRETA

Essa relação pessoal foi demonstrada no caso *Karlseng v. Cooke*[477], entre o árbitro (Robert Falkner, juiz aposentado) e o advogado de uma das partes (Brett Johnson, do escritório Fish & Richardson), visto que o julgador não revelou que: *(i)* logo após a aposentadoria de Falkner, em fevereiro de 2003, Johnson e a primeira mulher do advogado (Katie) convidaram Falakner e sua mulher (Sheila) para um jantar privado no restaurante Capital Grille para celebrar a aposentadoria de Falkner, sendo que lá foram discutidos os planos deste em se tornar árbitro; *(ii)* em fevereiro de 2006, Johnson reservou e pagou por jantar com o árbitro em *country club*, no qual estiveram presentes as mulheres de ambos, sendo que um dos motivos para o encontro foi discutir o interesse da nova mulher do advogado (Kimberly) em se tornar juíza (detalhe: Johnson e Kimberly foram buscar os Falkners em sua casa, tendo tomado drinques enquanto Falkner se aprontava); *(iii)* a partir do jantar, Johnson e Robert e suas mulheres mantiveram uma série de conversas, por correio eletrônico, com tom e conteúdo pessoal; *(iv)* Johnson declarou que ele e Falkner provavelmente mantiveram uma média de 6 telefonemas sobre negócios ao ano; *(v)* em setembro ou outubro de 2016, Falkner reservou e pagou jantar a Johnson e Kimberly (que levaram seu filho de 4 meses) no Tower Club, em Dallas; *(vi)* os Johnson e os Falkners foram juntos ao jogo dos Mavericks, após o qual jantaram no Capital Grille, sendo que tanto os ingressos (com valor de face de USD 1,200.00) quanto o jantar (com o custo aproximado de USD 428.00) foram pagos por Johnson; *(vii)* em dezembro de 2016, Johnson enviou cartão de natal e uma cesta de vinhos (avaliados em USD 75.00) aos Falkners, recebendo de Sheila um cartão de agradecimento. Também restou demonstrado que: *(viii)*, a despeito da sua relação, Falkner e Johnson atuaram como completos "estranhos" quando se apresentaram, um ao outro, na audiência do processo arbitral; *(ix)* Johnson suspendeu o envio de cartão e presente de natal aos Falkners no ano de 2007, ou seja, durante o período em que pendeu o procedimento arbitral, tendo-os retomado em 2008; *(x)* em 31 de janeiro de 2008, Falkner deu ganho de causa ao cliente de Johnson no procedimento arbitral, para que ele recebesse aproximadamente USD 14.3 milhões, especificando os honorários do advogado em valor "equal to 45% of the award", ou seja, em aproximadamente USD 6.4 milhões; e *(xi)* pouco tempo após ter proferido a sentença arbitral (março ou abril

---

[477] Caso *Karlseng v. Cooke*, No. 05-09-01002-CV, 2011 WL 2536504. Decisão disponível no endereço eletrônico https://www.courtlistener.com/opinion/2538801/karlseng-v-cooke/; consulta em 21.12.2017.

de 2008), Falkner agendou e pagou por jantar aos Johnson e outro casal, no restaurante Mansion, em Dallas, cujo valor foi aproximadamente USD 1,000.00 para os três casais. Em razão desses fatos, a Corte de Apelação do Texas entendeu demonstrada a existência de uma "direct, personal, professional, social, and business relationship" entre árbitro e advogado, que "might, to an objective observer, create a reasonable impression of the arbitrator's partiality", anulando a sentença arbitral.

A natureza do serviço pretérito prestado pelo árbitro ao advogado da parte foi ponto analisado no caso LCIA 97/X27. A divisão (composta por Werner Melis, Bernardo Cremades e Kenneth Rokison) analisou impugnação ao árbitro fundada no fato de ele ter sido contratado pelo advogado da parte requerente na arbitragem, mais de oito anos antes, para funcionar como *expert witness* em disputa não relacionada e entre partes que não figuravam na arbitragem. A divisão considerou, além do lapso temporal, que a atuação pretérita do árbitro como *expert witness* do advogado da parte teria menor probabilidade de colocar em risco a imparcialidade do árbitro do que uma relação *barrister-solicitor*, especialmente porque, no papel de *expert witness*, o árbitro teria expressado sua opinião técnica independentemente dos interesses do cliente[478].

Contato pontual – qualificado pela falta de proximidade do árbitro com o advogado em razão de pessoa interposta – ficou demonstrado no caso SCC 001/2010[479]. Nele, o árbitro presidente foi impugnado porque, em outra arbitragem, sua mulher atuava como advogada adversária do advogado do impugnante e foi, pelo presidente daquele painel, duramente criticada por ensejar forte conflito entre os advogados. Com isso, o impugnante considerou que a mulher do árbitro teria aversão ao representante, o que poderia influenciar o árbitro. A impugnação foi rejeitada.

As *IBA Guidelines* ilustram diversas situações enquadráveis na categoria em questão. A Lista Vermelha de Eventos Renunciáveis contempla as hipóteses em que: *(i)* o árbitro representa o advogado ou escritório de advocacia que atua para uma das partes[480]; e *(ii)* o árbitro é advogado no escritório

---

[478] Caso 97/X27 (nomes omitidos); decisão de 23.20.1997, referida por WILLIAM W. PARK (Ed). *Arbitration international... op. cit.*, pp. 322-324.
[479] Caso 001/2010 (nomes omitidos), referido por NIKLAS LINDSTRÖM. *Challenges to arbitrators – decisions by the SCC Board during 2008-2010*, pp. 9-10; disponível no endereço eletrônico http://www.skiljedomsföreningen.se/$2/file/challenges-to-arbitrators-decisions-by-the-scc-board-during-20081.pdf; consulta em 21.12.2015.
[480] Seção 2.3.2.

CAPÍTULO 3. PREMISSAS PARA CONSTRUÇÃO DA NORMA CONCRETA

de advocacia que patrocina uma das partes[481]. A Lista Laranja faz previsões para casos em que: *(iii)* o escritório de advocacia do árbitro compartilhe receitas ou honorários com o escritório de advocacia que prestar serviços a uma das partes ou coligadas perante o tribunal arbitral[482]; *(iv)* o árbitro e o advogado de uma das partes são membros da mesma câmara de advogados (*"barrister chamber"*)[483]; *(v)* um membro familiar próximo do árbitro é sócio ou empregado do escritório de advocacia que representa uma das partes, não prestando serviços na controvérsia[484]; e *(vi)* existir um vínculo próximo de amizade entre um árbitro e o advogado de uma das partes, demonstrável pelo fato de regularmente passarem tempo considerável juntos, em atividades não relacionadas a compromissos profissionais ou a atividades de entidades de classe ou organizações sociais[485]. A Lista Verde compreende as hipóteses de: *(vii)* o árbitro possuir relacionamento com o advogado de uma das partes em virtude de filiação na mesma entidade de classe ou organização social[486]; e *(viii)* o árbitro e o advogado de uma das partes já terem atuado juntos em outro tribunal arbitral[487].

O exame das decisões enquadráveis na categoria sugerida pelo presente estudo revela que elas giram em torno de: *(i)* uma relação familiar próxima do árbitro com o advogado do escritório que patrocina uma das partes; e *(ii)* uma relação de amizade próxima (ou mesmo amorosa) do árbitro com advogado pertencente ao escritório que patrocina uma das partes, com destaque aos seguintes critérios:

- proximidade da relação, sendo que quanto mais próxima e direta ela for, ou seja, quanto menos pessoas ou entidades se interpuserem entre o advogado e o árbitro, mais aparente a parcialidade.
- intensidade da relação e regularidade dos contatos, sendo que quanto maior a intensidade (troca de presentes, jantares, viagens de passeio em conjunto ou com as respectivas famílias) e regularidade, mais aparente a parcialidade do árbitro;

---

[481] Seção 2.3.3.
[482] Seção 3.2.3.
[483] Seção 3.3.2.
[484] Seção 3.3.5.
[485] Seção 3.3.6.
[486] Seção 4.4.1.
[487] Seção 4.4.2.

- contemporaneidade da relação, sendo que quanto mais próxima no tempo ao processo arbitral, mais aparente a parcialidade; e
- a duração da relação, sendo que quanto mais longa ela for, mais aparente a parcialidade.

Ainda é possível, dentro da categoria, que advogado e árbitro tenham trabalhado juntos em um mesmo escritório (que não represente nenhuma das partes). Se a relação entre os profissionais for muito próxima, ela pode ser reconduzida à relação de amizade.

Quando a relação se dá entre o árbitro (ou seu escritório) e o escritório que patrocina a parte, geralmente entram em questão ligações econômicas, que devem ser analisadas segundo os critérios da categoria **(1.1.1)** acima.

3.4.5. Categoria (3.1) – Contato anterior do árbitro com o litígio, com causas derivadas ou com questões fáticas idênticas ou relacionadas

A terceira categoria identificável pela análise de casos concretos é mais heterogênea que as demais por ser residual, os seja, incluir todos os casos não redutíveis às categorias anteriores (as quais se ligam preponderantemente às relações do árbitro com a parte ou com o advogado e pessoas ou entidades do seu entorno). Aqui, a aparência de parcialidade deriva – preponderantemente, não se pode esquecer – de eventos distintos. Não se pode negar que o contato do árbitro com a causa anteriormente à sua nomeação pode se dar, justamente, por conta do início de uma relação do árbitro com a parte (uma consulta, por exemplo), mas a tônica de análise não se dá pelo dito início de relação (que pode ser incipiente a ponto de não "positivar" nenhum dos critérios de análise referentes à categoria[488]) e sim pelo conhecimento da narrativa da parte sobre o litígio antes e fora do processo arbitral, o que pode levar à aparência de imunização do árbitro quanto aos argumentos da parte contrária.

Assim, mesmo que possa existir algum nível de relação entre a parte (ou seu advogado) e o árbitro, é o conhecimento prévio do litígio e o posicionamento do julgador a respeito das questões nele envolvidas o que justifica a eleição da categoria ora tratada. Foi o que ocorreu em casos CCI nos quais a Corte deixou de confirmar indicações em razão do envolvimento anterior do árbitro com a causa, pois ele também era juiz vinculado ao Estado que, no procedimento arbitral, era o requerido, além de ter se envolvido em decisão proferida em processo judicial ligado à arbitragem, tendo a parte que

---

[488] Sobre os critérios, vide capítulo 3.4.2.

impugnou sua nomeação alegado que, na qualidade de juiz, o árbitro poderia ter tido acesso a informações que não estariam disponíveis aos demais árbitros[489].

Se é notável a aparência de parcialidade do árbitro que já conhece em detalhes a causa, o mesmo não pode ser dito sobre o árbitro que conhece parte da documentação ou testemunha que foi ou venha a ser utilizada no processo arbitral. A extensão do conhecimento do árbitro, seu contato com as provas e a relação delas com o conflito devem ser analisadas em cada caso concreto. Sobre o exame prévio de documentação, há caso CCI no qual a nomeação do árbitro não foi confirmada pela Corte porque ele já havia composto tribunal em outro processo arbitral, também CCI, que envolvia litígio derivado de contrato entre o requerente da nova arbitragem e seus contratados; na nova arbitragem, esse mesmo requerente (representado por advogados diferentes) litigava com o seu contratante; o contrato entre o requerente e seus contratados era derivado do contrato entre o requerente e seu contratante (subcontratação), razão pela qual o árbitro, no processo anterior, poderia ter examinado documentos e decidido sobre questões ligadas à nova arbitragem, até porque, embora os contratos não fossem os mesmos, eles continham cláusulas espelhadas[490]. No entanto, há o caso *Qatar v. Creighton*, no qual o requerente pleiteou à Corte de Apelação de Paris a anulação da sentença arbitral porque (entre outras razões) um dos árbitros havia participado de tribunal em caso CCI relacionado, cujo foco era o conflito entre o contratado e o subcontratado relativamente à construção de um hospital no Qatar. A arbitragem em questão tinha como foco os conflitos entre o contratado e o Qatar. A Corte de Apelação considerou que a imparcialidade do árbitro não havia sido afetada pela arbitragem anterior, tendo em vista que as decisões concernentes à relação entre contratado e subcontratado não eram determinantes para a fixação dos direitos e obrigações entre o contratado e o Qatar[491]. Caso análogo é o *Faisal v. CFF*[492], no qual a requerente instaurou dois processos arbitrais: um contra

---

[489] ANNE MARIE WHITESELL. *Independence...* op. cit., p. 21.
[490] ANNE MARIE WHITESELL. *Independence...* op. cit., pp. 25-26.
[491] Caso *Gouvernement de l'Etat du Qatar v. Société Creighton Ltd.* O Qatar buscou a anulação da decisão da *Cour d'Apell*, rejeitada pela *Cour de Cassation* em decisão de 16.03.1999, disponível no endereço eletrônico https://www.legifrance.gouv.fr/juri/id/JURITEXT000007040472/; consulta em 21.12.2015. Vide também: *Cour d'Appel de Paris*, decisão de 12 de janeiro de 1996, in *Revue de l'arbitrage*, 1996, pp. 434-440.
[492] Caso *Faisal Bin Fayyad Al Gobain v. SA Credit Foncier de France. Cour d'Appel de Paris*, decisão de 09.09.2014 (13/01333), disponível no endereço eletrônico https://www.doctrine.fr/d/CA/Paris/2014/R80A5549C1737EF45EEAB; consulta em 21.12.2016. Vide também *Revue de l'arbitrage*, 2014, n. 4, pp. 1.021-1.022.

o tomador do empréstimo (*CCF v. Gulf Leaders*) e outro contra o garantidor (*CFF v. Faisal*), ambos presididos pelo mesmo árbitro. A Corte de Apelação de Paris considerou que haveria perda da imparcialidade apenas se a análise dos fatos e da lei no primeiro processo levasse a certas consequências sobre as questões a serem decididas no segundo. No entanto, as questões eram distintas, tratando o segundo processo da regularidade da garantia e a existência de uma obrigação de oferecer garantia válida. Sobre o conhecimento do árbitro a respeito de testemunha (e a atuação do árbitro, em processo anterior, para desqualificá-la), há o caso *ASM Shipping v. TTMI*, já descrito[493].

A Corte da CCI não confirmou a nomeação de árbitro que já havia funcionado como árbitro único em um processo CCI anterior, entre as mesmas partes, no qual o requerido havia sido condenado a pagar indenização por quebra de contrato, condenação que, não cumprida, levou o requerente a instaurar nova arbitragem, desta vez para resilição do contrato[494].

No caso ICSID *PIP v. République Gabonaise*, o Estado impugnou o árbitro indicado pela sua adversária, Ibrahim Fadlallah, por ele já ter figurado como presidente no tribunal do caso *Transgabonais v. Gabon*, outro processo arbitral ICSID cuja decisão, desfavorável ao Estado, era objeto de procedimento de anulação. A impugnação do Gabão continha, como principais fundamentos *(i)* o fato de o profissional ter atuado em caso que envolvia questões similares sobre concessões estatais, tomadas pelo mesmo governo, ao mesmo tempo e sob o mesmo contexto político e *(ii)* o árbitro já havia tomado conhecimento de alegações de fato e de direito relativas ao tema da arbitragem, convencendo-se de que a retomada da concessão constituiria expropriação, tese pela qual se decidiu. Os coárbitros seguiram entendimentos opostos quanto à impugnação, que foi levada ao Presidente do Conselho Administrativo do ICSID. Este se baseou na primeira decisão a respeito da proposta de desqualificação nos casos *Suez v. Argentina* para concluir que o fato de o árbitro ter tomado posição a respeito de uma das partes não seria suficiente para se concluir pela falta de imparcialidade[495]. Sobre a questão do possível prejulgamento a respeito de o ato governamental consistir expropriação, o Presidente do Conselho considerou que essa seria uma questão que dependeria preponderantemente dos fatos de cada caso, inexistindo

---

[493] Para mais detalhes, vide nota 148.
[494] ANNE MARIE WHITESELL. *Independence...* op. cit., p. 26.
[495] Caso *PIP Sàrl c. République Gabonaise* (Affaire CIRDI ARB/08/17). Decisão sobre o pedido de desqualificação de árbitro de 12 de novembro de 2009, disponível no endereço eletrônico http://www.italaw.com/sites/default/files/case-documents/ita0620.pdf; consulta em 21.12.2015.

provas suficientes de que os fatos nos dois casos fossem comuns, ou seja, os mesmos, a despeito de ambos os conflitos terem se originado no contexto das privatizações dos anos 1990.

A CCI, no entanto, tem tomado posição mais cautelosa, não confirmando a indicação de árbitro que não foi impugnado por nenhuma das partes no caso em que este revelou ter atuado em outro procedimento arbitral não diretamente ligado à arbitragem, mas que envolvia fatos similares. As ações representativas do capital social do requerente no outro procedimento eram integralmente detidas pela parte no procedimento novo e, nas duas arbitragens, as partes envolvidas eram do mesmo país, o objeto da disputa era do mesmo tipo e os requerentes eram representados pelo mesmo advogado, havendo risco de que o árbitro tivesse acesso a informações não disponíveis aos membros do novo tribunal arbitral[496].

Também foi em procedimento CCI que ocorreu a recusa à confirmação de árbitro que revelou já ter atuado como coárbitro nomeado pelo requerente em caso relacionado, também CCI, cuja sentença servia como fundamento para os requerimentos no novo procedimento[497].

A gravidade do evento e a possibilidade de que ele aparente a parcialidade depende da análise detida e específica dos fatos e circunstâncias concretas. Em caso CCI, houve a confirmação do árbitro, indicado pelo requerido, que havia mantido contato com o respectivo advogado apenas para que este verificasse a disponibilidade do árbitro para a causa, nada tratando sobre o mérito[498]. No entanto, em casos nos quais o contato foi mais profundo, a CCI não confirmou o árbitro. Foi o que aconteceu no caso em que o árbitro nomeado pelo requerido revelou que havia tido reunião com o último, na qual foi discutida a possibilidade de ele, árbitro, representar o requerido na arbitragem. O requerido contratou outro advogado. O requerente impugnou a confirmação do árbitro, impugnação esta acatada pela CCI[499].

No caso *STMicroelectronics v. Credit Suisse*, a Corte de Apelação do Segundo Circuito julgou improcedente o pedido de anulação de sentença arbitral, pedido esse que se amparava no fato de o árbitro, John J. Duval, não ter revelado seu trabalho como perito em questões legais análogas àquelas discutidas na arbitragem em cujo painel figurou. Na concepção do autor da demanda anulatória, esse evento sugeria a existência de preconcepções do árbitro

---

[496] ANNE MARIE WHITESELL. *Independence...* op. cit., p. 22.
[497] ANNE MARIE WHITESELL. *Independence...* op. cit., p. 21.
[498] ANNE MARIE WHITESELL. *Independence...* op. cit., p. 26.
[499] ANNE MARIE WHITESELL. *Independence...* op. cit., p. 24.

a respeito de questões de direito⁵⁰⁰. A Corte destacou que, assim como para os juízes, é virtualmente impossível que o árbitro não tenha preconcepções acerca de questões jurídicas.

No caso *Tidewater v. Venezuela*, um dos fundamentos para a impugnação da árbitra Brigitte Stern foi o fato de ela compor o tribunal arbitral em outro caso ICSID que envolvia questão de direito similar, qual seja, se a lei de investimento venezuelana configuraria ou não suporte para a instauração de arbitragem. Como o outro processo estava mais avançado e nele essa questão havia sido decidida primeiramente, a Venezuela afirmou que a árbitra já estaria comprometida com um prejulgamento da questão. Os coárbitros que decidiram a impugnação afirmaram que decisão pretérita sobre circunstâncias de fato próximas, mas que envolvem diferentes partes e, especialmente, questões de direito, não ensejam parcialidade do julgador. Mais: os coárbitros apontaram que na arbitragem de investimentos e nas arbitragens comerciais seria impraticável o afastamento do árbitro que já tivesse analisado questões de fato ou de direito similares em arbitragens concorrentes ou consecutivas, observando, por fim, que nem o árbitro, nem o tribunal arbitral estão vinculados ao entendimento de outro tribunal quanto às questões de direito⁵⁰¹. Raciocínio equivalente sustentou a decisão do Presidente do Conselho Administrativo do ICSID no caso *Universal Compression v. Venezuela*⁵⁰².

No caso *Technip v. Asmidal*, a Corte de Apelação de Paris julgou improcedente demanda que visava negar exequibilidade a uma sentença proferida em processo arbitral CCI porque o árbitro havia participado de processo paralelo (também CCI) que envolvia o mesmo projeto de construção e as mesmas partes. A Corte entendeu que um árbitro pode participar de arbitragens paralelas conquanto não prejulgue questões, ou seja, que as decisões tomadas no primeiro processo não tenham consequências lógicas para

---

⁵⁰⁰ Caso *STMicroelectronics, N.V. v. Credit Suisse Securities LLC*, Docket No. 10-3847-cv (2º Cir 2012). Decisão disponível no endereço eletrônico http://docs.justia.com/cases/federal/appellate-courts/ca2/10-3847/10-3847_opn-2011-06-02.pdf?1307056392; consulta em 21.12.2015.

⁵⁰¹ Caso *Tidewater Inc. v. The Bolivarian Republic of Venezuela* (ICSID Case No ARB/10/5). *Decision on claimants' proposal to disqualify Prof. Brigitte Stern, arbitrator*, disponível no endereço eletrônico http://italaw.com/sites/default/files/case-documents/ita0860.pdf; consulta em 21.12.2015.

⁵⁰² Caso *Universal Compression International Holdings, S.L.U. v. The Bolivarian Republic of Venezuela*, ICSID Case No. ARB/10/9. *Decision on the proposal to disqualify Prof. Brigitte Stern and Prof. Guido Santiago Tawil, arbitrators*, disponível no endereço eletrônico https://icsid.worldbank.org/ICSID/FrontServlet?requestType=CasesRH&actionVal=showDoc&docId=DC2411_En&caseId=C1021; consulta em 21.12.2015.

a decisão das questões discutidas no segundo[503]. No mesmo sentido foi o julgamento do caso *Qatar v. Creighton*[504], no qual o requerido havia nomeado o mesmo árbitro em três outros processos – todos derivados do mesmo contrato. A Corte de Cassação manteve a decisão da Corte de Apelação de Paris, considerando que não haveria base para se questionar a imparcialidade de um árbitro que houvesse figurado no mesmo papel em procedimentos anteriores, a não ser que tal árbitro tivesse que decidir sobre a responsabilidade de uma terceira parte.

No caso *Suez v. Argentina*, o primeiro pedido para o afastamento da árbitra Gabrielle Kaufmann-Kohler formulado pela Argentina teve como fundamento o fato de ela, árbitra, ter decidido contra a Argentina em processo arbitral anterior (*Vivendi v. Argentina*), condenando-a ao valor de USD 105 milhões, em sentença que seria, segundo a consideração da Argentina, tão falha na solução das questões de fato e na avaliação das provas que a participação da árbitra revelaria, *prima facie*, a falta de imparcialidade. Os demais árbitros afastaram a alegação de falha na decisão anterior – até porque a sentença havia sido unânime – e apontaram que a diferença entre o entendimento da parte e o entendimento do julgador a respeito das provas não significa erro de julgamento[505]. Os árbitros passaram, então, a analisar se a participação da árbitra em procedimento anterior do qual a Argentina era parte macularia ou não a sua imparcialidade ou, de modo geral, se o fato de um árbitro decidir sobre as alegações de uma parte significaria que ele não seria imparcial para decidir litígio dessa mesma parte em outro processo. A resposta foi negativa, pois "[a] finding of an arbitrator's or a judge's lack of impartiality requires far stronger evidence than that such arbitrator participated in a unanimous decision with two other arbitrators in a case in which a party in that case is currently a party in a case now being heard by that arbitrator or judge.

---

[503] Caso *Compagnie Française d'Etudeset de Construction Technip v. Entreprise Natinale des Engrais et des Produits Phitasanitaires (Asmidal)*. Decisão de 02.04.1998, disponível no endereço eletrônico http://www.newyorkconvention1958.org/index.php?lvl=notice_display&id=153; consulta em 21.12.2015.

[504] Caso *Gouvernement de l'Etat du Qatar v. Société Creighton Ltd. Cour de Cassation*, de 16.03.1999, disponível no endereço eletrônico https://www.legifrance.gouv.fr/juri/id/JURITEXT000007040472/; consulta em 21.12.2015.

[505] Caso *Suez, Sociedad General de Aguas de Barcelona S.A. and Vivendi Universal S.A v. Argentine Republic* (ICSID Case No. ARB/03/19). *Decision on the proposal for the disqualification of a member of the arbitral tribunal*, de 02.10.2007, disponível no endereço eletrônico http://icsidfiles.worldbank.org/icsid/ICSIDBLOBS/OnlineAwards/C19/DC693_En.pdf; consulta em 21.02.2017.

To hold otherwise would have serious negative consequences for any adjudicatory system."

No caso ICSID *Caratube v. Kazakhstan*, a impugnação do árbitro indicado pelo Estado requerido, Bruno Boesch, foi acatada pelos árbitros não impugnados (Laurent Lévy e Laurent Aynès). O professional em questão havia sido indicado pelo Casaquistão em outro processo arbitral (*Ruby Roz v. Kazakhstan*[506]), que envolvia fatos relevantes para a decisão da disputa[507]. Isso levaria, segundo a requerente impugnante a *(i)* uma inclinação do árbitro à posição do Estado; *(ii)* que o conhecimento fático-jurídico adquirido pelo árbitro no caso anterior ensejasse um desequilíbrio frente aos outros dois árbitros; e *(iii)* a constatação de que o árbitro ocultou dos outros dois membros do tribunal seu conhecimento dos fatos e sua posição a respeito, agravando o desequilíbrio dentro do tribunal arbitral. Os árbitros notaram as "óbvias similaridades entre os casos", em especial quanto aos fatos sobre os quais se baseavam, entre eles, a invasão de edifício onde se localizavam as empresas em 27.06.2007, a apreensão de documentos em 12.10.2007 e o aforamento de processos criminais frívolos pelo Procurador do Estado do Casaquistão, entre outros. Notaram, também, que o único acionista de *Ruby Roz* (Kassem Omar) detinha 8% de Caratube. Por fim, levaram em consideração o fato de que diversas testemunhas ouvidas na disputa anterior também o seriam no caso em questão. Os árbitros não impugnados concluíram que um terceiro informado e razoável consideraria altamente provável que o árbitro prejulgasse as questões legais no processo arbitral, dado o seu conhecimento prévio dos fatos.

---

[506] Caso *Ruby Roz Agricol LLP v. Republic of Kazahhstan. Award on jurisdiction*, de 01.08.2013, disponível no endereço eletrônico http://www.italaw.com/sites/default/files/case-documents/italaw1558.pdf; consulta em 21.12.2015. A partir de abril de 2007, em sequência ao rompimento de relações entre o Presidente do Casaquistão e seu então genro (Aliyev), várias agências governamentais daquele país iniciaram uma "campanha persecutória" contra o dito genro e todos que se associaram a ele, incluindo a família de seu cunhado (Omar Hourani). A causa de pedir do requerente no caso *Ruby Roz v. Kazakhstan* baseava-se na alegaçãoo de que a atuação do Estado violava leis do país e princípios de direito internacional, o que resultou na expropriação dos ativos da Ruby Roz, depois da sociedade ter sido encorajada a investir mais de USD 40 milhões para expandir seu negócio no país. Como defesa, o Casaquistão negou que os atos das agências governamentais e autoridades eram antijurídicos e que ele não seria responsável pelos prejuízos sofridos pela sociedade. O tribunal entendeu, em sentença unânime proferida em 01.08.2013, não possuir jurisdição para decidir a disputa.

[507] Caso *Caratube International Oil Company LLP v. Republic of Kazahhstan* (ICSID Case Nº ARB/13/13). *Decision on the proposal for disqualification of Mr. Bruno Boesch*, de 20.03.2014, disponível no endereço eletrônico http://www.italaw.com/sites/default/files/case-documents/italaw3133.pdf; consulta em 21.12.2016.

CAPÍTULO 3. PREMISSAS PARA CONSTRUÇÃO DA NORMA CONCRETA

As *IBA Guidelines* contêm previsões relativas ao conhecimento prévio do árbitro a respeito do litígio. A Lista Vermelha de Eventos Renunciáveis faz referência ao envolvimento prévio do árbitro na mesma causa[508]. A Lista Laranja faz referência às hipóteses de *(i)* o árbitro já ter exercido essa função em outro processo arbitral sobre litígio relacionado que envolva a parte ou afiliada, nos três anos anteriores[509] e *(ii)* o árbitro ser um juiz aposentado que tenha um envolvimento significativo com o caso que envolva uma das partes, nos três anos anteriores[510].

Tratando-se do conhecimento prévio do árbitro a respeito da causa que vai decidir, seja pelo exame de documentos, seja pela discussão de estratégias com a parte ou seu advogado, a aparência de parcialidade é incontornável. Por outro lado, tratando-se de decisão do árbitro sobre questões de fato ou de direito distintas, ainda que análogas àquelas discutidas em outro procedimento, não resta caracterizada a aparência de parcialidade. Por fim, tratando-se de contato prévio do árbitro com a controvérsia, em razão da sua atuação em procedimento arbitral ou judicial relacionado, deverão ser ponderadas as *particularidades* de cada caso, de acordo com o seguinte critério:

- ligação entre as disputas, que deve ser analisada sob o prisma do direito material (isto é, se as disputas derivam de uma mesma relação jurídica material ou de relações conexas) e, quando já existente processo anterior, também sob o prisma do direito processual (isto é, se a solução das questões relativas ao segundo processo arbitral repete ou depende das questões solucionadas no processo antecedente). De fato, mais aparente é a parcialidade de um árbitro que atuou em disputa entre o credor e um dos coobrigados não solidários e que, agora, decidirá disputa entre o mesmo credor e outro coobrigado pelo mesmo contrato, do que a de um árbitro que analisou a relação entre subcontratados não vinculados ao contrato em discussão.

---

[508] Seção 2.1.2.
[509] Seção 3.1.5.
[510] Seção 3.4.4.

3.4.6. Categoria (3.2) – Posições técnicas ou acadêmicas defendidas pelo árbitro

A alegação de parcialidade do árbitro por conta de posições tomadas em estudos acadêmicos, publicações técnicas ou exposições orais não é incomum. No caso ICSID *Saipem v. Bangladesh*[511], o Estado impugnou o árbitro por esse motivo (entre outros), apontando que o estudo publicado pelo árbitro demonstraria preconcepção frente a temas centrais do processo arbitral. Os demais árbitros não deram provimento à impugnação, entendendo que opiniões doutrinárias dadas em abstrato e sem referência a qualquer caso específico não afetam a imparcialidade ou independência do árbitro.

No caso ICSID *Tanesco v. IPTL*[512], a requerente impugnou o árbitro que ela própria nomeara. No curso da arbitragem, o auxiliar do profissional publicou dois artigos no *blog* da Kluwer Law que aparentavam tratar de casos hipotéticos, mas continham detalhada discussão dos fatos e questões do processo arbitral. Mais que isso, o nome hipotético atribuído à Tanesco nos artigos foi *"NoPay G&E"*, ao Estado da Tanzânia foi *"Nopayland"*, e o habitantes do país foram chamados de *"Nopaylandese"*. A referência à parte e as conclusões tomadas nos artigos demonstrariam, segundo a Tanesco, prejulgamento, especialmente porque não eram conhecidas as circunstâncias em que os artigos haviam sido escritos e a relação entre o seu autor e o árbitro, informações que foram requeridas à Secretaria da ICSID e ao árbitro. O árbitro confirmou que o autor dos artigos era seu auxiliar na arbitragem, que referido autor solicitou sua permissão para publicá-los e que ele, árbitro, havia revisto e aprovado os artigos, mas não trabalhado neles. A revisão e aprovação haviam sido feitas, segundo o árbitro, apenas com o intuito de assegurar que os artigos continuassem hipotéticos e não fossem ligados à arbitragem em curso. Tanesco impugnou o árbitro com base na revisão e aprovação do artigo. Os coárbitros proferiram decisões divergentes, remetendo o caso ao Presidente do Conselho Administrativo do ICSID. Dois dias antes de a decisão ser proferida, o árbitro renunciou ao encargo.

Procedimento instaurado consoante o Capítulo 11 do NAFTA, *Canfor v. United States*[513], tratou do posicionamento pretérito do árbitro. O litígio envolvia decisão do *US Department of Commerce* e da *US International Trade Commission* que resultou no aumento das obrigações relativas à importação de madeira do Canadá. Canfor nomeou árbitro e este revelou que, um ano

---

[511] Caso referido por KAREL DAELE. *Challenge... op. cit.*, p. 398.
[512] Caso referido por KAREL DAELE. *Challenge... op. cit.*, pp. 388-399.
[513] Caso referido por KAREL DAELE. *Challenge... op. cit.*, pp. 403-404.

CAPÍTULO 3. PREMISSAS PARA CONSTRUÇÃO DA NORMA CONCRETA

antes, havia feito exposição a um conselho do governo do Canadá, no qual comentou o entendimento da *US Internal Trade Commission*, segundo o qual a indústria madeireira norte-americana estava sendo prejudicada pelas importações oriundas do Canadá. Na sua exposição, o árbitro explicou que aquela seria a quarta vez que o Canadá era acusado pelos Estados Unidos e que em todas as outras vezes o Canadá havia vencido a disputa, mas que, no entanto, os Estados Unidos continuavam a criar embaraços e litígios frente ao Canadá. Os Estados Unidos impugnaram a nomeação, sob a alegação de que os comentários do árbitro nomeado refletiam o prejulgamento de que as medidas que seriam discutidas na arbitragem violariam o NAFTA. Três meses após a impugnação, o Secretário Geral do ICSID, atuando como autoridade indicada para a decisão, informou ao árbitro que seria dado provimento à impugnação caso este não renunciasse. O árbitro renunciou.

No conhecido caso ICSID *Urbaser v. Argentine Republic*[514], a impugnação ao árbitro (Campbell MCLachlan) teve como base dois textos acadêmicos que, potencialmente, demonstrariam sua posição em relação a duas questões de grande importância para a solução do conflito. No primeiro texto, de 2007, o árbitro chegou a acusar de "herética" decisão proferida em julgamento de conflito não relacionado que abordou a aplicação de determinada teoria ("most-favored-nation" ou MFN), enquanto que, no segundo texto, de 2008, afirmou que "grande peso" deveria ser dado às visões categóricas do Comitê de Anulação que discutiu questões relativas a estado de necessidade ("defense of necessity"). Os dois outros árbitros, ao decidirem a impugnação, apontaram que a opinião do árbitro impugnado, mesmo se relevante para o processo arbitral, não seria suficiente para amparar sua impugnação por falta de independência ou imparcialidade, pois não ensejariam a aparência de que ele não estivesse preparado para ouvir e considerar a posição de cada uma das partes.

Há registro em que a posição acadêmica do árbitro, ligada a decisões pretéritas que emitiu sobre uma mesma questão, levou ao seu afastamento. Trata-se do caso *CC/Devas v. India*[515]. Na verdade, dois árbitros, Marc Lalonde e

---

[514] Caso *Urbaser S.A and Consorcio de Aguas Bilbao Bizkaia, Bilbao Biskaia Ur Partzuergoa v. Argentine Republic* (ICSID Case Nº ARB/07/26). *Decision on Claimants's proposal to disqualify Professor Campbell MacLachlan, Arbitrator*, de 12.08.2010. Disponível no endereço eletrônico http://www.italaw.com/sites/default/files/case-documents/ita0887.pdf; consulta em 21.02.2015.

[515] Caso *CC/Devas Ltd., Devas Employees Mauritius Private Ltd., and Telcom Devas Mauritius Ltda. v. Republic of India* (PCA Case Nº 2013-09). *Decision on the Respondent's Challenge to the Hon. Marc Lalonde as Presiding Arbitrator and Prof. Francisco Orrego Vicuña as Co-Arbitrator*, de 30.09.2013. Disponível no endereço eletrônico http://www.italaw.com/sites/default/files/case-documents/italaw3161.pdf; consulta em 21.12.2015.

Orrego Vicuña, foram impugnados pelo requerido sob o mesmo fundamento: terem (conjuntamente) composto tribunais arbitrais que tomaram posição similar frente a cláusula que tratava de "essential security interests" em dois casos que envolviam a Argentina. Um dos árbitros (Orrego Vicuña) havia ainda participado de um terceiro tribunal em que o tema foi discutido, chegando à mesma conclusão. Nos três casos, as decisões foram reformadas por comitê de anulação. Mais que isso – e em razão das decisões – o profissional também escreveu capítulo de livro publicado em 2011, no qual apresentou "fortes declarações públicas" sobre o tema, comentando as decisões de anulação e reforçando sua posição. A autoridade designada para a decisão do incidente, o presidente da Corte Internacional de Justiça, Peter Tomka, considerou que o árbitro, ao se aproximar do mesmo conceito legal com a mesma linguagem em quatro diferentes ocasiões, levaria a um observador isento duvidar sobre a possibilidade do julgador se aproximar da questão com a mente aberta.

As circunstâncias que dariam causa a dúvidas justificadas quanto à imparcialidade do outro árbitro impugnado (Marc Lalonde), presidente do tribunal arbitral, pareceram mais limitadas. Como o árbitro não tomou posição sobre o conceito legal após as decisões dos três comitês de anulação das sentenças arbitrais, a autoridade que julgou o incidente considerou aceitáveis as afirmações feitas pelo árbitro, de que "sua intenção é analisar a matéria com a mente aberta e dar-lhe completa consideração" e de que ele "certamente não se sente vinculado" às decisões proferidas nos dois processos arbitrais dos quais participou[516].

As *IBA Guidelines* se referem às opiniões técnicas do árbitro em duas listas. Na Lista Laranja há referência à hipótese de o árbitro ter advogado publicamente sua posição em um caso que está sendo arbitrado, seja por escrito, oralmente ou por qualquer outro meio[517]. Na Lista Verde consta a hipótese de o árbitro ter manifestado uma opinião jurídica sobre um assunto que também seja discutido em um processo arbitral, mas que não tenha foco em caso discutido por arbitragem, veiculada por escrito ou oralmente[518].

---

[516] *Idem*, item 66.
[517] Seção 3.5.2.
[518] Seção 4.1.1.

CAPÍTULO 3. PREMISSAS PARA CONSTRUÇÃO DA NORMA CONCRETA

Considerados os casos analisados, é possível afirmar que a aparência de parcialidade gira em torno de um único critério:

- a manifestação do árbitro a respeito de fatos ou a apresentação de considerações relativas ao específico conflito que irá decidir. Difícil – senão impossível – afirmar que a aparência de parcialidade possa ser atribuída a estudo ou posição teórica defendida pelo árbitro[519], pois inúmeros podem ser os fatores ou cincunstâncias de fato ou de direito que afastem a aplicação de tal posição teórica no caso concreto.

3.4.7. Categoria (3.3) – Duplo papel do árbitro (advogado e julgador) ou "issue conflicts"

A função de árbitro é geralmente uma dentre outras desenvolvidas pelos profissionais atuantes no mercado jurídico[520]. Árbitros que compõem um painel podem ser – e geralmente são – advogados ou peritos em outros casos, em prática que abre espaço para uma peculiar situação que pode, em casos especiais, ensejar a aparência de parcialidade. Isso porque, mesmo atuando em litígios com partes distintas, o árbitro pode ser convocado a decidir sobre teses ou alegações de fato e de direito muitíssimo similares àquelas que, na função de advogado, devem defender ou atacar. Assim, entende-se que o profissional, como julgador, pode ser influenciado, ainda que de modo inconsciente, pelo quanto ele próprio defende no papel de advogado.

Conhecido é o caso UNCITRAL *Telekom Malaysia v. Ghana*, no qual o Estado impugnou o árbitro nomeado pelo investidor, Emmanuel Gaillard, no curso do procedimento arbitral, sem sucesso, sob a alegação de que ele estava, paralelamente, patrocinando procedimento de anulação de uma sentença proferida em processo arbitral ICSID no qual Gana se amparava para sustentar sua defesa. Levada a questão ao Poder Judiciário holandês (por ser a Haia a sede do procedimento arbitral), restou aplicado o art. 1033 do diploma processual civil holandês, o qual estabelece o afastamento do árbitro se houver dúvida justificada sobre a sua imparcialidade, entendendo a Corte Distrital da Haia que, na função de advogado, Gaillard deveria se utilizar de todos

---

[519] Conforme o lúcido aviso: "[i]t would be a shame to exclude from service those who really know something, leaving arbitration only to the ignorant". WILLIAM W. PARK. *Arbitrator integrity... op. cit.*, p. 644.

[520] Essa pode ser uma realidade em processo de mudança. Mais e mais profissionais passaram a se identificar como "árbitros independentes", demonstrando exercer somente a tarefa de julgar, e não mais a de patrocinar causas.

os argumentos necessários contra a sentença ICSID que buscava anular, atitude incompatível com a postura de julgador, que deveria ser aberta e não enviesada no exame do caso. Assim, diante do conflito de interesses derivado do duplo papel ostentado pelo profissional (árbitro e advogado), a Corte Distrital concedeu-lhe dez dias para que ele decidisse se renunciaria ao papel de advogado, mantendo-se como árbitro, o que acabou ocorrendo[521]. Gana não se contentou com a decisão e apresentou novo pedido de afastamento do árbitro, sob a alegação de que a participação do árbitro nas ordens processuais anteriores à sua renúncia como advogado já demonstraria seu entendimento contrário aos argumentos do Estado. A impugnação foi desprovida, sob o entendimento de que os profissionais desempenham tanto o papel de árbitro como de advogados nas arbitragens internacionais, e isso torna comum que o árbitro venha a decidir questão sobre a qual ele tenha, previamente, defendido uma posição. Salvo em circunstâncias excepcionais, não há razão para sustentar que o árbitro decidiria a questão com menos tendenciosidade nessa hipótese do que se jamais tivesse se posicionado sobre ela[522].

No caso *Glamis Gold v. The United States*, procedimento conforme o Capítulo 11 do NAFTA, processado segundo as regras UNCITRAL, os Estados Unidos impugnaram o árbitro indicado pela Glamis (Donald L. Morgan) por ele, ao tempo da arbitragem, estar representando um cliente em recurso administrativo perante o Departamento do Interior dos Estados Unidos, relativamente a decisões que atingiam os direitos de mineração do particular. O árbitro, portanto, movia como advogado um procedimento que envolvia os interesses e direitos equivalentes aos discutidos no procedimento no qual figurava como árbitro. Mais: fazia isso contra uma das partes da arbitragem na qual iria decidir. A despeito da recusa inicial em se afastar, o árbitro renunciou ao encargo[523].

Às vezes, mais que uma matéria comum, a atividade do árbitro como advogado em outro caso envolve também uma das partes do procedimento arbitral. Foi o que ocorreu no caso *Grand River v. USA*, procedimento arbitral ICSID segundo as regras UNCITRAL, no qual os Estados Unidos impugnaram,

---

[521] Impugnação nº 13/2004. Decisão disponível no endereço eletrônico http://arbitration.org/sites/default/files/awards/arbr-2004-290-1.pdf; consulta em 21.12.2015.

[522] Impugnação nº 17/2004. Decisão disponível no endereço eletrônico http://italaw.com/sites/default/files/case-documents/ita0922.pdf; consulta em 21.12.2015.

[523] Informação sobre a renúncia obtida nas pp. 91-92 da sentença; em especial, na nota de rodapé 548. Disponível no endereço eletrônico http://www.state.gov/documents/organization/125798.pdf; consulta em 21.12.2015.

com fundamento nas *IBA Guidelines*, o árbitro James Anaya. Este revelou supervisionar a elaboração de diversos trabalhos e informes relativos aos direitos humanos e liberdades dos povos indígenas, bem como representar e assistir à representação de alguns desses povos em questões levadas à Comissão Interamericana de Direitos Humanos e ao Comitê de Direitos Humanos Sobre a Eliminação da Discriminação Racial da Organização das Nações Unidas contra atos governamentais, em especial da esfera federal dos Estados Unidos[524]. O Secretário-Geral do ICSID solicitou que o árbitro informasse se continuaria a atuar como advogado antes de anunciar sua decisão. Como Anaya informou que estava em processo de renúncia e interrupção de sua participação nos casos, mantendo apenas a orientação de estudantes como parte prática da sua atividade docente, o Secretário-Geral do ICSID julgou improcedente a impugnação[525].

Também em procedimento arbitral conforme o tratado NAFTA, administrado pela CPA segundo as regras UNCITRAL[526], o árbitro indicado pelo Canadá (Chistopher Thomas) revelou ter prestado e continuar prestando serviços, no curso do processo arbitral, ao governo do México. O investidor (Vito Gallo) requereu maiores informações, tendo o árbitro informado que havia revisado opinião legal elaborada por seu antigo escritório ao governo mexicano "in respect of matters that fall within the rubric of international trade and investment law", no que estimava ter dedicado 5% do seu tempo de trabalho. A questão central analisada pela autoridade julgadora (Deputy Secretary-General do ICSID, também a autoridade nomeadora) foi a possibilidade de o México intervir no processo arbitral, o que levaria o árbitro prestar serviços a uma parte e, ao mesmo tempo, decidir processo que a envolve. A autoridade julgadora apontou que, no que diz respeito a funções arbitrais, qualquer serviço – pago ou grátis – prestado a terceiro com direito de intervir no processo pode criar a percepção de falta de imparcialidade, sendo irrelevante a quantidade de serviço prestado. O que interessa é a mera prestação do serviço. Com isso, foi determinado ao árbitro que, no prazo de 7 dias,

---

[524] Caso *Grand River Enterprises, Six Nations Ltd. et al v. the United States of America*, Respondent's first submission challenging arbitrator Anaya; disponível no endereço eletrônico http://www.naftalaw.org/Disputes/USA/GrandRiver/GRE-USA-Anaya_Challenge-25-04-07.pdf; consulta em 21.12.2015.
[525] Soliticação disponível no endereço eletrônico http://www.naftalaw.org/Disputes/USA/GrandRiver/GRE-USA-Anaya_Challenge-28-11-07.pdf; consulta em 21.12.2015.
[526] Caso *Vito Gallo v. Government of Canada*, PCA Case No. 55798, Decision on the Challenge to Mr J. Christopher Thomas, QC, de 14.10.2009. Decisão disponível no endereço eletrônico https://www.italaw.com/documents/Gallo-Canada-Thomas_Challenge-Decision_002.pdf; consulta em 21.12.2017.

escolhesse entre continuar sua prestação de serviços ao México ou continuar a servir como árbitro no procedimento.

É registrado caso CCI em que os requeridos (Estado e entidade estatal) impugnaram um coárbitro que ele estava atuando – em casos ainda em curso – contra eles. As partes defendidas pelo árbitro atuavam no mesmo ramo de negócios que o requerente e a entidade estatal no processo para o qual foi nomeado. A CCI deu provimento à impugnação e afastou o árbitro[527].

Em outro caso, também CCI, a Corte acatou impugnação apresentada contra árbitro que *(i)* não revelou ter atuado como advogado em processo judicial envolvendo as mesmas questões jurídicas vários anos antes do processo arbitral; *(ii)* seu papel como advogado e seus comentários na audiência arbitral indicavam prejulgamento da questão; e *(iii)* as perguntas formuladas pelo árbitro às testemunhas demonstravam que ele estava enviesado em favor de uma das partes[528].

Em terceiro caso CCI, o requerido impugnou o árbitro indicado pelo requerente sob a alegação de que *(i)* seu escritório havia repetidamente defendido a mesma posição da parte que o indicou, relativa à interpretação contratual em mercado altamente regulado, sendo que a aceitação da tese contrária significaria, para o árbitro, a perda de clientes; *(ii)* o árbitro havia ocultado sua ligação com a associação profissional que representava o requerente; e *(iii)* o tom reprovável com que o árbitro havia comentado a impugnação revelaria a extensão da falta de imparcialidade do árbitro. A Corte considerou que o árbitro havia advogado em diversas ocasiões pela posição do requerente na questão central na disputa, indeferindo a nomeação[529].

Caso que não tratou propriamente de um conflito entre os papéis de árbitro e de advogado desenvolvidos pelo mesmo profissional, mas no qual foi alegado que esse duplo papel ensejaria uma troca de favores foi o *SGS v. Pakistan*[530]. O investidor impugnou o árbitro indicado pelo Paquistão (J. Christopher Thomas) porque ele, na qualidade de advogado em uma arbitragem não relacionada, havia obtido, três anos antes, uma sentença muito favorável de um tribunal que havia sido presidido por um dos advo-

---

[527] ANNE MARIE WHITESELL. *Independence...* op. cit., p. 30.
[528] ANDREA CARLEVARIS; ROCÍO DIGÓN. *Arbitrator challenges under the ICC rules and practice*, in *ICC dispute resolucion bulletin 2016*, n. 1, 2016, p. 40.
[529] ANDREA CARLEVARIS; ROCÍO DIGÓN. *Arbitrator...* op. cit., pp. 40-41.
[530] Caso *SGS Société Générale de Surveillance S.A. v. Islamic Republic of Pakistan* (ICSID Case No. ARB/01/13), referido por KAREL DAELE. *Challenge...* op. cit., pp. 291-292 e por SAMUEL ROSS LUTTRELL. *Bias...* op. cit., pp. 228-229.

gados do Paquistão na arbitragem em curso, Jan Paulsson. O modo pelo qual o cliente de Thomas havia sido tratado poderia indicar, segundo a SGS, que o profissional agora retornaria o favor. Ademais, a indicação de Paulsson para outro painel ICSID no qual o escritório de advocacia de Thomas representava uma das partes reforçava a aparência de tendenciosidade e as dúvidas justificadas sobre a imparcialidade do árbitro. Os demais árbitros, ao decidirem a impugnação, apontaram que "[t]he party challenging an arbitrator must establish facts, of a kind or character as reasonably to give rise to the inference that the person challenged clearly may not be relied upon to exercise independent judgment in the particular case where the challenge is made", e que uma simples suposição ou especulação não é suficiente para caracterizar, clara e objetivamente, a parcialidade do árbitro. Além disso, em relevante apontamento sobre a imparcialidade em comunidades arbitrais pequenas, os árbitros apontaram que "[i]t is commonplace knowledge that in the universe of international commercial arbitration, the community of active arbitrators and the community of active litigators are both small and that, not infrequently, the two communities may overlap, sequentially if not simultaneously. It is widely accepted that such an overlap is not, by itself, sufficient ground for disqualifying an arbitrator. Something more must be shown if a challenge is to succeed. In the instant case, that 'something more' has not been shown by the Claimant"[531].

A análise dos casos que compõem a categoria demonstra a necessidade de se ponderar as *particularidades* de cada um de acordo com os seguintes critérios:

- semelhança entre a questão que o árbitro deve resolver com aquela sobre a qual, como advogado, deve tratar sob um ponto de vista, de modo que essa tomada de posição seja determinante para o acatamento ou afastamento de alegação produzida no processo arbitral no qual o árbitro deve decidir; e
- contemporaneidade do papel de árbitro e de advogado, afastando-se a aparência de parcialidade se o árbitro não estiver mais defendendo (por ter renunciado à função de advogado ou pelo fim da disputa) uma posição sobre a questão.

---

[531] Trechos transcritos por KAREL DAELE. *Challenge... op. cit.*, pp. 291-292.

3.4.8. Categoria (3.4) – Nomeações repetidas do árbitro

A prática mais comum de composição dos tribunais arbitrais é a nomeação, pelas partes, de coárbitros, podendo estes últimos ou a instituição arbitral indicar o árbitro presidente. Assim, as partes tendem a escolher como julgadores aqueles que lhes parecerem reunir as melhores qualidades para a decisão do conflito, com a máxima possibilidade de que essa decisão seja proferida a seu favor. Essa busca pelo *melhor* árbitro ou pelo árbitro *mais adequado* para o litígio pode abrir oportunidades para que litigantes frequentes direcionem nomeações, em processos arbitrais distintos, aos mesmos profissionais.

Essa nomeação repetitiva frequentemente enseja considerações sobre *(i)* o incentivo econômico para o árbitro julgar favoravelmente à parte (ou advogado) que reiteradamente contrata seus serviços e *(ii)* o número de nomeações a partir do qual se pode considerar configurada a aparência de parcialidade[532].

A jurisprudência francesa registra casos em que essas considerações foram levantadas, concluindo que a nomeação repetitiva além do tolerável indica a existência de *courant d'affaires* entre árbitro e parte ou árbitro e advogado. Além dos casos *Tecso v. Neoelectra Group*[533] e *Somoclest v. DV Construction*[534], a França também registra o caso *Frémarc v. ITM Entreprises*[535], no qual o requerido, um franqueador, havia nomeado o mesmo árbitro para diversos procedimentos em que litigou com distintos franqueados. O árbitro não revelou essa circunstância, levando a Corte de Cassação a anular a decisão da Corte de Apelação (a qual havia considerado que o tribunal tinha sido validamente constituído) e considerar que o árbitro não havia se desincumbido do seu dever de revelação[536].

No caso *Neaman v. Kaiser Foundation*, a Corte de Apelação da Califórnia anulou sentença proferida em processo arbitral conforme o FAA porque o árbitro neutro, Ralph Drummond, não havia revelado que, após se aposentar da judicatura, passou cerca de trinta por cento de seu tempo com árbitro em casos que envolviam a Kaiser, sendo que, desse total, sessenta e cinco por

---

[532] NATALIA GIRALDO-CARRILLO. *The 'repeat arbitrators' issue: a subjective concept*, in *Revista colombiana de derecho internacional*, 2011, pp. 87-91.

[533] Para mais detalhes, vide texto principal e notas 117 e 120.

[534] Para mais detalhes, vide texto principal e nota 111.

[535] Caso *Frémarc v. ITM Enterprises. Cour de Cassation*, decisão de 06.12.2001, in *Revue de l'arbitrage*, 2002, n. 4, pp. 1.231-1.233.

[536] De fato, a decisão não se pautou na nomeação repetitiva do árbitro, mas sim considerou a falta de revelação como causa *per se* de anulação da nomeação do árbitro, em entendimento que o presente estudo considera equivocado.

CAPÍTULO 3. PREMISSAS PARA CONSTRUÇÃO DA NORMA CONCRETA

cento do tempo foi despendido como árbitro nomeado por outros que não a Kaiser, trinta por cento como árbitro neutro e cinco por cento (cerca de cinco casos) como árbitro nomeado pela Kaiser, situação que apenas foi conhecida pela Neaman após a conclusão do processo arbitral. A Corte de Apelação considerou que *"Drummond's prior experience as a party arbitrator for Kaiser might create an impression of possible bias"*, razão pela qual anulou a sentença[537].

Caso inglês que conjuga substancialidade e regularidade é o *Cofely v. Bingham*[538]. Dois anos após o início do procedimento arbitral conduzido pelo árbitro Anthony Bingham (nomeado pelo correquerido Knowles, objetado pelo requerente Cofely, mas confirmado pela autoridade nomeadora, CIArb) e da sua condenação, por sentença parcial, a pagar £1 milhão, Cofely tomou conhecimento do julgamento de caso (*Eurocom v. Siemens*) no qual um funcionário de Knowles ofereceu evidências da prática dessa sociedade em incluir, na lista de potenciais julgadores, profissionais que tivessem conflito de interesses, a fim de direcionar a escolha a um único profissional, também de sua escolha, que não tivesse conflito. O árbitro escolhido naquele caso também havia sido Bingham. Com base nessa informação, Cofely solicitou ao árbitro e a Knowles que fornecessem informações que diziam respeito a: *(i)* quantos casos havia, nos últimos três anos, em que Knowles tivesse sido parte ou representado uma parte em que Bingham estivesse envolvido; *(ii)* a natureza da sua indicação nesses casos; *(iii)* a porcentagem de seus recebimentos; e *(iv)* se, à luz das respostas, o árbitro considerava que havia informação que devesse ser revelada a Cofely, a qual pudesse ser razoavelmente interpretada como prejudicial à imparcialidade[539]. Knowles respondeu às perguntas (exceto a última) em dez dias, mas o árbitro manteve-se inerte. Após breve troca de *e-mails* entre o árbitro e o advogado da Cofely, o julgador revelou ter sido indicado como árbitro um total de 137 vezes nos últimos três anos, tendo perguntado "what are you driving at please; or [...] so what?", sendo que tal advogado esclareceu que "[t]he purpose of the questions raised in our letter

---

[537] Caso *Neaman v. Kaiser Foundation Hospital* (1992) 9 Cal. App. 4th 1170 [11 Cal. Rptr. 2d 879]. Decisão disponível no endereço eletrônico http://law.justia.com/cases/california/caapp4th/9/1170.html; consulta em consulta em 21.02.2017.
[538] Caso *Cofely Limited v. Bingham & Knowles Limited* [2016] EWHC 240 (Comm). Decisão disponível no endereço eletrônico https://www.trans-lex.org/312060/_/cofely-limited-v-anthony-bingham-et-al-%5B2016%5D-ewhc-240-/; consulta em 21.12.2017.
[539] *In verbis*: "[w]hat, if anything, have you done during this Arbitration to satisfy yourself that there is no information that you should disclose to Cofely which could reasonably be interpreted (on an objective basis) as undermining your apparent impartiality?"

of 11 March was to reassure Cofely that there are no previously undisclosed circumstances that might give rise to justifiable doubts as to your independence and impartiality" e informou que "[w]e were told that you have been appointed 25 times in 3 years in matters involving Knowles either as referring party or acting for the referring party. Based on the information you have given us, this amounts to almost one fifth of your total appointments during the same period". Knowles confirmou a informação, sendo que, no mesmo dia, Bingham respondeu a ambas as partes que os 25 procedimentos representaram £284,593.75 de £1,146,939.00 recebidos no período. Em audiência designada para tratar da questão, o árbitro foi bastante incisivo com o advogado de Cofely[540], recusando-se, outrossim, a dar as respostas solicitadas pela parte. Após a audiência, o árbitro proferiu decisão na qual declarou que o tribunal foi "properly constituted", concluindo que não havia conflito de interesses. A decisão do *Queen's Bench* na ação de remoção de árbitro levou em conta que: *(i)* vinte e cinco por cento da receita e dezoito por cento das indicações do árbitro haviam derivado de casos envolvendo a Knowles; *(ii)* embora o árbitro tenha sido indicado por autoridade nomeadora em todos os vinte e cinco casos que envolveram Knowles, esta atuou para reduzir significativamente o número de candidatos hábeis a serem nomeados[541]; *(iii)* a postura defensiva do árbitro e a hostilidade com que tratou o advogado da Cofely em audiência, efetivamente submetendo-o a "cross-examination" para que este tomasse posição (mesmo tendo este deixado claro que, no estágio do procedimento, estava-se apenas buscando informação), demonstraria que o árbitro "was thereby descending into the arena in an inappropriate manner"; e *(iv)* o árbitro considerou o questionamento da Cofely "assertive, challenging, perhaps even bullying behaviour" quando, na verdade, foi apropriado e consistente, o que demonstraria, mais uma vez, que o árbitro desceu à arena das partes, provavelmente por ter considerado o "attack as the best form of defense". Com esses fundamentos e com base na *Section 24(1)(a)* do *Arbitration Act* inglês, o *Queen's Bench* considerou que havia "real possibility of apparent bias" e determinou que o árbitro renunciasse, sob pena de ser removido.

---

[540] Os trechos da transcrição da audiência – importantes para a compreensão do *animus* do julgador – não foram reproduzidos porque demandariam espaço excessivo. Para conferência, vide nota 538, que identifica o endereço eletrônico onde a decisão da ação de remoção de árbitro (que contém a transcrição desses trechos) pode ser consultada.

[541] Por exemplo, da lista de 109 possíveis candidatos a árbitro, Knowles requereu que o árbitro a ser nomeado fosse "quantitative surveyor" e "barrister", o que reduzia o número de candidatos a cinco.

CAPÍTULO 3. PREMISSAS PARA CONSTRUÇÃO DA NORMA CONCRETA

Em áreas jurídicas mais especializadas, tais como as concernentes à lei marítima, ao comércio de algumas *commodities* ou à arbitragem esportiva – onde o número de profissionais elegível é menor – é mais comum e aceita a nomeação frequente dos mesmos profissionais para o encargo de árbitro[542].

A nomeação repetitiva pode estar ligada não apenas à parte, mas também ao advogado (ou seu escritório)[543]. Foi o que ocorreu no caso ICSID *OPIC Karimum v. Venezuela*[544], em que o tema foi discutido. O requerente impugnou o árbitro indicado pela Venezuela (Philippe Sands) diante do fato de ele ter sido indicado cinco vezes, nos três anos anteriores, em processos arbitrais ICSID que envolviam a Venezuela ou o escritório que a patrocinava no procedimento arbitral em questão (*Curtis, Mallet-Prevost, Colt & Mosle LLP*). Isso ensejaria uma ligação estreita, alta intensidade e frequência de interações e grau de dependência material significativa, caracterizando incentivo ao árbitro para proferir decisões favoráveis aos clientes do escritório que o indicava. Os árbitros responsáveis pelo julgamento da impugnação consideraram que múltiplas nomeações "may lead to the conclusion that it is manifest that the arbitrator cannot be relied upon to exercise independent judgment". No entanto, considerando o critério econômico, pelo qual "it is clear that Professor Sands has extensive independent sources of income unrelated to the fees derived from his appointments as arbitrator", a impugnação foi afastada.

Raciocínio análogo foi formulado no caso *Tidewater v. Venezuela*, no qual a árbitra indicada pelo Estado (Brigitte Stern) foi impugnada com base na Seção 3.1.3 das *IBA Guidelines* por ter sido indicada pela Venezuela em quatro procedimentos ICSID pretéritos, sendo que em três deles o Estado havia sido representado por um mesmo escritório e, no quarto caso, pelo mesmo escritório que representava a Venezuela na arbitragem corrente, o que também autorizaria a impugnação com base na Seção 3.3.7 das *IBA Guidelines*.

---

[542] HOUCHIH KUO. *The issue of repeat arbitrators: is it a problem and how should the arbitration institutions respond?*, in Contemporary Asia arbitration journal, n. 4, 2011, p. 253. Também as *IBA Guidelines* reconhecem, na nota de rodapé 6, que "[p]ode ser prática corrente em algumas espécies de arbitragem, tais como aquelas envolvendo commodities ou o setor marítimo, selecionar os árbitros a partir de um grupo restrito e especializado. Se, nessas áreas, o costume for o de as partes geralmente nomearem o mesmo árbitro para controvérsias distintas, a divulgação de tal fato não será necessária desde que todas as partes no procedimento arbitral estejam familiarizadas com tais usos e costumes".

[543] FATIMA-ZAHRA SLAOUI. *The rising issue of 'repeat arbitrators': a call for clarification*, in Arbitration international, v. 25, n. 1, 2009, p. 109.

[544] Caso *OPIC Karimum Corporation v. Bolivarian Republic of Venezuela* (ICSID Case No. ARB/10/14). *Decision on the proposal to disqualify Prof. Philippe Sands, arbitrator*, disponível no endereço eletrônico https://www.italaw.com/sites/default/files/case-documents/ita0588.pdf; consulta em 21.02.2019.

No curso do procedimento de impugnação, o investidor apresentou outro fundamento: uma das arbitragens ICSID anteriores continha questão idêntica à levantada na arbitragem em questão, a saber, se a lei de investimento venezuelana expressaria o consentimento do Estado em se submeter a arbitragens ICSID. Os árbitros encarregados da decisão consideraram que, em princípio, nomeações repetidas pela mesma parte em conflitos não relacionados são neutras, pois "[r]epeat appointments may be as much the result of the arbitrator's independence and impartiality as an indication of justifiable doubts about it"[545]. O que não pode ocorrer é a nomeação continuada e regular, que enseje relação de benefício econômica ou análoga. Mas, no caso em questão, as nomeações pretéritas da árbitra não dariam fundamento ao afastamento, pois em duas delas a árbitra havia dado decisões conjuntas nas quais foram rejeitadas alegações da Venezuela, o que indicaria sua independência.

A aparência de parcialidade pode surgir não apenas por nomeações feitas pela mesma parte, mas também por sociedades diferentes pertencentes a um mesmo grupo econômico. A SCC já decidiu caso em que o árbitro informou ter sido, no período de dois anos, nomeado oito vezes pela parte e seis vezes por sociedades que pertenciam ao mesmo grupo. Mesmo tendo a parte negado a existência de relação com o árbitro a SCC deu provimento à impugnação, comentando a doutrina que isso fora feito para deixar a impressão de que a instituição mantinha altos padrões éticos[546].

Em caso CCI, o árbitro nomeado pelo requerido apresentou inicialmente declaração de independência, sem revelar qualquer informação importante. Após debates com a Secretaria, apresentou nova declaração, desta vez fazendo constar que ele estava servindo como presidente do tribunal arbitral no qual o advogado do requerido funcionava como coárbitro. Todavia, o árbitro não revelou que havia sido nomeado pelo mesmo advogado (e coárbitro no outro processo arbitral) em outros três processos arbitrais CCI no interregno de seis meses. O requerente se opôs à confirmação do árbitro, que não ocorreu[547].

Em outro caso CCI, o árbitro nomeado pelo requerente informou que também atuava em outro processo arbitral não diretamente ligado, cujo proponente era sociedade integralmente detida pelo requerente. Informou que os dois processos arbitrais envolviam partes do mesmo país, que o tema da disputa

---

[545] Caso *Tidewater Inc. v. The Bolivarian Republic of Venezuela* (ICSID Case No ARB/10/5). *Decision on claimants' proposal to disqualify Professor Brigitte Stern, arbitrator*, disponível no endereço eletrônico http://italaw.com/sites/default/files/case-documents/ita0860.pdf; consulta em 21.02.2017.
[546] FATIMA-ZAHRA SALOUI. *The rising... op. cit.*, p. 111.
[547] ANNE MARIE WHITESELL. *Independence... op. cit.*, p. 23

era do mesmo tipo e que os requerentes em ambos eram representados pelo mesmo advogado. Havia risco de que o árbitro tivesse acesso a informação não disponível aos demais membros do tribunal arbitral. O requerente não apresentou objeção à confirmação, mas ainda assim a Corte não a efetivou[548].

As *IBA Guidelines* abordam a categoria ora tratada na Lista Laranja, considerando que o árbitro: *(i)* foi nomeado, nos três anos anteriores, para exercer a mesma função em duas ou mais ocasiões, por uma das partes ou por coligada[549]; *(ii)* atua ao tempo do processo arbitral, ou atuou nos três anos anteriores, como árbitro em outro processo arbitral em assunto relacionado que envolve uma das partes ou sua coligada[550]; e *(ii)* foi o destinatário, nos três últimos anos, de mais de três nomeações pelo mesmo consultor jurídico ou pelo mesmo escritório de advocacia[551].

A análise dos casos concretos demonstra que a aparência de parcialidade está longe de envolver um número fixo de nomeações, ou seja, de um critério puramente quantitativo[552], encontrando-se geralmente ligada aos seguintes critérios:

- regularidade da relação, mensurada pelo histórico de nomeações do árbitro pela parte ou pelo advogado (ou seu escritório) em um dado intervalo de tempo;
- proximidade, no tempo, dessas nomeações em relação ao processo arbitral em curso;
- substancialidade ou representatividade econômica da remuneração total obtida pelo árbitro nos casos em que foi nomeado (informação que pode ser complementada com a comparação entre o tempo despendido pelo árbitro no exercício profissional e o tempo total dedicado aos casos, em determinado período); e
- se houver, a existência de decisões favoráveis à parte ou ao advogado responsável pela indicação.

---

[548] ANNE MARIE WHITESELL. *Independence...* op. cit., p. 22.
[549] Seção 3.1.3.
[550] Seção 3.1.5.
[551] Seção 3.3.7.
[552] Críticas ao critério meramente quantitativo – baseadas em premissas também defendidas pelo presente estudo e pela restrição que tal critério impõe à autonomia das partes – podem ser conferidas em WILL SHENG WILSON KOH. *Think quality not quantity: repeat appointments and arbitrator challenges*, in *Jornal of international arbitration*, v. 34, n. 4, 2017, pp. 711-740.

3.4.9. Categoria (3.5) – Atuação do árbitro no processo

A aparência de parcialidade pode derivar de atitudes tomadas pelo árbitro no curso do procedimento. Por vezes, o árbitro demonstra sua franca predisposição a uma das partes, seja mantendo com uma delas comunicação indevida, seja proferindo decisão que a favorece na disputa. A categoria proposta pelo presente estudo também compreende as opiniões que eventualmente o árbitro venha a emitir no curso do processo arbitral, seja substancialmente sobre uma das partes (ou sobre sua atuação no processo) ou sobre o mérito do litígio, que possa ser um indicativo de sua impermeabilidade aos argumentos apresentados.

Não se pode esquecer que os usos de determinada *comunidade arbitral*, quando respaldados pelas regras aplicáveis, podem ser determinantes para a fixação do alcance das comunicações unilaterais entre as partes e o árbitro, tal como ocorre nas arbitragens internas norte-americanas em que tais comunicações são facultadas aos *"non-neutrals"*[553].

Em caso CCI, o requerido impugnou o presidente do tribunal arbitral por ele ter expedido ordem processual na qual estabeleceu que novos pedidos do requerente seriam admitidos, antes que o requerido tivesse a oportunidade de apresentar sua resposta à respectiva solicitação. O requerido alegou que, ao assim decidir, o presidente havia criado uma situação mais favorável ao requerente, evidenciando a falta de independência. Além disso, o requerido alegou que a decisão violava o devido processo, pois também concedia a ele prazo menor para responder aos novos pedidos do que para o requerente responder à reconvenção. Após tomar ciência da impugnação, o presidente do tribunal retificou a ordem processual. A Corte rejeitou a impugnação[554].

Em arbitragem LCIA, os requerentes impugnaram o árbitro presidente nomeado pela instituição, entre outros motivos, por este: *(i)* ter mencionado o processo arbitral e o nome das partes em seu *curriculum*, em violação às regras regulamentares de confidencialidade; *(ii)* ter emitido ordens processuais contra os requerentes; e *(iii)* ter utilizado linguagem imprópria ao se referir ao advogado dos requerentes em email enviado aos membros do tribunal, aos advogados das partes e à LCIA, no qual afirmava que o advogado dos requerentes "gets his pleasure in abusing us" e "I do not like his floating threats". Na decisão do pedido, a divisão da LCIA considerou que a incorporação de

---

[553] Vide caso *Sunkist*, referido na nota 323.
[554] JASON FRY; SIMON GREENBERG. *The arbitral tribunal: applications of articles 7-12 of the ICC Rules in recent cases* in ICC Court of Arbitration bulletin, v. 20, n. 2, 2009, p. 24.

CAPÍTULO 3. PREMISSAS PARA CONSTRUÇÃO DA NORMA CONCRETA

informações confidenciais no *curriculum* derivaria mais de desatenção do árbitro do que de deliberada violação das obrigações impostas pelo regulamento da LCIA. Quanto ao segundo ponto, a divisão considerou que as ordens processuais foram proferidas por todo o tribunal, o que impedia que fossem atribuídas exclusivamente ao árbitro impugnado, nem as considerar enviesadas contra os requerentes apenas porque elas não os favoreciam. Quanto ao terceiro tema – o mais delicado dos três – o e-mail era destinado apenas aos coárbitros, mas inadvertidamente foi enviado a todos, razão pela qual foi considerado "unfortunate", demonstrativo de "a growing degree of impatience with claimants' counsel", mas não suficiente para justificar o afastamento do árbitro[555].

Considerações mais enfáticas sobre o comportamento processual de um litigante já foram consideradas suficientes pela LCIA para o afastamento de árbitro. No caso, o requerente impugnou o árbitro único em razão de ele ser membro de uma organização profissional supostamente ligada ao requerido. Em resposta, o árbitro qualificou a impugnação como "fictitious, false and malevolent" e afirmou que o advogado do requerente estava agindo "viciously". A divisão da LCIA considerou que a impugnação, nas suas bases originais, deveria ser rejeitada, mas que a reação do árbitro a tal impugnação era suficiente para o seu afastamento[556].

No caso LCIA *National Grid v. Argentina*, esta requereu a remoção do árbitro Judd Kessler por conta de colocação feita verbalmente por ele sobre a resposta da testemunha técnica ao *cross-examination* do advogado da Argentina, a saber, "[p]ara tratar de avanzar, ya queda claro que hay ciertos hechos que el testigo no conoce. Pero supongo que la base de su testimonio tiene que ver con la situatión hipotética, y no es hipotética porque todos los que estamos aqui sabemos los hechos en general, de que hubo un daño importante o hubo un cambio muy importante en las expectativas de la inversion"[557]. Segundo o Estado, a afirmação do árbitro – cuja língua nativa não era o espanhol – revelaria prejulgamento, pois ambas as partes ainda tinham argumentos e provas sobre a alegação de que a expectativa do investidor havia sido alterada ou que ele havia sofrido um dano. O órgão da LCIA responsável pela decisão

---

[555] Caso LCIA No. 5665; decisão de 30.08.2006, referida por Karel Daele. *Challenge... op. cit.*, pp. 415-416.
[556] Caso LCIA No. 1303; decisão de 22.10.2001, referido por Karel Daele. *Challenge... op. cit.*, p. 420.
[557] Caso *National Grid PLC v. The Republic of Argentina*, LCIA No. 7949. *Decision on the challenge to Mr. Judd L. Kessler*; disponível no endereço eletrônico http://www.italaw.com/sites/default/files/case-documents/italaw1171.pdf; consulta em 21.02.2019.

do pedido de remoção considerou, primeiramente, que a afirmação do árbitro, tomada fora de contexto, poderia sugerir a um terceiro razoável que o árbitro já havia tomado uma posição firme sobre questões vitais para a arbitragem. No entanto, analisando o contexto da transcrição, ficava claro que o árbitro estava apenas colocando uma questão hipotética à testemunha técnica, justamente para clarificar a questão colocada pelo advogado da Argentina, ao esclarecer que "[n]o sé si podemos proceder. Si quiere hacerle preguntas, si hubiera un daño importante, entonces, ¿qué sería el resultado bajo el derecho argentino? Hay protección o no hay protección. La ley aplica o no aplica. Es solamente una sugerencia". Diante da tentativa de esclarecimento da pergunta, o advogado da Argentina prontamente questionou se o árbitro havia sugerido que ele já estaria convencido da existência do dano, ao que este respondeu "[s]olamente digo que estamos aquí porque hay alegato de daño, de um cambio en el contrato que resultó en problemas por el investor. Es que, como decíamos antes, no estamos hablando en el aire. No sé, estoy tratando de ayudar, pero a lo mejor no resulta de ayuda". Assim, a dúvida a respeito da primeira intervenção do árbitro – que poderia ser agravada pelo fato de ele não ter se expressado na sua língua materna – foi eliminada quando ele, posteriormente, esclareceu a sua posição, o que, segundo a divisão competente da LCIA, não configuraria prejulgamento, razão pela qual o pedido de afastamento foi improvido.

A LCIA também registra caso[558] em que o árbitro único foi impugnado por ter mantido uma reunião de quinze minutos com o advogado do requerente na sala de apoio que lhe havia sido reservada para a audiência, durante um dos intervalos. A mesma impugnação trazia alegação de que o árbitro havia apagado parte das transcrições da audiência, mesmo com a oposição do advogado do requerido. Por último, a impugnação apontava que o árbitro havia acusado o advogado do requerido de ter entrado na sua (do árbitro) sala de descanso sozinho, tendo levado uvas de lá, o que o advogado negou. A divisão da LCIA deu provimento à impugnação, considerando que: *(i)* a reunião do árbitro com o advogado no intervalo da audiência, a portas fechadas, para a qual o árbitro havia dado duas explicações igualmente inconsistentes, ensejava suspeita de tratamento desigual das partes; *(ii)* o árbitro não poderia unilateralmente decidir que certas partes da audiência simplesmente não teriam existido; e *(iii)* a acusação do árbitro quanto à conduta do advogado do requerido, feita

---

[558] Caso LCIA No. UN3490; decisão de 21.10.2005, in *Arbitration international*, v. 27, n. 3, 2011, pp. 389-390.

CAPÍTULO 3. PREMISSAS PARA CONSTRUÇÃO DA NORMA CONCRETA

na presença das partes e das testemunhas, sem prévia investigação e apenas para contrapor o ato não apropriado do próprio árbitro em manter encontro com o advogado do requerente a portas fechadas, havia levado a uma acalorada discussão entre ambos e que tal conduta não era compatível com o comportamento esperado de um árbitro.

Considerações diretas sobre a índole da parte já deram causa ao afastamento de árbitro no conhecido caso *Catalina*, que envolvia a colisão de um navio português com um navio norueguês. Uma testemunha da parte portuguesa jurou que, durante a audiência, ouviu o árbitro fazer considerações sobre a índole e a confiabilidade das testemunhas de acordo com a sua nacionalidade, declarando que aceitaria as provas norueguesas e não as portuguesas[559]. Os portugueses requereram a remoção do árbitro ao *King's Bench*, que acatou o pedido.

No caso ICSID *Burlington Resources v. Republic of Ecuador*, o árbitro nomeado pelo investidor (Francisco Vicuña) foi impugnado porque: *(i)* havia sido nomeado em outras 8 causas ICSID patrocinadas pelo escritório de advocacia que representava o autor (Freshfields Bruckhaus Deringer), entre os anos de 2007 e 2013, o que caracterizaria dependência; *(ii)* não teria cumprido com o seu dever de revelação, pois somente informou a respeito das repetidas nomeações a pedido do Equador, o que daria causa ao questionamento sobre a confiabilidade de sua independência; *(iii)* teria demonstrado a falta de imparcialidade em detrimento do Equador no curso da arbitragem, em razão da sua postura em conferência telefônica e durante audiência, na qual a vasta maioria das questões (colocadas pelo árbitro) teria como finalidade minar a posição do Equador ou favorecer a posição do investidor no processo arbitral, postura essa também demonstrada por seus votos divergentes, proferidos em duas decisões anteriores nesse mesmo procedimento arbitral; e *(iv)* a própria forma como foram redigidos os esclarecimentos do árbitro, que mencionava conduta do escritório que defendia o Equador (Dechert LLP), demonstraria a sua falta de imparcialidade. O investidor respondeu, afirmando que: *(i)* a impugnação contra o árbitro teria como objetivo sabotar o processo

---

[559] Caso *Re the Owners of the Steamship 'Catalina' and the Owners of the Steamship 'Norma'*, [1938] 61 Lloyd's Rep 360. Decisão disponível no endereço eletrônico http://translex.uni-koeln.de/output.php?docid=311230&markid=968935; consulta em 21.02.2017. Ao se referir aos noruegueses, o árbitro teria dito que eles "are not Italians. The Italians are all liars in these cases and will say anything to suit their book. The same thing applies to the Portuguese. But the other side are Norwegians, and in my experience the Norwegians generally are truthful people. In this case I accept the evidence of the master of the Norma".

arbitral, pois as informações sobre as diversas nomeações do árbitro, utilizadas pelo Equador, eram públicas desde 19.02.2013 (e seis das oito nomeações eram conhecidas pelo Equador desde junho de 2011), ao passo que a impugnação somente foi apresentada em 20.06.2013; *(ii)* as alegações sobre a conduta do árbitro na conferência telefônica e em audiência estavam preclusas, pois a audiência havia ocorrido dois anos antes e o voto divergente mais recente havia sido proferido mais de seis meses antes da impugnação do árbitro; e *(iii)* o *standard* para o afastamento do árbitro é alto nos processos ICSID, e que a manifesta falta de independência deveria ser demonstrada mediante provas objetivas – e não em meras suposições ou especulações. O árbitro apresentou suas explicações. Como as demais componentes do tribunal arbitral (Gabrielle Kaufmann-Kohler e Brigitte Stern) não chegaram à decisão unânime sobre a impugnação, o Presidente do Conselho Administrativo proferiu decisão na qual apontou que o Equador tinha à sua disposição informações públicas suficientes para impugnar o árbitro em razão das sucessivas nomeações pelo Freshfields antes do momento em que acabou fazendo, razão pela qual afastou tal fundamento para a impugnação. No entanto, o Presidente do Conselho chamou a atenção[560] para o seguinte trecho da carta de informações prestadas pelo árbitro, no qual constava: "[l]astly there are some ethical assertions that cannot be left unanswered. Dechert admonishes this arbitrator to resign on ethical grounds as if Dechert's views were proven correct. This is certainly not the case. Moreover, the real ethical question seems to lie with Dechert's submissions and the handling of confidential information. To the best of this arbitrator's knowledge the correspondence concerning disclosure and other matters in Pan American v. Bolivia is part of the confidential record of that case. Dechert is in the knowledge of such correspondence as counsel for Bolivia, but it does not seem appropriate or ethically justified that this information be now used to the advantage of a different client of Dechert, a use that in any event should be consented to by the other party to that case"; tais comentários, afirmou o Presidente do Conselho "do not serve any purpose in addressing the proposal for disqualification or explaining circumstances relevant to the allegations that the arbitrator manifestly lacks independence or impartiality", razão pela qual considerou a postura do árbitro como sendo

---

[560] Caso *Burlington Resources, Inc. v. Republic of Ecuador* (ICSID Case Nº ARB/08/5). *Decision on the proposal for the disqualification of Professor Francisco Orrego Vicuña*, disponível no endereço eletrônico https://icsid.worldbank.org/ICSID/FrontServlet?requestType=CasesRH&actionVal=showDoc&docId=DC3972_En&caseId=C300; consulta em 21.02.2017.

enviesada *contra* o escritório que defendia o Equador, acatando a impugnação sob esse fundamento e afastando o árbitro.

O que se percebe dos casos mencionados é que a opinião do árbitro ou as suas falhas procedimentais devem ser suficientes para demonstrar que ele não estaria aberto às alegações e argumentos trazidos pelas partes, ou seja, que julgará o litígio com base em *sentimentos* que o impeçam de analisar e sopesar ditos argumentos. Daí porque a opinião deve ser *forte, incisiva* e *drástica*, o que a diferencia totalmente de uma sentença parcial ou ordem processual pela qual, amparado nos argumentos e provas, o árbitro defere ou indefere algum pedido.

3.4.10. Categoria (3.6) – Particularidades culturais ou cognitivas derivadas da história de vida do árbitro

O presente estudo defende que não há julgador sem preconceitos, pois esses conceitos *a priori*, derivados da experiência de vida do indivíduo, são condicionantes do conhecimento e do reconhecimento do mundo. O julgador, necessariamente, parte do seu inalienável ponto de vista ao entrar em contato com a narrativa de um conflito, e o faz à luz de tudo o que vivenciou e experimentou[561].

É o preconceito que permite o entendimento da narrativa das partes, a sua apropriação e a sua avaliação pelo árbitro. Por essa razão, o presente estudo se afasta da concepção usual de imparcialidade como fechamento do árbitro a influências outras que não os argumentos expostos pelas partes e defende uma concepção que, reconhecendo que as "influências outras" *sempre* existem – o indivíduo tem sua história e, por isso, suas preconcepções – identifica a imparcialidade como a abertura do árbitro à influência dos argumentos das partes expostos no processo arbitral e, portanto, entende a parcialidade como a vedação do árbitro a essa influência. Este estudo parte da premissa de que reconhecer o árbitro como indivíduo exposto às "influências outras" derivadas da sua história é o passo fundamental para a conceituação – e operatividade – da imparcialidade que dele se requer.

Em raros casos, no entanto, a própria história de vida do árbitro ou atitudes que este tomou ensejam a conclusão de que ele, na qualidade de julgador, está fechado à influência dos argumentos das partes. São casos pontuais, em que o preconceito relativamente ao assunto discutido é tão intenso que a vedação à influência é visível.

---

[561] Para mais detalhes, vide capítulo 2 do presente estudo.

Essa vedação não restou constatada em caso CCI, no qual o requerido impugnou o árbitro presidente ao alegar, entre outros motivos, que ele não seria independente das partes porque havia residido por longo tempo no país de domicílio do requerente, apesar de não possuir a respectiva nacionalidade. O árbitro, segundo o requerido, teria recebido educação, vivido e atuado no país por mais de doze anos, o que ensejaria uma "strong relationship" com o país, o que afetaria sua independência. A Corte da CCI afastou a impugnação[562]. Em outro caso, o presidente do tribunal arbitral foi impugnado pelo requerente sob a alegação de que não possuía "independence of mind" por ter escrito diversos artigos nos quais expressava opiniões políticas contra o país de nacionalidade do acionista do requerente, bem como opiniões políticas em favor de um dos requeridos, que era um Estado. Como os artigos não possuíam relação com a controvérsia submetida ao processo arbitral, a Corte da CCI também afastou a impugnação[563].

Em caso LCIA[564], no qual litigavam o Kuwait e uma parte ocidental, o árbitro único indicado pela instituição foi impugnado por sua filiação cultural a uma das partes. O árbitro era especialista em leis árabes e islâmicas, o que, segundo o requerente, demonstrava "evident, longstanding and deep commitment to Arab studies and Arab culture", que poderia obstar a que o árbitro fosse imparcial. A impugnação foi afastada pela LCIA pela inexistência de qualquer evidência de que a especialidade do árbitro e sua exposição à cultura ou às leis árabe e islâmica o tornariam enviesado às alegações do Kuwait.

A identidade entre o preconceito do árbitro e o objeto da disputa (a ponto de aparentar a vedação à influência) foi reconhecida no caso *Haworth v. Superior Court*, no qual a Corte de Apelação da Califórnia manteve a decisão de invalidação da sentença arbitral que decidiu disputa envolvendo erro médico supostamente cometido por Randal Hawort no curso de uma cirurgia facial estética em Susan Ossakow. No processo arbitral, médico e paciente nomearam árbitros, sendo que Haworth propôs outros quatro nomes para a presidência do painel, entre eles um juiz aposentado da Corte Superior de Los Angeles, Norman Gordon, ao final aceito por Ossakow. Norman apresentou declaração na qual apenas afirmou que já havia se envolvido em processo com advogados do escritório que representava o médico. Em decisão majoritária, o tribunal entendeu

---

[562] Anne Marie Whitesell. *Independence... op. cit.*, p. 30. Mais apontamentos sobre a nacionalidade são trazidos no capítulo 3.4.11.
[563] Anne Marie Whitesell. *Independence... op. cit.*, p. 31.
[564] Caso LCIA No. 5660; decisão de 05.08.2005, referida por Karel Daele. *Challenge... op. cit.*, p. 477.

CAPÍTULO 3. PREMISSAS PARA CONSTRUÇÃO DA NORMA CONCRETA

que a paciente não havia provado a intervenção sem o seu consentimento e que a severidade dos sintomas não seria crível, ressaltando que a paciente havia incorrido em cinco cirurgias faciais estéticas e que, consoante o assistente técnico desta, "[o]ne thing probably everyone can agree upon, after five facial surgeries, [Ossakow] could have done without a sixth one". Depois de intimada da sentença não-unânime, a paciente descobriu que o árbitro presidente, quando ainda atuava como juiz, havia sido publicamente censurado pela Suprema Corte da Califórnia por fazer comentários sexuais explícitos, opiniões racistas e comentários desmerecedores sobre suas funcionárias e colegas, baseados em seus atributos físicos. A ação anulatória foi julgada procedente pela Corte Superior da Califórnia e a questão, via *writ of mandate*, foi enviada à Corte de Apelação do Estado[565] que, acatando a alegação da paciente de que a censura ao juiz revelaria sua tendenciosidade contra mulheres em função de seus atributos físicos, considerou que os fatos ensejariam dúvidas justificadas sobre a imparcialidade do árbitro, que deveriam ter sido revelados.

A discussão sobre a relação entre a imparcialidade do árbitro frente à sua experiência de vida e às suas preconcepções foi levada ao extremo no caso *Rebmann v. Rohde*, no qual a invalidade da sentença foi debatida perante a Corte de Apelação da Califórnia porque um dos requeridos na arbitragem, Peter Rohde, descobriu por pesquisas na *internet* que o árbitro, Stephen Haberfeld, nascido em 1949 e criado nos Estados Unidos, era filho de judeus alemães que abandonaram a Alemanha pouco antes da II Guerra Mundial, tendo perdido parentes e propriedades no Holocausto. O árbitro e seus pais eram membros do "1939 Club", uma organização dedicada a evitar a repetição do Holocausto. O pai de Peter Rohde, por sua vez, havia lutado pela Alemanha na II Guerra Mundial, tendo Rohde deixado a Alemanha quando tinha dezoito anos. A mulher de Rohde, que não deu declarações no processo arbitral, informou que seu pai havia pertencido à SS. Rohde declarou que "[h]ad I known about his religious affiliation, his cultural affiliation, and the dedication to keeping the memory of the Holocaust alive, I never would have allowed him to be the arbitrator in my case". A Corte de Apelação da Califórnia[566] entendeu, aplicando jurisprudência relativa à imparcialidade dos juízes, que tal como todos os seres humanos, os julgadores têm uma ampla variedade de experiências

---

[565] Caso *Randal D. Haworth v. Superior Court of Los Angeles County*, 235 P.3d 152 (Cal. 2010). Decisão disponível no endereço eletrônico http://caselaw.findlaw.com/ca-court-of-appeal/1123505.html; consulta em 21.02.2017.

[566] Caso *Herbert Rebmann et al. v. Peter Rohde et al.*, 196 Cal.App.4th 1283 (2011). Decisão disponível no endereço eletrônico http://www.leagle.com/decision/In%20CACO%2020110628090; consulta em 21.02.2017.

e *backgrounds* e, salvo talvez em excepcionais circunstâncias, aquelas não relacionadas com o caso ou com as partes não são suficientes para sua desqualificação. O processo arbitral envolvia questão comercial, não tinha qualquer relação com a II Guerra Mundial ou com o Holocausto, e nenhum fato foi apresentado que pudesse sugerir que o árbitro não fosse imparcial ou que ele tivesse o dever de revelar sua história pessoal ou afiliação com o 1939 Club, razão pela qual o pedido de anulação foi julgado improcedente.

A análise dos casos reunidos na categoria em questão demonstra que as particularidades culturais ou cognitivas do árbitro, para configurarem razão de perda da imparcialidade, devem ser *reconhecidas* à luz do comportamento pretérito do julgador e devem ser *determinantes* (ainda que não explicitamente reconhecidas) para a avaliação que o julgador faz da causa ou de questão específica e importante para sua solução.

3.4.11. Categoria (3.7) – Nacionalidade do árbitro

Nas arbitragens internacionais, as partes tendem a indicar árbitros da sua própria nacionalidade ou que ao menos comunguem da mesma bagagem cultural visto que isso facilitaria a compreensão da matéria legal debatida segundo o seu ponto de vista[567] (o que não significa que, se a lei que regerá a disputa for diferente da nacionalidade da parte, ela não possa preferir um árbitro que não compartilhe de sua nacionalidade, mas que esteja familiarizado com a referida lei de regência[568]). A aceitabilidade da escolha por um coárbitro com a mesma nacionalidade das partes não se estende ao árbitro presidente – a quem os regulamentos das instituições que administram procedimentos impõem ser de nacionalidade distinta de ambas as partes. É assim nos regulamentos da CCI (art. 13.5) e do CAM-CCBC (art. 4.15, por requisição das partes), por exemplo.

Há registro de impugnação apresentada em arbitragens ICSID com fundamento na nacionalidade do árbitro. Trata-se do caso *Olguín v. Paraguay*, no qual o último requereu a desqualificação do árbitro indicado pelo primeiro (Dale Beck Furnish), que possuía nacionalidade norte-americana, obstada pelo art. 39 do Tratado ICSID e pelo art. 1(3) do Regulamento. Para a constituição do tribunal, o Paraguai havia indicado árbitro de sua nacionalidade, com a qual Olguín não consentiu. No entanto, após a constituição do tribunal,

---

[567] Doak Bishop; Lucy Reed. *Practical...* op. cit., p. 401. No mesmo sentido, M. Scott Donahey. *The independence...* op. cit., p. 32.
[568] Christopher R. Drahozal. *Arbitrator selection...* op. cit., p. 171.

o Estado descobriu que Olguín, nacional do Peru, também detinha nacionalidade norte-americana, o que justificou a impugnação do árbitro por ele nomeado. O árbitro renunciou ao encargo[569].

Em processo arbitral LCIA, o requerido impugnou o árbitro único indicado pela instituição sob a alegação de que, embora não possuísse nacionalidade britânica, ele era *de facto* um nacional, o que violava o art. 6(1) do regulamento da instituição. A divisão encarregada de decidir a impugnação reconheceu que: *(i)* a questão da nacionalidade deveria ser analisada quanto à substancialidade, e não de maneira apenas formal; e *(ii)* há circunstâncias em que a conexão pessoal do árbitro com um país pode ser de tal forma estreita que a nacionalidade formal não garantiria sua neutralidade. No entanto, diante das circunstâncias do caso, a divisão não reconheceu que o árbitro seria um britânico *de facto*, julgando desprovida a impugnação.

Em processo arbitral SCC, o requerido chinês indicou como árbitro um profissional que era o *"chief judge"* da corte da cidade em que o advogado estava registrado. O requerente japonês impugnou a indicação sob a alegação de que os tribunais chineses eram fortemente influenciados por protecionismo e que, por isso, uma empresa estrangeira em disputa contra uma companhia chinesa não receberia justiça substancial do árbitro chinês. A impugnação foi decidida em desfavor do impugnante[570].

Os critérios de análise da categoria correspondente à nacionalidade envolvem não apenas a *cidadania* do árbitro (sendo essa a mais fácil de verificar), mas também sua *residência* ou *domicílio*, sua *relação com os ascendentes* e até mesmo seus laços com a cultura de determinado país no qual viveu ou no qual viveram seus ascendentes, conforme já se discutiu no presente estudo.

3.5. Proposta normativa e observador. Diferentes visões?

Além do *ambiente institucional* (e de seus protagonistas), a análise da imparcialidade do árbitro deve levar em conta também a *referência subjetiva do observador*. Essa é premissa que, se não for colocada de modo claro, poderá levar a padrões de análise diferentes e inconciliáveis. E aqui se utiliza o termo

---

[569] Caso *Eudoro Armando Olguín v. República del Paraguay* (ICSID Caso n. ARB/98/5). Evento tratado nos parágrafos 15 e 16 do Laudo de 16.07.2001; disponível no endereço eletrônico http://www.italaw.com/sites/default/files/case-documents/ita0586.pdf; consulta em 21.02.2017.
[570] MARIE ÖHRSTRÖM. *Decisions by the SCC Institute regarding challenge of arbitrators*, in *Stockholm arbitration report*, 2002, n. 1, pp. 39-42.

"*inconciliável*" porque certa divergência de análise é até mesmo esperada: não seria de se espantar que a análise da imparcialidade de um árbitro realizada por uma comissão instituída por profissionais atuantes nesse mercado (que talvez pertençam ao mesmo círculo profissional do árbitro impugnado) não seja idêntica à análise que o próprio árbitro faz de si, da análise tomada a partir da observação de um particular não afeito à arbitragem, ou ainda da análise de uma das partes.

A imparcialidade, conforme já visto, por configurar a vedação *psíquica* do árbitro à influência dos argumentos de uma das partes, não pode ser mensurada ou aferida *in natura*, tendo que ser revelada de acordo com a aparência. E a aparência é o fruto da percepção de um sujeito frente ao qual as circunstâncias fáticas se desenrolam, ou seja, é fruto da percepção de um *observador*.

Como *observador privilegiado*, um membro da comunidade arbitral a qual pertence o árbitro que tem sua imparcialidade escrutinada poderá, na sua observação da circunstância fática do caso, levar em consideração as impressões que já possuía a respeito do profissional. Como *observador interessado*, uma parte possivelmente partirá da pressuposição de que a parte contrária escolheu árbitro com vistas a potencializar o ganho da causa (um árbitro, portanto, que seja mais *influenciável* à tese defendida pelo adversário[571]), o que aumentará, de modo geral, a disposição dessa parte em observar qualquer fato relativo

---

[571] Demonstrando que em um universo de 34 processos arbitrais ICSID em que houve julgamento não unânime ("dissenting oppinions"), quase cem por centos dos árbitros dissidentes julgaram em favor da parte que os haviam nomeado e que, em alguns casos, tais votos foram utilizados para fragilizar a decisão arbitral em procedimentos de anulação, van den Berg aponta que o fenômeno ensejaria preocupação quanto à neutralidade arbitral. Analisando as desvantagens dos votos divergentes apresentados por árbitros nomeados pelas partes, o autor conclui que a raiz do problema está na forma de constituição dos tribunais, que pode criar árbitros de algum modo dependentes das partes que os nomearam, razão pela qual acata a sugestão de Jan Paulsson de substituir o método pela introdução de lista fechada de árbitros com procedimento (não controlado pelas partes) de sua eleição, apontando que até que tal sugestão seja implementada, a arbitragem de investimento funcionaria melhor e teria mais credibilidade se os árbitros nomeados pelas partes não apresentassem votos dissidentes. ALBERT JAN VAN DEN BERG. *Dissenting opinions... op. cit.*, esp. pp. 828-831 e 834. Quanto ao texto referido por van den Berg, vide JAN PAULSSON. *Are unilateral appointments defensible?*, in *Kluwer arbitration blog*, 02.04.2009; disponível no endereço eletrônico http://kluwerarbitrationblog.com/blog/2009/04/02/are-unilateral-appointments-defensible/; consulta em 21.02.2017. Análise divergente ao texto de (em resposta a) Jan Paulsson, é feita por ALEXIS MOURRE. *Are unilateral appointments defensible? On Jan Paulsson's moral hazard in international arbitration*, in *Kluwer arbitration blog*, 05.10.2010; disponível no endereço eletrônico http://kluwerarbitrationblog.com/blog/2010/10/05/are-unilateral-appointments-defensible-on-jan-paulsson%E2%80%99s-moral-hazard-in-international-arbitration/; consulta em 21.02.2017.

CAPÍTULO 3. PREMISSAS PARA CONSTRUÇÃO DA NORMA CONCRETA

ao árbitro como uma provável demonstração da sua parcialidade; essa mesma disposição poderá motivar a parte a ser muito mais leniente na observação de qualquer fato suspeito que envolva o árbitro por ela escolhido. É por isso que o dever de revelação é frequentemente ligado à *"dúvida justificada"* a respeito da imparcialidade do árbitro *"aos olhos das partes"*. Não se pode esperar que elas sejam razoáveis porque, diante do interesse que têm em vencer, as partes são *observadores interessados*.

Por conta dos diferentes pontos de vista pelos quais as aparências podem ser analisadas, o intérprete deve assumir, o tanto quanto possível, a postura de um *observador razoável*, de uma pessoa capaz de verificar os eventos fáticos cuja descrição irá constituir a norma concreta do modo mais isento possível.

É evidente que a separação entre *observador* e *intérprete* é algo artificial, visto que se afigura impossível ao intérprete dissociar-se completamente de sua própria identidade para se colocar no papel de ator de outra qualidade. Pode-se pensar na dificuldade que um experiente árbitro terá para aceitar que, sob o ponto de vista de uma das partes, a sua participação em painel de um evento dedicado ao direito discutido na arbitragem, em conjunto com o advogado interno da parte rival, não ensejaria (novamente: sob a ótica de uma das partes) questionamento a respeito da sua imparcialidade. Essa atividade, natural para quem pertence à *comunidade arbitral*, certamente levantará suspeitas ao leigo.

A jurisprudência do *common law*, sobretudo a inglesa, dedicou atenção ao tema da imparcialidade para árbitros e juízes, estabelecendo *testes* nos quais a imparcialidade é analisada sob o ponto de vista da própria corte ou de um observador isento e informado[572]. Um observador justo e equilibrado, na construção inglesa, seria o sujeito ideal que conheceria os argumentos a favor e contrários à identificação da parcialidade do árbitro em um caso concreto, não suspeitando em demasia ou sendo por demais ingênuo, sabendo ponderar os fatos relevantes para sua decisão sobre a lógica do que é socialmente aceito. Ainda que tome por base um sujeito ideal, a padronização do observador pode – e deve – ser aceita como parâmetro para a elaboração de proposta normativa a respeito da imparcialidade do árbitro[573].

Um padrão de observador, ainda que ideal e sujeito a aproximações, deve ser levado em conta. E, para a construção da norma concreta, deve ser afastada

---

[572] Vide capítulo 1.3.3.1.
[573] Resumo sobre os diferentes *testes* ingleses e os correspondentes pontos de vista dos observadores, vide SAMUEL ROSS LUTTRELL. *Bias... op. cit.*, pp. 59-61.

a visão das partes e as impressões pessoais dos atores da *comunidade arbitral* a respeito do árbitro cuja parcialidade está sob análise. Excluindo-se esses dois extremos, evita-se, na medida do possível, um observador que venha a ser corporativista ou complacente demais, ou então rigoroso ou desconfiado demais. O observador deve ser tomado como alguém que, ciente de que a utilização da arbitragem se dá em um *mercado* relativamente fechado, é capaz de identificar os fatos que levariam à aparência de parcialidade, sem leniência ou, no polo oposto, intransigência quanto à postura socialmente adequada e juridicamente aceitável.

Mais uma vez seja reiterada a dificuldade de se apartar o *observador* do *intérprete*. Uma vez que a subsunção, como se viu, dá-se através de *"idas e vindas"* entre a descrição de sentido (juízo) que o intérprete faz do evento do mundo físico e a descrição de sentido (juízo) que o intérprete faz da regra jurídica que entende aplicável, imaginar-se um observador que apenas identifique os fatos na sua suposta *pureza* e mensure a aparência de imparcialidade *em si* é fantasioso. Mesmo o observador, para identificar os fatos e para a mensuração da aparência, irá recorrer a pautas jurídicas, modelos normativos, decisões em outros casos concretos e diretrizes doutrinárias. Assim, o padrão de observador, mais que uma função positiva, serve para evitar a possibilidade de distorções que ocorreriam se a análise fosse feita *"aos olhos das partes"* ou *"aos olhos de colega pertencente à comunidade arbitral"*[574].

A variedade de profissionais envolvidos com a arbitragem (juízes, advogados, potenciais árbitros) e a variedade de instituições arbitrais – tudo potencializado pelas várias legislações nacionais e orientações jurisprudenciais derivadas das diversas nacionalidades nas quais o fenômeno da arbitragem se apresenta, ou seja, potencializado pelas diferentes heranças jurídico-culturais

---

[574] Nesse sentido, discutindo o padrão para a lei federal de arbitragem norte-americana: "[i]f the standard of 'appearance of bias' is too low for the invocation of Section 10, and 'proof of actual bias' too high, with what are we left? Profoundly aware of the competing forces that have already been discussed, we hold that 'evident partiality' within the meaning of 9 U.S.C. § 10 will be found where a reasonable person would have to conclude that an arbitrator was partial to one party to the arbitration. In assessing a given relationship, courts must remain cognizant of peculiar commercial practices and factual variances. Thus, the small size and population of an industry might require a relaxation of judicial scrutiny, while a totally unnecessary relationship between arbitrator and party may heighten it. In this way, we believe that the courts may refrain from threatening the valuable role of private arbitration in the settlement of commercial disputes, and at the same time uphold their responsibility to ensure that fair treatment is afforded those who come before them". Caso *Morelite Constr. Corp. v. New York City Dist. Council Carpenters Ben. Funds*, 748 F.2d 79, 83-84 (2d Cir.1984), disponível no endereço eletrônico https://law.resource.org/pub/us/case/reporter/F2/748/748.F2d.79.84-7351.86.html; consulta em 21.12.2015.

nacionais – somam mais um grau de dificuldade para a comparação[575] e para a consequente eleição de um *observador* médio, ao qual será ligada formulação de uma proposta normativa. No entanto, essa tarefa não é impossível.

3.6. Roteiro para a criação de normas concretas

A norma concreta a ser construída em determinado caso deve ter, em sua raiz, uma regra vinculante, ou seja, um texto dado pela lei ou pelo regulamento aplicável a determinado processo arbitral ou, ainda, por outra forma consensualmente estabelecida pelas partes.

Se a regra trouxer na hipótese de fato – com nível suficiente de detalhe – certo evento que o intérprete possa utilizar para a consequência jurídica que defende (parcialidade ou imparcialidade do árbitro), basta ao referido intérprete aproximar o juízo linguístico-valorativo que extrai de tal hipótese ao juízo linguístico-descritivo que se utiliza para descrever o evento efetivamente ocorrido no mundo fático. Com isso, o intérprete aproxima, via subsunção, essas duas descrições[576]. No direito brasileiro, há descrição de algumas hipóteses que "caracterizam os casos de impedimento ou suspeição de juízes" (art. 14 da LA) com nível de detalhe suficiente para a utilização desse método: é o caso do árbitro que, antes de ser nomeado para a função, era advogado de uma das partes no processo arbitral (art. 144, inc. II, do CPC); ou então o caso do árbitro que tiver aconselhado uma das partes sobre a causa (art. 145, inc. II, do CPC). Essas "relações" (termo usado pelo art. 14 da LA) estão descritas de modo suficientemente detalhado para a aplicação nos casos concretos, permitindo que a imparcialidade seja aplicada como *regra*[577].

Entretanto, nos casos em que a descrição do evento não se subsumir à descrição da hipótese normativa, o intérprete deverá se utilizar da regra geral do art. 21, § 2º, da LA, que estabelece um *estado de coisas* a ser buscado no processo arbitral, demonstrando que o evento do mundo concreto desfavorece essa busca, razão pela qual impõe *consequências jurídicas* que redirecionem tais eventos ao *estado de coisas* eleito, seja com a não confirmação do árbitro nomeado, seja com o seu afastamento, seja com a anulação da sentença que este proferiu, seja, ainda, com qualquer outra *consequência jurídica* voltada à proteção

---

[575] Thomas E. Carbonneau. *The ballad... op. cit*, p. 775.
[576] Karl Engisch. *Introdução... op. cit.*, pp. 78-84.
[577] Humberto Ávila. *Teoria... op. cit.*, p. 85.

da imparcialidade. Essa tarefa – muitíssimo mais difícil do que a utilização direta de comportamentos descritos com maior nível de detalhe nas hipóteses de fato das regras vinculantes – ensejará maior profundidade no exame do que o presente estudo optou por denominar *premissas de estrutura* e *premissas de conteúdo*. Significa dizer que o intérprete terá maior *ônus argumentativo* para demonstrar que a norma concreta que ele propõe tem como finalidade a proteção da imparcialidade (e, portanto, da influência dos argumentos das partes na decisão do árbitro) à luz do processo democrático, respeitando os postulados normativos (interpretativos, especialmente o da proporcionalidade) que impõem coesão e coerência dessa norma frente ao sistema jurídico, adaptando-a adequadamente aos eventos que ensejam a aparência de parcialidade. Nesse sentido, a imparcialidade se revela como *princípio*[578].

Especialmente nessa segunda acepção, a busca do cumprimento da função da imparcialidade do árbitro não pode ser feita de modo cego e irrealista, pois isso poderia implicar a utilização do instituto como forma de obstar o processo, contrariamente à sua função de promovê-lo de modo democrático (e por isso, mais seguro). Se, de um lado, a tolerância à nomeação de árbitros com critérios muito lassos de imparcialidade permite que profissionais perniciosos venham a ser escolhidos como julgadores, de outro lado, critérios excessivamente rígidos ensejarão uma situação de precariedade do julgador, permitindo a sua desestabilização mediante táticas dilatórias da parte que queira obstar o processo ou anular decisão que prejudique seus interesses[579]. A elaboração da norma concreta relativa à imparcialidade do árbitro tem que ter em vista esse duplo risco e pautar-se por um critério de realidade em que a arbitragem é praticada (daí porque atenção deve ser dispensada ao *ambiente institucional* correspondente e aos padrões de análise de um *observador isento*), afastando da arbitragem os elementos indesejados sem prejudicar o desenvolvimento do processo ou dar armas àqueles que simplesmente não aceitam a decisão final lá proferida.

---

[578] HUMBERTO ÁVILA. *Teoria...* op. cit., p. 85.
[579] WILLIAM W. PARK. *Arbitrator integrity...* op. cit., p. 634.

CAPÍTULO 4.
PRINCIPAIS QUESTÕES LIGADAS À IMPARCIALIDADE DO ÁRBITRO

4.1. Padrão de imparcialidade do árbitro e padrão de imparcialidade do juiz

Ao estabelecer que algumas das "relações" que caracterizam os casos de impedimento e suspeição dos juízes configuram causa para o "impedimento" do exercício da função de árbitro, a LA nada mais fez senão estabelecer uma regra que, *por referência*, descreve eventos que ensejam a aparência de parcialidade do árbitro. A LA não restringiu os eventos ensejadores da aparência às "relações" características de impedimento e suspeição de juízes, nem estabeleceu, para os eventos previstos, a equivalência de interpretação.

Vale a pena, antes do exame desses dois pontos (não limitação e não equivalência interpretativa dos eventos passíveis de ensejar a aparência de parcialidade do árbitro às hipóteses de impedimento e suspeição dos juízes), destacar as diferenças fundamentais entre árbitro e juiz que, ao final, constituem os vetores determinantes para a orientação tomada pelo presente estudo.

A esta altura, é claro que o *ambiente institucional* no qual a arbitragem se desenvolve possui características muitíssimo distintas daquele em que se desenvolve o processo judicial. O julgador no processo judicial é funcionário estatal, que geralmente é sorteado para a atuação em determinado caso, enquanto o árbitro é um profissional atuante no mercado, geralmente escolhido direta ou indiretamente pelas partes para a solução de uma controvérsia[580]. Por conta disso, é possível – e até mesmo esperável – que entre árbitro e

---

[580] A dinâmica de as partes escolherem, cada uma, um árbitro para compor o tribunal arbitral é a prática mais comum, a despeito das diretas colocações de Paulsson no conhecido texto "Moral Hazard", no sentido de que essa prática gera dissonâncias cognitivas nas partes (entre elas, de que o árbitro irá "ajudar" a parte a vencer o caso; de que as partes terão mais confiança nos árbitros que selecionarem; e de que o árbitro indicado irá assegurar que o tribunal, como um todo, entenda

partes (ou seus advogados) possam ter se estabelecido contatos pretéritos que, ao final, ensejaram sua nomeação. A parte ou seu advogado podem ter tido contato com o trabalho acadêmico do árbitro, com petição escrita por ele em caso não sujeito a sigilo, assistido à palestra ou participado de outro litígio e, assim, conhecido o posicionamento do árbitro quanto a determinada questão jurídica que seria, *em princípio*, favorável à tese que a parte ou seu advogado irão defender no processo arbitral[581]. Essa escolha do julgador aparentemente mais favorável à tese de uma das partes é impensável no processo judicial, no qual o órgão julgador preexiste à controvérsia e é ocupado de acordo com regras administrativas totalmente alheias à vontade das partes.

Por ser funcionário estatal, o juiz sorteado não depende de seu *capital simbólico* no mercado jurídico, nem sua remuneração se vincula a esse fator[582]. Igualmente, o juiz não pode esperar que seu desempenho na solução da controvérsia tenha efeito direto sobre o encaminhamento de novos casos[583]. O profissional que atua como árbitro (e também como advogado, algo impensável para um juiz) pertence a um *mercado* próprio e pode esperar isso.

---

a "cultura" da parte) e somente favorece o assédio moral da parte sobre o árbitro nomeado, que pode (tal como em casos narrados no texto, especialmente quando os vínculos do árbitro com a parte são profundos mas não conhecidos, quando o árbitro for inexperiente, ou mesmo quando mal-intencionado) resultar em sentença maculada pela parcialidade do árbitro. Pregando, ao final, que isso somente poderia ser evitado pela proibição – ou ao menos a rigorosa fiscalização – da prática de nomeações unilaterais, substituindo-a pela indicação por um órgão neutro, JAN PAULSSON. *Moral... op. cit.*, esp. pp. 8-14.
O problema dessa proposta é a garantia de que tal órgão exista e assim permaneça. Vide, por exemplo, o caso da CICA-CCIR, que em 2012 alterou seu regulamento para retirar das partes a faculdade de nomeação do árbitro e atribuí-la ao Presidente da instituição, que passou a receber 10% da remuneração do árbitro (arts. 11 e 14(7) do regulamento). A regra de nomeação institucional, nessas bases, inegavelmente gera muito mais insegurança que a regra de nomeação pelas partes. O regulamento da CICA-CCIR pode ser consultado no endereço eletrônico http://arbitration.ccir.ro/engleza/Rules_on_the_organization_and_operation_of_the_Court_of_International_Commercial_Arbitration_of_the_Romanian_Chamber_of_Commerce_and_Industry.pdf; e comentários às alterações regulamentais podem ser consultados no endereço eletrônico http://www.legal500.com/c/romania/developments/21999; consulta em 21.02.2017.
[581] YUVAL SHANY. *Squaring... op. cit.*, p. 479.
[582] É necessário reconhecer que a promoção de um juiz por merecimento, prevista no art. 95, inc. II, da Constituição Federal e estabelecida pelo art. 80, § 1º, inc. II, da Lei Complementar 35/1979 (LOM), produz reflexos na sua remuneração. No entanto, essa promoção depende da satisfação de requisitos reconhecidos por órgão administrativo do Poder ao qual o juiz se vincula; e não do *capital simbólico* conquistado perante os próprios destinatários das suas decisões, consoante as regras de mercado.
[583] Idem à observação anterior.

CAPÍTULO 4. PRINCIPAIS QUESTÕES LIGADAS À IMPARCIALIDADE DO ÁRBITRO

Essas significativas diferenças estabelecem, para o árbitro, toda uma nova série de riscos à imparcialidade que inexistem para o juiz. Se, de um lado, torna-se necessário reconhecer a existência de contatos pretéritos entre árbitro e parte (ou seu advogado) como determinante para a escolha do julgador com maior probabilidade de acatar a tese da parte que o escolheu, por outro, não se pode permitir que esses contatos se deem em grau suficiente para ensejar a aparência de parcialidade. Tome-se como exemplo a decisão do TJSP, que considerou não ser suspeito o juiz que é cliente do advogado de uma das partes, por inexistir previsão nesse sentido, aliada a uma incabível *"pessimista concepção do ser humano"*[584]. Tal como se viu, em razão do *ambiente institucional* no qual a arbitragem se desenvolve[585], o árbitro que possui relações negociais com o advogado (tendo causa patrocinada por este) ensejará, a princípio, forte aparência de parcialidade, pois aparentará estar imunizado aos argumentos do adversário do seu patrono, em cuja atuação, além de confiar, irá lhe trazer benefícios caso seja bem-sucedida no processo de seu interesse.

Ademais, por geralmente cumularem a função de árbitros com a de advogados, situações impensáveis para o juiz podem ocorrer para os profissionais da arbitragem. É o caso de o árbitro ter que julgar litígio cuja decisão será útil para a defesa de tese que esse mesmo profissional defende, na qualidade de advogado, em outra disputa[586]. Aqui, mais uma vez, a superação da noção genérica de imparcialidade como possibilidade de o árbitro julgar com base em influências outras que não apenas os argumentos das partes, e a sua fixação como vedação da influência das partes no convencimento do árbitro, são de vital importância. Eis duas hipóteses. Na primeira, o árbitro defende, em processo que envolve outras partes, tese para a qual sua sentença é útil e proveitosa em razão da identidade da questão de direito (discussão sobre a aplicação da mesma regra e, portanto, da mesma consequência jurídica) e da extrema similitude da questão de fato (identidade da descrição dos eventos relevantes). Ao decidir, o árbitro possivelmente estará influenciado pela sua preparação como advogado e, mais que isso, tirará proveito da sua própria decisão, a ponto de, a princípio, aparentar estar imunizado à influência da tese oposta àquela que está defendendo no momento. Em uma segunda hipótese, o árbitro defendeu, em processo estabelecido entre partes diferentes e já findo, tese semelhante à que deve julgar. Aqui também é provável que

---

[584] Caso em segredo de justiça, ES 8.295-0, C. Esp., TJSP, j. 10.03.1988, *in* Revista dos Tribunais, v. 631, 1988, p. 83.
[585] Vide capítulo 3.3.
[586] Vide capítulo 3.4.7.

os estudos e os trabalhos pretéritos do árbitro como advogado (ou seja, sua própria experiência e pré-compreensão como indivíduo) influenciem, sim, sua decisão. Assim, se a parcialidade for tomada – tal como faz a doutrina – como exposição do árbitro a influências outras que não os argumentos das partes, ela se fará presente também nessa segunda hipótese. No entanto, não haverá qualquer proveito imediato para o árbitro julgar no mesmo sentido da tese que defendeu, de modo que ele, aparentemente, não está imunizado aos argumentos contrários. Nessa segunda hipótese, tal como na primeira, o árbitro estará influenciado pela sua experiência como advogado (o que levaria ao intérprete que tomasse a influência externa do árbitro como causa de parcialidade a sancionar igualmente as hipóteses); no entanto, na segunda hipótese é bem menos aparente a vedação do árbitro à influência dos argumentos da tese contrária da que defendeu como advogado, diferentemente do que ocorre na primeira hipótese, na qual a sua decisão como árbitro dá-se no sentido de – e reforça a – sua posição como advogado no processo em curso. Assim, os dois casos apenas serão diferenciados (o que já ocorreu, mesmo sem explicação técnica[587]) se a parcialidade for tomada como a vedação à influência exercida pelos argumentos da parte, e não como influência de elementos *extra autos* na decisão.

Conforme já antecipado, as diferenças fundamentais entre os estatutos do árbitro e do juiz demandam não apenas a construção de normas concretas aplicáveis somente ao primeiro (derivadas, como já se viu, da regra geral que impõe um *estado de coisas* relativamente à imparcialidade do árbitro), como também uma interpretação particular das causas de impedimento e suspeição previstas na lei (além de outras regras vinculantes), interpretação essa que, para o árbitro, afasta-se da interpretação aplicável ao juiz.

Tome-se o exemplo da causa de impedimento prevista no art. 144, inc. II, do CPC (art. 134, inc. III, do CPC/73). A interpretação corrente da regra no STJ é no sentido de reconhecer o impedimento do magistrado que tenha atuado previamente no litígio no exercício da função jurisdicional, e não quando tenha atuado na esfera administrativa[588]. Assim, o mesmo magistrado pode decidir na esfera administrativa sobre uma controvérsia (geralmente ligada à distribuição de delegações de serventias extrajudiciais ou a processos administrativo-disciplinares) e, posteriormente, decidir o tema quando objeto de demanda

---

[587] Vide casos tratados no capítulo 3.4.7.
[588] STJ, RMS 18.099/PR, 5ª T., Rel. Min. Arnaldo Esteves Lima, DJ 12.06.2006, p. 500. Também STJ, RMS 13308/DF, 6ª T., Rel. Min. Maria Thereza de Assis Moura, DJ 04.08.2008.

judicial[589]. Essa interpretação da regra não pode ser aplicada na arbitragem. Imagine-se o caso em que o árbitro é também o responsável, em certa entidade que administra processos arbitrais, pelo exercício do juízo de arbitrabilidade da controvérsia e sua admissão *prima facie* para a constituição de um processo arbitral. Nesse exemplo, o conhecimento prévio do árbitro a respeito da controvérsia – e, pior, o seu posicionamento a respeito de uma das questões objeto do litígio: a arbitrabilidade – impõem diferente interpretação e qualificação[590] dos termos presentes no texto do artigo em tela, levando ao estabelecimento de uma norma distinta daquela reconhecida para os magistrados, de modo que, independentemente do estágio em que tenha tomado conhecimento do conflito (isto é, atuado nele), esse evento configure causa aparente de sua parcialidade.

Seja com a ampliação das causas que aparentam a parcialidade do árbitro para além daquelas previstas ao juiz, seja com a particular interpretação daquelas previstas em lei, é possível perceber que a sistemática aplicável à imparcialidade do árbitro deve reconhecer a existência de um *mercado* e de uma *comunidade arbitral* inexistentes no processo judicial e, sobretudo, de uma lógica diferente na escolha e regulação de conduta do julgador em cada um dos métodos. O árbitro é escolhido, sobretudo, pelo seu *capital simbólico*, que muitas vezes presume algum tipo de contato entre o julgador e a parte ou seu advogado[591]. Não considerar esses fatores quando o intérprete propõe uma norma concreta que dê pela parcialidade ou imparcialidade do árbitro é correr o risco de tomar relações indiretas e precárias entre árbitro e parte como evento ensejador da aparência de parcialidade ou, de outro lado, tomar relações diretas e substanciais como insuficientes para caracterizar essa mesma parcialidade[592].

---

[589] No entanto, registre-se o reconhecimento do impedimento, para a decisão de processo judicial, do magistrado que foi o relator do processo administrativo-disciplinar, no qual se manifestou de forma conclusiva e antecipada acerca da controvérsia (no caso, dando pela culpabilidade do agente público, "proferindo seu voto-condutor com base em ideias preconcebidas que vincularam o resultado final da esfera disciplinar"). STJ, RMS 19.477/SP, 6ª T., Rel. Min. Maria Thereza de Assis Moura, DJe 22.02.2010.

[590] O problema de interpretação volta-se à atribuição de significado a um termo linguístico utilizado em um enunciado normativo, ao passo que o problema de qualificação se volta à classificação de determinado fato ocorrido no mundo da vida (ou melhor, ao termo linguístico que descreve determinado fato) ao termo linguístico utilizado na regra. Sobre a diferenciação, vide NEIL MACCORMICK. *Argumentação... op. cit.*, pp. 119-121.

[591] YUVAL SHANY. *Squaring... op. cit.*, p. 487.

[592] Conforme já decidido: "[g]iven these differences, it is clear that the actual standard for arbitrators does differ from that for judges, even though language used to describe both standards may be similar". Caso *Jean Schmitz; Leonard Schmitz v. Carlos J. Zilveti, III; Nicholas S. Meris; Prudential- -Bache Securities Inc.*, 20 F.3d 1043 (9th Cir. 1994), disponível no endereço eletrônico https://law.resource.org/pub/us/case/reporter/F3/020/20.F3d.1043.92-16853.html; consulta em 21.02.2017.

4.2. Imparcialidade, independência e neutralidade do árbitro: importância relativa das distinções

O presente estudo já expôs a relevância que os regramentos, a doutrina e as decisões (proferidas em processos arbitrais ou pelo Poder Judiciário) conferem à conjunção dos termos "imparcialidade e independência"[593]. Também se expôs a noção geral de independência para a arbitragem e os diversos entendimentos a respeito da sua relação com a imparcialidade, colocando o problema principal de sua inaplicabilidade para a solução de casos concretos[594].

A noção geral de independência do julgador não é originária da arbitragem, mas antes da Teoria Política e do Direito Constitucional, estando, portanto, ligada ao exercício do poder estatal e à separação dos seus poderes[595]. Prova-a a própria Constituição Federal brasileira, ao consagrar no seu art. 2º que *"[s]ão Poderes da União, independentes e harmônicos entre si, o Legislativo, o Executivo e o Judiciário".*

O Direito Processual também trata do tema da independência judicial, reconhecendo nela um *valor* e uma *garantia* que abarcam tanto o juiz (internamente e externamente à magistratura) quanto o próprio Poder Judiciário[596]. No que concerne à pessoa do juiz, a independência *externa* visa protegê-lo das pressões exteriores ao Poder Judiciário, ao passo que a independência *interna* visa ampará-lo dentro da própria instituição, envolvendo mecanismos (garantias e proibições) que a materializam, tais como a seleção com base em qualificações adequadas, vitaliciedade, irredutibilidade de vencimentos, inamovibilidade, proibição de filiação partidária, entre outras[597]. A indepen-

---

[593] Vide capítulo 1.2.1.
[594] Vide capítulo 1.2.2.
[595] A ideia de separação dos poderes atribuída a Montesquieu não reservava papel de relevância ao Judiciário, não entendido como *poder* nos mesmos termos que o Legislativo e o Executivo, mas sim como uma mera *função*. Foram a obra dos federalistas norte-americanos (Madisson, Jefferson e Hamilton) e a Declaração de Direitos Humanos francesa – cada qual com suas características peculiares – que atribuíram ao Poder Judiciário o "seu lugar ao sol" e reconheceram sua independência. José Luiz de Anhaia Mello. *Da separação de podêres à guarda da constituição: as côrtes constitucionais*. Dissertação para concurso à cátedra de Direito Constitucional da Faculdade de Direito da Universidade de São Paulo. São Paulo, 1968.
[596] Luiz Flávio Gomes. *A questão do controle externo do Poder Judiciário: natureza e limites da independência judicial no Estado Democrático de Direito*. São Paulo: RT, 1993, p. 58.
[597] Juan Montero Aroca. *Independencia y responsabilidad del juez*. Madrid: Civitas, 1990, pp. 56-84. Também Jayme Benvenuto Lima Júnior (Ed.). *Independência dos juízes no Brasil: aspectos relevantes, casos e recomendações*. Recife: Gajop; Bagaço, 2005, pp. 68-69.

CAPÍTULO 4. PRINCIPAIS QUESTÕES LIGADAS À IMPARCIALIDADE DO ÁRBITRO

dência do Poder Judiciário é instrumentalizada pela sua autonomia e autogoverno, desvinculados dos outros Poderes políticos do Estado[598]. De modo mais teórico, a independência *"no es más que aquella institución jurídica en virtud de la cual el sistema delimita com precisión el sector del ordenamiento que encierra los elementos relevantes para el Juez a la hora de ejercer jurisdicción"*, barrando *"injerencias de otros órganos*[599], distinguindo-se da imparcialidade, que seria apenas *"modelos de actuación que el ordenamiento desea para los Jueces"*[600].

Como não é integrante de qualquer órgão da administração da justiça (ao qual não se equiparam eventuais listas de árbitros elaboradas por instituições que administram processos arbitrais), mas sim escolhido direta ou indiretamente pelas partes para a solução de uma disputa específica, ao tribunal arbitral não aproveita a noção de independência nos moldes do processo estatal[601]. Por essa razão, doutrina e jurisprudência utilizaram o termo para identificar – de modo supostamente objetivo – a inexistência de relação ou ligação do árbitro frente às partes fora do processo arbitral[602].

Embora seja corrente a afirmação – feita sem maiores reflexões – de que a verificação da independência do árbitro seria avaliada de modo objetivo, mediante a identificação da relação árbitro-partes, é também corrente a adjetivação dessa relação para a configuração da *dependência*, de modo que apenas as relações "de subordinação"[603] ou "inapropriadas"[604], ou ainda as

---

[598] LUIZ FLÁVIO GOMES. *A questão... op. cit.*, pp. 65-73. Nos mesmos termos, o Direito Processual Civil não desconhece as *garantias institucionais do Poder Judiciário* (autonomia orgânico-administrativa e independência financeira – arts. 96 e 99 da Constituição Federal) e as *garantias funcionais do Poder Judiciário ou garantias da magistratura* (vitaliciedade, inamovibilidade e irredutibilidade de vencimentos – art. 95 da Constituição Federal). HUMBERTO THEODORO JÚNIOR. *Curso de Direito Processual Civil*. v. I, 51. ed. Rio de Janeiro: Forense, 2010, pp. 208 e 212.

[599] JUAN LUIS REQUEJO PAGÉS. *Jurisdicción e independencia judicial*. Madrid: Centro de Estudios Constitucionales, 1989, p. 164.

[600] JUAN LUIS REQUEJO PAGÉS. *Jurisdicción... op. cit.*, p. 167. Contra, por entender que a independência relaciona-se ao órgão jurisdicional e que a imparcialidade diz respeito ao juiz, LUIS ALBERTO REICHELT. *O direito fundamental das partes à imparcialidade do juiz no direito processual civil*, in *Revista de processo*, v. 227, 2014, p. 111.

[601] Apontando que a constituição do tribunal arbitral (para decidir caso específico consoante escolha direta ou indireta pelas partes torna muitos dos requisitos de independência desenvolvidos para os órgãos jurisdicionais irrelevantes, FABIEN GÉLINAS. *The independence of international arbitrators and judges: tampered with or well tempered?*, in *New York international law review*, v. 24, n. 1, 2011, pp. 35-36.

[602] Vide capítulo 1.2.

[603] CARLOS ALBERTO CARMONA. *Arbitragem... op. cit.*, p. 242

[604] WILLIAM W. PARK. *Arbitrator integrity... op. cit.*, p. 637.

que "influenciassem na decisão do árbitro"[605] a ensejariam. Qualquer desses qualificadores torna necessário um juízo de valor sobre a relação, eliminando a suposta objetividade da noção de independência[606]. Mais: o conjunto das relações causadoras da dependência frequentemente é expandido para as afetivas, morais, espirituais[607] ou psicológicas[608], ou ainda para aquelas travadas, não pelo árbitro, mas por pessoas próximas a ele[609], o que torna ainda mais difícil a constatação *objetiva* da independência[610]. Pior seria o reconhecimento da dependência pela existência de *qualquer* vínculo entre parte e árbitro, sem qualquer qualificador[611], pois isso tornaria absolutamente impossível a prática arbitral no *ambiente institucional* já apresentado no presente estudo.

De fato, a dificuldade de estabelecimento do conteúdo próprio do termo "independência" é tão grande que, após narrar sua noção geral, alguns autores preferem tratar diretamente dos casos típicos que a doutrina e a prática reconhecem envolver a dependência, tais como a relação negocial do árbitro com as partes ou com seu advogado, as nomeações repetitivas do árbitro, contatos *ex parte* antes da nomeação, entre outros[612].

---

[605] É o que fazem, utilizando a decisão do caso ICSID *Suez v. Argentina*, NOAH RUBINS; BERNHARD LAUTERBURG, *Independence, impartiality and duty of disclosure in investment arbitration*, in CHRISTINA KNAHR et al. (Ed.). *Investment and commercial arbitration – similarities and divergences*. Utrecht: Eleven International Publishing, 2010, pp. 154-155.

[606] Não por outra razão há o antigo alerta de que a objetividade da análise da independência não deve ser superestimada. HORACIO GRIGERA NAÓN. *Factors to consider in choosing an efficient arbitrator*, in ALBERT VAN DEN BERG (Ed.). *Improving the efficiency of arbitration agreements and awards: 40 years of application of the New York Convention*, ICCA Congress Series n. 9 (Paris, 1998), The Hague: Kluwer Law International, 1999, p. 289.

[607] CARLOS ALBERTO CARMONA. *Arbitragem... op. cit.*, p. 242.

[608] Tratando do conceito de "dependência psicológica", MAURO RUBINO-SAMMARTANO. *International arbitration law and practice*. 2. ed. The Hague: Kluwer Law International, 2001, p. 330.

[609] YVES DERAINS; ERIC SCHWARTZ. *A Guide to the ICC Rules of Arbitration*, 2. ed. The Hague: Kluwer Law International, 2005, p. 121.

[610] Para mais observações sobre o tratamento do tema pela doutrina brasileira, vide capítulo 1.4.

[611] Nesse sentido: "[a] postura independente do árbitro frente às partes traduz-se na inexistência de qualquer relação ou vínculo deste com aquelas ou com alguma pessoa estritamente vinculada a elas, sejam essas relações ou vínculos de caráter pessoal, social, econômico, financeiro ou de qualquer outra natureza". ADRIANA NOEMI PUCCI (Ed.). *Arbitragem comercial internacional*. São Paulo: LTr, 1998, p. 121.

[612] Exemplo é a obra de YVES DERAINS; ERIC SCHWARTZ. *A Guide ... op. cit.*,5, pp. 123-134.

CAPÍTULO 4. PRINCIPAIS QUESTÕES LIGADAS À IMPARCIALIDADE DO ÁRBITRO

Não causa qualquer espanto a falta de convergência nas noções de independência para a arbitragem e no abandono de uma definição mais precisa. Diferentemente da imparcialidade, que possui uma função estrutural no processo ao possibilitar o exercício da influência dos argumentos das partes[613], a independência nada agrega ou retira dela. Na arbitragem, não há que se legitimar a sujeição das partes a uma decisão porque o órgão decisor foi composto pelas próprias partes em disputa (conforme colocado acima, essa função legitimadora é exercida pela noção de independência do Poder Judiciário no processo estatal). Na arbitragem, as partes provavelmente escolherão como árbitro um profissional que já conhecem e com quem já travaram alguma relação[614]. Na arbitragem, perde a legitimidade o julgador cuja relação com uma das partes ultrapasse o limite *aceitável*, identificável quando tal relação é estreita e significativa o suficiente para ensejar a aparência de que ele seria impermeável aos argumentos apresentados por uma das partes, ou seja, a partir de quando a relação enseja a aparência de parcialidade. Não é por outra razão que a doutrina vê na falta de independência do árbitro apenas um *indicativo* da aparência de parcialidade[615].

Para que reste claro: a independência do árbitro não possui função processual própria, diferentemente da imparcialidade. Quando muito, a primeira pode ser: *(i)* um *indicativo* da segunda, pois quando identificada a falta de independência, poder-se-á analisar se ela satisfaz as premissas de estrutura e conteúdo que caracterizam a parcialidade do árbitro; ou *(ii)* um guia para que o árbitro exerça seu dever de revelação, apontando as relações que manteve ou mantém com as partes e que poderiam, aos olhos destas, ser indicativo de aparência de parcialidade.

Essa função meramente *indicativa* da independência torna desnecessária sua conceituação precisa, bem como a criação de um método para sua exata

---

[613] Sobre o tema, vide capítulo 2.1.1.
[614] Sobre o tema, vide capítulo 3.3.
[615] Nesse sentido: "[l]ack of independence is a pointer towards potential partiality. It is possible (if unlikely) that an arbitrator may not be entirely independent of both parties as a result of a relationship with one or the other or a connected third party, but may be able to set aside that relationship and come to a decision entirely impartially, based on the facts and the relevant law alone". RONNIE KING; BEN GIARETTA. *Independence, impartiality and challenging the appointment of an arbitrator*, in *The international comparative legal guide to: international arbitration 2005*. London: Global Legal Group, 2005, p. 27. No mesmo sentido: "[n]aturally, the more dependent an arbitrator is vis-à-vis a party, the less impartial he will be seen (objectively) to be". NOAH RUBINS; BERNHARD LAUTERBURG, *Independence... op. cit.*, p. 156.

identificação[616]. É no âmbito da imparcialidade que as análises úteis efetivamente se dão.

A conclusão acima exposta permite uma leitura do art. 13, § 6º, e do art. 14, § 1º, da LA (e todos os regramentos que utilizam o termo "independência" junto ao termo "imparcialidade"[617]) sem a vulneração das bases e efeitos do contrato de arbitragem ou das bases e efeitos da relação processual, além de atender à realidade do *ambiente institucional* onde a arbitragem se desenvolve. Colocando-se a dependência (ainda que identificada pela vaga noção contrária de independência) como indicativo da parcialidade e pondo-se foco nessa última, é possível não somente proteger o contrato de arbitragem mediante o dever de revelação – que passa a ter critério mais firme, eliminando uma série de problemas concretos que afligem os profissionais nomeados como árbitros quanto às relações que devem revelar –, como também proteger a relação processual mesma – de modo que apenas a dependência (noção vaga) que enseje a aparência de parcialidade (conceito verificável e mensurável no caso concreto mediante critérios que compõem premissas de estrutura e de conteúdo, conforme o presente estudo apontou) seja suficiente para macular o processo.

Com essa orientação, é possível obter maior segurança (vedando-se a atuação de árbitros aparentemente parciais) e, ao mesmo tempo, tornar mais difícil a utilização da noção de independência em manobra dilatória executada pela parte que quer tumultuar o processo arbitral.

As afirmações relativas à independência sustentam, com ainda mais vigor, a desimportância da noção de neutralidade para a configuração da aparência de parcialidade do árbitro. A neutralidade nada mais é que a identificação do

---

[616] A jurisprudência inglesa, mais afeita à prática que à sistematização, foi precisa na decisão do caso *AT&T* (vide notas 146 e 147), ao reconhecer a função indicativa da independência frente à parcialidade, sem sequer fazer referência a esses termos, ao declarar que ela constituía "an absence of connection with either of the parties in the sense of an absence of any interest in, or of any present or prospective business or other connection with, one of the parties, which might lead the arbitrator to favour the party concerned'an absence of connection with either of the parties in the sense of an absence of any interest in, or of any present or prospective business or other connection with, one of the parties, which might lead the arbitrator to favour the party concerned".

[617] Não por outra razão, Hedfern e Hunter apontam que os termos são "usually joined together as a term of art". ALAN REDFERN; MARTIN HUNTER; NIGEL BLACKABY; CONSTANTINE PARTASIDES. *Law and practice of international commercial arbitration*. 4. ed. London: Sweet & Maxwell, 2004, p. 20. Na edição mais recente, que contam com Blackaby e Partasides como colaboradores principais e na qual Hedfern e Hunter passam a nomear a obra, essa referência foi retirada, com a apresentação de tentativa de distinguir os conceitos de imparcialidade e independência nos termos da doutrina convencional, tratados no presente capítulo. Vide MARTIN HUNTER; NIGEL BLACKABY; CONSTANTINE PARTASIDES. *Hedfern and Hunter on... op. cit.*, pp. 267-268.

CAPÍTULO 4. PRINCIPAIS QUESTÕES LIGADAS À IMPARCIALIDADE DO ÁRBITRO

árbitro com algum *grupo de indivíduos* ao qual pertence uma das partes, envolvendo, predominantemente, nacionalidade e religião, podendo sua ausência ser reconduzida à noção de dependência e, quando ensejar a aparência de vedação do árbitro à influência das partes, ao próprio conceito de parcialidade. Se o grupo ao qual pertencem árbitro e parte for pequeno demais (como, por exemplo, o de um clube social), a aparência de parcialidade será ensejada pelo contato direto entre ambos – relação direta, característica da noção de dependência –, e não pelo mero pertencimento ao grupo (se não houver relação direta, dificilmente o pertencimento ao mesmo clube social caracterizará a aparência de parcialidade). Se o grupo ao qual pertencem árbitro e parte for grande (como, por exemplo, o de uma identidade nacional), a aparência de parcialidade poderá ser ensejada pela particularidade cultural ou cognitiva do árbitro[618]: compare-se o exemplo do árbitro que nasceu e continua a viver em um país, e que julgará disputa envolvendo interesses do respectivo Estado, com o exemplo do árbitro que apenas nasceu em um país, do qual tornou-se nacional conforme o *ius soli*, retornando ao país de origem dos seus ascendentes, e que julgará interesses de companhia que possui a mesma nacionalidade. Parece claro que a aparência de parcialidade do árbitro no primeiro exemplo (derivada das particularidades culturais e cognitivas do árbitro, que está exposto, estreitando e fortalecendo a identidade do árbitro com a parte por meio da nacionalidade) é muito maior que a aparência de parcialidade do árbitro no segundo exemplo (no qual essas particularidades que estreitam e fortalecem a identidade do árbitro com a parte através da nacionalidade não estão presentes)[619].

Felizmente, no que diz respeito à nacionalidade do árbitro, as instituições que administram processos arbitrais internacionais contam com regras

---

[618] A identificação da neutralidade como nacionalidade – e dessa com a aparência de parcialidade – é colocada nos devidos termos por Lalive, ao afirmar que ela é "supposed implications: by an instinctive reaction, parties will generally assume without much further thought that a prospective arbitrator is likely, or even bound, to share his country's ideology and common values, if any", pela qual "an unhealthy atmosphere of doubt and fear is likely to appear". PIERRE LALIVE, *On the neutrality... op. cit.*, pp 25-26. No mesmo sentido, afirmando que há um maior grau de confiança em todos os participantes do processo arbitral "if there is no chance that one party will get a better hearing because of some cultural or national identification between the party and the arbitrator". TOBY LANDAU, *Composition... op. cit.*, p. 73.

[619] Não se pode deixar de fazer referência ao alerta de que "a principled approach to group-biases is next to impossible. The exclusion of individuals [as arbitrators], because of their group affiliation, opens a Pandora's box". TIBOR VÁRADY; JOHN J. BARCELÓ III; ARTHUR TAYLOR VON MEHREN. *International commercial... op. cit.*, p. 266.

sancionadoras específicas, proibindo a identidade com a nacionalidade das partes (quando as partes tiverem diferentes nacionalidades). A violação de disposição expressa no regulamento estabelecido pelas partes quanto à nacionalidade – tal como ocorre no art. 13.5 do regulamento CCI, nos arts. 38 e 39 da Convenção ICSID e art. 1(3) do regulamento ICSID, no art. 6 da LCIA (que inclui no conceito de nacionalidade da parte a nacionalidade dos acionistas controladores), e no art. 4.15 do regulamento do CAM-CCBC, por exemplo – pode acarretar a anulação do processo e da sentença arbitral por conta do desatendimento à convenção de arbitragem (art. 32, inc. IV, LA[620]), e não diretamente pela aparência de parcialidade do árbitro. Essa interpretação é muito mais segura e direta, abarcando até mesmo os casos em que a identidade nacional entre árbitro e parte não seja forte o suficiente para ensejar (mediante a análise dos critérios relativos às particularidades culturais e cognitivas do árbitro) a aparência de parcialidade.

O tratamento da neutralidade nos termos propostos pelo presente estudo, a exemplo do que faz quanto à independência, torna a utilização do método arbitral mais segura (ao afastar árbitros cuja identidade de grupo com a parte aparente sua parcialidade) e menos sujeita a táticas dilatórias (retirando a possibilidade de que *qualquer* identidade de grupo seja utilizada para impugnação do árbitro).

4.3. Imparcialidade e dever de revelação

Tema fortemente ligado à imparcialidade do árbitro é o seu dever de revelar todos os eventos, circunstâncias, fatos e ligações que possam dar ensejo à aparência de parcialidade. De posse dessas informações antes da aceitação do encargo pelo árbitro prospectivo, as partes poderão avaliar se entendem ser o árbitro parcial ou não e terão condições de tomar as providências cabíveis para que a função não seja exercida por quem entenderem não ostentar imparcialidade. De outra banda, caso as partes entendam que o árbitro, a despeito do quanto informou, é imparcial, não poderão mais utilizar a informação para a impugnação do julgador no futuro.

---

[620] Assim: "[s]ob outro ponto de vista, seria possível também sustentar que a sentença arbitral padeceria do vício de que trata o inciso IV do art. 32 quando ficar caracterizado que os árbitros desviaram-se do procedimento estipulado pelas partes". CARLOS ALBERTO CARMONA. *Arbitragem...* op. cit., p. 406.

CAPÍTULO 4. PRINCIPAIS QUESTÕES LIGADAS À IMPARCIALIDADE DO ÁRBITRO

Dada a sua importância como instrumento voltado à manutenção da imparcialidade do árbitro[621], virtualmente todos os regulamentos de instituições arbitrais e grande parte das legislações nacionais preveem o dever de revelação. O art. 1.456 do *Code de Procédure Civile* francês (pela redação dada pelo Décret n°2011-48 du 13 janvier 2011) estabelece que "[c]abe ao árbitro, antes de aceitar a missão, divulgar quaisquer circunstâncias suscetíveis de afetar a sua independência ou imparcialidade"[622]. No mesmo sentido vão o § 1.036, I, da ZPO alemã[623] e o art. 14, § 1º, da LA, com o detalhe desta última fazer menção a *dúvidas justificadas* quanto à independência e imparcialidade do árbitro. O *Federal Arbitration Act* norte-americano não prevê o dever de revelação, lacuna que é preenchida pelo regramento das instituições arbitrais; do mesmo modo, o *Arbitration Act 1996* inglês prevê o dever de atuar com retidão e imparcialidade[624], o dever de condução adequada do procedimento[625] e o dever de evitar despesas ou atrasos desnecessários[626], mas nada diz sobre o dever de revelação, razão pela qual a *High Court* o classificou como obrigação contratual quando assim estabelecida na relação entre partes e árbitro[627].

Apesar de constituir um mecanismo eficiente *em teoria*, fato é que, *na prática*, o exercício do dever de revelação enseja uma série de problemas, a começar pela inexistência de incentivo direto para que o árbitro o cumpra. Efetivamente, o árbitro enfrenta um *dilema* no que diz respeito ao tema: revelar informações pode significar a perda do posto de árbitro (e a consequente remuneração), ao passo que não revelar significa, à primeira vista, a obtenção

---

[621] O dever de revelação serve como "purga do sistema", confome as palavras de THOMAS CLAY. *Arbitrage et modes alternatifs de règlement des litiges*, in *Recueil Dalloz*, n. 44/7537, 27.12.2012, pp. 2.998-2.999.
[622] No original: "[i]l appartient à l'arbitre, avant d'accepter sa mission, de révéler toute circonstance susceptible d'affecter son indépendance ou son impartialité". A redação aparenta ser um avanço frente à redação antiga, constante do art. 1.452, al. 2, no qual se lia que "[l]'arbitre qui suppose en sa une cause de récusation doit en informer les parties". *Code de Procédure Civile*, disponível no endereço eletrônico http://www.legifrance.gouv.fr/affichCode.do;jsessionid=AFF74D5E43A87 0DC86EC846458FDDA6D.tpdjo07v_3?idSectionTA=LEGISCTA000023450938&cidTexte=L EGITEXT000006070716&dateTexte=20130201; consulta em 21.02.2017.
[623] Texto disponível em inglês no endereço eletrônico http://www.gesetze-im-internet.de/englisch_zpo/englisch_zpo.html; consulta em 21.02.2017.
[624] *Section 33(1)(a)*. *Arbitration Act 1996*; disponível no endereço eletrônico http://www.legislation.gov.uk/ukpga/1996/23/contents; consulta em 21.02.2017.
[625] *Section 24(1)(d)(i). Idem.*
[626] *Section 33(1)(b). Ibidem.*
[627] A caracterização contratual do "duty of disclosure", por conta da sua previsão no regulamento da CCI, é feita sobretudo nos parágrafos 26 e 32(ii) da decisão do caso *AT&T Corporation v. Saudi Cable Co* [2000] APP.L.R. 05/15, referido nas notas 146 e 147.

desse posto[628]. Porém, a possível descoberta da informação não revelada ensejará, em um segundo momento, um procedimento de impugnação do árbitro ou uma ação de anulação da sentença arbitral, com a consequente perda relevante do *capital simbólico* do profissional.

Não se cogitando da intenção deliberada do árbitro em ocultar informações, o *dilema* ao qual ele se expõe serve de incentivo para que ele não revele as informações que, aos seus olhos, seriam irrelevantes para configurar a aparência de parcialidade. O problema é que o árbitro, interessado que está em sua própria nomeação, tenderá a considerar irrelevantes informações que as partes (ou ao menos a parte adversária daquela que o indicou) poderão julgar importantes por ensejarem, aos seus olhos, aparência de parcialidade. Essa dissonância cognitiva é a causa de uma série de impugnações.

De fato, inúmeros são os problemas para a eleição das informações importantes de serem reveladas. A partir de qual ponto eventuais relações e circunstâncias que envolvem o árbitro ganham relevância a ponto de ensejarem *dúvidas justificadas*? Existiria um limite temporal a partir do qual tais relações e circunstâncias perderiam relevância? O árbitro deve efetuar pesquisa para levantar essas relações e circunstâncias ou deve revelar apenas o que sabe? Qual é a consequência da violação do dever de revelação? Essas e outras questões serão examinadas a seguir, nos limites em que importam para o objeto do presente estudo, qual seja, o exame da imparcialidade do árbitro.

4.3.1. Natureza e conteúdo do dever de revelação

O presente estudo defende que a imparcialidade do árbitro deriva do próprio modelo processual democrático[629]. É um dever que nasce em razão do processo e para o processo, assumido a partir do momento em que o profissional é alçado à função de julgador e mantido até o encerramento do procedimento. Há casos em que eventos posteriores ao fim do processo arbitral denotaram a aparência de parcialidade do árbitro; no entanto, embora tenham ocorrido após o término do procedimento, tais eventos demonstraram que o atentado à imparcialidade ocorreu *no curso* dele: é o caso do árbitro que (não revelou que) seria contratado pelo requerido no dia seguinte à prolação da

---

[628] Assim: "[o]ne of the most dramatic, if systematically obscured, ironies about arbitrators is that when they are required to self-diagnose a conflict problem, they are necessarily required to act against their own financial interest". CATHERINE A. ROGERS. *Regulating... op. cit.*, p. 71.
[629] Vide capítulo 2.2.1.

CAPÍTULO 4. PRINCIPAIS QUESTÕES LIGADAS À IMPARCIALIDADE DO ÁRBITRO

sentença arbitral[630]. Igualmente, eventos anteriores ao início do processo arbitral podem protrair efeitos sobre a aparência: é o caso do árbitro que pertencia, até o dia anterior à sua nomeação, ao escritório de advocacia de uma das partes. O evento concreto (contrato do árbitro com o escritório) está findo, mas ainda assim preenche os critérios relativos às premissas de estrutura e de conteúdo que dão pela aparência de parcialidade do árbitro[631].

A seu turno, o dever de revelação não deriva do modelo processual, servindo-o apenas na medida em que possibilita o afastamento de árbitro envolvido em eventos que ensejem a aparência de parcialidade. Também diferentemente do dever de imparcialidade, que tem natureza processual, o dever de revelação é orientado pela sua natureza contratual[632], ou seja, está ligado ao contrato de arbitragem estabelecido entre partes e árbitro (com ou sem a participação de uma instituição arbitral), e não ao processo em si[633]. A anterioridade do dever de revelação é tamanha frente à instauração do processo que pode recair em profissionais com quem o contrato de arbitragem não chegue sequer a ser firmado. A qualificação de pré-contratual parece mais exata: o dever existe por conta de um contrato a ser celebrado (o contrato

---

[630] Caso *Raoul Duval v. Merkuria Sucden*, referido por PEDRO SOUSA UVA. *A comparative reflection on challenge of arbitral awards through the lens of the arbitrator's duty of impartiality and independence*, in *American review of international arbitration*, v. 20, p. 500. Em sentido análogo, vide o já referido caso *KPMG AB v. ProfilGruppen AB*, referido no texto principal e nota 98.

[631] Sobre o tema, vide capítulo 3.4.4.

[632] O fato de a LA impor o dever de informação não altera sua natureza contratual, sendo desnecessário para a finalidade do presente estudo o exame da existência ou não de distinção entre os deveres acessórios (que somente existem em função de uma relação obrigacional) e os deveres gerais de conduta (que antecedem e conformam a relação obrigacional), bem como suas respectivas naturezas. Tratando-se de ingerência estatal na autonomia privada, basta apontar que a função do dever de informação volta-se ao cumprimento da obrigação principal do contrato de arbitragem, separando-o da relação jurídica processual. Sobre os deveres acessórios no direito brasileiro, vide a seminal obra de Clóvis do Couto e Silva, escrita em 1964 e reeditada nos anos 2000 (CLÓVIS DO COUTO E SILVA. *A obrigação como processo*. Rio de Janeiro: Editora FGV, 2007, pp. 91-97) e, mais atualmente, em observação aos deveres pré-contratuais, entre eles o de informação, vide JUDITH MARTINS-COSTA. *Um aspecto da obrigação de indenizar: notas para uma sistematização dos deveres pré-negociais de proteção no direito civil brasileiro*, in *Revista dos tribunais*, v. 867, Separata, 2011, pp. 37-49.

[633] A existência de um contrato de arbitragem – e o lançamento de seus efeitos sobre a relação contratual é tratada por PHILLIPE FOUCHARD. *Les rapports entre l'arbitre et les parties et l'institution arbitrale*, in *Bulletin de la Cour Internationale d'Arbitrage de la CCI: 1995 Supplement Special – Le statut de l'arbitres*. Paris: ICC Publishing, p. 16. No Brasil, a lição de que as partes podem modular os poderes jurisdicionais dos árbitros pelo "contrato de arbitragem" foi apresentada por IRINEU STRENGER. *Arbitragem comercial internacional*. São Paulo: LTR, 1996, pp. 67-68.

de arbitragem), mas é eficaz antes da sua celebração, assim permanecendo durante todo o curso da relação contratual.

Mais importante que a diferente *natureza* é a diferença de *conteúdo* entre o dever de imparcialidade e o dever de revelação. O primeiro consiste no dever de o árbitro não se fechar à influência potencialmente exercida pelos argumentos das partes, verificável mediante a apreciação de eventos que ensejam a aparência de vedação psíquica do árbitro à luz de premissas de estrutura e de conteúdo avaliadas por um *observador desinteressado*. O segundo consiste no dever de o árbitro revelar circunstâncias que, aos olhos das partes, que são *observadores interessados* (ou mesmo desconfiados quanto ao árbitro nomeado pelo seu adversário), poderiam ensejar *dúvidas justificadas* a respeito da parcialidade.

É de se notar que a mudança de observador, tomada de modo isolado, amplia enormemente o rol de eventos reveláveis, visto que um observador interessado desconfiará de circunstâncias que não importariam a um observador isento; no entanto, também se deve notar que somente integram o rol de eventos reveláveis aqueles que ensejarem dúvidas justificadas nesse observador. Assim, a ampliação resultante da mudança do observador é temperada com a exigência de justificativa para a dúvida que o evento ensejaria quanto à parcialidade do árbitro[634].

Concretamente, esses fatores ampliam as causas de revelação frente às categorias de aparência de parcialidade[635] ou, melhor dizendo, a verificação dessas mesmas categorias com critérios mais rígidos de avaliação, exatamente para se buscar a dúvida *razoável* ou *justificada* do *observador interessado*. No entanto, contatos e relações triviais sem significação pessoal ou econômica (e, portanto, não ensejadores de dúvidas *razoáveis* ou *justificadas*) devem continuar a ser ignorados[636]. É o caso, por exemplo, da contribuição regular do árbitro presidente na revista científica de cujo conselho editorial o coárbitro

---

[634] Literalmente: "[l]'arbitre doit reveler toutes les circonstances de nature à provoquer dans l'esprit des parties un doute rasonnable sur sont independence, et notamment es informer de toute relation que ne présente pas un caractère notoire et qui pourrait raisonnablement avoir à leur yeux une incidence sur son jugement". No caso, dois dos árbitros não revelaram que pertenciam ao comitê científico de uma revista científica e à direção editorial de outra. Trata-se do caso *SA Sorbrior et autres v. SAS ITM Entreprises et autres* (CA Paris, 01.07. 2011), in *Revue de l'arbitrage*, 2011, pp. 839-841.

[635] Vide capítulo 3.4. Em comentário às *IBA Guidelines*, Brower observa que "[t]o balance the 'eyes of the parties' test and prevent both strategic challenges and unnecessary disclosures (which then can stimulate undue concerns of bias in parties' minds), the IBA Guidelines emphasize that disclosure based on subjective grounds should not lead to automatic disqualification". CHARLES N. BROWER. *The Ethics... op. cit.*, p. 12.

[636] TRAVIS JACOBS. *Arbitrator or private investigator: should the arbitrator's duty to disclose include a duty to investigate?*, in *Journal of dispute resolution*, 1997, n. 1, p. 137.

fazia parte, fato esse que, segundo a Corte de Apelação de Paris, não ensejaria dúvida justificada quanto à imparcialidade dos julgadores nem criaria vínculo intelectual ou pecuniário entre eles[637].

O julgamento do caso *Halliburton v. Chubb* pela Suprema Corte do Reino Unido esclareceu que, para o Direito inglês, o dever de revelação é tomado pelas circunstâncias analisadas aos olhos de um observador "reasonable and fair-mindede", e não ao olhos das partes. Esse entendimento torna mais difícil estabelecer uma distinção entre o dever de revelação e o próprio dever de imparcialidade, cuja sutil diferença se dá no nível de informação que este terceiro teria (menor para o dever de revelação; maior para o dever de imparcialidade) ou no nível de rigor quanto à probabilidade de que esse terceiro concluísse pela violação do dever (menor rigor para o dever de revelação; maior rigor para o dever de imparcialidade).[638]

O dever de revelação não se circunscreve apenas aos eventos dos quais o árbitro tenha conhecimento, mas também daqueles que, *razoavelmente*, poderia conhecer. Significa dizer que o dever de revelação compreende o dever de investigar. Para desimcumbir-se do dever de revelação, o árbitro deve perquirir a respeito de todas as potenciais causas de conflito de interesses, verificando não só sua lista de clientes e frente a quem seus serviços foram prestados[639], seus contatos profissionais (em especial, os escritórios e advogados com os quais o árbitro e seu escritório mantêm relação negocial ou parceria), acadêmicos e pessoais, seus investimentos (ampliando essa pesquisa para todos os familiares que com ele residam ou mantenham contato ou troca patrimonial), como também realizando pesquisas por palavras nos sistemas e nos documentos digitais do seu escritório, tudo a fim de eliminar qualquer possibilidade de ter se envolvido em evento ensejador de dúvidas justificadas aos olhos das partes a respeito da sua imparcialidade[640]. Quando o processo arbitral envolver

---

[637] Caso *Emivir, Loniewski, Gauthier v. ITM*, referido por DOMINIQUE HASCHER. *Independence and impartiality of arbitrators: 3 issues*, in American University international law review, v. 27, 2011-2012, p. 798.
[638] Caso *Halliburton Company v. Bhubb Insurence Ltd.*, [2020] UKSC 48. Disponível no endereço eletrônico https://www.supremecourt.uk/cases/docs/uksc-2018-0100-judgment.pdf; consulta em 21.12.2020.
[639] Às vezes, a dúvida sobre a imparcialidade não se dá em razão do cliente do árbitro, mas sim em razão da entidade frente a qual esse serviço é prestado, tal como a contraparte em processo ou em contrato.
[640] Nesse sentido: "[s]ince an arbitrator acts in a quasi-judicial capacity, his or her conflict check should include an investigation into categories such as: any relationship between the arbitrator and the parties; any past or present dealings between the arbitrator and the parties' attorneys; any financial, social, or professional affiliation / interest between the arbitrator and a party or attorney in the arbitration; and any relationship or interest between the arbitrator's family members and the parties or the parties' attorneys to the dispute". KATHRYN A. WINDSOR. *Defining arbitrator evident partiality: the catch-22 of commercial litigation disputes*, in Seton Hall Circuit review, v. 6, n. 1, 2009, p. 215.

grandes empresas, é aconselhável que o árbitro solicite às partes mais informações sobre seus sócios e sociedades coligadas, realizando novamente toda a averiguação frente a esses sujeitos. Mais: o dever de revelação inclui as relações do árbitro com os demais membros do painel[641].

A orientação jurisprudencial é clara no sentido de reconhecer o dever de investigar[642], também registrado nas *IBA Guidelines*, que atribuem ao árbitro o dever de "realizar diligências razoáveis no sentido de averiguar qualquer potencial conflito de interesses", reconhecendo, ainda, que o "desconhecimento não serve de justificativa para a não divulgação de um potencial conflito se o árbitro não tiver realizado uma razoável tentativa de investigação"[643].

Pela própria dinâmica das relações sociais, é reconhecida a existência de um limite temporal a partir do qual os eventos deixam de ensejar dúvidas justificadas sobre a imparcialidade do árbitro e, portanto, não precisam ser revelados. No entanto, não há consenso sobre quanto tempo efetivo deve ser considerado. Seriam dois anos, dez, vinte? Na ausência de determinação vinculante, o árbitro pode se nortear pelo limite de três anos recomendado em vários itens das Listas de Aplicação das *IBA Guidelines*[644], embora não seja incomum que profissionais que figuram como árbitros, buscando ensejar mais confiança em sua nomeação (e assim incrementar seu *capital simbólico*) estendam esse prazo até cinco anos[645].

Outro tema ligado ao conteúdo do dever de revelação é o tratamento que deve ser dispensado às informações de domínio público. Não se pode negar que o dever de revelação impõe ao árbitro informar tudo o que saiba (e proceder à pesquisa razoável daquilo que não saiba) ser capaz de ensejar dúvidas justificadas ou razoáveis quanto à sua imparcialidade, correspondendo a esse dever o direito das partes de ser informadas. Esse direito, como já se viu, tem como função municiar as partes de informações para que cuidem – antes ou

---

[641] É o que recomendam, entre outras informações, que o árbitro revele, JULIAN D. M. LEW; LOUKAS A. MISTELIS; STEFAN MICHAEL KRÖLL. *Comparative international commercial arbitration*. The Hague: Kluwer Law International, 2003, p. 266.

[642] Vide caso *Schmitz v. Zilveti*, referido no texto principal e na nota 400. Na jurisprudência francesa, vide o amplo estudo de MARC HENRY. *Le devoir de revelation dans les rapports entre arbitras et conseils: de la suggestion aux électrochocs*, in *Les cahiers de l'arbitrage*, 2011, n. 3, pp. 788-795.

[643] Ambos os trechos entre aspas compõem o Princípio Geral 7(c).

[644] Notadamente os itens 3.1.1 a 3.1.5, 3.3.3, 3.4.2 e 3.4.4.

[645] Reconhecendo aplicar um prazo arbitrário de cinco anos, pois um prazo maior ensejaria maior dificuldade – e maior chance de falhas – na investigação, GERALD AKSEN, *The tribunal's appointment*, in LAWRENCE W. NEWMAN; RICHARD D. HILL (Ed.). *The leading arbitrators' guide to international arbitration*. 2. ed. New York: Juris Publishing, 2008, p. 34.

CAPÍTULO 4. PRINCIPAIS QUESTÕES LIGADAS À IMPARCIALIDADE DO ÁRBITRO

durante o curso do processo arbitral – da higidez desse processo, impedindo que profissionais envolvidos em eventos que ensejem aparência de parcialidade assumam ou exerçam o encargo de árbitro.

Não obstante a clara função profilática do dever (e do correspondente direito) de revelação, não é incomum constatar a prática de se requerer a anulação da sentença arbitral com base na alegação de que esse dever não teria sido corretamente observado em razão da não prestação, pelo árbitro, de informação de domínio público. A manobra é clara: a parte, conhecendo a informação, não a invoca no curso do processo arbitral, guardando-a para dela se utilizar caso saia derrotada[646]. Assim, um direito cuja função é patrocinar a higidez do processo (e, portanto, a segurança jurídica) acaba por ser utilizado para conferir ao derrotado uma segunda chance de vitória (em atentado à segurança jurídica). Esse desvio de função é manobra característica do abuso de direito[647].

Evidentemente, a informação omitida pelo árbitro deve ser pública e acessível às partes (não somente aos seus advogados), o que significa dizer que não deve oferecer maiores dificuldades para ser encontrada, mesmo para o leigo. Obter a informação de que o árbitro e o advogado de uma das partes são professores regulares de uma mesma universidade é relativamente simples, bastando conferir o currículo de ambos na *internet* e procurar seus nomes no endereço eletrônico da universidade; obter a informação de que esses mesmos profissionais trabalham juntos por conta de uma comissão nomeada por um município (ainda que a nomeação de ambos tenha sido publicada no diário oficial) já é muito mais difícil, sendo mais escusável que a parte não tenha conhecimento do fato.

Assim, para que se caracterize o exercício abusivo do direito da parte de exigir revelação (o que não significa dispensa do dever de revelação pelo árbitro), a informação deve ser pública e acessível, tal como se verificou no caso *Nidera v. Leplatre*, no qual a Corte de Apelação afastou como causa de anulação de sentença arbitral a não revelação, pelo árbitro, de que ele era presidente de uma associação profissional da qual uma das partes era associada. A Corte de Apelação considerou que essa situação era conhecida por todos os

---

[646] Na tentativa de coibir essa prática, o Princípio Geral 7(b) das *IBA Guidelines* recomenda que a parte apresente informação que lhe seja disponível e que realize uma busca razoável de informação de domínio público.
[647] Conforme art. 187 do Código Civil: "[t]ambém comete ato ilícito o titular de um direito que, ao exercê-lo, excede manifestamente os limites impostos pelo seu fim econômico ou social, pela boa-fé ou pelos bons costumes."

envolvidos no mercado agrícola (explorado pelas partes), observando, ainda, que a associação continha mais de oitocentos membros[648].

Por fim, necessário apontar que o dever de revelação se mantém durante todo o curso do processo arbitral. O árbitro deve, assim, continuar a perquirir e informar as partes sobre quaisquer eventos – mesmo os ocorridos após a assunção do encargo – que possam gerar dúvidas razoáveis ou justificadas quanto à sua imparcialidade. É o que fica claro no caso *J&P Avax v. Société Tecnimont*, no qual o árbitro presidente em processo CCI revelou, em declaração de independência, que era *of-counsel* de um escritório localizado em Paris, cujas filiais de Washington DC e Milão haviam prestado serviços a sociedades coligadas da Tecnimont, dos quais o árbitro não havia participado. No curso do processo, a Avax tomou conhecimento de que o referido escritório prestava serviços a companhia que foi posteriormente adquirida por uma coligada de Tecnimont, razão pela qual impugnou o árbitro na CCI (fora do prazo de 30 dias previsto no Regulamento CCI), sem sucesso. Com a prolação de sentença parcial, a Avax pleiteou judicialmente a sua anulação, pedido provido pela Corte de Apelação de Paris em 12 de fevereiro de 2009, sob a conclusão de que o dever de revelação do árbitro é contínuo. A Corte de Cassação anulou a decisão por entender que o julgamento da Corte de Apelação de Paris não havia se restringido aos fatos e argumentos apresentados pelas partes, remetendo a causa para a Corte de Apelação de Reims. Em 2 de novembro de 2011, essa Corte anulou a sentença parcial por falta de revelação de conflito de interesse no curso da arbitragem[649]. Encaminhado novamente o caso para a Corte de Cassação, esta – mais uma vez – cassou decisão provinda de Corte de Apelação, sob o apontamento de que esta deveria ter observado que Avax havia apresentado sua impugnação ao árbitro (no curso do processo arbitral) fora do prazo regulamentar[650]. Remetido o caso para a Corte

---

[648] Caso *Nidera France v. Société Leplatre* (C.A. Paris 16.12.2010), in *Revue de l'arbitrage*, 2011, p. 279.

[649] A decisão da Corte de Paris pode ser consultada no endereço eletrônico http://www.ohada.com/content/newsletters/1334/Arret-Avax-Tecnimont-CApp-Reims-2-novembre-2011.pdf; consulta em 21.02.2017; a decisão da Corte de Reims pode ser consultada no endereço eletrônico http://arbitragem.pt/jurisprudencia/arbitragem-estrangeira/2011-11-02--acordao-da-cour-d-appel-de-reims.pdf; consulta em 21.02.2017. Considerações sobre o caso e suas implicações na jurisprudência francesa relativa ao dever de revelação podem ser consultadas no endereço eletrônico http://kluwerarbitrationblog.com/blog/2011/11/25/tecnimont-the-saga-continues-but-is-not-yet-over/; consulta em 21.02.2017.

[650] *Cour de cassation*, decisão de 25.06.2014 (11/26529), disponível no endereço eletrônico https://www.legifrance.gouv.fr/affichJuriJudi.do?oldAction=rechJuriJudi&idTexte=JURITEXT000029153153&fastReqId=520105247&fastPos=1; consulta em 22.12.2016.

CAPÍTULO 4. PRINCIPAIS QUESTÕES LIGADAS À IMPARCIALIDADE DO ÁRBITRO

de Apelação de Paris, esta manteve a sentença arbitral por considerar que: *(i)* os fatos que Avax afirmou ter descoberto após o prazo de impugnação eram de conhecimento público e de fácil acesso; *(ii)* os fatos que Avax afirmou ter descoberto após ter apresentado a impugnação (em particular, o valor que o escritório do árbitro presidente recebeu de Tecnimont e o número de casos que tal escritório trabalhou para as subsidiárias integrais de Tecnimont) não agravavam de modo significativo as dúvidas sobre a independência ou imparcialidade do árbitro; *(iii)* o fato de que a empresa que adquiriu a coligada de Tecnimont em 2005 estar entre os clientes do escritório do árbitro presidente não gerava dúvida razoável sobre sua independência; e *(iv)* a impugnação foi apresentada no processo arbitral fora do prazo regulamentar[651].

4.3.2. Violação do dever de revelação não dá causa, *per se*, à parcialidade do árbitro

O dever de revelação não se confunde com a imparcialidade, nem o seu descumprimento leva, *ipso facto*, à invalidade do processo arbitral.

Ao analisar a jurisprudência inglesa e francesa anterior a 2009, a doutrina reconheceu que é a violação da imparcialidade a causa de anulação de sentença arbitral, consistindo a violação do dever de revelação apenas mais um elemento de apreciação, entre outros, que pode levar à aparência de parcialidade[652], não devendo configurar causa direta de anulação de sentença arbitral[653].

Na Inglaterra, os casos *AT&T*[654] e *Laker Airways*[655] apartam o dever de revelação (não previsto no *Arbitration Act*) da imparcialidade, demonstrando que "*full disclosure means the fullest possible disclosure*"[656] e que o descumprimento do dever de revelação não enseja, por si, a perda da imparcialidade do árbitro.

---

[651] *Cour d'appel de Paris*, decisão de 12.04.2016 (14/14884), disponível no endereço eletrônico https://actuarbitragealtana.files.wordpress.com/2016/04/paris-12-avr-2016-tecnimont.pdf; consulta em 12.06.2017.
[652] JEAN-FRANÇOIS POUDRET; SÉBASTIEN BESSON. *Comparative law of international arbitration*. London: Sweet & Maxwell, 2007, p. 361.
[653] MARC HENRY. *Le devoir de revelation...* op. cit., p. 789. Contra, afirmando que o dever de independência (imparcialidade) dissolveu-se no dever de revelação, THOMAS CLAY. *Note sous CA Paris, 18 décembre 2008*, in *Revue de l'arbitrage*, 2009, n. 1, p. 196.
[654] Vide notas de rodapé 146 e 147.
[655] Vide notas de rodapé 144 e 145.
[656] LAURENCE SHORE. *Disclosure and impartiality: an arbitrator's responsability vis-a-vis legal standards*, in *Dispute resolution journal*, v. 57, n. 1, 2002, p. 35. Extensos comentários a decisões inglesas e norte-americanas relativas ao tema são feitos pelo autor.

Na França, além dos já tratados casos *Tecso v. Neoelectra Group* e *J&P Avax v. Société Tecnimont*, que denotam bastante rigor na avaliação do dever de informação[657], são registrados outros casos em que o descumprimento do dever de revelação serviu, diante de circunstâncias específicas ou outras informações, para qualificar a parcialidade do árbitro. No caso *Allaire v. SGS Holdings*, a primeira alegou, no curso do procedimento arbitral, que o árbitro indicado pela SGS (Nicolas Molfessis) era consultor do advogado desta. O coárbitro respondeu, afirmando que efetivamente prestava serviços para o escritório do patrono da SGS, mas que desde o início da arbitragem havia interrompido a consultoria. Recusou-se, no entanto, a revelar qualquer informação relativa ao montante recebido pelos trabalhos realizados. Levada a questão à Corte de Apelação de Paris, esta considerou que a relação do árbitro com o escritório de advocacia não era ocasional nem havia ocorrido em passado distante, gerando dúvidas justificadas quanto à parcialidade, especialmente diante da recusa do árbitro em fornecer maiores informações sobre a remuneração envolvida[658]. No caso *Nykcool v. Dole France et Agrunord*, nenhum dos membros do tribunal arbitral apresentou qualquer declaração a respeito da sua imparcialidade, mesmo após instados pelo requerente. O presidente do tribunal, em nome de todos os árbitros, apenas *lamentou* a atitude desconfiada do requerente. Levada a questão ao Poder Judiciário, este considerou que a recusa dos árbitros em revelar eventuais relações com as partes – especialmente diante do fato de que o árbitro nomeado pelos requeridos estava envolvido em outro procedimento arbitral com estes – levantava dúvidas razoáveis sobre a independência e imparcialidade do árbitro[659].

Deve-se lembrar, entretanto, que a lei francesa não trata da ausência de imparcialidade como causa para a anulação da sentença arbitral. É a conjunção do art. 1456 (que determina que o árbitro revele qualquer circunstância

---

[657] Nesses casos, um rigor excessivo segundo Tom Philippe Heintz; Gustavo Vieira da Costa Cerqueira. *Racionalização... op. cit.*, pp. 411-434.

[658] Decisão anotada por Philippe Pinsolle. *Note sur l'arrêt de la Cour d'appel de Paris du 9 septembre 2010 (Consorts d'Allaire c/. SAS SGS Holding France)*, in *ASA Bulletin*, v. 29, 2011, pp. 198–204. Críticas à decisão, pelo fato de a Corte não ter levado em consideração que o advogado da requerente já conhecia, antes da instauração da arbitragem, o trabalho do árbitro como parecerista, tendo inclusive recebido um parecer dado por Molfessis no interesse do escritório que patrocinava a requerida (para outro cliente desse escritório e em outro caso), são movidas por Sophie Salgueiro. *A independência e a imparcialidade do árbitro à luz da jurisprudência da Corte de Apelação de Paris confrontada à prática brasileira*, in *Revista de arbitragem e mediação*, v. 32, 2012, esp. p. 380.

[659] Caso *Nykcool v. Dole France et Agrunord et al.* referido por Dominique Hascher. *Independence... op. cit.*, p. 799.

CAPÍTULO 4. PRINCIPAIS QUESTÕES LIGADAS À IMPARCIALIDADE DO ÁRBITRO

que possa afetar sua independência ou imparcialidade) com o art. 1520.(a) (que determina que deve ser anulada a sentença do tribunal arbitral que não foi constituído apropriadamente) a fórmula utilizada pela lei francesa para coibir a falta de imparcialidade. Eis a razão pela qual o dever de revelação é tratado em primeiro plano nos julgados franceses.

Análise da jurisprudência norte-americana[660] também afasta o descumprimento do dever de revelação como causa suficiente para a anulação da sentença arbitral e também considera que tal descumprimento pode, de acordo com as circunstâncias, aparentar a parcialidade do árbitro – e ser evento hábil a invalidar a decisão[661] [662]. Referida aparência, no entanto, pode ser afastada mediante provas. Foi o que ocorreu no caso *Drinane v. State Farm*, no qual os autores, vencedores em parte em processo arbitral movido na AAA contra a companhia seguradora, moveram ação para anulação da sentença por terem posteriormente descoberto que o árbitro único escolhido pelas partes, Steven E. Yonover, representava clientes em outra demanda contra a State Farm (naquele processo, assim como na arbitragem, representados pelo escritório Querrey and Harrow). Restou demonstrado que: *(i)* a equipe do escritório que patrocinou a State Farm no caso em que Yonover atuou como árbitro não foi a mesma que trabalhou no caso em que ele atuou como advogado; e *(ii)* a equipe de Yonover que subsidiou sua atuação como árbitro não foi a mesma que patrocinou a causa em que ele foi advogado. Foi demonstrado, ainda, que não houve comunicação entre as diferentes equipes no âmbito de cada escritório[663]. Com equipes distintas atuando em ambos os escritórios, eliminou-se a possibilidade de que o árbitro viesse a tomar conhecimento de fatos relativos à causa que deveria decidir por outro meio que não as manifestações das partes na arbitragem. Não fosse essa demonstração, "[t]he potential for improper communication between these entities [State Farm and Querrey and Harrow] and Yonover is sufficient to create the presumption [of bias]".

---

[660] MERRICK T. ROSSEIN; JENNIFER HOPE. *Disclosure...* op. cit., p. 215.

[661] ALAN SCOTT RAU. *Integrity...* op. cit., p. 492.

[662] "The material and relevant facts an arbitrator fails to disclose may demonstrate his 'evident partiality' under 9 U.S.C. § 10(a)(2). However, nondisclosure, even of such facts, has no independent legal significance and does not in itself constitute grounds for vacating an award". Caso *ANR Coal Co. v. Cogentrix of N.C. Inc.*, 173 F.3d 493 (4th Cir. 1999). Decisão disponível no endereço eletrônico http://openjurist.org/173/f3d/493/anr-coal-company-incorporated-v-cogentrix-of-north-carolina-incorporated; consulta em 21.02.2017.

[663] Caso *Thomas Drinane et al. v. State Farm Mutual Automobile Insurance Company*, 606 N.E.2d 1181 (Ill. 1992), disponível no endereço eletrônico http://www.leagle.com/decision/19921787606NE2d1181_11648; consulta em 21.02.2017.

Assim, embora a Suprema Corte de Illinois tenha reconhecido que Yonover tivesse o dever de revelar sua relação com a State Farm e Querrey and Harrow, essa violação não foi suficiente, à luz das demonstrações feitas, para ensejar a aplicação da *Section 10* da FAA.

No caso *Suez v. Argentina*, processo arbitral que seguiu as regras ICSID, um segundo fundamento para a impugnação da árbitra Gabrielle Kaufmann-Kohler foi a não revelação, por parte desta, do seu relacionamento com o UBS, sócio de companhias que figuravam como parte[664]. Os árbitros que decidiram o incidente, apoiados na interpretação da doutrina relativa às regras UNCITRAL[665], apontaram que o descumprimento do dever de revelação não levaria ao afastamento automático de um árbitro, mas sim poderia ser interpretado como suficiente para levantar dúvidas sobre sua imparcialidade se a não revelação fosse intencional – e não o resultado de um juízo discricionário e honesto[666].

No caso ICSID *Alpha v. Ukraine*, a segunda impugnou o árbitro nomeado pela primeira (Yoram Turbowicz) porque o profissional não revelou ter sido aluno da Universidade de Harvard nos anos 1980, juntamente com o advogado da Alpha, Leopold Specht. Os árbitros que decidiram a impugnação deram pelo seu não provimento ao observarem que *(i)* os padrões do dever de revelação impostos pelo art. 6(2) do Regulamento ICSID são mais amplos que os padrões para a avaliação da imparcialidade nos termos dos artigos 14 e 57 da Convenção ICSID; *(ii)* o descumprimento do dever de revelação, por si só, não é suficiente para tornar um árbitro parcial; *(iii)* o árbitro pode ser considerado parcial se o fato não revelado for grave o suficiente para indicar a manifesta impossibilidade de o julgador proceder a um julgamento imparcial; e *(iv)* se o fato não apontar, por si só, a impossibilidade de um julgamento imparcial, a sua ocorrência em conjunção com a não revelação podem ensejar a conclusão no sentido da desqualificação do árbitro[667].

---

[664] Vide texto principal e nota 372.
[665] Sobre a interpretação das regras UNCITRAL e a consideração de que a violação do dever de revelação não enseja, por si, dúvidas justificadas sobre a imparcialidade do árbitro nem sua desqualificação, DAVID D. CARON; LEE M. CAPLAN; MATTI PELLONPAA. *The UNCITRAL arbitration rules: a commentary*. New York: Oxford University Press, 2006, p. 197. No mesmo sentido para as regras CCI, W. LAWRENCE CRAIG; WILLIAM W. PARK; JAN PAULSSON. *International... op. cit.*, p. 215.
[666] *Decision on a Second Proposal for the Disqualification of a Member of the Arbitral Tribunal*, proferida para os casos *ICSID Case nº ARB/03/19* (Vivendi) e *ICSID Case nº ARB/03/17* (Suez), referida na nota 372.
[667] *Decision on Respondent's Proposal to Disqualify Arbitrator Dr. Yoram Turbowicz*, proferida no caso *Alpha Projektholding GMBH v. Ukraine* (ICSID Case No. ARB/07/16), disponível no endereço eletrônico http://italaw.com/sites/default/files/case-documents/ita0025.pdf; consulta em 21.02.2017.

A doutrina brasileira também afasta a violação do dever de revelação como causa direta e suficiente de parcialidade do árbitro[668].

Sobre a técnica e o momento de impugnar o árbitro quando da violação do dever de revelação, anota a doutrina – com base no que ocorre na prática – que quanto antes a impugnação for feita, mais confortável será para a instituição arbitral mover-se no sentido de evitar qualquer problema concernente à higidez do processo e da sentença, afastando o árbitro, ainda que não haja causa pungente para se concluir a respeito da sua parcialidade; por outro lado, se a impugnação for feita após a audiência de instrução ou em momento próximo ao da prolação da sentença final, o afastamento é muito menos provável, e muito mais severa deverá ser a causa de impugnação, além de existir risco de preclusão à oportunidade de apresentar tal requerimento[669].

4.4. Imparcialidade e binômio ciência-aceitação: limites

Constituindo fenômeno que tem raiz na autonomia da vontade, a arbitragem permite que muitas de suas características – respeitados os limites do devido processo[670] – sejam moduladas pelas partes. Com a imparcialidade do árbitro ocorre o mesmo.

---

[668] Nesse sentido, três pareceres sobre o mesmo caso, que envolvia questão a respeito da extensão do dever de revelação do árbitro – um deles divergente frente aos demais quanto ao mérito, mas todos conformes quanto à estrutura desse dever – foram publicados em uma mesma edição da Revista de Arbitragem. São eles: Luiz Olavo Baptista. *Dever de revelação do árbitro: extensão e conteúdo. Inexistência de infração. Impossibilidade de anulação da sentença arbitral*, in Revista de arbitragem e mediação, v. 36, 2013, pp. 199-217; Pedro A. Batista Martins. *Dever de revelar do árbitro*, in Revista de arbitragem e mediação, v. 36, 2013, pp. 219-229; e Selma Maria Ferreira Lemes. *O dever de revelação do árbitro, o conceito de dúvida justificada quanto a sua independência e imparcialidade) art. 14, § 1º, da Lei 9.307/1996) e a ação de nulidade de sentença arbitral (art. 32, II, da Lei 9.307/1996)*, in Revista de arbitragem e mediação, v. 36, 2013, pp. 231-251.

[669] Nesse sentido, Alan Scott Rau. *Integrity... op. cit.*, p. 490. Sobre o mesmo fenômeno, com foco na CCI, apontando que os custos e o desperdício de tempo para o afastamento do árbitro e recomposição do tribunal arbitral são de grande magnitude, vide Stephen Bond. *The experience of the ICC in the confirmation/appointment stage of an arbitration*, in Northwestern Journal of international law & business, v. 12, n. 1, 1991, pp. 17-18.

[670] Em tentativa de reconhecer o conteúdo mínimo do devido processo na arbitragem internacional, tomando como partida a Convenção de Nova Iorque e as disposições da convenção de arbitragem, vide Matti S. Kurkela; Santtu Turunen. *Due process... op. cit.*, esp. pp. 41 e 78-79. Marcos Montoro identifica quatro grupos de limites para a criação e adaptação de regras procedimentais na arbitragem: *(i)* bons costumes e ordem pública; *(ii)* contraditório, igualdade, imparcialidade e livre convencimento; *(iii)* regras cogentes da LA; *(iv)* princípios processuais derivados da Constituição. Marcos André Franco Montoro. *Flexibilidade do procedimento arbitral*, Tese apresentada como requisito para a obtenção do título de Doutor em Direito Processual na Faculdade de Direito da USP, São Paulo, 2010, pp. 134-135.

Tomando conhecimento de evento que pode caracterizar a aparência de parcialidade do árbitro (seja porque previsto nas hipóteses de impedimento e suspeição do juiz ou em outro regramento aplicável, seja porque prejudicial ao *estado de coisas* relativo ao tema imposto pela LA), as partes podem renunciar à faculdade de recusa ou impugnação do árbitro, sob o entendimento de que tal evento não afetaria, *em concreto*, a imparcialidade do árbitro. Trata-se do binômio ciência-aceitação[671].

Ao aceitarem árbitro envolvido em evento que aparente parcialidade, as partes não estão a alterar a estrutura da relação processual. Ao contrário, estão apenas apontando que, no seu entendimento e para aquele caso concreto, tal evento não afetaria a imparcialidade do julgador, descartando a ligação entre a *aparência* que o evento ensejaria e o *entendimento* que dele as partes têm. A imparcialidade do julgador – que consiste na não vedação à influência potencial dos argumentos apresentados pelas partes – não se encontra na esfera da autonomia privada das partes, mas antes é irrenunciável, por estar ligada ao próprio *modelo democrático de processo*[672]. Colocado de outro modo, as partes elaboram norma concreta na qual o evento que conhecem deixa de desencadear as consequências previstas nas regras vinculantes para a parcialidade do árbitro (remoção do árbitro, anulação dos atos processuais e seu refazimento por tribunal composto por outro árbitro, anulação da sentença arbitral, entre outras).

O único caso concebível em que a renúncia das partes não surtiria efeitos seria aquele em que houvesse identidade *total* entre árbitro e parte. Isso porque, ao figurar ao mesmo tempo em posições distintas da relação jurídica processual, o julgador-parte acaba por desnaturar a própria estrutura concebida para o método heterocompositivo – que, por definição, envolve a distinção pessoal entre julgador e parte[673]. Não se pode confundir a identidade *pessoal* e *total* entre árbitro e parte com a hipótese em que o julgador também pertença a algum órgão da parte pessoa jurídica. Aqui, há relação do árbitro com a parte (que pode ser objeto do binômio ciência-aceitação),

---

[671] A expressão é apresentada por Rafael Francisco Alves. *A imparcialidade...* op. cit., p. 121.
[672] O conteúdo e a operacionalização da imparcialidade, derivados do *modelo democrático de processo*, são tratados no capítulo 2.
[673] Sendo árbitro e parte a *mesma pessoa*, cuja decisão vincula a parte adversária, o método de solução da controvérsia se afasta daquele previsto para os métodos heterocompositivos. Antonio Carlos de Araújo Cintra; Ada Pellegrini Grinover; Cândido Rangel Dinamarco. *Teoria Geral...* 22. ed. op. cit., p. 27.

CAPÍTULO 4. PRINCIPAIS QUESTÕES LIGADAS À IMPARCIALIDADE DO ÁRBITRO

mas não a identidade *pessoal* e *total* hábil a desnaturar a estrutura da relação jurídica processual.

Esclarecidos os efeitos e limites do binômio, convém analisar mais detidamente seus dois componentes: ciência e aceitação.

Para que possam fazer um juízo que afaste a aparência de parcialidade, é certo que as partes devem conhecer – ou ao menos ter a possibilidade de conhecer – todas as circunstâncias do evento que ensejaria tal aparência. É por isso que a ciência deve se dar sobre informação com nível de detalhes suficiente para, no mínimo, possibilitar dita análise. Tome-se, por exemplo, a informação de que o árbitro "teve relação com a parte no passado", que é diferente da informação de que o árbitro "foi advogado que defendeu uma coligada da parte em processo judicial não ligado à arbitragem, não tendo com ela qualquer relação desde o ano de 2001". Não se pode negar que a segunda versão, mais detalhada, permite que as partes façam um juízo mais embasado sobre a aparência de parcialidade do árbitro e, assim, é preferível à primeira versão. No entanto, se a parte tomou contato com a primeira versão da informação, mas nada fez para buscar – ainda que diretamente com o árbitro, via petição – maiores esclarecimentos, não é admissível que ela se utilize da sua inércia para alegar, no futuro (e caso seja vencida), que a ausência de detalhes a impediu de proceder a um juízo mais apurado sobre a imparcialidade do árbitro[674]. Essa é tática claramente dilatória[675]. O que se percebe da prática

---

[674] No caso *Betzalel Schwartzman v. Yaakov Harlap*, este último requereu ao Segundo Circuito a não homologação de sentença arbitral proferida em Israel. A disputa surgiu porque o distribuidor norte-americano de *esrog* recusou-se a pagar certa quantia devida pela sua importação, sob a alegação de que o produtor israelense havia violado a cláusula de distribuição exclusiva ao vender o produto a terceiros. A questão foi trazida a um árbitro-clérigo israelense, que decidiu em favor do produtor. A sentença foi trazida para cumprimento nos Estados Unidos e o distribuidor resistiu ao cumprimento sob a alegação de que o árbitro não era independente, em razão de serviços prestados ao produtor para certificação *kosher*, era essencial para a manutenção do mercado para o produto. A Corte de Apelação do Segundo Circuito rejeitou a impugnação, por entender que o distribuidor sabia ou poderia saber que o árbitro poderia ter relação com o produtor, em razão de cláusula contratual que assim estipulava. Concluiu, assim, que "Harlap knew that Schwartzman could hire Rabbi Stern and, thus, he had the information he needed to investigate their relationship before or during the arbitration proceedings and could have easily done so, rather than waiting until after he lost his case", não tendo exercido a sua faculdade de impugnar tempestivamente. Caso *Betzalel Schwartzman v. Yaakov Harlap*, nº 09-1784 (2º Cir 2010). Decisão disponível no endereço eletrônico http://www.leagle.com/decision/in%20fco%2020100518127; consulta em 21.02.2017.

[675] Literalmente: "Although making the required disclosures is the arbitrator's responsibility, under certain circumstances it becomes a party's responsibility to investigate and question the arbitrator, move for disqualification, or otherwise assert the party's right to obtain disclosure",

arbitral é que, diante de informações incompletas ou insuficientes, a parte requeira ao árbitro a sua complementação[676].

Ainda no que concerne à ciência, ela deve ser inequívoca[677] (embora possa ser presumida nos casos em que a informação seja pública[678]) e deve ser da parte, ainda que, na prática, seja difícil demonstrar que a ciência do advogado a respeito de determinado evento relativamente ao árbitro tenha ou não tenha sido transmitida a ela[679]. Essa questão, que envolve a análise de provas e presunções, escapa do objetivo do presente estudo.

A aceitação pode ocorrer de modo expresso –as partes declaram que o evento que conhecem não corrompe, a seu juízo, a imparcialidade do árbitro –, ou de modo tácito – se as partes não acusarem o fato ou não impugnarem o árbitro na primeira oportunidade que tiverem para se manifestar no processo arbitral, consoante o art. 20 da LA. Na prática, a dificuldade de se determinar o momento no qual a parte tomou conhecimento do fato que aparenta a parcialidade do árbitro acarreta problemas na conformação da aceitação tácita. Referência seja feita às *IBA Guidelines*, que consideram que a aceitação não pode ocorrer nem mesmo nas hipóteses arroladas na Lista Vermelha de Eventos Irrenunciáveis.

---

pois "a party who knows or has reason to believe that the arbitrators' disclosures are inadequate but remains silent, hoping for a favorable arbitration award but relying on the arbitrator's inadequate disclosure as an 'insurance policy', is adopting a risky tactic". RICHARD R. MAINLAND. *Full Disclosures*, in *Los Angeles lawyer*, nov. 2011, p. 34. Disponível no endereço eletrônico http://www.lacba.org/Files/LAL/Vol34No8/2865.pdf; consulta em 21.02.2017.

[676] Vários são os casos em que a parte, tomando conhecimento de informação incompleta, requereu ao árbitro maiores esclarecimentos, narrados no capítulo 3.4.

[677] Vide caso *HSMV v. ADI* (texto principal e nota 395 do presente estudo), em que a informação que levaria à aparência de parcialidade do árbitro constava em nota final em um de muitos documentos trocados entre as partes, não sendo considerada a ciência da parte. Outro caso, em que a ciência da ligação entre árbitro e parte foi argumento para a manutenção da sentença arbitral, é o *Westinghouse Electric v. NYC Transit Authority*, referido no texto principal e na nota 373.

[678] Sobre a publicidade da informação e o dever da parte em proceder a pesquisas sobre o árbitro, vide capítulo 4.3.1.

[679] No caso em que se discutiu a rígida lei de arbitragem do Estado da Califórnia no que diz respeito ao dever de revelação do árbitro, o Nono Circuito considerou que o advogado – ao admitir que sabia "há um ano ou dois" que a mulher do árbitro havia sido sócia do escritório de advocacia da parte contrária – decidiu, com seu representado (Rosenfeld), não levantar a questão até a prolação da sentença, que lhes foi desfavorável. A Corte concluiu que "[f]irst, it suggests that Rosenfeld did not himself believe that the relationship rose to a level that required disclosure under any of the applicable standards. Second, it suggests that Rosenfeld may have been sand-bagging, holding his objection in reserve in the event that he did not prevail in the arbitration". Caso *Dennis Johnson v. Gruma Corp.*, nº 08-56911 (9º Cir. 2010). Decisão disponível no endereço eletrônico http://caselaw.findlaw.com/us-9th-circuit/1534963.html; consulta em 21.02.2017.

4.5. Os critérios para a análise da imparcialidade devem ser os mesmos para todos os membros do tribunal arbitral. A conclusão de parcialidade de um árbitro invalida a decisão unânime do tribunal arbitral.

Tal como visto, a imparcialidade do árbitro é requisito inescapável do *modelo democrático de processo* e não pode ser dispensada pelas partes, nem contornada pelo princípio majoritário. Significa dizer que não importa se o tribunal arbitral proferiu sentença unânime ou se o árbitro tido como parcial discordou da orientação da sentença (tendo proferido um voto em outro sentido), o processo arbitral e a respectivas decisões devem ser anulados. O princípio majoritário, que pode ser atribuído à instrumentalidade das formas[680] concebida para o método de solução de controvérsias oferecido pelo Estado aos seus jurisdicionados[681], deve ceder passo às exigências de legitimidade e segurança do processo arbitral, eis que não se sabe qual a contribuição do árbitro parcial para a direção tomada pelo processo arbitral e pela sentença, que por ele podem ter sido influenciados[682] ainda que seu entendimento sobre o mérito do caso tenha sido divergente[683].

Isso não significa dizer que uma parte pode *plantar* um evento que aparente parcialidade para utilizá-lo, no futuro, como causa de anulação da sentença caso não vença a disputa. Imagine-se a parte que, em desespero de causa após uma audiência em que as testemunhas lhe foram muitíssimo desfavoráveis, procure o árbitro para expor *novamente* a causa, enviando-lhe um longo *e-mail* com anexos documentais e deixe recados na sua secretária eletrônica. Cabendo ao árbitro dar ciência do ocorrido a todos os sujeitos do processo e abster-se de analisar as alegações, não é possível afirmar que o seu envio habilite, pela própria parte que as enviou, a possibilidade de impugnação do

---

[680] Apontando que a técnica processual é apenas um método de trabalho, cuja função é conferir segurança e oportunidade de participação dos sujeitos no processo, bem como buscar, pela tutela jurisdicional, resposta idêntica ao cumprimento espontâneo da regra de direito material violada, razão pela qual essa busca da efetividade suportaria a superação do formalismo, vide JOSÉ ROBERTO DOS SANTOS BEDAQUE. *Efetividade do processo e técnica processual*. São Paulo: Malheiros, 2006, esp. pp. 75-93.

[681] Por essa razão, o raciocínio que permite que se afirme, como faz o STJ, que "[a] participação de Ministro impedido em julgamento em órgão colegiado não anula o julgado se o seu voto não tiver sido decisivo para o resultado" não encontra respaldo no processo arbitral. STJ, EREsp 1008792/RJ, 2ª T., Rel. Min. Nancy Andrighi, DJ 29.04.2011.

[682] MARCELO ROBERTO FERRO. *Apontamentos... op. cit.*, p. 858.

[683] GARY BORN. *International commercial arbitration*. v. II. London: Wolters Kluwer, 2009, p. 2.614.

árbitro. Trata-se, aqui, de tática dilatória para a qual não pode ser conferido qualquer efeito, além de ensejar a aplicação da penalidade prevista no art. 27 da LA. Não trata o exemplo de aplicação da instrumentalidade das formas, mas de vedação à obtenção de benefício pelo agente (anulação da sentença) em razão do ato torpe que cometeu (comunicação *ex parte* com a intenção, justamente, de gerar nulidade).

Discussão ainda não superada é a aplicação do mesmo padrão de avaliação da aparência de parcialidade para os coárbitros e para o árbitro presidente. Parte da doutrina defende que, por terem sido escolhidos pelas partes, a ligação dos coárbitros com elas poderia ser mais profunda que a ligação que com elas poderia ter o árbitro presidente, ensejando critérios diferentes de avaliação dos eventos que aparentariam a respectiva parcialidade[684]. No entanto, esse entendimento somente duplicaria a dificuldade do estabelecimento de critérios mais seguros para a solução de casos concretos: se já é extremamente difícil a avaliação dos eventos que poderiam dar causa à aparência de parcialidade do árbitro – tomando-se em consideração o mesmo padrão para todos os membros do tribunal – é visível o incremento dessa dificuldade com o estabelecimento de um critério mais *rígido* para o árbitro presidente e de outro mais *lasso* para os coárbitros, bem como a abertura da possibilidade de avaliações errôneas para ambos os critérios. Assim, parece ser mais adequada a manutenção de um mesmo critério para todos os membros do tribunal arbitral[685].

A eventual *predisposição* do árbitro à tese da parte que o nomeia, seja porque a parte pesquisou a vida e a obra do árbitro e *escolheu bem*, seja porque, no íntimo, o julgador pode sentir-se compelido a se *certificar* de que os argumentos da parte que o nomeou tenham sido corretamente analisados[686] (a fim de garantir novas nomeações[687]), é fator que o método de nomeação dos

---

[684] YUVAL SHANY. *Squaring... op. cit.*, p. 490. Em sentido análogo, propondo critérios mais rigorosos para o árbitro presidente e menos para os coárbitros, SAMUEL ROSS LUTTRELL. *Bias... op. cit.*, p. 270.

[685] Considerando perigosas essas soluções intermediárias e apontando que a experiência arbitral se inclina para o mesmo critério, EMMANUEL GAILLARD; JOHN SAVAGE (Ed.). *Fouchard Gaillard Goldman on international arbitration*. The Hague: Kluwer Law International, 1999, pp. 573-574.

[686] "If arbitrators must be completely sanitized from all possible external influences on their decisions, only the most naïve or incompetent would be available." WILLIAM W. PARK. *Arbitrator integrity... op. cit.*, p. 635.

[687] "As a result of the increased competition between potential arbitrators, scholars argue that market forces may lead these arbitrators to display behavioral patterns that increase the probability of their selection in future cases." DAPHNA KAPELIUK. *The repeat appointment factor: exploring decision patterns of elite investment arbitrators*, in *Cornell law review*, v. 96, 2010, p. 80.

coárbitros pelas partes não pode superar[688][689]. E para que a parte conheça o árbitro, é possível que algum contato tenha sido mantido com o advogado que patrocina a causa. Isso é completamente diferente do árbitro que *defende* a parte que a indicou e que está inacessível à influência dos argumentos da parte contrária.

Não reconhecer o fenômeno acima referido – nem o analisar à luz de um conteúdo filosoficamente embasado, juridicamente defensável e faticamente realista da imparcialidade – pode levar a entendimentos ainda mais graves do que aqueles que defendem um duplo padrão de avaliação dos eventos que envolvem o árbitro. Pode levar à afirmação de que "[l'arbito di parti] potrebbe essere imparziale, ma è poco probabile – e sarebbe ingenuo aspettarsi – che egli lo sia davvero"[690] que, longe de ser realista, é prejudicial ao entendimento e à operação do método arbitral para a solução de controvérsias.

Assim, o presente estudo defende que o mesmo critério de avaliação das premissas de estrutura e de conteúdo deve ser aplicado a todos os membros do tribunal arbitral.

4.6. Imparcialidade e novas fronteiras

4.6.1. Financiamento do litígio por terceiros

Apesar de o financiamento de litígio por terceiros (*"third party funding"*) ser fenômeno contratual ainda pouco regulado[691], sua utilização na arbitragem

---

[688] Sobre a discussão a respeito da influência do método de escolha dos coárbitros no posicionamento destes, vide nota 532.

[689] Às sugestão de alteração do método de escolha dos árbitros (da nomeação direta pela parte para a indicação por uma instituição, com base ou não em uma lista) pode gerar o mal maior de favorecer ainda mais a *tendenciosidade* do julgador, não mais no aspecto individual (o árbitro não será tendencioso a favorecer uma ou outra parte, pois nenhuma a escolheu), mas no aspecto sistêmico ou institucional, pois a composição de uma lista de árbitros fatalmente reduzirá o pluralismo e a diversidade de entendimentos, de histórias de vida e de bagagem jurídica e cultural dos potenciais julgadores (o árbitro será tendencioso porque, tal como ele, todos ou quase todos possuem similares preconceitos e ideologia). Esse risco é mais grave para a arbitragem internacional, onde confluem sistemas político-jurídico-culturais diferentes. STAVROS BREKOULAKIS. *Systemic bias and the institution of international arbitration: a new approach to arbitral decision-making*, in Journal of international dispute settlement, v. 4, n. 3, 2013, esp. pp. 560 e 582.

[690] MICHELE TARUFFO. *Note sull'imparzialità dell'arbitro di parte*, in Rivista dell'arbitratto, 1997, p. 488.

[691] À exceção da Austrália, que promulgou regras para a revelação de relações de "funding" aos órgãos jurisdicionais, e do mercado de fundos da Inglaterra, que promulgou medidas de auto-regulação, não se têm notícias de outras iniciativas nesse sentido, conforme nota JENNIFER A. TRUSZ. *Full disclosure? Conflicts of interest arising from third-party funding in international commercial*

é crescente, tal como se pode inferir da frequência em que o tema é debatido em congressos e *workshops*, da sua crescente utilização em processos judiciais, das informações contidas no material promocional oferecido pelas empresas de "funding" (que dão conta da sua utilização na arbitragem)[692] e da existência de diversos processos arbitrais ICSID em que a sua prática ocorreu[693].

Inexiste consenso sobre a definição do contrato[694], sendo que a mais ampla compreende "any financial solution offered to a party regarding the funding of proceedings in a given case". Tal definição, entretanto, é por demais vaga, a ponto de permitir a inclusão, nessa categoria, de diversas outras espécies contratuais. Outra definição, mais estrita, põe em relevância: *(i)* a existência de *"third party capital"*, ou seja, capital de entidade não ligada diretamente ao litígio (o que diferencia o fenômeno do simples acordo com o advogado, que pode oferecer uma solução financeira para algumas das despesas do cliente, investindo seu tempo ao invés de capital); *(ii)* a existência de empresas financiadoras especializadas; *(iii)* a dedicação dessas empresas ao financiamento de litígios e, em alguns casos, ao fornecimento de serviços para o manejo do processo, inclusive a escolha da equipe de advogados, seu pagamento e o monitoramento da sua atuação (o que diferenciam essas empresas dos "hedge funds"); e *(iv)* o retorno financeiro das financiadoras, que geralmente se dá em porcentagem do êxito da parte financiada ou em múltiplo do capital investido[695].

A utilização desse contrato pode ocasionar diversas situações que ensejam a aparência de parcialidade do árbitro: imagine-se o árbitro que, sem contato anterior com qualquer das partes, advoga para uma outra companhia em

---

arbitration, in *Georgetown law jounal*, v. 101, 2013, p. 1.656, nota de rodapé 45. Nos Estados Unidos da América, a utilização recente – e crescente – é apontada por LAWRENCE S. CHANER; TOMAS G. APPLEMAN. *Third-party litigation funding in the United States*, in *Revista de arbitragem e mediação*, v. 32, 2012, pp. 185-187.

[692] O desenvolvimento recente da prática do "funding" é tratado por MARCEL CARVALHO ENGHOLM CARDOSO. *Arbitragem e financiamento por terceiros*. São Paulo: Almedina, 2020, pp. 30-45.

[693] JENNIFER A. TRUSZ. *Full... op. cit.*, p. 1.658.

[694] Demonstrando que a relação pode ser estabelecida mediante diferentes formatações (vários tipos de contratos sinalagmáticos e de sociedade, MARCEL CARVALHO ENGHOLM CARDOSO. *Arbitragem... op. cit.*, pp. 91-101.

[695] MAXI SCHERER, AREN GOLDSMITH; CAMILLE FLÉCHET. *Third party funding in international arbitration in Europe: part 1 – funders' perspectives*, in *Revue de droit des affaires internationales*, n. 2, 2012, pp. 209-210. Disponível no endereço eletrônico http://ssrn.com/abstract=2348737; consulta em 21.02.2017.

CAPÍTULO 4. PRINCIPAIS QUESTÕES LIGADAS À IMPARCIALIDADE DO ÁRBITRO

processo não relacionado, companhia essa que, tal como uma das partes no processo arbitral, é suportada pela mesma financiadora.

A situação se complica pela ausência de previsão expressa do dever de informar – que alguns profissionais da área financeira defendem isentar suas empresas e as partes de informar a existência desse contrato[696] – a entes que não sejam sujeitos do processo ou advogados. O temor concreto dessas empresas é que tal revelação impacte negativamente na deliberação do tribunal arbitral sobre os custos de sucumbência e na estratégia de condução do caso frente à parte contrária (que pode, por exemplo, paralisar o processo a fim de esgotar o capital do investidor na disputa com o objetivo de conseguir melhor posição de barganha em futuro acordo)[697].

Ainda que algumas empresas de "funding" admitam revelar sua relação se assim for necessário para a garantia da imparcialidade dos árbitros, sua colocação é de que essa revelação seja feita apenas ao árbitro[698]. Isso, no entanto, impossibilitaria a parte adversa de realizar a checagem das relações do árbitro e, conforme o caso, recusá-lo ou impugná-lo[699].

É importante que os profissionais da arbitragem estejam atentos ao desenvolvimento desse fenômeno, a fim de evitar, enquanto inexistirem regras claras a respeito da sua revelação[700], situações de fragilidade do processo ou de anulação da sentença arbitral.

---

[696] É o que faz Christopher Bogart, CEO de uma das maiores financiadoras de litígios do mundo, Burford Capital, ao afirmar que "[t]his is not an arbitration funding issue *per se*, given that there is no legal, logical or equitable basis for requiring the disclosure of funding without also requiring the disclosure of other parties with economic interests in the outcome of a matter", que "[p]roviders of financing to a party or a case – whether litigation funders, banks or insurers – are not required to be disclosed" e que "[u]nder IBA guidelines, only parties and their affiliates can create such conflicts [of interest]". CHRISTOPHER BOGART. *Third party funding in international arbitration – an overview of arbitration finance*, p. 4. Disponível no endereço eletrônico http://www.burfordcapital.com/wp-content/uploads/2013/02/Burford-article-Third-Party-v1.2internal-no-symbol.pdf; consulta em 21.02.2017.
[697] JENNIFER A. TRUSZ. *Full... op. cit.*, p. 1.672.
[698] MAXI SCHERER. *Third-party funding in arbitration*, in *Commercial dispute resolution*, maio de 2012, p. 59.
[699] As principais instituições de arbitragem brasileiras possuem atos normativos internos que estabelecem, ainda que com linguagem suave, à parte financiada o dever de revelar esse fato ao árbitro e à contraparte. Vide, como exemplos: (i) a Resolução Administrativa 18/2016 do CAM-CCBC, que ""; (ii) a Resolução Administrativa 6/2019 do CMA-FIESP/CIESP; e (iii) Resolução Administrativa 14/20 da CAMARB. Na arbitragem internacional vide, por todos, o Dossier X da ICC sobre Third-party funding in international arbitration.
[700] Proposta de regulamentação é apresentada por JENNIFER A. TRUSZ. *Full... op. cit.*, pp. 1.673-1.680.

4.6.2. Imparcialidade e afastamento do advogado

A proteção da imparcialidade do árbitro enseja, em regra, a utilização de mecanismos para o afastamento do julgador parcial ou, quando já findo o processo arbitral, a anulação da respectiva sentença. O afastamento do julgador tido como parcial é o caminho que melhor equilibra a exigência de celeridade e economia – pois o processo não é um fim em si, configurando um meio que deve atingir mais rapidamente e com os menores custos a sua finalidade – para a solução do litígio conforme as regras de fundo escolhidas pelas partes.

A aparência de parcialidade do julgador pode ser ostentada *(i)* desde antes do início do processo (como no caso em que o árbitro possui, anteriormente à sua nomeação, relação negocial significativa com uma das partes) ou ser desencadeada *(ii)* no curso desse procedimento, em razão *(ii.1)* de comportamento do próprio árbitro, *(ii.1.a)* aliado ao comportamento de uma das partes (como no caso de o árbitro estabelecer relação negocial paralela com uma das partes no curso do procedimento), ou *(ii.1.b)* não aliado ao comportamento das partes (como no caso de o árbitro adquirir em bolsa de valores ações da companhia que é parte no processo arbitral, sem o conhecimento desta); ou ainda em razão *(ii.2)* de eventos que não contaram com a participação do árbitro ou da parte (como no caso de uma companhia cliente do escritório do árbitro adquirir uma subsidiária ou coligada de uma das partes). Nesses casos todos, se o processo não tiver sido concluído, a proteção da imparcialidade se dá pelo afastamento do árbitro.

Há, no entanto, a possibilidade de o árbitro – que *originalmente* não se enquadrava em nenhuma das premissas de conteúdo características da parcialidade – assumir essa aparência em razão de evento *posterior* à instauração do processo arbitral, exclusivamente em razão de uma das partes emular essa situação. É o caso do litigante que, em momento mais avançado do processo, contrata os serviços de profissional ou escritório que possui com o árbitro alguma das relações que satisfazem as premissas de conteúdo para configurar a aparência de parcialidade. Nessa hipótese, é a parte quem – com ato próprio – atenta contra a higidez do processo e dá causa à vulneração da imparcialidade do árbitro.

Ao cometer o ato lesivo à aparência de imparcialidade[701], a parte deve assumir a responsabilidade pelas suas consequências, que podem incluir

---

[701] O ato mediatamente lesivo é o que envolve ou envolveu o árbitro e o novo patrono contratado, redutível a uma das categorias que compõe as premissas de conteúdo tratadas no capítulo 3.4.

CAPÍTULO 4. PRINCIPAIS QUESTÕES LIGADAS À IMPARCIALIDADE DO ÁRBITRO

o impedimento de atuação do seu novo patrono na causa. A responsabilização processual da parte causa menos impacto ao processo, evitando-se o desperdício de tempo e o aumento de custos envolvidos no refazimento dos atos processuais que seriam necessários caso um novo árbitro fosse nomeado.

Essa questão foi tratada nos casos ICSID *Hrvatska v. Slovenia* e *Rompetrol v. Romania*.

No caso *Hrvatska v. Slovenia*, dez dias antes da audiência de instrução, esta última apresentou manifestação com a lista de nomes das pessoas que iriam patrociná-la no ato, lista essa que continha o nome de advogado ("barrister") até então não identificado como pertencente à sua equipe, David Mildon. Referido advogado era membro do mesmo grupo de câmaras no qual o presidente do tribunal, entre outras, também participava[702]. O requerente solicitou revelação da relação entre o presidente e o novo advogado, o papel que este teria na audiência e quando ele tinha sido contratado. O árbitro presidente esclareceu que não tinha relação pessoal com o advogado, que a relação profissional se limitava àquela estabelecida na câmara, e que já havia participado de diversos procedimentos arbitrais com advogados da mesma câmara, sem que isso o impedisse de atuar imparcialmente. O Estado confirmou a inexistência de relação pessoal ou profissional entre o advogado e o árbitro, recusando-se a revelar quando o havia contratado e qual seria seu papel na audiência. Após novo pedido de informações sobre a contratação do advogado e nova recusa do Estado em prestá-las, o requerente alegou que a participação de advogado da mesma câmara que o árbitro, especialmente quando revelada às vésperas da audiência, ensejaria dúvidas justificadas em um observador razoável. No entanto, ao invés de requerer o afastamento do árbitro – o que levaria a atrasos no processo e elevação dos custos – o requerente solicitou ao tribunal ordem para impedir que o advogado participasse da audiência e dos atos processuais subsequentes. Após apontar a dificuldade da situação (se o advogado fosse afastado, o Estado alegaria violação ao seu direito de defesa; se não fosse, o investidor alegaria violação ao seu direito de ser julgado por um tribunal independente e imparcial), o tribunal arbitral considerou, em decisão de 06.05.2008[703] que *(i)* constituía seu dever zelar pelo processo e proferir

---

[702] O presidente do painel era um "door tenant", ou seja, um "barrister" a quem era permitido trabalhar com um grupo de câmaras.
[703] Caso *Hrvatska Elektroprivreda d.d. v. Republic of Slovenia* (ICSID Case No. ARB/05/24), disponível no endereço eletrônico https://icsid.worldbank.org/ICSID/FrontServlet?requ

sentença hígida, como guardião da legitimidade processual; *(ii)* embora as câmaras nas quais os "barristers" atuam não se comportem como escritórios de advocacia e que a situação equivalente à então apresentada tivesse sido aceita em outros processos, essa aceitação não é universal e a situação era, sim, problemática. Por essas razões – e ainda que a Convenção ICSID ou o regulamento não conferissem explicitamente poder para o tribunal excluir um advogado, o direito de as partes escolherem o seu representante não se sobreporia ao princípio da imutabilidade próprio dos tribunais já constituídos (art. 56(1) da Convenção ICSID), razão pela qual o Estado seria livre para selecionar seus patronos antes da constituição do tribunal, mas não poderia alterar essa composição de modo a ameaçar a legitimidade do tribunal arbitral. Assim, concluindo que o afastamento do árbitro não seria viável diante da regra de imutabilidade do tribunal, este considerou que a participação do advogado seria imprópria, barrando-a.

No caso *Rompetrol v. Romania*, o Estado requereu ao tribunal arbitral (em 31.07.2009) ordem para que o investidor afastasse do caso o advogado líder da sua equipe, Bartom Legum, que informou ter assumido o caso em 21.07.2009, em substituição ao patrono anterior (François-Poncet que, após o início do procedimento, retirou-se da prática privada), sob a alegação de que o novo advogado líder, antes de se integrar ao escritório que representava o investidor (Salans & Associés), havia sido empregado, por quatro anos, do escritório de advocacia do árbitro, do qual saiu sete meses antes de se envolver com o caso. O Estado também requereu maiores informações ao investidor a respeito da relação entre o advogado e o árbitro indicado pelo investidor, Donald Francis Donovan, que foram prestadas, inclusive com a informação de que o advogado era assalariado sem participação nos lucros do escritório. Embora o tribunal tenha considerado a existência de poder inerente de salvaguardar o processo arbitral, consoante a decisão proferida no caso *Hrvatska*, afastou-se dela ao considerar inexistir necessária tensão entre o princípio da imparcialidade do tribunal e o da livre escolha do representante pela parte. Nos casos em que essa tensão venha a existir, é dever do tribunal ponderar os princípios e atendê-los na medida do possível, devendo evitar o afastamento de advogado, que seria providência reservada a casos excepcionais. Relativamente aos eventos do caso, o tribunal apontou não ter encontrado neles "a real possibility that the Tribunal

estType=CasesRH&actionVal=showDoc&docId=DC950_En&caseId=C69; consulta em 21.02.2017.

was biased" ou que tais eventos ensejassem "a reasonable basis, in terms of Article 14 of the ICSID Convention and Article 6 of the Rules for questioning the ability of the Tribunal or any of its Member to judge fairly or exercise independent judgment"[704].

O tribunal não entendeu que a associação pretérita do advogado ensejasse qualquer interesse financeiro ou material do advogado para com o árbitro e vice-versa, e que, diferentemente do que ocorreu no caso *Hrvatska* – no qual, entendeu o tribunal, o afastamento do advogado poderia ser visto como uma sanção à conduta da parte em ter deixado para revelar a participação do advogado até o último momento – o tema foi tratado logo após a apresentação do novo advogado e sem a premência de uma decisão a ser proferida na undécima hora antes da audiência. Assim, o tribunal não afastou o advogado.

Ainda não é incontroverso o fundamento jurídico que possibilita, nos casos extremos, o afastamento do advogado ao invés do afastamento do árbitro: as justificativas variam entre a proteção da boa-fé e da vedação do abuso de direito pelas partes, a existência de um poder inerente do tribunal em tomar as medidas necessárias para garantir o direito de as partes apresentarem seu caso perante um tribunal imparcial, ou ainda a existência de um poder implícito do tribunal arbitral, derivado dos regramentos aplicáveis, nesse mesmo sentido[705]. No entanto, esse afastamento é método viável e sua utilização como proteção da imparcialidade justifica sua referência no presente estudo.

Independentemente do fundamento jurídico para sua vedação ou da busca pela eficiência (em tempo e custos) do processo arbitral, a recorrência e importância da contratação de advogado posteriormente à constituição do tribunal que possua relação com membro deste, a ponto de ensejar a aparência de parcialidade, foi tratada nas *IBA Guidelines on Party Representation in International*

---

[704] Caso *The Rompetrol Group N.V. v. Romania* (ICSID Case No. ARB/06/3). *Decision of the Tribunal on the Participation of a Counsel*, disponível no endereço eletrônico https://icsid.worldbank.org/ICSID/FrontServlet?requestType=CasesRH&actionVal=showDoc&docId=DC1370_En&caseId=C72; consulta em 21.02.2017.

[705] JEFF WAINCYMER. *Reconciling conflicting rights in international arbitration: the right to choice of counsel and the right to an independent and impartial tribunal*, in Arbitration international, v. 26, n. 4, 2010, pp. 615-617. No texto, as decisões dos casos *Hrvatska* e *Rompetrol* são minudentemente analisadas.

Arbitration de 2013, nos itens 5 e 6[706]. O regramento, contudo, não é de aplicação compulsória[707], o que ainda gera incertezas sobre o seu alcance[708].

---

[706] Respectivamente: "[o]nce the Arbitral Tribunal has been constituted, a person should not accept representation of a Party in the arbitration when a relationship exists between the person and an Arbitrator that would create a conflict of interest, unless none of the Parties objects after proper disclosure" e "[t]he Arbitral Tribunal may, in case of breach of Guideline 5, take measures appropriate to safeguard the integrity of the proceedings, including the exclusion of the new Party Representative from participating in all or part of the arbitral proceedings". A integralidade do texto pode ser consultada no endereço eletrônico http://www.ibanet.org/Publications/publications_IBA_guides_and_free_materials.aspx#partyrep; consulta em 21.02.2017.

[707] Consoante item 1: "[t]he Guidelines shall apply where and to the extent that the Parties have so agreed, or the Arbitral Tribunal, after consultation with the Parties, wishes to rely upon them after having determined that it has the authority to rule on matters of Party representation to ensure the integrity and fairness of the arbitral proceedings".

[708] Sobre o assunto escreveu CARLOS ALBERTO CARMONA. *As listas de Árbitros*, in CAIO CESAR VIEIRA ROCHA; LUIZ FELIPE SALOMÃO (Coord.). *Arbitragem e mediação: a reforma da legislação brasileira*. Atlas: São Paulo, 2015, pp. 71-85.

CONCLUSÕES

O desenvolvimento dos capítulos precedentes permite que sejam extraídas algumas conclusões, resumidas abaixo em forma de itens.

1. Experiências jurídicas nacionais utilizaram-se de modelos distintos para a padronização da imparcialidade do árbitro, segundo três técnicas principais: *(i)* tipificação legal dos casos de recusa ou impugnação; *(ii)* equiparação às causas de impedimento ou suspeição de juízes; e *(iii)* estabelecimento de um *estado de coisas* ou uma cláusula geral. Todas as técnicas apresentam alguma desvantagem, compreendendo, para a técnica *(i)* acima, a dificuldade ou impossibilidade de enquadramento de grande variedade de hipóteses passíveis de ocorrer nos casos concretos; para a técnica *(ii)* acima, a dificuldade de se adequar o regramento concebido para funcionário estatal (escolhido para julgar uma causa segundo as regras de distribuição de competência) ao árbitro (escolhido direta ou indiretamente pelas próprias partes); e para a técnica *(iii)* acima, a dificuldade de preenchimento do suporte fático da norma a ser aplicada, prejudicando a previsibilidade da conduta desejada e a harmonia das decisões. Instituições arbitrais (tais como a AAA, a IBA ou as câmaras e centros que administram processos arbitrais) também buscaram orientar a conduta dos profissionais envolvidos com a prática da arbitragem, no sentido de privilegiar a imparcialidade do árbitro, com a edição de regulamentos, códigos de ética ou guias de melhores práticas que, entretanto, esbarram nas mesmas dificuldades encontradas pelos modelos nacionais.

2. As tentativas de padronização dificilmente produzirão resultados satisfatórios sem o reconhecimento de um *conteúdo* à imparcialidade, hábil a superar as noções genéricas que giram em torno da ausência de "outras influências" (além dos argumentos das partes) no convencimento do julgador ou da sua "equidistância", ou que compreendam a imparcialidade como um fenômeno circunscrito à esfera da autonomia privada e que, por isso, possa ser objeto

de renúncia. Piora o quadro a confusão entre essas noções genéricas a respeito da imparcialidade com as noções também genéricas a respeito da independência e neutralidade do árbitro, especialmente quando se afirma existir, entre tais noções, relação de causa e efeito ou interdependência. Tudo isso dificulta a interpretação das regras aplicáveis, prejudicando não apenas a sua convergência em nível sistemático, mas especialmente a previsibilidade e controle das condutas dos árbitros, das partes e de seus advogados nos casos concretos.

3. Para a atribuição de um conteúdo à imparcialidade é necessária, antes, a tomada de consciência de que o ato de conhecer algo (e, portanto, interpretar e decidir) é precedido da pré-compreensão do intérprete. Essa pré-compreensão, por sua vez, é originada a partir das experiências até então vividas pelo intérprete; tudo o que ele vivenciou influencia no ato de conhecer (e decidir), de modo que as "outras influências" às quais o julgador não deveria estar exposto não caracterizam sua parcialidade. Ao contrário, elas configuram condição necessária para o julgamento. Não é por outra razão que as partes analisam os currículos, os contatos, as opiniões e os trabalhos dos árbitros que irão escolher, buscando potencializar suas chances de vitória no litígio.

4. Sendo certa a exposição do árbitro a influências outras além dos argumentos das partes, é preciso descartar esse fenômeno como característico da parcialidade e identificar, com apoio no modelo democrático de processo, outro fenômeno hábil a preencher o conteúdo da imparcialidade.

5. O modelo democrático de processo demanda que os argumentos das partes exerçam influência no desenvolvimento e na conclusão da relação jurídica processual. Assim, a parcialidade pode ser identificada como o *impedimento*, a *vedação*, a *imunidade* do julgador a essa influência. Assim, se o árbitro já está convencido a respeito de qual parte tem razão em determinado conflito sem permitir qualquer influência dos argumentos das partes (o que é totalmente diferente de o árbitro ter decidido casos análogos ou ter opinião em tese sobre a matéria discutida), resta caracterizada a parcialidade.

6. Configurando-se a imunidade à influência (de ao menos uma) das partes um fenômeno psíquico e, portanto, subjetivo, é necessário operacionalizar o conteúdo da imparcialidade, a fim de que ele possa ser aferido a partir de eventos objetivos ou intersubjetivos. É necessário, portanto, o recurso à *aparência* inferida a partir de eventos do mundo fático.

7. Não é qualquer evento ou qualquer aparência dele inferida o bastante para caracterizar a parcialidade ou a imparcialidade do árbitro. Essa aparência deve ser mensurada à luz de *premissas de estrutura* e *premissas de conteúdo*, por

um intérprete consciente da existência e do funcionamento de um ambiente institucional no qual a arbitragem se desenvolve.

8. As premissas de estrutura estabelecem orientação para que a norma concreta respeite a coesão e a coerência do sistema normativo do qual é extraída pelo intérprete.

9. A primeira premissa de estrutura impõe o modelo democrático de processo como condição necessária para a elaboração de normas quando o evento fático está descrito na hipótese de regras vinculantes aplicáveis a determinado processo arbitral (isto é, quando há regra que imponha determinado comportamento ao árbitro com vistas à sua imparcialidade). A primeira premissa também impõe o modelo democrático de processo como condição necessária para a elaboração de normas quando não há, nas regras aplicáveis ao processo arbitral específico, alguma que preveja a hipótese subsumível ao evento ocorrido, isto é, quando não há regra que imponha um *estado de coisas*, mas não o modo de alcançá-lo. Assim, o modelo democrático de processo deve constituir a orientação para a elaboração de norma tanto para o caso em que somente a lei já imponha o comportamento tido como violador da imparcialidade (como, por exemplo, serem cônjuges árbitro e parte, consoante art. 14 da LA cumulado com o art. 144, inc. IV, do CPC), como também para o caso em que outras regras – além das legais – assim o façam (como, por exemplo, a atuação pretérita do árbitro como mediador, consoante art. 13, § 6º, da LA cumulado com o art. 5.2(k) do regulamento do CAM-CCBC). O modelo democrático de processo também deve orientar a elaboração de norma quando inexistam regras aplicáveis que imponham comportamento (como, por exemplo, a indicação do mesmo árbitro por um número excessivo de vezes, para decidir casos distintos, por partes representadas por um mesmo escritório de advocacia (aí se aplica somente o art. 13, § 6º, da LA).

10. A segunda premissa de estrutura orienta o intérprete a elaborar norma – especialmente quando não há regra que imponha conduta específica – que satisfaça postulados hermenêuticos, tais como o da proporcionalidade ou da coerência e coesão sistemáticas. É o respeito a esses postulados que permitirão distinguir – com o apoio nas premissas de conteúdo – a situação em que o árbitro participou de um evento acadêmico com o advogado de uma das partes (o que não aparenta parcialidade), com a situação em que o árbitro tenha negócios habituais com esse advogado (o que aparenta parcialidade), bem como as respectivas consequências.

11. As premissas de conteúdo auxiliam o intérprete na elaboração de norma que respeite a coerência interna entre a hipótese de fato normativa

(que o intérprete irá formular) e o evento que se quer regular (que o intérprete irá descrever), mediante a categorização desses eventos e, dentro de cada categoria, a eleição de critérios para que esses eventos sejam analisados. Por exemplo, nos eventos redutíveis à categoria de "relação societária do árbitro com a parte" (numerada no presente estudo como 1.1.1), os critérios principais de análise envolvem a proximidade, a intensidade e a contemporaneidade dessa relação, bem como a existência de benefício econômico demonstrável, a imediatidade de sua auferição pelo árbitro com o julgamento do processo arbitral e sua substancialidade. Assim, muito mais aparente a parcialidade do árbitro que seja sócio direto da parte (e não titular de um fundo de investimento que detenha ações), que seja seu diretor (e não mero sócio sem cargo), que ostente essa posição ao tempo do processo (e não em passado distante), que seja titular de um número expressivo de ações (e não de quantia pequena), especialmente quando o julgamento irá atribuir capital diretamente à parte (e não apenas dificultar a situação de sua concorrente no mercado), em valores expressivos (que possam assim ser definidos tanto em termos absolutos quanto relativos, frente ao patrimônio do árbitro).

12. As premissas de estrutura não são analisadas anteriormente às premissas de conteúdo, pois é impossível elaborar uma norma – bem como verificar sua coerência sistemática – sem o conhecimento da hipótese de fato que tal norma visa regular.

13. Ao analisar as premissas de estrutura e de conteúdo, o intérprete deve levar em conta o *ambiente institucional* no qual a arbitragem se desenvolve, estando consciente que, a despeito da existência de uma elite de árbitros, seu número tem aumentado e ensejado uma competição entre os profissionais com perfil para o exercício dessa função, profissionais esses que se comportam com vistas a aumentar seu *capital simbólico* em um *mercado* caracterizado por assimetrias, sobretudo de informação. Esse *capital simbólico* é agregado em três frentes (detenção de saber específico; manutenção de relações negociais e sociais dentro do mercado; e reconhecimento dos pares), razão pela qual o comportamento esperado dos possíveis árbitros que se voltem a essa acumulação de *capital simbólico* deve ser levado em conta pelo intérprete no momento de criação de norma a ser aplicada no caso prático. O intérprete também deverá levar em conta o perfil esperado do *observador* do evento fático que será descrito, pois diferentes observadores terão potencial para valorar – de modo diferenciado – o evento, com reflexos na análise das premissas de estrutura e de conteúdo.

14. Em vista da função que possui para a relação processual, a parcialidade do árbitro não pode ser reconhecida apenas nos casos de impedimento e suspeição de juízes. E mesmo as previsões quanto a esses últimos casos (arts. 144 e 145 do CPC) devem ser adaptadas para a aplicação na arbitragem, tendo em vista os diferentes estatutos aos quais estão sujeitos.

15. A noção mais fluida de independência do árbitro não se equipara ao conceito de independência do juiz e do Poder Judiciário, nem é preponderantemente objetiva, demandando do intérprete um juízo de valor sobre a relação do árbitro com a parte ou terceiro. Como a independência – diferentemente da imparcialidade – não tem função estrutural na relação processual desenvolvida na arbitragem, ela apenas pode ser tomada como um indicativo da aparência de parcialidade e um guia para que o árbitro exerça seu dever de revelação. Essas conclusões permitem uma leitura mais adequada dos arts. 13, § 6, e 14, § 1º, da LA.

16. De modo análogo, a noção também fluida de neutralidade do árbitro (tomada como pertencimento do julgador a um grupo de indivíduos do qual também pertençam as partes) somente tem relevância quando, no caso concreto, for indicativa da parcialidade do árbitro.

17. O dever de revelação possui natureza contratual e sua violação não dá causa, *per se*, à invalidação da relação processual (e de eventual sentença) arbitral, podendo ser tomada, no entanto, como indicativa da parcialidade do árbitro. A criação da norma concreta relativa ao dever de revelação deve tomar como ponto de partida um *observador interessado*, impondo ao árbitro o dever de proceder a pesquisas com vistas a detectar potenciais conflitos de interesses.

18. O binômio ciência-aceitação das partes com relação aos eventos que caracterizariam a parcialidade do árbitro não coloca a imparcialidade no círculo dos direitos dispositivos. As partes ainda devem respeitar o modelo democrático de processo, que impõe um julgador imparcial. Ao aceitarem árbitro envolvido em determinado evento, as partes declaram que ele não dá ensejo à criação de norma concreta que sancione a parcialidade do árbitro, e não que aceitam árbitro parcial. A ciência das partes sobre o evento deve ser demonstrável e sua aceitação deve ser expressa, salvo se as circunstâncias particulares (como, por exemplo, a existência de informação pública e acessível às partes sobre o árbitro e o silêncio das partes no momento em que tais fatos poderiam ser alegados) orientarem em sentido diverso.

19. Os critérios de análise da imparcialidade devem ser os mesmos para todos os membros do tribunal arbitral, sendo que a parcialidade de um árbitro é suficiente para a invalidação de uma sentença.

20. Não bastassem os problemas e dificuldades ensejados pelo estado atual da prática arbitral, o desenvolvimento desta colocará, em breve, novos desafios aos profissionais atuantes na área, que demandarão maior quantidade de e mais aprofundadas investigações sobre o tema.

REFERÊNCIAS

ABBAGNANO, NICOLA. *Dicionário de filosofia* (trad. Alfredo Borsi). São Paulo: Martins Fontes, 2007.

ABBUD, ANDRÉ DE ALBUQUERQUE CAVALCANTI. *A soft law na arbitragem internacional: a obtenção de provas*. Tese apresentada como requisito para a obtenção do título de Doutor em Direito Processual na Faculdade de Direito da USP, São Paulo, 2013.

——. Relatório *"Arbitragem no Brasil – Pesquisa CBAr-IPsos"*, 2012, p. 22, disponível no endereço eletrônico http://www.cbar.org.br/PDF/Pesquisa_CBAr-Ipsos-final.pdf; consulta em 21.02.2017.

AFONSO DA SILVA, VIRGÍLIO. *O proporcional e o razoável*, in Revista dos Tribunais on line, v. 798, 2002, pp. 23-50.

AFONSO, ORLANDO VIEGAS MARTINS. *Poder judicial – Independência in dependência*. Coimbra: Almedina, 2004.

AKSEN, GERALD, *The tribunal's appointment*, in NEWMAN, LAWRENCE W.; HILL, RICHARD D. (Ed.). *The leading arbitrators' guide to international arbitration*. 2. ed. New York: Juris Publishing, 2008, pp. 31-40.

ALCALÁ, JUAN M.; CARDOZO, CAMILO; SALOMON, CLAUDIA T. *Chapter 3 – arbitrator disclosure standards in a state of flux*, in HANESSIAN, GRANT (Ed.). *ICDR awards and commentaries*. New York: JurisNet, 2012, pp. 63-83.

ALLISON, JOHN R. *A process value analysis of decision-maker bias: the case of economic conflict of interest*, in American business law journal, v. 32, n. 4, 1995, pp. 481-540.

ALMEIDA, ANDRÉ ALVES DE. *Processualidade jurídica e legitimidade normativa*. Belo Horizonte: Fórum, 2005.

ALVES, RAFAEL FRANCISCO. *A imparcialidade do árbitro no direito brasileiro: autonomia privada ou devido processo legal?*, in Revista de arbitragem e mediação, n. 7, 2005, pp. 109-126.

ARMANI, GIUSEPPE (Ed.). *Enciclopedia del diritto*. 2. ed. Italia: Garzanti, 2001.

AROCA, JUAN MONTERO. *Independencia y responsabilidad del juez*. Madrid: Civitas, 1990.

ÁVILA, HUMBERTO. *Teoria dos princípios*. 14. ed. São Paulo: Atlas, 2013.

BAM, DMITRY. *Making appearances matter: recusal and the appearance of bias*, in Brigham Young University law review, 2011, pp. 943-1.003.

BAPTISTA, LUIZ OLAVO. *Arbitragem comercial e internacional*. São Paulo: Lex Magister, 2011.

——. *Dever de revelação do árbitro: extensão e conteúdo. Inexistência de infração. Impossibilidade de anulação da sentença arbitral*, in Revista de arbitragem e mediação, v. 36, 2013, pp. 199-217.

——. *Inutilidades e futilidade daninha: a questão das impugnações de árbitro descabidas*, in Revista direito ao ponto, ano 6, n. 8, 2013, pp. 27-29.

BARBERIO, SERGIO JOSÉ. *La imparcialidad judicial*, in Activismo y garantismo procesal. Córdoba: Academia Nacional de Derecho y Ciencias Sociales de Córdoba, 2009, pp. 21-31.

BARBOSA MOREIRA, JOSÉ CARLOS. *Reflexões sobre a imparcialidade do juiz*, in Temas de direito processual – sétima série. São Paulo: Saraiva, 2001, pp. 19-30.

BARROCAS, MANUEL PEREIRA. *Manual de arbitragem*. Coimbra: Almedina, 2010.

BARROS, SUZANA DE TOLEDO. *O princípio da proporcionalidade e o controle de constitucionalidade das leis restritivas de direitos fundamentais*. 2. ed. Brasília: Brasília Jurídica, 2000.

BEDAQUE, JOSÉ ROBERTO DOS SANTOS. *Efetividade do processo e técnica processual*. São Paulo: Malheiros, 2006.

BERNINI, GIORGIO. *Report on neutrality, impartiality, and independence*, in The arbitral process and the independence of arbitrators. Paris: ICC Publishing, 1991, pp. 31-37.

BILLIER, JEAN-CASSIEN; MARYIOLI, AGLAÉ. *História da filosofia do direito* (trad. Maurício de Andrade). Barueri: Manole, 2005.

BISHOP, DOAK; REED, LUCY. *Practical guidelines for interviewing, selecting, and challenging party--appointed arbitrators in international commercial arbitration*, in Arbitration international, v. 14, n. 4, 1998, pp. 395–429.

BITTAR, EDUARDO C. B. *Hans-Georg Gadamer: a experiência hermenêutica e a experiência jurídica*, in Hermenêutica plural. São Paulo: Martins Fontes, 2002.

BLEICHER, JOSEF. *Hermenêutica contemporânea* (trad. Maria Georgina Segurado). Rio de Janeiro: Edições 70, 1980.

BOGART, CHRISTOPHER. *Third party funding in international arbitration – an overview of arbitration finance*, pp 1-4; disponível no endereço eletrônico http://www.burfordcapital.com/wp-content/uploads/2013/02/Burford-article-Third-Party-v1.2internal-no-symbol.pdf; consulta em 21.02.2017.

BOISSÉSON, MATTHIEU DE. *Le droit français de l'arbitrage interne et international*. Paris: Joly, 1990.

BOND, STEPHEN. *The experience of the ICC in the confirmation/appointment stage of an arbitration*, in Northwestern journal of international law & business, v. 12, n. 1, 1991, pp. 1-23.

BONÍCIO, MARCELO JOSÉ MAGALHÃES. *Proporcionalidade e processo*. São Paulo: Atlas, 2006.

BORN, GARY. *International commercial arbitration*. v. II. London: Wolters Kluwer, 2009.

——. *The different meanings of an arbitrator's "evident partiality" under U.S. law*, postado no Kluwer arbitration blog em 20.03.2013. Disponível no endereço eletrônico http://kluwerarbitrationblog.com/blog/2013/03/20/the-different-meanings-of-an-arbitrators-evident-partiality-under-u-s-law/; consulta em 21.02.2017.

BREKOULAKIS, STAVROS. *Systemic bias and the institution of international arbitration: a new approach to arbitral decision-making*, in Journal of international dispute settlement, v. 4, n. 3, 2013, pp. 553-585.

BROWER, CHARLES N. *The Ethics of arbitration: perspectives from a practicing international arbitrator*, in Berkeley journal of international law publicist, v. 5, 2010, pp. 1-31.

BUARQUE DE HOLANDA, SÉRGIO. *O homem cordial*, in Raízes do Brasil. 26. ed. São Paulo: Companhia das Letras, 1995, pp. 141-151.

REFERÊNCIAS

BURDZY, KRZYSZTOF. *The search for certainty.* Singapore: Word Scientific Publishing, 2009.

BYRNE, OLGA K. *A new code of ethics for commercial arbitrators: the neutrality of party-appointed arbitrators on a tripartite panel*, in Fordham urban law journal, v. 30, 2003, pp. 1.815-1.847.

CABRAL, ANTONIO DO PASSO. *Il principio del contraddittorio come diritto d'influenza e dovere di dibattito*, in Rivista di diritto processuale, v. 2, 2005, pp. 449-464.

———. *Nulidades do processo moderno.* 2. ed. Rio de Janeiro: Forense, 2010.

CALAMANDREI, PIERO. *Giustizia e politica: sentenza e sentimento*, in Processo e democrazia. Padova: CEDAM, 1954, pp. 43-66.

CAPPELLETTI, MAURO. *Ideologias en el derecho procesal*, in Proceso, ideologias, sociedad (trad. Santiago Sentís Melendo). Buenos Aires: Ediciones Juridicas Europa-America, 1974.

CARBONNEAU, THOMAS E. *The ballad of transnational arbitration*, in University of Miami law review, v. 56, n. 4, 2002, pp. 733-829.

CARDOSO, MARCEL CARVALHO ENGHOLM. *Arbitragem e financiamento por terceiros.* São Paulo: Almedina, 2020.

CARMONA, CARLOS ALBERTO. *A arbitragem no Código de Processo Civil Brasileiro.* Tese apresentada como requisito para a obtenção do título de Doutor em Direito Processual na Faculdade de Direito da USP, São Paulo, 1990.

———. *Arbitragem e processo.* 3. ed. São Paulo: Atlas, 2009.

———. *As listas de Árbitros*, in CAIO CESAR VIEIRA ROCHA; LUIZ FELIPE SALOMÃO (Coord.). Arbitragem e mediação: a reforma da legislação brasileira. Atlas: São Paulo, 2015, pp. 71-85.

———. *Em torno do árbitro*, in Revista de arbitragem e mediação, v. 28, 2011, pp. 47-63.

CARON, DAVID D.; CAPLAN, LEE M.; PELLONPAA, MATTI. *The UNCITRAL arbitration rules: a commentary.* New York: Oxford University Press, 2006

CARREIRA ALVIM, JOSÉ EDUARDO. *Tratado geral da arbitragem.* Belo Horizonte: Mandamentos: 2000.

CARTER, JAMES H. *Improving life with the party-appointed arbitrator: clearer conduct guidelines for 'nonneutrals'*, in American review of international arbitration, v. 11, 2000, pp. 295-305.

———. *Reaching consensus on arbitrator conflicts: the way forward*, in Dispute resolution international, v. 6, 2012, pp. 17-35.

CARLEVARIS, ANDREA; DIGÓN; ROCÍO. *Arbitrator challenges under the ICC rules and practice*, in ICC dispute resolucion bulletin 2016, n. 1, 2016, pp. 23-41.

CAVANI, RENZO. *Contra as "nulidades-surpresa": o direito fundamental ao contraditório diante da nulidade processual*, in Revista de processo, v. 218, 2013, pp. 65-78.

CHANER, LAWRENCE S.; APPLEMAN, TOMAS G., *Third-party litigation funding in the United States*, in Revista de arbitragem e mediação, v. 32, 2012, pp. 175-190.

CINTRA, ANTONIO CARLOS DE ARAÚJO; GRINOVER, ADA PELLEGRINI; DINAMARCO, CÂNDIDO RANGEL. *Teoria Geral do Processo.* 1. ed. São Paulo: RT, 1974.

———; ———; ———. *Teoria Geral do Processo.* 29. ed. São Paulo: Malheiros, 2013.

CLAY, THOMAS. *Arbitrage et modes alternatifs de règlement des litiges*, in Recueil Dalloz, n. 44/7537, 27.12.2012, pp. 2.991-3.004.

———. *L'application perlée du règlement d'arbitrage pour la contestation des liens non révélés entre arbiter et conseil*, in Revista de arbitragem e mediação, v. 33, pp. 167-188.

———. *L'arbitre.* Paris: Dalloz, 2001.

———. *Note sous CA Paris, 18 décembre 2008*, in *Revue de l'arbitrage*, 2009, n. 1, pp. 190-205.
———. *Quem são os árbitros internacionais. Abordagem sociológica*, in *Revista de arbitragem e mediação*, v. 6, 2005, pp. 107-125.
COLE, SARAH RUDOLPH. *Incentives and arbitration: the case against enforcement of executory arbitration agreements between employers and employees*, in *University of Missoury – Kansas City law review*, n. 64, pp. 449-483.
COMMITTEE ON INTERNATIONAL COMMERCIAL ARBITRATION. *Report and Preliminary Draft Convention adopted by the Committee on International Commercial Arbitration at its meeting of 13 March 1953*, in *ICC Publication*, n. 174, 1953, p. 7 [=*The ICC International Court of Arbitration Bulletin*, v. 9, 1998].
CONTIPELLI, ERNANI. *Aplicação da norma jurídica*. São Paulo: Quartier Latin, 2007.
COUTO E SILVA, CLÓVIS DO. *A obrigação como processo*. Rio de Janeiro: Editora FGV, 2007.
CRAIG, W. LAWRENCE. *Some trends and developments in the laws and practice of international commercial arbitration*, in *Texas international law journal*, v. 30, n. 1, 1995, pp. 1-58.
———; PARK, WILLIAM W.; PAULSSON, JAN. *International Chamber of Commerce arbitration*. 3. ed. Oceana Publications, 2000.
DAELE, KAREL. *Challenge and disqualification of arbitrators in international arbitration*. Netherlands: Kluwer Law International, 2012.
DAMASKA, MIRJAN R. *A continental lawyer in an american law school: trials and tribunals of adjustment*, in *University of Pennsylvania law review*, 1968, pp. 1.363-1.378.
DANIELSSON, KAR-EIK; TUDE, BJÖRN. *Sweden: two different arbitration cases*, disponível no endereço eletrônico http://www.iflr.com/Article/2176818/Sweden-Two-different-arbitration-cases.html; acesso em 21.02.2017.
DAZALAY, YVES; GARTH, BRYANT G. *Dealing in virtue: international commercial arbitration and the construction of a transnational legal order*. Chicago: The University of Chicago Press, 1996.
DE SANTO, VÍCTOR. *Diccionario de derecho procesal*. 2. ed. Buenos Aires: Editorial Universidad, 1995.
DERAINS, YVES; SCHWARTZ, ERIC. *A Guide to the ICC Rules of Arbitration*. 2. ed. The Hague: Kluwer Law International, 2005.
DIAS SIMÕES, FERNANDO MIGUEL. *Commercial arbitration between China and the Portuguese-speaking world*. The Hague: Kluwer Law International, 2014.
DINAMARCO, CÂNDIDO RANGEL. *A arbitragem na teoria geral do processo*. São Paulo: Malheiros, 2013.
———. *A instrumentalidade do processo*. 3. ed. São Paulo: Malheiros, 1993.
DONAHEY, M. SCOTT. *The independence and neutrality of arbitrators*, in *Journal of international arbitration*, v. 9, n. 4, 1992, pp. 31-42.
DONAVAN, FRANCIS DONALD. *International commercial arbitration and public policy*, in *New York University journal of international law and politics*, v. 27, 1995, pp. 645-657.
DRAHOZAL, CHRISTOPHER R. *Arbitrator selection and regulatory competition in international arbitration law*, in DRAHOZAL, CHRISTOPHER R.; NAIMARK, RICHARD W. (Ed.). *Towards a science of international arbitration*. The Hague: Kluwer Law International, 2004, pp. 167-186.
ENGISCH, KARL. *Introdução ao pensamento jurídico* (trad. J. Baptista Machado). 7. ed. Lisboa: Fundação Calouste Gulbenkian, 1996.

ENRIQUE M. FALCÓN. *Comunicación y proceso*, in *Revista de processo*, n. 157, pp. 103-128.

FELTHAM, BRIAN. *Partiality and impartiality in ethics*, in FELTHAM, BRIAN; COTTINGHAM, JOHN. *Partiality and impartiality: morality, special relationships and the wider world*. New York: Oxford, 2010, pp. 1-25.

FERRAZ JÚNIOR, TÉRCIO SAMPAIO. *Introdução ao estudo do direito*. 2. ed. São Paulo: RT, 1996.

———. *Suspeição e impedimento na arbitragem: sobre o dever de revelar na Lei 9.307/1996*, in *Revista de arbitragem e mediação*, v. 28, 2011, pp. 65-82.

FERRO, MARCELO ROBERTO. *Apontamentos sobre a independência dos árbitros*, in ADAMEK, MARCELO VIEIRA VON (Ed.). *Temas de direito societário e empresarial contemporâneos*. São Paulo: Malheiros, 2011, pp. 849-886.

FLAMM, RICHARD E. *History of and problems with the federal judicial disqualification framework*, in *Drake law review*, v. 58, 2010, pp. 751-763.

FOUCHARD, PHILLIPE. *Le statut de l'arbitre dans la jurisprudence française*, in *Revue de l' arbitrage*, 1996, n. 3, pp. 325-372.

———. *Les rapports entre l'arbitre et les parties et l'institution arbitrale*, in *Bulletin de la Cour Internationale d'arbitrage de la CCI: 1995 Supplement Special – Le statut de l'arbitres*. Paris: ICC Publishing, pp. 12-21.

FRANCK, SUSAN D. *The role of international arbitrators*, in *International law students association journal of international & comparative law*, v. 12, 2006, pp. 499-521.

FRANK, JOHN P. *Disqualification of judges*, in *Yale law journal*, v. 56, 1947, pp. 605-629.

FREIRE, ANTONIO MANUEL PEÑA. *La garantía en el estado constitucional de derecho*. Madrid: Trotta, 1997.

FROST, AMANDA. *Keeping up appearances: a process-oriented approach to judicial recusal*, in *University of Kansas law review*, v. 35, 2005, pp. 531-593.

FRY, JASON; GREENBERG, SIMON. *The arbitral tribunal: applications of articles 7-45 of the ICC Rules in recent cases*, in *ICC International Court of Arbitration bulletin*, v. 20, n. 2, 2009, pp. 12-32.

GABRIEL, HENRY; RAYMOND, ANJANETTE H. *Ethics for commercial arbitrators: basic principles and emerging standards*, in *Wyoming law review*, v. 5, 2005, pp. 453-470.

GADAMER, HANS-GEORG. *Verdade e método* (trad. Flávio Paulo Meurer). 3. ed. Petrópolis: Vozes, 1999.

GAILLARD, EMMANUEL. *Teoria geral da arbitragem* (trad. Natália Mizrahi Lamas). São Paulo: Atlas, 2014.

———; SAVAGE, JOHN (Ed.). *Fouchard Gaillard Goldman on international arbitration*. The Hague: Kluwer Law International, 1999.

GALDINO, FLÁVIO. *Princípio da imparcialidade judicial*, in TORRES, RICARDO; GALDINO, FLÁVIO; KATAOKA, EDUARDO. *Dicionário de princípios jurídicos*. São Paulo: Elsevier, 2011, pp. 539-595.

GÉLINAS, FABIEN. *The independence of international arbitrators and judges: tampered with or well tempered?*, in *New York international law review*, v. 24, n. 1, 2011, pp. 1-48.

GEYH, CHARLES GARDNER. *Judicial disqualification: an analysis of Federal Law*. 2. ed. Federal Judicial Center, 2010.

GINSBURG, TOM. *The culture of arbitration*, in *Vanderbilt jornal of transnational law*, v. 36, 2003, pp. 1.335-1.345.

GIRALDO-CARRILLO, NATALIA. *The 'repeat arbitrators' issue: a subjective concept*, in *Revista colombiana de derecho intenacional*, v. 19, 2011, pp. 75-106.

GLOSSNER, OTTOARNDT. *From New York (1958) to Geneva (1961) – a veteran's diary*, in *Enforcing arbitration awards under the New York Convention – experience and prospects*. New York: United Nations, 1999, pp. 5-7.

GOMES, LUIZ FLÁVIO. *A questão do controle externo do Poder Judiciário: natureza e limites da independência judicial no Estado Democrático de Direito*. São Paulo: RT, 1993.

GUANDALINI, BRUNO. *Economic analysis of the arbitrator's function*. The Hague: Kluwer Law International, 2020.

GUERREIRO, ALEXANDRE TAVARES. *Fundamentos da arbitragem comercial internacional*. Tese apresentada como requisito para a obtenção do título de Doutor em Direito Processual na Faculdade de Direito da USP, São Paulo, 1989.

GUSY, MARTIN F.; HOSKING, JAMES M.; SCHWARZ, FRANZ T. *A guide to the ICDR International Arbitration Rules*. New York: Oxford University Press, 2011.

HABERMAS, JÜRGEN. *Direito e democracia: entre facticidade e validade* (trad. Flávio Beno Siebeneichler). v. II, 2. ed. Rio de Janeiro: Tempo Brasileiro, 2003.

HACKING, DAVID. *Ethics, elitism, eligibility: a response: what happens if the icelandic arbitrator falls through the ice?*, in *Journal of international arbitration*, v. 15, n. 4, 1998, pp. 73-79.

HEIDEGGER, MARTIN. *Ser e tempo* (trad. Marcia Sá Cavalcante Schuback). Parte I, 15. ed. Petrópolis: Vozes, 2005.

HEINTZ, TOM PHILIPPE; CERQUEIRA, GUSTAVO VIEIRA DA COSTA. *A nova interpretação da obrigação de independência do árbitro na França: ad extirpanda?*, in *Revista de arbitragem e mediação*, v. 32, 2012, pp. 389-418.

———; ———. *Racionalização do dever de revelação no direito francês da arbitragem*, in *Revista de arbitragem e mediação*, v. 362, 2012, pp. 411-431.

HELMER, ELENA V. *International commercial arbitration: americanized, "civilized", or harmonized?*, in *Ohio State journal on dispute resolution*, v. 19, n. 1, 2003, pp. 35-67.

HENRIQUE FILHO, RUY ALVES. *Direitos fundamentais e processo*. São Paulo: Renovar, 2008.

HENRY, MARC. *Le devoir d'indépendance de l'arbitre*. Paris: LGDJ, 2001.

———. *Le devoir de révélation dans les rapports entre arbitres et conseils: de la suggestion aux electrochocs*, in *Cahiers de l'arbitrage*, 2011, n. 3, pp. 787-798.

———. *Le obligations d'indépendance et d'information de l'arbitre à la lumière de la jurisprudence récente*, in *Revue de l'arbitrage*, 1999, n. 2, pp. 193-224.

———. *Affaire Tecnimont: de la défense de l'orthodixie*, in *Petites affiches*, n. 215, 28 Octobre 2014, pp. 5-11.

HOBBES, THOMAS. *The English works*. v. III, London: John Bohn, 1840.

———. *The English works*. v. IV, London: John Bohn.

HOBÉR, KAJ. *Arbitration reform in Sweden*, in *Arbitration international*, v. 17, n. 4, 2001, pp. 351-387.

HORSMANS, G. *La loi belge du 19 mai 1998 sur l'arbitrage*, in *Revue d'arbitrage*, 1999, n. 3, pp. 475-540.

HUNTER, MARTIN. *Ethics of the International Arbitrator*. Trecho transcrito por GREENBERG, SIMON; KEE, CHRISTOPHER; WEERAMANTRY, J. ROMESH. *International commercial arbitration: an Asia Pacific perspective*. New York: Cambridge University Press, p. 263.

IBA CONFLICTS SUBCOMMITTEE. *The IBA Guidelines of Conflicts of Interest in International Arbitration: The first five years 2004-2009*, in *Dispute resolution international*, v. 4, n. 1, 2010, pp. 5-53.

INTERNATIONAL COUNCIL FOR COMMERCIAL ARBITRATION; AMERICAN SOCIETY OF INTERNATIONAL LAW. *Report of ICCA-ASIL joint task force oi issue conflicts in investor-state arbitration*, in *The ICCA reports*, n. 3, 2016.

JACOBS, TRAVIS. *Arbitrator or private investigator: should the arbitrator's duty to disclose include a duty to investigate?*, in *Journal of dispute resolution*, 1997, n. 1, pp. 133-142.

Jornal Valor Econômico, caderno "Legislação & Tributos", 08.08.2003, p. E-1.

JÚDICE, JOSÉ MIGUEL; DUARTE, TIAGO. *A anulação de sentenças ICSID: corrigir as sentenças ou corrigir as tendências?*, in SELMA FERREIRA LEMES; INEZ BALBINO (Ed.). *Arbitragem: temas contemporâneos*. São Paulo: Quartier Latin, 2012, pp. 327-357.

JUNG, HELENA. *SCC practice: challenges to arbitrators – SCC Board decisions 2005-2007*, pp. 13-15, disponível no endereço eletrônico http://www.sccinstitute.se/filearchive/2/28190/04-Art32-Jung.pdf; consulta em 21.02.2017.

KANT, IMMANUEL. *Fundamentação da metafísica dos costumes* (trad. Paulo Quintela). Lisboa: Edições 70, 2007.

KAPELIUK, DAPHNA. *The repeat appointment factor: exploring decision patterns of elite investment arbitrators*, in *Cornell law review*, v. 96, 2010, pp. 47-90.

KAPLAN, MICHAEL I. *Solving the pitfalls of impartiality when arbitrating in China: how the lessons of the Soviet Union and Iran can provide solutions to western parties arbitrating in China*, in *Penn State law review*, v. 110, 2005-2006, pp. 769-807.

KAUFMANN-KOHLER, GABRIELLE; STUCKI, BLAISE. *International arbitration in Switzerland: a handbook for practitioners*. The Hague: Kluwer Law International, 2004.

KENNEDY, DESERIEE A. *Predisposed with integrity: the elusive quest for justice in tripartite arbitrations*, in *Georgetown journal of legal ethics*, v. 8, 1994, pp. 749-790.

KING, RONNIE; GIARETTA, BEN. *Independence, impartiality and challenging the appointment of an arbitrator*, in *The international comparative legal guide to: international arbitration 2005*, London: Global Legal Group, 2005, pp. 26-29.

KOCH, CHRISTOPHER. *Standards and procedures for disqualifying arbitrators*, in *Journal of international arbitration*, v. 20, n. 4, 2003, pp. 325-353.

KOH, WILL SHENG WILSON. *Think quality not quantity: repeat appointments and arbitrator challenges*, in *Jornal of international arbitration*, v. 34, n. 4, 2017, pp. 711-740.

KUO, HOUCHIH. *The issue of repeat arbitrators: is it a problem and how should the arbitration institutions respond?*, in *Contemporary Asia arbitration journal*, n. 4, 2011, pp. 247-272.

KURKELA, MATTI S.; TURUNEN, SANTTU. *Due process in international commercial arbitration*. 2. ed. New York: Oxford, 2010.

KUYVEN, LUIZ FERNANDO MARTINS. *O necessário precedente arbitral*, in *Revista de arbitragem e mediação*, v. 36, 2013, pp. 295-315.

LALIVE, PIERRE. *On neutrality of the arbitrator and of the place for arbitration*, in REYMOND, CLAUDE; BUCHER, EUGÈNE (Ed.). *Swiss essays on international arbitration*. Zurich: Schulthess Polygraphischer Verlag, 1984, pp. 23-33.

LANDAU, TOBY, *Composition and establishment of the tribunal: articles 14 to 36*, in *American review of international arbitration*, v. 9, 1998, pp. 45-153.

HELENA. *The regulation of international commercial arbitration: comparative trends and tensions*, in KOICHI HAMADA; MITSUO MATSUSHITA; CHIKARA KOMURA. *Dreams and dilemmas:*

economic friction and dispute resolution in the Asia-Pacific. Singapore: Institute of Southeast Asian Studies, 2000, pp. 439-463

LANDOLT, PHILLIP. The IBA Guidelines on Conflicts of Interest in International Arbitration: an overview, in Journal of international arbitration, v. 22, 2005, pp. 409-418.

LARENZ, KARL. Metodologia da ciência do direito (trad. José Lamego). 3. ed. Lisboa: Fundação Calouste Gulbenkian, 1997.

LAWSON, DAVID A. Impartiality and independence of international arbitrations. Commentary on the 2004 IBA Guidelines on Conflicts of Interest in International Arbitration, in ASA Bulletin, v. 23, n. 1, 2005, pp. 22-44.

LEÃES, LUIZ GASTÃO PAES DE BARROS. Ensaio sôbre arbitragens comerciais. São Paulo: RT, 1966.

LEAL, ROSEMIRO PEREIRA. Teoria processual da decisão jurídica. São Paulo: Landy, 2002.

LEE, ILHYUNG. Practice and predicament: the nationality of the international arbitration (whit survey results), in Fordham international law journal, v. 31, n. 3, 2008, pp. 603-633.

LEMES, SELMA MARIA FERREIRA. Árbitro: princípios da independência e imparcialidade. São Paulo: LTr: 2001.

——. O dever de revelação do árbitro, o conceito de dúvida justificada quanto a sua independência e imparcialidade) art. 14, § 1º, da Lei 9.307/1996) e a ação de nulidade de sentença arbitral (art. 32, II, da Lei 9.307/1996), in Revista de arbitragem e mediação, v. 36, 2013, pp. 231-251.

LEW, JULIAN D. M.; MISTELIS, LOUKAS A.; KRÖLL, STEFAN MICHAEL. Comparative international commercial arbitration. The Hague: Kluwer Law International, 2003.

LI, JIALUE. China, a sui generis case for the western rule-of-law model, in Georgetown journal of international law, v. 41, 2010, pp. 711-748.

LIEBERMAN, SETH H. Something's rotten in the state of party-appointed arbitration: healing ADR's black eye that is "nonneutral neutrals", in Cardozo journal of conflict resolution, v. 5, 2004, pp. 215-245.

LIMA JÚNIOR, JAYME BENVENUTO (Ed.). Independência dos juízes no Brasil: aspectos relevantes, casos e recomendações. Recife: Gajop; Bagaço, 2005.

LINARES, JUAN FRANCISCO. Razonabilidad de las leyes. 2. ed. Buenos Aires: Astreas, 1970.

LINDSTRÖM, NIKLAS. Challenges to arbitrators – decisions by the SCC Board during 2008-2010, pp. 1-20; disponível no endereço eletrônico http://www.skiljedomsföreningen.se/$2/file/challenges-to-arbitrators-decisions-by-the-scc-board-during-20081.pdf; consulta em 21.02.2017.

LOWENFELD, ANDREAS F. The party-appointed arbitrator: further reflections, in NEWMAN, LAWRENCE W.; HILL, RICHARD D. (Ed.). The leading arbitrators' guide to international arbitration. 2. ed. New York: Juris Publishing, 2008, pp. 41-48.

LUTTRELL, SAMUEL ROSS. Australia adopts the 'real danger' test for arbitrator bias, in Arbitration international, v. 26, n. 4, 2010, pp. 625–632.

——. Bias challenge in international commercial arbitration: the need for a 'real danger' test. The Hague: Kluwer Law International, 2009.

MACCORMICK, NEIL. Argumentação jurídica e teoria do direito (trad. Waldéa Barcelos). São Paulo: Martins Fontes, 2006.

MAGALHÃES, JOSÉ CARLOS DE; BAPTISTA, LUIZ OLAVO. Arbiragem comercial. Rio de Janeiro: Freitas Bastos, 1986.

MAINLAND RICHARD R. Full Disclosures, in Los Angeles lawyer, nov. 2011, pp. 29-35.

MALINTOPPI, LORETTA. *Independence, impartiality and duty of disclosure of arbitrators*, in PETER MUCHLINSKI; FEDERICO ORTINO; CHRISTOPH SCHREUER (Ed.). *Oxford handbook of international investment law*. New York: Oxford University Press, 2008, pp. 789-829.

MANZANARES BASTIDA, BRUNO. *The independence and impartiality of arbitrators in International commercial arbitration*, in Revista e-mercatoria, v. 6, 2007, pp. 1-15.

MARTINS, PEDRO A. BATISTA. *Apontamentos sobre a lei de arbitragem*. Rio de Janeiro: Forense, 2008.

———. *Dever de revelar do árbitro*, in Revista de arbitragem e mediação, v. 36, 2013, pp. 219-229.

MARTINS-COSTA, JUDITH. *O direito privado como um "sistema em construção": as cláusulas gerais no Projeto do Código Civil Brasileiro*, in Revista de informação legislativa, n. 139, 1998, pp. 5-22.

———. *Um aspecto da obrigação de indenizar: notas para uma sistematização dos deveres pré-negociais de proteção no direito civil brasileiro*, in Revista dos tribunais, v. 867, Separata, 2011, pp. 11-51.

MCLAUGHLIN, JOSEPH T.; SCANLON, KATHLEEN M.; PAN, CATHERINE X. *Planning for commercial dispute resolution in mainland China*, in The american review of international arbitration, v. 16, 2005, pp. 133-156.

MCLEAN, DAVID J.; WILSON, SEAN-PATRICK. *Is three a crowd? Neutrality, partiality and partisanship in the context of tripartite arbitrations*, in Pepperdine dispute resolution law journal, v. 9, n. 1, 2012, pp. 167-184.

MEDINA, JOSÉ M. CHILLÓN; MERCHÁN, JOSÉ F. MERINO. *Tratado de arbitraje privado interno e internacional*. Madrid: Editorial Civitas, 1978.

MEGALE, DAMASCENO, MARIA HELENA E SILVA. *Hermenêutica jurídica: interpretação das leis e dos contratos*. Belo Horizonte: Faculdade de Direito da UFMG, 2001.

MELLO, JOSÉ LUIZ DE ANHAIA. *Da separação de podêres à guarda da constituição: as côrtes constitucionais*. Dissertação para concurso à catedra de Direito Constitucional da Faculdade de Direito da Universidade de São Paulo. São Paulo, 1968.

MELO, MARCOS BERNARDES DE. *Teoria do fato jurídico: plano da existência*. 7. ed. São Paulo: Saraiva, 1995.

MENKEL-MEADOW, CARRIE *Are cross-cultural ethics standards possible or desirable in intenational arbitration?*, in Mélanges en l'honneur de Pierre Tercier. Zurich: Schulthess Verlag, 2008, pp. 883-904.

———. *Ethics and professionalism in nonadversarial lawyering*, in Forida State University law review, v. 27, pp. 161-188.

MERKIN, ROBERT. *Arbitration Act 1996, an annotated guide*. London: Informa Professional, 1996.

MIRANDA, AGOSTINHO PEREIRA. *O estatuto deontológico do árbitro: passado, presente e futuro*, in III Congresso do Centro de Arbitragem da Câmara de Comércio e Indústria Coimbra: Almedina, 2010, pp. 59-71.

MONTORO, MARCOS ANDRÉ FRANCO. *Flexibilidade do procedimento arbitral*. Tese apresentada como requisito para a obtenção do título de Doutor em Direito Processual na Faculdade de Direito da USP, São Paulo, 2010

MORENO, FAUSTINO CORDÓN. *El arbitraje de derecho privado*. Cizur Menor: Editorial Aranzadi, 2005.

MOURRE, ALEXIS. *Are unilateral appointments defensible? On Jan Paulsson's moral hazard in international arbitration*, in Kluwer arbitration blog, 05.10.2010; disponível no endereço eletrônico http://kluwerarbitrationblog.com/blog/2010/10/05/are-unilateral-appointments-defensible-on-jan-paulsson%E2%80%99s-moral-hazard-in-international-arbitration/; consulta em 21.02.2017.

MULLERAT, RAMON. *Arbitrator's conflicts of interest revisited: a contribution to the revision of the excellent IBA Guidelines of Conflicts of Interest in International Arbitration*, in Spain arbitration review, v. 14, 2012, pp. 61-99.

MUSTIL, MICHAEL. *Arbitration: history and background*, in Journal of international arbitration, v. 6, n. 2 1989, pp. 43-56.

NAÓN, HORACIO GRIGERA. *Factors to consider in choosing an efficient arbitrator*, in VAN DEN BERG, ALBERT (Ed.). *Improving the efficiency of arbitration agreements and awards: 40 years of application of the New York Convention*, ICCA Congress Series n. 9 (Paris, 1998). The Hague: Kluwer Law International, 1999, pp. 186-313.

NUNES PINTO, JOSÉ EMILIO. *Recusa e impugnação de árbitro*, in Revista de arbitragem e mediação, v. 15, 2007, pp. 80-84.

NUNES, DIERLE JOSÉ COELHO. *Processo jurisdicional democrático: uma análise crítica das reformas processuais*. Curitiba: Juruá, 2008.

ÖHRSTRÖM, MARIE. *Decisions by the SCC Institute regarding challenge of arbitrators*, in Stockholm arbitration report, 2002, n. 1, pp. 35-57.

OPPETIT, BRUNO. *Teoría del arbitraje* (trad. Eduardo Silva Romero et al.). Colombia: Legis Editores, 2006.

PAGÉS, JUAN LUIS REQUEJO. *Jurisdicción e independencia judicial*. Madrid: Centro de Estudios Constitucionales, 1989.

PARENTE, EDUARDO DE ALBUQUERQUE. *Processo arbitral e sistema*. São Paulo: Atlas, 2012.

PARK, WILLIAM W. *Arbitrator integrity: the transient and the permanent*, in San Diego law review, v. 46, 2009, pp. 629-703.

——— (Ed). *Arbitration international – special edition on arbitrator challenges*, The Hague: Kluwer Law International, 2011.

PARSONS, TALCOTT. *On the concept of influence*, in The public opinion quarterly, v. 27, 1963, pp. 37-62.

PAULSSON, JAN. *Are unilateral appointments defensible?*, in Kluwer arbitration blog, 02.04.2009; disponível no endereço eletrônico http://kluwerarbitrationblog.com/blog/2009/04/02/are-unilateral-appointments-defensible/; consulta em 21.02.2017.

PEERENBOOM, RANDALL; HE, XIN. *Dispute resolution in China: patterns, causes and prognosis*, in East Asian Law Review, v. 4, 2009, pp. 1-61.

PEYRANO, JORGE W. *Sobre el activismo judicial*, in Activismo y garantismo procesal. Córdoba: Academia Nacional de Derecho y Ciencias Sociales de Córdoba, 2009.

PINSOLLE, PHILIPPE. *Note sur l'arrêt de la Cour d'appel de Paris du 9 septembre 2010 (Consorts d'Allaire c/. SAS SGS Holding France)*, in ASA Bulletin, v. 29, 2011, pp. 198–204.

PIZZI, JOVINO. *O conteúdo moral do agir comunicativo*. São Leopoldo: Unisinos, 2005.

PLATÃO. *A república*, livros VI e VII, disponíveis no endereço eletrônico http://www.gutenberg.org/files/1497/1497-h/1497-h.htm; consulta em 21.02.2017.

PLATÃO. *Ética a Nicômano*, livros IX e X, disponíveis no endereço eletrônico http://classics.mit.edu/Aristotle/nicomachaen.html; consulta em 21.02.2017.

PORTANOVA, RUI. *Princípios do processo civil*. Porto Alegre: Livraria do Advogado, 1995.

POUDRET, JEAN-FRANÇOIS; BESSON, SÉBASTIEN. *Comparative law of international arbitration*. London: Sweet & Maxwell, 2007.

PRATA, ANA. *Dicionário jurídico*. v. I, 5. ed. Coimbra: Almedina, 2008.

Pucci, Adriana Noemi (Ed.). *Arbitragem comercial internacional.* São Paulo: LTr, 1998, pp. 112-137.

Rau, Alan Scott. *Integrity in private judging,* in *South Texas law review,* v. 38, 1997, pp. 485-539.

Redfern, Alan; Hunter, Martin; Blackaby, Nigel; Partasides, Constantine. *Redfern and Hunter on international commercial arbitration.* 5. ed. New York: Oxford University, 2009.

———; ———; ———; ———. *Law and practice of international commercial arbitration.* 4. ed. London: Sweet & Maxwell, 2004

Reichelt, Luis Alberto. *O direito fundamental das partes à imparcialidade do juiz no direito processual civil,* in *Revista de processo,* v. 227, 2014, pp. 105-122.

Revista direito ao ponto, ano 6, n. 8, p. 53.

Robert, Jean. *L'arbitrage, droit interne, droit international privé.* 5. ed. Paris: Dalloz, 1983.

Rogers, Catharine A. *Regulating international arbitrators: a functional approach to developing standards of conduct,* in *Stanford journal of international law,* v. 41, 2005, pp. 53-121.

———. *The International Arbitrator Information Project: from an ideation to operation,* in *Kluwer arbitration blog;* disponível no endereço eletrônico http://kluwerarbitrationblog.com/blog/2012/12/10/the-international-arbitrator-information-project-from-an-ideation-to-operation/; consulta em 21.02.2017.

———. *The vocation of the international arbitrator,* in *American University international law review,* v. 20, 2005, pp. 957-1.020.

———. *Transparency in internatinal commercial arbitration,* in *University of Kansas law review,* v. 54, 2006, pp. 1.301-1.337.

Roos, Cristian Conejero. *The new chilean arbitration law and the influence of the model law,* in *Journal of international arbitration,* v. 22, n. 2, 2005, pp. 149-162.

Rossein, Merrick T.; Hope, Jennifer. *Disclosure and disqualification standards for neutral arbitrators: how far to cast the net and what is sufficient to vacate an award,* in *St. John's law review,* v. 81, 2007, pp. 203-257.

Rozas, José Carlos Fernández. *Clearer ethic guidelines and comparative standards for arbitrators,* in Fernández-Ballesteros, Ángel, Miguel; Arias, David. *Liber amicorum Bernardo Cremades.* Madrid: La Ley, 2010, pp. 413-449.

———. *Contenido ético del oficio de árbitro,* trabalho apresentado *no Congreso Arbitraje La Habana 2010,* pp. 1-35; disponível no endereço eletrônico http://www.ohadac.com/congres.html?file=content/ohadac/travaux/congres/Contenido%20etico%20del%20acceso%20a%20la%20actividad%20arbitral%20%5BJose%20Carlos%20Fernandez%20Rozas%5D.pdf; consulta em 21.02.2017.

Rúa, Julio César Cueto. *El "common law": su estructura normativa; su enseñanza.* Buenos Aires: Abeledo-Perrot, 1997.

Rubino-Sammartano, Mauro. *International arbitration law and practice.* 2. ed. The Hague: Kluwer Law International, 2001.

Rubins, Noah; Lauterburg, Bernhard. *Independence, impartiality and duty of disclosure in investment arbitration,* in Christina Knahr et al. (Ed.). *Investment and commercial arbitration – similarities and divergences.* Utrecht: Eleven International Publishing, 2010, pp. 153-180.

SALGUEIRO, SOPHIE. *A independência e a imparcialidade do árbitro à luz da jurisprudência da Corte de Apelação de Paris confrontada à prática brasileira*, in Revista de arbitragem e mediação, v. 32, 2012, pp. 373-387.

SANDERS, PIETER. *The making of the Convention*, in Enforcing arbitration awards under the New York Convention – experience and prospects. New York: United Nations, 1999, pp. 3-5.

SANDRONI, PAULO. *Novíssimo dicionário de economia*. São Paulo: Best Seller, 1999.

SANGIOVANNI, VALERIO. *Il rapporto contrattuale tra gli arbitri e le parti nel diritto tedesco*, in I contratti, n. 8-9, 2005, pp. 827-837.

SANTOS, FERNANDO SILVA MOREIRA DOS. *Impedimento e suspeição do árbitro: o dever de revelação*, in Revista de arbitragem e mediação, v. 35, 2012, pp. 35-68.

SCHERER, MATTHIAS. *New case law from Austria, Switzerland and Germany regarding the IBA Guidelines on Conflicts of Interest in International Arbitration*, in Transnational dispute management, v. 5, n. 4, 2008, pp. 1-14.

SCHERER, MAXI, GOLDSMITH, AREN; FLÉCHET, CAMILLE. *Third party funding in international arbitration in Europe: part 1 – funders' perspectives*, in Revue de droit des affaires internationales, n. 2, 2012, pp. 207-220.

SCHERER, MAXI. *Third-party funding in arbitration*, in Commercial dispute resolution, maio de 2012, pp. 55-59.

SCHIMITT, RICHARD B. *Suite sharing: friendship with winning lawyer imperils huge victory*, in Wall Street Jounal, 14.02.1990, referido por PARK, WILLIAM W. *Arbitrator integrity: the transient and the permanent*, in San Diego law review, v. 46, 2009, p. 641, nota 31.

SCHLOSSER, PETER F. *L'impartialité e l'indépandance de l'arbitre en droit allemand*, in VAN COMPERNOLLE, JACQUES et al. (Ed.). *L'impartialité du juge et de l'arbitre*. Bruxelles: Bruylant, 2006, pp. 299-314.

SCHNEIDER, MICHAEL E. *Transfer of ownership: from the parties' respective cases to the case decided by the tribunal*, disponível no endereço eletrônico http://www.arbitration-ch.org/pages/en/asa/news-&-projects/presidents-message/index.html#.UxKnWbWYZMt; consulta em 21.02.2017.

SEGUEL, ALEJANDRO ROMERO. *La independencia e la imparcialidad en la justicia arbitral*, in Revista chilena de derecho, v. 28, n. 3, 2001, pp. 509-535.

SHANY, YUVAL. *Squaring the circle? independence and impartiality of party-appointed adjudicators in international legal proceedings*, in Loyola of Los Angeles international and comparative law review, v. 30, n. 3, 2008, pp. 473-490.

SHORE, LAURENCE. *Disclosure and impartiality: an arbitrator's responsability vis-a-vis legal standards*, in Dispute resolution journal, v. 57, n. 1, 2002, pp. 32-85.

SLAOUI, FATIMA-ZAHRA. *The rising issue of 'repeat arbitrators': a call for clarification*, in Arbitration international, v. 25, n. 1, 2009, pp. 103-119.

SMITH, ADAM. *The theory of moral sentiments*. Indianapolis: Liberty Fund, 1982.

SOARES, GUIDO FERNANDO SILVA. *Common law: introdução ao direito dos EUA*. 1. ed. (2ª tir.), São Paulo: RT, 1999.

SOUZA, ARTUR CÉSAR DE. *A parcialidade positiva do juiz*. São Paulo: RT, 2008.

SPACCAPELO, CHIARA. *L'imparzialità dell'arbitro*. Milano: Giuffrè, 2009.

SPALDING, FRANCIS O. *Selecting the arbitrator, what counsel can do*. Trecho transcrito por ROGERS CATHERINE A. *The vocation of the international arbitrator*, in American university international law review, v. 20, 2005, p. 969.

STRECK, LENIO. *Dicionário de hermenêutica*. Belo Horizonte: Letramento, 2017.
STRENGER, IRINEU. *Arbitragem comercial internacional*. São Paulo: LTR, 1996.
STUART MILL, JOHN. *Utilitarianism*. 7. ed. London: Longmans, Green, And Co., 1879.
TAO, JINGZHOU. *Arbitration law and practice in China*. 2. ed. Netherlands: Kluwer Law International, 2008.
TARUFFO, MICHELE. *Note sull'imparzialità dell'arbitro di parte*, in *Rivista dell'arbitratto*, 1997, pp. 481-491.
TEITELBAUM, RUTH; WALSH, THOMAS W. *The LCIA Court decisions on challenges to arbitrators: an introduction*, in *Arbitration international*, v. 27, n. 3, 2011, pp. 283-313.
THEODORO JÚNIOR, HUMBERTO. *Curso de direito processual civil*. v. I, 51. ed. Rio de Janeiro: Forense, 2010.
———; NUNES, DIERLE JOSÉ COELHO. *Princípio do contraditório: tendências de mudança na sua aplicação*, in *Revista da Faculdade de Direito do Sul de Minas*, v. 28, 2009, pp. 177-206.
TRAKMAN, LEON. "*Legal traditions" and international commercial arbitration*, in *The american review of international arbitration*, v. 17, 2006, pp. 1-43.
TROCKER, NICOLÒ. *Processo civile e costituzione: problemi di diritto tedesco e italiano*. Milano: Giuffrè, 1974.
TRUSZ, JENNIFER A. *Full disclosure? Conflicts of interest arising from third-party funding in international commercial arbitration*, in *Georgetown law jounal*, v. 101, 2013, pp. 1.649-1.682.
TUCCI, JOSÉ ROGÉRIO CRUZ E. *Do relacionamento juiz-advogado como motivo de suspeição*, in *Revista dos tribunais*, v. 756, 1998, pp. 69-76.
VAGTS, DETLEV F. *The international legal profession: a need for more governance?*, in *American journal of international law*, v. 90, 1996, pp. 250-261.
VAN DEN BERG, ALBERT JAN. *Dissenting opinions by party-appointed arbitrators in investment arbitration*, in MAHNOUSH H. ARSANJANI et al. (ed.). *Looking to the future: essays on international law in honor of W. Michael Reisman*. Amsterdam: Martinus Nijhoff, 2010, pp. 821-843.
VÁRADY, TIBOR; BARCELÓ III, JOHN J.; VON MEHREN, ARTHUR TAYLOR. *International commercial arbitration: a transnational perspective*. 3. ed. New York: West Publishing, 2006.
VARGA, CSABA. *The non-cognitive character of the judicial establishment of facts*, in KOCH, HANS-JOACHIM, NEUMANN, ULFRID. *Legal System and practical reason*. Stuttgart: Franz Steiner, 1994, pp. 230-239.
VEEDER, V. V. *The English Arbitration Act 1996: its 10th and future birthdays*, disponível no endereço eletrônico http://www.expertguides.com/default.asp?Page=10&GuideID=150&CountryID=117; consulta em 21.02.2017.
VERÇOSA, HAROLDO MALHEIROS DUCLERC. *Os "segredos" da arbitragem*. São Paulo: Saraiva, 2013.
VESCOVI, ENRIQUE. *Teoría general del proceso*. Bogotá: Temis, 1984.
VIETRI, RAPHAËL DE; DHARMANANDA, KANAGA. *Impartiality and the issue of repeat arbitrators: a reply to Slaoui*, in *Journal of international arbitration*, v. 28, n. 3, 2011, pp. 187-200.
WAINCYMER, JEFF. *Reconciling conflicting rights in international arbitration: the right to choice of counsel and the right to an independent and impartial tribunal*, in *Arbitration International*, v. 26, n. 4, 2010, pp. 597-623.
WALD, ARNOLDO. *A arbitragem e o mercado de trabalho dos advogados*, in *Revista de arbitragem e mediação*, v. 32, 2012, pp. 81-99.

WEISEMBERT, KIRSTEN. *Peace is not the absence of conflict: a response to professor Rogers's article "Fit and function in legal ethics"*, in *Wisconsin international law journal*, v. 25, 2007, pp. 89-127.

WERNER, JACQUES. *The Independence of party-appointed arbitrators: for a rule of reason*, in *Journal of international arbitration*, v. 7, n. 2, 1990, pp. 5-6.

WHITESELL, ANNE MARIE. *Independence in ICC arbitration: ICC Court practice concerning the appointment, confirmation, challenge and replacement of arbitrators*, in *International Court of Arbitration Bulletin: 2007 Special Supplement - Independence of Arbitrators*. Paris: ICC Publishing, 2008, pp. 7-40.

WIJNEN, OTO L. O DE WITT; VOSER, NATHALIE; RAO, N. *The background information on the IBA Guidelines on Conflicts of Interests in International Arbitration*, in *Business law international*, v. 5, 2004, pp. 433-458.

WILSKE, STEPHAN; FOX, TODD J. *The global competition for the "best" place for international arbitration - myth, prejudice, and reality bits*, in KLAUSEGGER, CHRISTIAN; KLEIN, PETER (Ed.). *Austrian Yearbook on International Arbitration*. Wien: Manz'sche Verlags- und Universitätsbuchhandlung, v. 2009, pp. 383-418.

WINDSOR, KATHRYN A. *Defining arbitrator evident partiality: the catch-22 of commercial litigation disputes*, in *Seton Hall Circuit review*, v. 6, n. 1, 2009, pp. 191-217.

YU, HONG-LIN; SHORE, LAURENCE. *Independence, impartiality, and immunity of arbitrators – US and English Perspectives*, in *International and comparative law quarterly*, v. 52, 2003, pp. 935-967.

ZUFFI, BEATRICE. *L'arbitrato nel diritto inglese*. Torino: Giappichelli, 2008.

TABELA DE CASOS

Costa Rica
Scott Paper v. Dario Express R. Castro – p. 153

Espanha
Red Eléctrica de España v. Iberdrola Distribución Eléctrica – p. 152

Estados Unidos da América
Al-Harbi v. Citibank – p. 137
Barcon Associates, Inc. v. Tri-County Asphalt Corporation – p. 65
Betzalel Schwartzman v. Yaakov Harlap – p. 225
Commonwealth Coatings v. Continental Casualty – pp. 58, 60, 61 e 131
Consolidation Coal Company v. Local 1643 – pp. 128 e 147
Cia de Navegacion Omsil, S.A. v. Hugo Neu Corporation – p. 64
Drinane v. State Farm – p. 221
Florasynth, Inc. v. Pickholz – p. 118
Gianelli Money v. ADM Investor – pp. 61 e 138
Haworth v. Superior Court – pp. 190 e 191
Health Services Management Corp. v. Charles Hughes – p. 118
HSMV v. ADI – pp. 133, 134 e 226
International Produce, Inc. v. A/S Rosshavet – p. 60
Karlseng v. Cooke – p. 159
La Serena Properties v. Gerald Weisbach – p. 158
Lifecare International v. CD Medical – pp. 62 e 138
Lucent Tech., Inc. v. Tatung Co. – p. 62

Merit Insurance Co. v. Leatherby Insurance Co. – pp. 18, 100, 101 e 120
Metropolitan Property & Casualty Insurance v. J. C. Penney Casualty Insurance Company – p. 64
Middlesex Mutual Insurance Co. v. Stuart Levine – pp. 140 e 141
Montez v. Prudential Securities – p. 151
Morelite v. NYC District Council – pp. 127, 147 e 196
Mutual Insurance Co. v. Home Insurance Co. – p. 120
Neaman v. Kaiser Foundation – pp. 178 e 179
Pacific & Arctic Railway and Navigation Co. v. United Transportation Union – pp. 148 e 149
PK Time Group, LCC v. Cinette Robert – p. 147
Rebmann v. Rohde – p. 191
Reeves Brothers v. Capital-Mercury – pp. 134 e 135
Sanko S.S. Co. Ltd. v. Cook Industries – p. 61
Schmitz v. Zilveti – pp. 136, 137, 203 e 216
STMicroelectronics v. Credit Suisse – pp. 165 e 166
Sphere Drake Ins. Ltd. v. All American Life – pp. 63 e 64
Sunkist Soft Drinks, Inc. v. Sunkist Growers – pp. 109 e 184
TEMBEC Inc. v. The United States of America – p. 146
Trevino Hernandez, S. de R. L. de C. V. v. Smart & Final – p. 158
Vick v. North Carolina Farm Bureau – p. 155
Westinghouse Electric v. NYC Transit Authority – pp. 126 e 226

França
Allaire v. SGS Holdings – p. 220
AGI v. Columbus et CHF – p. 50
Faisal v. CFF – pp. 163 e 164
Frémarc v. ITM Entreprises – p. 178
Groupe Antoine Tabet v. République du Congo – p. 142
J&P Avax v. Société Tecnimont – pp. 218, 219 e 220
Qatar v. Creighton – pp. 163 e 167
Nidera v. Leplatre – p. 218
Nykcool v. Dole France et Agrunord – p. 220
Raoul Duval v. Merkuria Sucden – p. 213
Société Maec et al. v. P. Mumbach – p. 46
Société Milan Presse v. Société Media Sud Communication – p. 158
Somoclest v. DV Construction – pp. 47 e 178
Technip v. Asmidal – pp. 166 e 167

Tecso v. Neoelectra Group – pp. 48, 49, 152 e 178
X v. Société Prodim et Société Logidis – p. 47

Inglaterra
ASM Shipping v. TTMI – pp. 56, 152 e 164
AT&T v. Saudi Cable – pp. 55, 56, 128, 208, 211 e 219
Cofely v. Bingham – pp. 179 e 180
Dimes v. Grand Junction Canal – p. 52
Flaherty v. National Greyhound Racing Club Ltd. – p. 54
Laker Airways Inc. v. FLS Aerospace Ltd. – pp. 55 e 219
Norbrook Laboratories Ltd. v. Tank – p. 55
Porter v. Magill – p. 54
R. v. Gough – pp. 53 e 54
R. v. Sussex Justices – pp. 52 e 53
Sierra Fishing v. Hasan Said Farran – pp. 56, 57 e 143

Suécia
Anders Jilkén v. Ericsson AB – p. 43
Korsnäs v. AB Fortum Värme – p. 43
KPMG AB v. ProfilGruppen AB – pp. 43, 44, 131 e 213
Société d'experts en tarification de l'énergie v. Gascogne Paper – pp. 141 e 142

Suíça
Swiss International Air Lines Ltd. v. Swiss Pilots Association – p. 110

Arbitration Institute of the Stockholm Chamber of Commerce - SCC
SCC 001/2010 – p. 160
SCC 46/2007 – p. 141

International Centre for Settlement of Investment Disputes - ICSID
African Holding v. Congo – p. 139
Alpha v. Ukraine – p. 222
Amco v. Indonesia – p. 131
Asset Recovery v. Argentina – p. 148
Burlington Resources v. Republic of Ecuador – p. 187
Caratube v. Kazakhstan – p. 168
CC/Devas v. India – p. 171
Glamis Gold v. The United States – p. 174

Grand River v. USA – pp. 174 e 175
Hrvatska Elektroprivreda d.d. v. Republic of Slovenia – p. 233
Karimum v. Venezuela – p. 181
Lemire v. Ukraine – p. 133
Olguín v. Paraguay – pp. 192 e 193
PIP v. République Gabonaise – p. 164
Rompetrol v. Romania – pp. 233, 234 e 235
Ruby Roz v. Kazakhstan – p. 168
Saipem v. Bangladesh – p. 170
SGS v. Pakistan – pp. 176 e 179
Suez v. Argentina – pp. 164, 206 e 222
Tanesco v. IPTL – p. 170
Transgabonais v. Gabon – p. 164
Tidewater v. Venezuela – pp. 166, 181 e 182
Universal Compression v. Venezuela – pp. 153, 154 e 166
Urbaser v. Argentine Republic – p. 171
Vivendi v. Argentina I – p. 132
Vivendi v. Argentina II – pp. 125, 126, 167 e 222
Zhinvali v. Georgia – p. 147

London Court of International Arbitration – LCIA
LCIA No. 1303 – p. 185
LCIA No. 5660 – p. 190
LCIA No. 5665 – p. 185
LCIA No. 97/X27 – p. 160
LCIA No. UN3490 – p. 186
LCIA No. UN3476 – p. 136
LCIA No. 7949 – p. 185

Permanent Court of Arbitration - PCA
Telekom Malaysia v. Ghana – pp. 111, 173 e 174
Vito Gallo v. Government of Canada – p. 175